中国科学院战略性先导科技专项（XDA19040401）、国家自然科学基金项目（41871117）

北京非首都功能疏解的机制、效应与再利用研究

孙　威等　著

科学出版社
北　京

内 容 简 介

本书通过典型案例调研、空间计量分析、情景模拟比较等方法，系统研究了北京市非首都功能疏解的进展、成效、问题和对策，重点分析了服装鞋帽批发市场疏解的动力和区位再选择的机制、批发市场疏解的效应和不同情景模拟、疏解空间再利用的类型和机制、北京再工业化的路径选择等，为促进非首都功能疏解和京津冀协同发展提供借鉴。

本书可作为城市与区域规划专业的本科生、研究生，以及政府部门工作人员的参考用书。

审图号：GS 京(2024)2264 号

图书在版编目(CIP)数据

北京非首都功能疏解的机制、效应与再利用研究 / 孙威等著. --北京：科学出版社，2024. 11

ISBN 978-7-03-077205-3

Ⅰ. ①北… Ⅱ. ①孙… Ⅲ. ①区域经济发展-研究-北京 Ⅳ. ①F127. 1

中国国家版本馆 CIP 数据核字（2023）第 244866 号

责任编辑：王 倩 / 责任校对：樊雅琼

责任印制：徐晓晨 / 封面设计：无极书装

科 学 出 版 社 出版

北京东黄城根北街 16 号

邮政编码：100717

http://www.sciencep.com

北京建宏印刷有限公司印刷

科学出版社发行 各地新华书店经销

*

2024 年 11 月第 一 版 开本：787×1092 1/16

2024 年 11 月第一次印刷 印张：21

字数：510 000

定价：280.00 元

（如有印装质量问题，我社负责调换）

前　言

大城市的拥挤是一个全球性问题，世界上许多大城市都经历了集聚—疏解—再集聚的循环往复的过程，因此对城市功能集聚和疏解的研究也是一个经久不息的话题。随着城市功能不断集聚，规模不断扩张，集聚不经济和交通拥堵、环境恶化、职住失衡等“大城市病”日益突出，北京与周边城市的发展差距不断扩大，城市问题进一步演化为区域问题，因此对于城市功能疏解的研究具有重要的现实意义和理论价值。第一，可以为政府部门制定和调整区域性批发市场和一般性制造业疏解政策提供科学参考，避免疏解过程中可能出现的各类问题。同时，通过疏解空间再利用类型选择、影响因素和作用机制研究，可以为政府部门合理利用疏解空间、提升城市功能、处理核心功能与非核心功能之间的关系提供科学依据并为国内同类地区疏解空间再利用工作提供经验借鉴。第二，从批发业区位选择的理论出发，通过模型分析和实地调研，验证各因素对区域性批发市场区位选择的影响程度和作用机制。从“城市–区域”的角度分析区域性批发市场疏解对搬出地和搬入地可能带来的经济社会影响，有利于丰富产业集聚和扩散理论。第三，从企业区位选择理论入手，兼顾宏观调控的作用，分析集聚经济、土地价格、空间可达性、政策规划等传统地理学因素和新因素对疏解空间再利用类型的影响，有利于弥补学术界对疏解空间再利用研究不充分的不足，而关于集聚向心力和疏解离心力的研究将有助于丰富城市更新理论及其分析框架。

本书对北京非首都功能疏解研究的边际贡献主要体现在以下四点：第一，将疏解与承接相结合。在某种程度上讲，疏解与承接是一个硬币的两个方面，在深入分析不同类型产业的疏解机制和异质性的基础上，以北京周边地区和雄安新区为对象，从土地资源、水资源、环境容量、生态本底、自然灾害等方面开展了资源环境承载力评价，为合理选择承接地，引导人口和产业迁移提供参考。同时，对雄安新区的人口流动特征、现代产业体系构建等问题进行了初步分析。第二，将疏解机制与区域效应相结合。以动物园、大红门、雅宝路三大批发市场群为对象，进行了问卷调查和实地访谈，获取了大量第一手数据，利用核密度估计和 Ripley's *K* 函数等方法分析了北京市批发业企业的空间格局与演化趋势，并利用地理探测器和条件 logit 模型等方法定量分析了北京市批发市场区位选择的影响因素。在此基础上，从宏观、微观两个维度上情景模拟了区域性批发市场疏解对北京市产业增加值、就业等带来的影响，以及对疏解商户的收入、家庭氛围、生活便利程度等的影响。第三，与京津冀协同发展相结合。区域是解决城市问题的根本出路，要把非首都功能疏解放到京津冀协同发展的大背景下讨论。例如，疏解前（2013 年）北京市制造业集聚形态与演化研究中，基于全国三次（2004 年、2008 年、2013 年）经济普查数据，利用 DO 指数方法（一种连续空间下的距离指数法），从强度、范围、空间分布三个层面解析了北京市制造业的集聚特征、空间格局和演化趋势，发现在非首都功能疏解前，北京市制造业的集聚强度下降了约16.3%，集聚范围从18km增加至23.7km，多数行业在0~30km发生集聚，提出非首都功能疏解恰逢其时。第四，与疏解空间再利用相结合。以动物园服装批发市场、南华里社区、黑桥仓储中心为对象，开展了微观调研并获取了第一手资料和数据，总结了案例地区空间再利用的类型、影响因素、转型效果与启示建议；通过网络检索等办法获取了北京市164个疏解空间再利用的情况并基于更新目标将其划分为促进经济增长型、保障基本生活型、提高生活品质型；利用地理探测器等方法定量分析了疏解空间再利用的类型及其影响因素和作用机制。

本书得到了中国科学院战略性先导科技专项“地球大数据科学工程”（XDA19040401）和国家自然科学基金（41871117）的资助，也是两个项目的研究成果之一。2005年国家选择京津冀地区和长三角地区作为“十一五”时期国家两个区域规划试点，我有幸参与了该项试点工作，从此开始了区域规划的理论方法研究。在导师樊杰研究员的指导下，结合在京津冀地区的实地调研，开展了我国区域规划内容设置的理论研究与实证分析。博士毕业后，先后承担了国家发展和改革委员会地区经济司委托的“京津冀世界级城市群建设研究”等课题、北京市发展和改革委员会委托的“促进北京区县特色化发展的理论支撑和国外经验借鉴”“北京三条文化带保护发展的总体思路与对策研究”等课题，以及保定市、廊坊市、河北雄安新区管理委员会等地方政府委托的课题，在以上课题研究的基础上，聚焦北京非首都功能疏解与核心功能提升的辩证关系，围绕一般性制造业和区域性批发市场疏解的机制与效应这一研究主线，进行了系统总结，形成了本书的大致轮廓和主要内容。

本书撰写分工如下：第一章，孙威；第二章，孙威、张博；第三章，孙威、高沙尔·吾拉孜、毛凌潇；第四章，孙威、毛凌潇；第五章，孙威、黄宇金、戚伟、唐志鹏；第六章，孙威、黄宇金、高沙尔·吾拉孜；第七章，毛凌潇、孙威；第八章，毛凌潇、孙威；第九章，王晓楠、孙威；第十章，孙威、唐志鹏、牛方曲。全书由孙威统稿并定稿。本书在撰写过程中得到很多专家、领导、同事、学生的帮助和支持，在此表示衷心的感谢！我在中国科学院大学的研究生孙涵、杨子涵和刘鸿宇，与中国地质大学（武汉）联合培养的研究生郭倩钰，与河南大学联合指导的研究生刘亚男，在本书的数据收集和处理、图表制作和可视化等方面做了卓有成效的研究工作。

本书仅对非首都功能疏解的部分问题进行了初步探索，有些观点可能有失偏颇，加上作者水平有限，不足之处在所难免，恳请广大前辈和同仁批评指正！本书参考了许多学者的研究成果，这些研究成果均列在参考文献中，但仍惶恐挂一漏万，恳请多多包涵。在本书付梓之时，恳请阅读本书的学界同仁提出宝贵意见，并期望本书能够为北京非首都功能疏解和京津冀协同发展提供有益参考。需要说明的是，作者系中国科学院大学岗位教师。

最后，谨以此书献给我永远怀念的父亲。

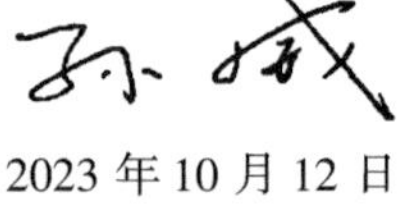

2023年10月12日

目　录

第一章 绪 论

大城市的拥挤是一个全球性问题，世界上许多大城市都经历了集聚—疏解—再集聚的循环往复的过程，因此对城市功能集聚和疏解的研究也是一个经久不息的话题。中华人民共和国成立之后，在国家宏观调控政策、市场自发调节，以及循环因果等机制作用下北京的经济集聚能力和控制能力不断增强，经济规模和人口规模迅速扩张。随着城市功能不断集聚，规模不断扩张，集聚不经济、交通拥堵、环境恶化、职住失衡等“大城市病”日益突出，北京与周边城市的发展差距不断扩大，城市问题进一步演化为区域问题。2015 年发布的《京津冀协同发展规划纲要》（以下简称纲要）指出，推动京津冀协同发展是一个重大国家战略，核心是有序疏解北京非首都功能。但是，如何有序疏解北京非首都功能？如何评价疏解可能带来的影响？如何处理好非核心功能疏解与核心功能培育的关系？如何利用疏解后遗留下来的疏解空间？这些都是亟待解决的问题，对于这些问题的思考，将有助于促进企业区位选择、产业集聚、城市更新等理论发展和经济地理学科建设。

第一节 研究背景

非首都功能疏解不仅关系到北京城市功能优化和品质提升，而且还会通过反馈机制进一步影响京津冀协同发展战略的落实，因此必须将研究视野放到更广泛的区域背景进行论证和阐述。近年来，围绕非首都功能疏解，北京市启动了“疏解整治促提升”专项行动，2019 年 1 月北京市政府搬迁至通州区，副中心行政办公区正式启用。雄安新区作为北京非首都功能疏解的集中承接地，重点承接高等学校和科研机构、国家重点实验室、工程研究中心、高端医疗机构、银行等金融机构总部及分支机构，以及新一代信息技术、生物医药和生命健康、节能环保、高端新材料等非首都功能①，初步形成了以北京为主体，通州城市副中心和雄安新区为两翼的发展新格局。

---

① 根据《河北雄安新区条例》，雄安新区重点承接八类北京非首都功能疏解，包括在京高等学校及其分校、分院、研究生院，事业单位；国家级科研院所，国家实验室、国家重点实验室、工程研究中心等创新平台、创新中心；高端医疗机构及其分院、研究中心；软件和信息服务、设计、创意、咨询等领域的优势企业，以及现代物流、电子商务等企业总部；银行、保险、证券等金融机构总部及其分支机构；新一代信息技术、生物医药和生命健康、节能环保、高端新材料等领域的中央管理企业，以及创新型民营企业、高成长性科技企业；符合雄安新区产业发展方向的其他大型国有企业总部及其分支机构；国家确定的其他疏解事项。

一、有序疏解北京非首都功能是京津冀协同发展战略的核心

京津冀地区是中国人口和经济最密集的城市化地区之一，2022 年该地区以占全国 2.26% 的土地，集中了全国 7.77% 的人口，创造了全国 8.29% 的 GDP，为全国的经济增长、社会发展、区域协调做出了重要贡献（表 1-1）。

表 1-1　京津冀地区主要经济指标对比（2022 年）

	土地面积/万 km^2	年末常住人口/万人	地区生产总值/亿元	居民人均可支配收入/元	城镇居民人均可支配收入/元	农村居民人均可支配收入/元
北京市	1.64	2184	41611	77415	84023	34754
天津市	1.19	1363	16311	48976	53003	29018
河北省	18.88	7420	42370	30867	41278	19364
京津冀地区	21.71	10967	100293	—	—	—
全国	960	141175	1210207	36883	49283	20133

资料来源：《中华人民共和国 2022 年国民经济和社会发展统计公报》《北京市 2022 年国民经济和社会发展统计公报》《2022 年天津市国民经济和社会发展统计公报》《河北省 2022 年国民经济和社会发展统计公报》。

与市场经济较为发达、区域发展较为均衡的长江三角洲地区和珠江三角洲地区不同，京津冀地区不仅三省市间发展差距较大，而且区域内部发展也很不均衡，市场化程度较低、要素流动不畅、政策效应较弱。2015 年 4 月国家明确提出“推动京津冀协同发展的指导思想是，以疏解北京非首都功能、解决北京“大城市病”为基本出发点，坚持问题导向，坚持重点突破，坚持改革创新，立足各自比较优势、立足现代产业分工要求……”“努力形成京津冀目标同向、措施一体、优势互补、互利共赢的协同发展新格局。”根据纲要，京津冀协同发展的目标：到 2030 年京津冀区域一体化格局基本形成，成为具有较强国际竞争力和影响力的重要区域（图 1-1）。从纲要和专家解读中我们可以看出，有序疏解北京非首都功能是京津冀协同发展战略的核心，对于推动京津冀协同发展具有重要作用。

二、非首都功能疏解为北京优化城市功能和提升城市品质提供了契机

从北京自身角度来看，非首都功能疏解对北京的意义在于“大城市病”治理和核心功能提升，通过疏解非首都功能带动产业、人口等要素在空间上分散，解决“大城市病”；在优化升级产业结构的同时，为北京四大核心功能（政治中心、文化中心、国际交往中心、科技创新中心）腾挪空间，解决非首都功能占据重要空间资源、阻碍升级的问题，以更好地聚焦四大核心功能建设。

随着北京城市规模不断扩大，各种城市功能过度集聚在中心城区，导致人口膨胀、交通拥挤、房价高涨、环境恶化、资源承载力不足等“大城市病”越来越突出，严重影响北京未来的发展。根据北京区域统计年鉴，2013 年（非首都功能疏解前）北京城六区生产

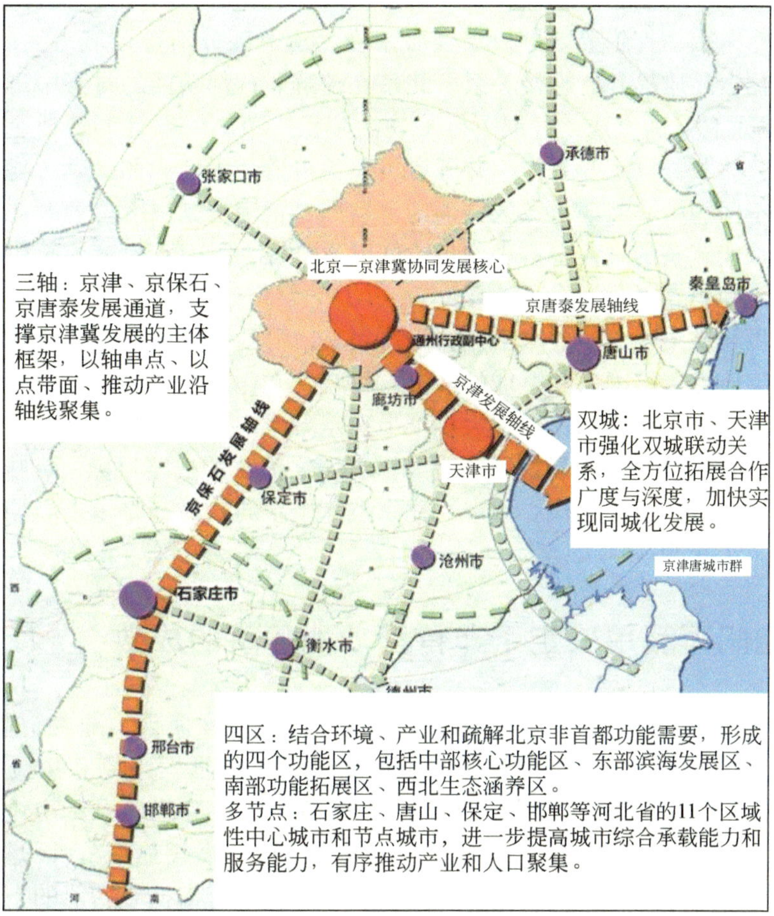

张家口市
承德市
北京—京津冀协同发展核心
三轴：京津、京保石、京唐泰发展通道，支撑京津冀发展的主体框架，以轴串点、以点带面、推动产业沿轴线聚集。
京唐泰发展轴线
秦皇岛市
通州行政副中心
唐山市
廊坊市
京津发展轴线
京保石发展轴线
双城：北京市、天津市强化双城联动关系，全方位拓展合作广度与深度，加快实现同城化发展。
天津市
保定市
沧州市
京津唐城市群
石家庄市
衡水市
四区：结合环境、产业和疏解北京非首都功能需要，形成的四个功能区，包括中部核心功能区、东部滨海发展区、南部功能拓展区、西北生态涵养区。
多节点：石家庄、唐山、保定、邯郸等河北省的11个区域性中心城市和节点城市，进一步提高城市综合承载能力和服务能力，有序推动产业和人口聚集。
邢台市
邯郸市

图 1-1　纲要确定的空间格局图

资料来源：https://mbd.baidu.com/newspage/data/dtlandingsuper? nid=dt_4877250839313995953

性服务业占全市生产性服务业的比例高达 82.5%，批发业、金融业、商务服务业、科技服务业占全市的比例分别为 78.4%、87.8%、93.1%和 87.1%。为此，中共中央、国务院、京津冀三省市政府采取各种措施疏解和承接北京非首都功能，如设立河北雄安新区、建设通州城市副中心、制定《北京市新增产业的禁止和限制目录》（2014 年版、2015 年版、2018 年版、2022 年版）、加强京津冀产业转移承接重点平台建设等。截至 2021 年北京市累计疏解提质一般性制造业企业 2093 家，中关村企业在津冀两地设立分支机构累计超 8300 家，北京流向津冀的技术合同成交额累计超 1200 亿元，河北省累计承接京津转入企业和单位 4.4 万家，疏解工作持续发力并取得重要进展①②。

① “十三五”时期，北京推动京津冀协同发展取得明显成效！2020-12-8. https://baijiahao.baidu.com/s?id=1685514697436160858&wfr=spider&for=pc.

② 河北累计承接京津转入企业和单位达 4.4 万家. 2022-12-22. https://www.hebtv.com/19/19js/zx/tt/10993765.shtml.

功能疏解与城市功能迭代相伴相生，也可以说功能疏解与功能提升是同一问题的两个方面。从伦敦、东京、首尔等城市发展经验来看，疏解部分不符合城市发展目标的功能，与城市功能优化、品质提升有直接关系。北京在疏解非首都功能的过程中运用城市修补和生态修复①等新理念、新方法，开展了拆除违法建设、疏解一般性制造业企业、区域性专业市场、部分公共服务设施等工作，并开展了整治占道、无证无照经营、城乡接合部、中心城区、老旧小区、中心城区重点区域、地方空间群租房与棚户区"商改住"租房等相关工作，以期在功能疏解的过程中实现城市空间品质升级，吸引和保障核心功能注入。

纲要和《北京城市总体规划（2016 年—2035 年）》都明确了京津冀地区要建设以首都为核心的世界级城市群。核心城市作为世界级城市群的枢纽，往往是全球城市网络和全球价值链的关键节点，是国家和全球的经济、科技、文化、交通的中枢或政治中心，对整个城市群的发展起着引领作用，在很大程度上决定着城市群的全球竞争力。2014 年习近平总书记视察北京时提出要"建设国际一流和谐宜居之都"的战略目标，意味着作为中国的首都和京津冀世界级城市群的核心城市，北京被赋予新的使命，寄予更高期望，北京的城市功能需要进一步提升。

三、疏解空间再利用决定了非首都功能疏解的成败

非首都功能疏解工作已经开展了近十年，取得了阶段性成果。随着企业、物流中心、高校、医院等被疏解出去，北京出现了大量疏解空间，如批发市场和物流基地、老旧厂房、平房（院落）、地下空间、学校、医院、办公建筑、直管公房、文物建筑、交通场站等。这些疏解空间不是传统意义上的城市"萧条区"或"铁锈地带"，而是暂时闲置，但开发动力依然强劲的空间，更是北京提升发展质量、强化首都核心功能的空间资源。如何有效配置这些空间资源？目前，各区在疏解空间再利用方面进行了有益探索和尝试，主要做法如下。

1. 积极引入高精尖产业，实现产业结构转型升级

工业大院、批发市场和物流基地、一般性制造业企业等疏解后，通过改造旧厂房、升级传统商业设施、腾退转型有形市场、引导产业项目向文创、科技、金融等高精尖发展。例如，东城区疏解后的世纪天鼎批发市场依托优越的地理位置和文保拓展区的资源优势，转型升级为文化金融主题园区，定名为"天鼎 218 文化金融园"，未来将聚焦发展文化创意、文化金融、文化科技等高端业态，承接一批高精尖优质企业入驻。西城区疏解后的动物园服装批发市场拟采取"科技金融+环境服务"的发展理念，引入更多符合首都功能定

① 生态修复、城市修补也称为"城市双修"，是治理"大城市病"、改善人居环境、转变城市发展方式的有效手段。其中，生态修复旨在有计划、有步骤地修复被破坏的山体、河流、植被，重点是通过一系列手段恢复城市生态系统的自我调节功能；城市修补重点是不断改善城市公共服务质量，改进市政基础设施条件，发掘和保护城市历史文化和社会网络，使城市功能体系及其承载的空间场所得到全面系统的修复、弥补和完善。从定义和内涵看，"城市双修"可以看作是城市更新的具体应用（叶昶，2019）。

位的高精尖产业，天皓成服装批发市场转型为宝蓝金融创新中心，引入科技金融类企业。海淀区疏解后的万家灯火灯具建材市场将用于建设以教育科研为主的中关村东升科技园三期（图 1-2）。朝阳区在东郊农副产品批发市场的原址上兴建国家广告产业园二期工程，命名为北京锦绣湾，着力打造文化金融港、光影传媒港、时尚体验中心、品牌发布中心、生态人文广场五大功能区。

(a)

(b)

图 1-2　中关村东升科技园三期拆除前（a）和规划图（b）

资料来源：https://www.sohu.com/a/376320805_120209831

2. 建设生态绿化公园，满足人民对美好生活的需求

绿色空间对改善城市人居环境质量具有重要作用。当前，利用疏解空间进行城市绿化越来越得到重视，各区利用疏解空间建立了口袋公园、微型公园、城市森林公园等，如崔各庄地区黑桥仓储中心疏解出去的土地还绿于民，建设黑桥公园（图 1-3）。孙河石料厂疏解后建设孙河湿地公园。曾经拥有近 5000 商户、面积达 187 万 m^2 的华北最大的西直河石材市场，疏解后的土地超过 80% 进行绿化。来广营望都新达城海鲜市场原经营业态除涉

图 1-3　黑桥公园规划图

资料来源：http://www.waterfoundation.cn/news/3275.html

及海鲜水产售卖加工外，还包括洗车、修车、超市、啤酒烧烤等，总建筑面积 11588m^2，拆除工作全部完成后“变身”为一座 8500m^2 的城市公园。

3. 增加便民服务空间，提升生活服务业质量

各区利用疏解空间打造服务于周边社区和人民的便民服务空间，主要包括停车设施、超市、养老社区生活服务网点和公共空间等，如东城区甘其食超市（永外店）充分利用疏解腾退的原金狮奥龙商城，将其“变身”为永外地区 2018 年第一个社区商业便民服务综合体。该超市不仅售卖蔬菜、水果、副食品、粮油、水产等生活必需品，还引入家修服务，为附近居民的生活增添便利。朝阳区城外诚家具广场的东配楼已由 2 万余平方米的家居卖场蜕变为青少年教育培训中心，为青少年提供功能多元的教育实训基地，吸引了英语、舞蹈、击剑、滑雪和游泳等多家教育机构入驻。位于东城区崇外街道国瑞城地下二层的广德普惠菜市场疏解 80 余家商户，3800m^2 的原农贸区改建为停车场，与国瑞城中区的停车场打通，解决周边居民停车问题。

但是，疏解空间再利用工作目前仍处于起步阶段，工作推进过程中还存在一些问题，如疏解空间“碎片化”现象比较明显、空间再利用的成本比较高、各方面之间缺乏统筹协调和信息共享、疏解腾退空间政策体系还不健全等。疏解空间再利用关系到北京非首都功能疏解的成败，与优化和提升首都核心功能、建设国际一流和谐宜居之都和京津冀协同发展战略实施密切相关，意义重大，迫切需要开展相关理论和实证研究。

第二节 研究意义

1996 年日本国土厅和联合国区域发展研究中心联合召开了关于疏解大都市、将首都功能重新定位的城市发展战略国际研讨会，从社会改革、经济发展、工程技术三个方面交流经验和详细研讨。会议指出：“大都市的拥挤是一个全球性的问题，却没有全球性的对策”“首都功能只是大都市系统中的一个部分，它依赖于城市功能的其他部分，必须努力保持东京活力，避免在新都建设过程中再塑造一个拥挤的东京”。北京在经历了多年的快速发展和经济集聚之后开始逐步出现大都市拥挤等问题，将逐步转入由集聚到疏解的发展阶段，这是大都市发展的一般规律。在疏解非核心功能、解决大都市拥堵等“大城市病”的同时，如何提升城市核心功能，对于丰富城市更新、集聚经济、新产业区等理论，促进北京“疏解整治促提升”专项行动和其他城市群地区功能疏解与承接，无疑具有重要的现实意义和理论意义。

一、现实意义

批发市场疏解的现实意义。2014 年以来，围绕非首都功能疏解，北京市启动了“疏解整治促提升”专项行动，2019 年北京市政府搬迁至通州区，副中心行政办公区正式启用。雄安新区作为北京非首都功能疏解的集中承载地，重点承接高校、科研院所、医疗机

构、企业总部、金融机构、事业单位等非首都功能。在此背景下，对河北省各地能否承接好首都疏解出来的批发功能、市场与政府共同作用下新的集聚能否形成等问题进行研究与探讨，可以为政府制定和调整批发市场疏解政策提供科学支撑，避免搬迁过程中可能出现的各类问题。同时，通过搬出地和搬入地的效应分析，为有效疏解北京非首都功能，促进京津冀协同发展提供政策建议。

疏解空间再利用的现实意义。城市功能疏解是我国超（特）大城市在未来发展中必然要经历的一个阶段，大量的疏解空间将会出现在城市中心地区，若不能及时得到合理利用，将会对城市品质和居民生活质量产生消极影响。疏解空间是北京需要再开发的城市空间，更是北京提升发展质量、强化首都核心功能的空间载体。通过疏解空间再利用类型、影响因素和作用机制的研究，可以为政府合理利用疏解空间、提升城市功能、处理好核心功能与非核心功能之间的关系提供科学依据，避免出现疏解空间再利用不合理或“换汤不换药”等问题。同时，也可以为国内同类型或相似类型的疏解空间再利用工作提供经验借鉴，可在全国不同地区和项目中得到推广应用。

二、理论意义

一方面，以批发市场为对象，探讨了北京非首都功能疏解的机制与效应。从批发业区位选择的理论出发，通过模型分析和实地调研，验证了各个因素对批发市场区位选择的影响程度和作用机制；从城市–区域角度分析了区域性批发市场搬迁对搬出地和搬入地可能带来的影响，研究有利于丰富和发展产业集聚和扩散理论。同时，现有关于功能疏解的研究，无论是理论层面，还是方法层面，都尚不充分，主要的文献大多侧重于政策制定和问题导向，对疏解与承接的关系、新的集聚能否形成等问题缺乏深入研究，因此本书可以为功能疏解的相关研究提供理论和方法的支撑。

另一方面，目前理论层面针对疏解空间再利用的研究尚不充分，仅停留在单个案例的实践探索方面。本书从城市更新的角度去探讨北京疏解空间的再利用，通过梳理疏解空间再利用的过程和格局，总结和归纳疏解空间再利用的类型，解析不同类型的形成机理，一方面弥补学术界对疏解空间再利用研究的不充分，另一方面也为尚未利用的疏解空间提供借鉴。在弥补学术界对疏解空间再利用研究不充分方面，我们重点聚焦在疏解空间再利用的类型及其差异性上，通过类型的划分和研究，分析这种再利用的方式是如何实现功能提升的？通过差异性的分析，探索形成不同利用类型的驱动力是什么？我们将从企业区位选择理论入手，同时考虑政府宏观调控的作用，分析集聚经济、土地价格、空间可达性、政策规划等传统地理学因素和新因素对疏解空间再利用类型的影响。以上研究内容，特别是关于集聚向心力与疏解离心力的研究将有助于丰富城市更新理论及其分析框架。

第三节　基本概念

围绕非首都功能疏解，主要存在以下概念需要进一步界定和澄清。

一、城市功能

功能是事物作用于他物的能力，因此城市功能就是城市作用于外围经济地域的能力，是城市内部关系和外部关系中所表现出来的特性和能力，是城市对外联系的作用能力。城市功能孕育于区域，同时又反馈于区域。城市功能是城市的本质特征，是城市存在的意义和发展的前提。

对于城市功能的最初研究始于20世纪30年代，1933年的《雅典宪章》指出现代城市应该解决好居住、工作、游憩、交通四大功能，指出四大功能要互相协调、平衡发展。目前对城市功能的概念还没形成统一定义。李耀武（1997）认为城市功能是在一定区域范围内城市发挥功效和作用的能力。他将“一定区域范围”看作是事物的整体，城市是这个整体中的一部分，强调城市功能只有在为城市以外的区域服务时才能显示出其作用。孙志刚（1999）认为城市功能也称城市职能，是指一个国家或一个地区所承担的政治、经济、文化等方面的任务及其所起的作用，城市功能的本质是使人口流、智力流、物质流、能量流、资金流、信息流的集聚和扩散成为可能，以产生巨大的集聚经济效益。周一星（2007）指出城市功能是城市在国家或区域中所起的作用或承担的分工。刘社建（2013）认为城市功能是城市所能提供的产品和服务的功效与作用，或者说是由城市这种组织形式的各种结构性因素决定的城市机能或能力，是城市在一定区域范围内的政治、经济、文化、社会活动所具有的能力与所能发挥的作用。

若将城市功能看成一个系统的话，城市功能是城市属性的整体反映。但是，从类型学的角度看，根据标准的不同，城市功能的构成有一定差异，详见表1-2。

表1-2　城市功能分类

分类依据	城市功能类型
城市功能的共通性	一般功能、特殊功能
城市功能承担的作用	经济功能、非经济功能
城市功能结构组合	单一城市功能、复合城市功能
城市功能的作用强度	主要功能、次要功能
城市功能服务的地域空间范围	基本功能、非基本功能

资料来源：冯建超（2009）。

城市功能是一个复合体，包含城市承担的功能类型和功能作用的空间范围。不同类型的功能具有不同的服务空间范围。因此，在不同的空间尺度上，起主导作用的城市功能类型是不同的。不同的功能类型与其服务空间范围共同构成城市的功能体系。这种城市功能体系具有以下特点。

1. 复合性

城市功能的复合性源于城市行业的多样性，城市中存在不同的行业，不同的行业服务空间范围不一，结构不同，形成不同的功能结构，所有行业的服务空间叠加到同一城市中就形成了城市功能的复合。因此，同一城市可以具有多种功能，如北京同时具有经济、政治、文化等功能，各种功能叠加形成北京的复合城市功能。不同城市的同一行业在各自的城市及腹地形成自身服务的空间，各城市该行业服务范围在空间上彼此联系，形成该行业所承担城市功能的功能网络。从区域的角度审视城市功能，就形成两个角度的城市功能复合，一是同一城市的不同行业所承担的功能在空间上叠加，形成一个城市空间复合体；二是不同城市间的同一行业在空间上形成该行业的功能网络。

2. 等级性

同一城市的不同功能存在等级性。不同的行业有其自身的发展规律，而且发展时序上有先后，需要的资源基础、区位条件、政策环境等也存在差别。因此，同一城市对于不同的行业来说发展条件有所不同，导致各行业对外服务功能有强有弱，呈现等级性。同样，不同城市的同一功能也存在等级性。同一行业在不同城市，面临的发展条件不同，服务功能也存在等级性。对外功能强大、服务范围广的功能称为高等级功能，对外服务范围小的功能称为低等级功能。按照中心地理论，高等级城市的功能类型丰富，除具有低等级城市所具有的功能，还具有低等级城市不具有的功能。一般来讲，服务范围较大的功能即是城市的主要功能，对城市的发展起着举足轻重的作用，在城市功能定位中，要充分考虑城市主要功能对城市发展所起到的作用。

3. 动态性

城市功能是一个历史概念。随着时间的推移，城市自身的发展条件和外部环境都会发生变化，导致城市功能也会发生变化。城市发展也有其规律性，随着城市规模的增长，一些城市的功能会随着城市规模增长逐渐加强，一些城市功能逐渐变为城市自身服务，城市功能的复合性和等级性也会发生变化。因此，城市功能在某一历史时期相对稳定，但随着时间的演替，城市功能有可能发生改变。

4. 内部复杂性

一个城市的所有功能组合成城市功能体系，城市功能体系具有内部复杂性，任何两个城市不会有完全相同的城市功能类型。城市功能类型因城市所处的发展阶段、历史时期、区位条件等的不同而存在差异。城市功能也是一个空间概念，一种特定的城市功能对应着一个特定的服务范围。不同的城市功能具有不同的服务范围。高等级功能具有较大的服务范围，低等级功能具有较小的服务范围。城市功能体系的复杂性也会导致服务范围的复杂性。

5. 空间具体性

城市功能不是虚无缥缈的，它有服务的区域，同时还有这种功能的空间载体，即要落实到城市的某一地块。而落到地块上的城市功能具有相互作用，这种相互作用可能是相互促进的，也可能是相互排斥的。相互排斥的城市功能若在空间上安排得当，能够共同发展。

此外，城市功能可以分为核心功能和非核心功能。核心功能，是城市在全国乃至世界承担的处于主导地位的功能，是其他城市不具备的功能，如政治中心、文化中心等功能。核心功能之外的城市功能，如生产功能、服务功能、管理功能、集散功能都可以归结为非核心功能。根据北京市发展和改革委员会的解读，首都非核心功能包括区域性物流基地和区域性批发市场、一般性制造业、部分教育医疗等公共服务功能，以及部分行政性和事业性服务机构。

二、批发（业）和批发市场

批发是指在生产商与非消费者（批发商或零售商）之间进行的、供转卖或生产加工使用的、整批商品的大宗买卖方式。与零售相比，批发通常拥有较大的交易量和比较稳固的购销关系。相关商品的交易一般都具有一定的规模，随着交易量的增大，批发价格往往会降低。各批发商的交易对象较为稳定，交易双方一般相互熟悉且具有长期购销关系，这和购买行为具有较大随机性的零售交易是不同的。在《北京市生产性服务业统计分类标准》中，批发业是隶属于生产性服务业的流通部门。从商品流通过程来看，批发业是链接生产企业和消费企业的纽带（图 1-4）。

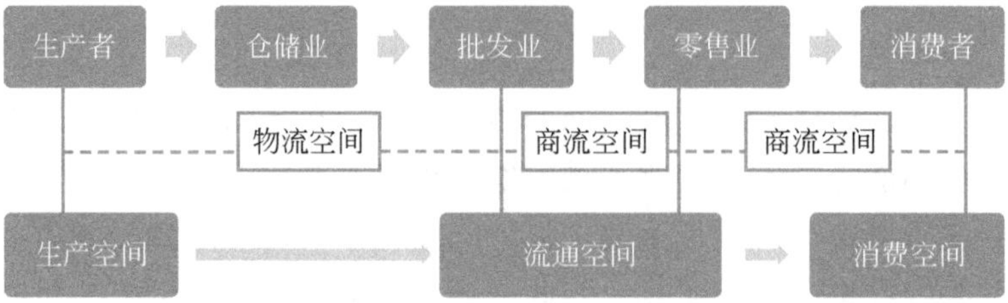

图 1-4　批发业与生产者、消费者的关系

资料来源：闫小培（2008）

根据《国民经济行业分类》（GB/T 4754—2017），批发业划分为：农、林、牧、渔产品批发，食品、饮料及烟草制品批发，纺织、服装及家庭用品批发，文化、体育用品及器材批发，医药及医疗器材批发，矿产品、建材及化工产品批发，机械设备、五金产品及电子产品批发，贸易经纪与代理，其他批发业 9 种类型（图 1-5）。

批发市场是批发业进行商品流通和经济发展的重要形式，是市场经济体系中一种层次和专业化水平较高的流通组织形式。《批发市场管理办法》中赋予批发市场这样的定义：为买卖双方提供经常性地、公开地、规范地进行商品批发交易，并具有信息、结算、运输等配套服务功能的场所。批发市场大体包括两种类型：

（1）无形市场，即以在批发业务网络内进行线上交易为主的市场，如动物园服装批发市场在疏解后就有一部分商户转变为网络电商。

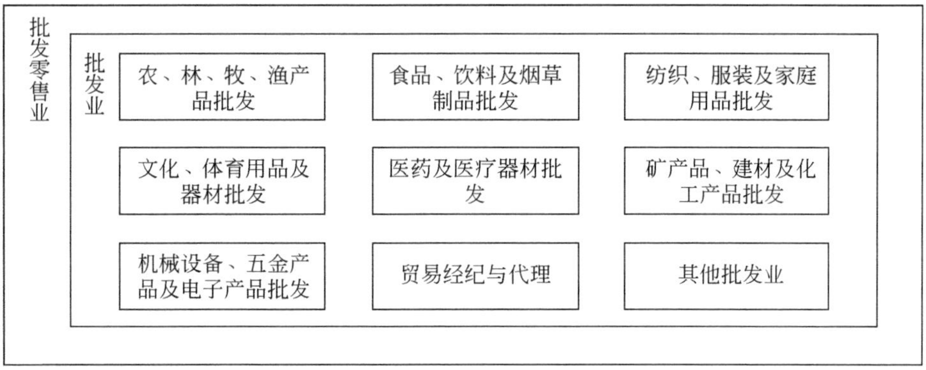

图 1-5　批发业分类图

（2）有形市场，即以在一定占地面积的实体建筑或地域空间内进行实体交易为主的市场。不同类型的批发市场在经营规模、产销关系、交易方式、商品属性等方面表现出不同的特点（表 1-3）。

表 1-3　批发市场各类型划分的标准与定义

划分标准	类型	含义
经营规模	大型批发市场	营业面积在 8 万 m^2 以上，或年交易额达到 10 亿元以上的批发市场
	中型批发市场	营业面积在 3 万 ~ 8 万 m^2，或年交易额为 3 亿 ~ 10 亿元的批发市场
	小型批发市场	营业面积在 3 万 m^2 以下，或年交易额在 3 亿元以下的批发市场
产销关系	产地型批发市场	位于某种商品的主要产地，起着向外扩散、输送的作用
	集散地型批发市场	多位于交通条件优越的地方，是连接产地与销地的中转站
	销地型批发市场	位于消费需求旺盛的地方，与消费者最接近，产生的前提是该地区对某类商品有大量消费需求
交易形态	纯批发市场	绝大部分商品以批发为主
	批零兼营批发市场	开展批发交易，同时也保留零售交易
商品属性	农副产品批发市场	交易对象主要是商品使用者和消费者，交易品种包括粮油、蔬菜、水果、水产品、肉禽蛋、副食品、调料等
	工业消费品批发市场	交易对象主要是商品使用者和消费者，交易品种包括家电、服装、烟酒、日用百货、小商品等
	生产资料批发市场	交易对象主要是生产经营者，交易品种包括金属材料、木材、建材、汽车、机电煤炭、石油、化工、纺织原材料等
	其他类型批发市场	如果市场中农产品和工业品混杂经营，成交额难以分清主次的，市场类别应为其他综合市场

从统计角度看，批发市场在统计资料中通常体现为商品交易市场。《北京城市总体规

划（2016年—2035年）》在有序疏解非首都功能的表述中，直接采用了区域性商品交易市场这一概念代替区域性批发市场。根据《中国商品交易市场统计年鉴》的分类，主要进行某一领域商品交易活动的现货市场称为专业市场。按照经营的商品类别，分为12类专业市场：生产资料市场，农产品市场，食品、饮料及烟酒市场，纺织、服装、鞋帽市场，日用品及文化用品市场，黄金、珠宝、玉器等首饰市场，电器、通信器材、电子设备市场，医药、医疗用品及器材市场，家具、五金及装饰材料市场，汽车、摩托车及零配件市场，花鸟虫鱼市场，旧货市场（表1-4）。

表1-4 专业市场类别与北京市场实例

序号	类型	实例
1	生产资料市场	玉泉营建材市场
2	农产品市场	新发地农产品批发市场
3	食品、饮料及烟酒市场	锦绣大地批发市场
4	纺织、服装、鞋帽市场	动物园服装批发市场
5	日用品及文化用品市场	世纪丹陛华小商品批发市场
6	黄金、珠宝、玉器等首饰市场	方仕国际黄金珠宝城
7	电器、通信器材、电子设备市场	方仕通手机批发市场
8	医药、医疗用品及器材市场	—
9	家具、五金及装饰材料市场	十里河灯饰城
10	汽车、摩托车及零配件市场	五方天雅汽配城
11	花鸟虫鱼市场	十里河花鸟虫鱼市场
12	旧货市场	潘家园古玩市场

2017年以后的新闻报道和政策消息中，以“区域性专业市场”代替之前的“区域性批发市场”。从疏解对象看，这两种说法本质上并无太大差别，均指北京市内具有一定规模、从事批发（兼零售）活动、服务范围辐射到其他省市的商品交易市场。因此，本书中对两者并没有进行严格区分。

三、城市更新（疏解空间再利用）

1958年在荷兰海牙召开的城市更新研讨会上提出了城市更新的概念，即针对城市中的建筑物、街道、公园、绿地、学校、购物、游乐等周围环境和生活的改善，尤其是对土地利用的形态或地区制度的改善，以便形成舒适的生活和美丽的市容。随着社会的发展，人们对城市更新的内涵有了新的认识，其中比较有代表性的是《不列颠百科全书》将其定义为“以纠正一系列的城市问题而进行的综合计划，包括不合卫生要求、有缺陷或破败的住房，低质量的交通、卫生和其他服务设施，杂乱的土地使用方式，以及与城市衰退相关的社会问题等”。随着城市的发展，城市更新的内涵不断丰富，从早期的城市美化运动、消灭贫民窟和旧城改造等逐步发展为有机更新。特别是相对于之前的旧城改造理论和实践，城市更新的目标更为广泛，内容更为丰富，更注重运用综合手段实现繁荣经济、增加就业、完善城市基础设施、美化改善城市市容、恢复旧城区活力等多重目标。Roberts（2000）在《城市更新手册》中给出了更宽泛的定义，即用综合的、整体性的观念和行动解决各种各样的城市问题，旨在为处于变化中的城市带来经济、物质、社会、环境等方面的持续提升。

在西方，城市更新的含义发生过多次演变，如城市重建、城市复苏、城市更新、城市再开发、城市再生等，因此在不同语境中城市更新的含义有所区别。其中，从狭义角度讲，城市更新更多的是指20世纪70年代为了解决内城衰退问题而采用的城市发展方法。随着理论与实践的发展，无论是国外还是国内，学术界对城市更新的理解更趋向于广义范畴。

基于西方城市更新的历史和经验，20世纪80年代初期陈占祥提出城市更新与发展就是一个“新陈代谢”的过程，同时在这一过程中，城市更新会涉及经济、社会等多个方面，既有经济与文化，又有政策与管理（陈占祥，1981）。基于原本保存有特殊历史记忆的街区以及具有丰富地域文化的空间被工业标准化的建筑所取代的现象，吴良镛（1989）从“保护与发展”的角度提出了城市“有机更新”的概念，指出从城市到建筑，从整体到局部，如同生物体一样是有机联系与和谐共处的。21世纪以来规划界的学者们把目光聚集在城市建设的综合性与整体性上。同济大学伍江教授回顾中国城镇化发展中带来的社会分化、新区功能不完整、人文环境被破坏等诸多问题，呼吁城市建设理念亟待转型，应当将大规模的、完全无视自然环境的旧城改造转向小规模渐进式、常态化的城市更新模式，城市建设应由粗放型转向精致型。在城市更新的内涵上，伍江教授提出以下四点：第一，通过城市修补，使城市功能更加完善，让城市作为更加适合市民生活的空间；第二，通过生态修复，使自然环境更符合生态规律；第三，通过协调社会组织，提高城市的韧性和抗击力；第四，重新理解城市的历史文化和内涵，认识城市整体的历史文化载体作用，保护城市历史文化价值。阳建强（2012）在《西欧城市更新》中将其阐述为：作为城市自我调节机制存在于城市发展之中，主要目的在于防止、组织、消除城市衰退，通过结构与功能的不断调节，增强城市整体机能，使城市能够不断适应未来社会和经济的发展需求，建立起一种新的动态平衡。《深圳市城市更新办法》中对城市更新定义为，对特定城市建成区（包括旧工业区、旧商业区、旧住宅区、城中村等）进行综合整治、功能改变、拆除重建的活动。虽然有很多优秀的文章对城市更新有新的见解与定义，但是也显示出国内学术界对于城市更新的理解并没有形成普遍共识。

因此，借鉴以上研究观点，本书中的城市更新特指为治理日益严重的“大城市病”，如人口膨胀、交通拥挤、环境恶化等，对城市中特定区域进行功能置换或综合整治的活动。对北京而言，特定区域主要指被疏解腾退的区域性批发市场、物流仓储中心、一般性制造业、地下空间等的原所在地。

第四节　理论基础

非首都功能疏解的目的是缓解北京人口和产业过度集聚的问题，达到人口和产业在京津冀地区的合理分布，实现“人随功能走”“人随产业走”。产业的迁移最终是由厂商或企业家做出的理性选择，本书通过讨论人口迁移理论和产业集聚理论，以期对这种理性选择的机理窥得一二。同时，随着城市发展进程中各种问题的出现，19 世纪末西方国家从人口和产业等方面开展了城市功能疏解的相关研究，主要从城市规划、城市空间结构等角度进行理论研究，如霍华德（Howard）的田园城市理论、泰勒（Taylor）的卫星城理论、萨里宁（Saarinen）的有机疏散理论。目前，有关功能疏解的理论以在城市规划范畴下讨论城市空间形态为主，在实施政策上则以控制和疏解为主要特征。

一、人口迁移理论

人口迁移是指人口在地区内的空间移动，通常定义为人口居住地由迁出地到迁入地的永久性或长期性的改变，是地表人文过程研究中最重要的人文要素过程之一。对于一个特定区域而言，人口迁移活动几乎每时每刻都在进行，并通过人力资源的分配影响整个区域的社会经济发展。

拉文斯坦的“人口迁移法则”（law of migration）是公认最早的人口迁移理论，其归纳了 7 条规律，如迁移者的主体是短距离地迁移；每个主要的迁移流都会产生一个补偿性的反迁移流；短距离迁移人口中女性多于男性；人口迁移有许多不同的动机，但经济动机占主要成分。之后，在人口学、政治学、经济学等领域也有相应的理论出现（表 1-5）。

表 1-5　人口迁移的多种理论与模型

理论	人物	年份	观点
人口迁移法则	拉文斯坦	1885	对人口迁移的机制、结构、空间特征等进行了归纳，提出人口迁移七大定律，认为改善经济状况是人口迁移的主要动力
引力模型	吉佛	1946	两地之间迁移人口与两地人口规模成正比，与两地之间距离成反比
两部门模型	刘易斯	1954	不发达经济由人口过剩的传统农业部门和高劳动生产率的现代工业部门组成。农村剩余劳动力通过农村-城市迁移转移到现代工业部门
费-拉模式	费景汉、拉尼斯	1961	接受了刘易斯二元结构，并认为农业生产率提高而出现剩余产品是劳动力流向城市的先决条件
托达罗模型	托达罗	1969	人口流动过程是人们对城乡预期收入差异而不是实际收入差异做出的反映，解释了发展中国家过度城市化的现象

资料来源：许学强等（2009）。

这些理论较好地解释了乡村-城市人口迁移的动因，并且具有一定的时代意义。生产力发展水平的差异以及地区之间对人口和劳动力的需求不平衡始终存在，人口迁移成为调节不平衡的重要杠杆。具体到北京非首都功能疏解和京津冀协同发展，作者认为人口迁移的推拉理论和新古典经济学家舒尔茨提出的成本-收益理论具有更高的理论借鉴意义。从宏观角度讲，迁出地作为非首都功能疏解的主体，实施疏解搬迁政策具有较大的外推力，迁入地响应政策要求，对疏解对象提供一定的财政补贴和相应的教育、医疗等优惠政策，具有较大的吸引力，体现了人口迁移的“推拉”理论。从微观个体行为决策的角度讲，被疏解对象也会从自身的角度考虑成本与收益，包括迁移的各项成本、迁移后的收益以及拒不迁移可能带来的损失等，所以成本–收益理论能更准确地描述非首都功能疏解过程中人口迁移的动因与机理。

1. 推拉理论

20 世纪 50 年代末，博格（Bogue）等形象地解释了农村劳动力转移的动因，对影响劳动力迁移的经济原因进行讨论，提出推拉理论。主要观点是人口迁移是原住地的推力和迁入地的拉力共同作用的结果。博格将影响劳动力迁移行为的因素总结为 4 个方面：与迁入地有关的因素、与迁出地有关的因素、各种中间障碍因素、个人因素（图 1-6）。

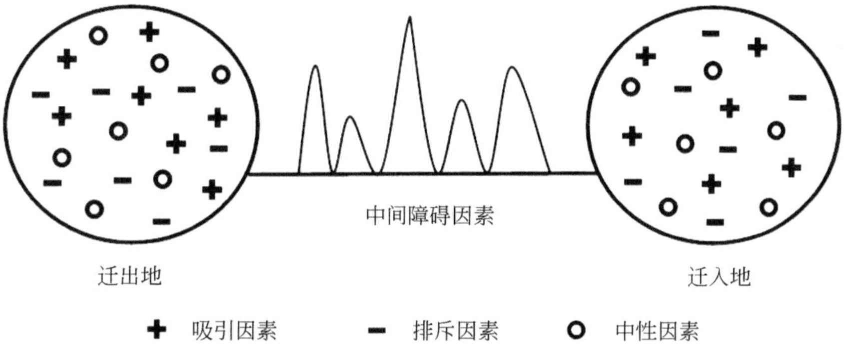

图 1-6　人口迁移的推拉因素

资料来源：Lee（1966）

与迁入地有关的因素中，就业岗位多、工资收入高、生活质量好、文化教育机会多、交通设施完善、气候环境宜人等是促进人口迁入的拉力，迁移可能带来家庭分离、对生产生活环境的不适应、竞争压力大等是阻碍人口迁入的推力。

与迁出地有关的因素中，自然资源枯竭、生活成本增加、失业率上升、经济收入水平较低、受教育机会和发展前途受到限制等是促进人口迁出的推力，家人的团聚、熟悉的社区环境、长期形成的社交网络等是阻碍人口迁出的拉力。通常来讲，迁出地的推力大于拉力，促进人口迁出的推力占主导地位。

中间障碍因素包括距离、交通顺达度等决定的迁移成本。

个人因素包括性别、年龄、文化程度、敏感程度、对其他地区的认识程度、与外界接触方式等。

有学者指出，推拉理论并不是一个完整的理论，更多是对人口迁移行为的影响因素的综合分析，对于要素流动和人口迁移的具体成因和机制没有给出更多论述。

2. 成本–收益理论

该理论由美国经济学家舒尔茨 1962 年提出，他认为迁移是人们追求更大经济收益的行为决策过程，迁移者预期通过实施这一行为将会得到更大的收益。实施过程中的迁移成本包括货币成本和非货币成本，前者是迁移费用，包括交通、住房和食物等方面增加的支出，以及迁移时因失业而减少的收入；后者包括迁移的时间成本、体力与脑力的支出等。此外，还包括心理成本，如与亲友分离和对迁入地感到生疏等感情上的支出、紧张等。迁移收益则包括货币收入（如迁移后收入的增加）和非货币收入（如社会关系的改善、个人心理的满足等）。当迁移收益大于迁移成本时，迁移就可能发生。

1962 年夏斯达（Sjasstad）进一步把成本−收益理论进行量化，建立了成本−收益模型，即

$$\mathrm{PV}_{ij} = \sum_{i=1}^{T} \frac{(U_j^t - U_i^t - C_{ij}^t)}{(1+r)^t}$$

式中，PV_{ij}为从 i 地到 j 地净所得的价值；j 为潜在目的地；i 为原住地；U_i^t、U_j^t分别为在 i、j 两地于时间 t 所预期的实际收入；r 为折旧率；T 为预期剩下的总生命长度；C_{ij}^t为从 i 地迁往 j 地期间需要的成本。只要至少有一个地区 j 的 PV_{ij}值大于 0，住在 i 地的个人就可能迁移，并将选择 PV_{ij}值最大的地方作为目的地。

成本−收益理论从社会学角度把微观经济理论应用到人口迁移研究中，并加入了微观的个人心理分析，拓展了人口迁移空间格局研究的领域。此外，比较著名的人口迁移理论还有人类生态理论、选择性迁移理论、生命周期理论等。

综上所述，从拉文斯坦至今，各种人口迁移理论的研究都是围绕着“人口为什么迁移”“哪些人更容易迁移”“人口往哪里迁移”“人口迁移产生哪些影响”四个方面展开，可以说人口迁移理论和实证研究已经从过去的侧重单个问题研究转向侧重对人口迁移的整体研究和系统研究。虽然这些理论都是以市场经济为背景的，但其中所揭示的若干规律对于中国人口迁移现象的研究也有一定的借鉴意义。

二、产业集聚理论

经济学家马歇尔提出产业区理论开创了产业集聚研究的先河，之后，经济地理学和区域经济学等领域的众多学者也提出了许多产业集聚的相关理论（表 1-6）。例如，区位论、创新产业集聚论、产业集聚最佳规模理论、增长极理论等。20 世纪 70 年代开始，以 Krugman、Jacobs、Klepper 和 Boschma 等学者为代表的新产业集聚理论逐渐兴起。此外，还有交易费用理论、网络组织理论等涉及产业集聚的理论。

表 1-6　产业集聚区的多种概念和定义

概念	定义	侧重点	理论	提出者
产业区（industry districts）	集中众多从事相同产业的小企业，具有外部经济型的地区	获取外部经济提供的好处	马歇尔产业区理论	Marshell（1890 年）
产业集聚（industry agglomeration）	某一产业在地理空间上的集中	空间集聚对于区域经济发展的影响	古典经济地理理论	Weber（1909 年）

续表

概念	定义	侧重点	理论	提出者
新产业区（new industry districts）	具有共同社会背景的人们和企业在一定自然地域上形成的地方生产体系	柔性专业化系统成为新的分工形式	新产业区理论	Bacattini（1978 年）
产业集群（industry clusters）	在特定的产业领域中，一群地理上邻近又交互关联的企业和相关组织	钻石模型	竞争优势理论	Porter（1990 年，1998 年）
产业网络（industry network）	一个行为主体与其他行为主体通过直接的或者间接的交易关系所形成的网络关系	行为主体间的网络状交易关系	网络组织理论	Johanson 和 Mattsson（1987 年）

资料来源：孟韬（2009）。

1. 工业区位理论

韦伯第一个全面而系统地论述了工业区位理论。1909 年韦伯在《工业区位理论——区位的纯粹理论》一书中提出了工业区位理论的基本思想。1914 年韦伯又发表了《工业区位——区位的一般理论及资本主义理论》，对德国 1861 年以来工业区位对资本主义国家人口聚集以及其他若干工业区位问题进行了综合分析。韦伯系统阐述了决定工厂最优位置的因子是运费、劳动力、集聚因素。当集聚节约额比运费指向或劳动费指向带来的生产费用节约额大时，便会产生集聚。他通过加工系数，即单位区位重量的加工价值来判断集聚的可能性，指出集聚的两种情况：一种是由于企业规模扩大而产生的生产集聚；另一种是不同企业在空间分布上的集中。企业之间通过协作分工、提高基础设施利用率等措施，形成集聚效益，并试图用等差费用曲线来定量分析产业集聚程度。韦伯首次将抽象和演绎的方法运用于工业区位研究，建立了完善的工业区位理论，并且提出了区位理论中的经典法则——最小费用区位法则。但是，韦伯的理论也带有一定的局限性：一是忽视了社会文化因素对企业区位选择的影响；二是未考虑需求因素对工业区位的影响；三是仅仅从局部和静态的角度分析了单个企业区位决定问题，缺乏对区位的宏观分析和动态分析；四是对劳动力供给和工资率的假设存在矛盾和非现实性等。

2. 产业集聚最佳规模理论

产业集聚（industrial agglomeration）是产业发展演化过程中的一种地缘现象，是指由一定数量的企业共同组成的产业在一定地域范围内的集中，以实现集聚效益的一种现象。它可以分为同一类型和不同类型两种产业的集聚。产业集聚是市场经济条件下工业化进行到一定阶段后的必然产物，是现阶段产业竞争力的重要来源和集中表现。自一个多世纪以前马歇尔首次提出著名的产业空间集聚的三个原因以来，学术界对产业集聚理论从不同的视角进行了学理探究，使产业集聚理论日臻完善。

美国区域经济学家胡佛在《经济活动的区位》中将集聚经济视为生产区位的一个变量，并把企业群落产生的规模经济定义为某产业在特定地区的集聚体的规模所产生的经济。他认为，规模经济有三个不同的层次，就任何一种产业而言，都有单个区位单位（工厂和商店等）的规模决定的经济、单个公司（企业联合体）的规模决定的经济、该产业某个区位的集聚体的规模决定的经济。

胡佛吸收了廖什的观点，将决定区域产业的基本因素归纳为：①自然资源优势；②集中经济；③交通运输成本。企业在特定地域集聚可以降低运费和生产成本，实现规模经济，使市场地域扩大；当生产过度集聚至超过最佳规模临界点时将会产生规模不经济，生产成本便再次上升。胡佛的贡献在于指出产业集聚存在一个最佳规模，如果集聚企业太少、集聚规模太小，则达不到集聚能产生的最佳效果；如果集聚企业太多，可能由于某些方面的原因反而使集聚区的整体效应下降。

3. 增长极理论

法国经济学家佩鲁（1950）提出增长极理论，被认为是西方区域经济学中经济区域观念的基石，是不平衡发展论的依据之一。增长极理论认为，一个国家要实现平衡发展只是一种理想，在现实中是不可能的，经济增长通常是从一个或数个“增长中心”逐渐向其他部门或地区传导。因此，应选择特定的地理空间作为增长极，以带动经济发展。

增长极理论从物理学的“磁极”概念引申而来，认为受力场的经济空间中存在着若干个中心或极，产生类似“磁极”作用的各种离心力和向心力，每一个中心的吸引力和排斥力都产生相互交汇的一定范围的“场”。这个增长极可以是部门的，也可以是区域的。区域经济发展主要依靠区位条件较好的少数地区和少数产业带动，应把少数区位条件好的地区和少数条件好的产业培育成经济增长极。增长极理论的基本点包括：①地理空间表现为一定规模的城市；②必须存在推进性的主导工业部门和不断扩大的工业综合体；③具有扩散和回流效应。

增长极理论需要一定的产生条件，这些条件包括：

（1）在一个地区内存在具有创新能力的企业群体和企业家群体，这实际上是熊彼特关于创新学说的反映，即创意与创新是经济发展的原动力而非简单的投资或消费拉动。

（2）必须具有规模经济效应，即发育成为增长极的地区需具备相当规模的资本、技术和人才存量，通过不断投资扩大经济规模，提高技术水平和经济效率，形成规模经济。

（3）要有适应经济与人才创新发展的外部环境，即既要有便捷的交通、良好的基础设施等“硬环境”，还要有政府高效率运作、恰当的经济政策、保证市场公平竞争的法律制度等“软环境”。

此外，增长极对周边区域经济发展的影响有正有负，即极化作用和扩散作用。极化作用是指规模效应、集聚效应使得增长极的极化作用不断加强，生产要素持续向中心集聚，同时周边地域发展机会相应减少，对周围区域经济发展产生负向效果。扩散作用则是指增长极对周边区域经济发展的带动，具体表现为经济外溢作用和政府调节作用，形成对周围区域发展的正向效果。

4. 竞争力理论

在《国家竞争优势》一书中，美国经济学家 Porter（2000）构建了产业集群这一概念。在 Porter 的观点中，产业集群是指在某一特定地域内，具有竞争或合作关系并在地理上由集中分布的、有交互关联的企业、专业供应商、生产服务者、金融机构和其他相关厂商、机构（如高校、标准机构、行业协会等）组成的群体。Porter 依据产业集群原理建立了钻石模型并分析了国家和地区的竞争力（图 1-7）。他认为一个国家某种产业的竞争力，取决于以下四个条件：①生产要素（输入）条件；②需求条件；③相关支撑产业；④公司战略与竞争的背景。这四个条件双向作用、相互制衡，形成“菱形架构”。产业集群在地理位置集中的作用下，四种要素的相互作用逐渐变大，竞争力日益增强，此时产业集群规模的重要性甚至高于成本和运费等要素。

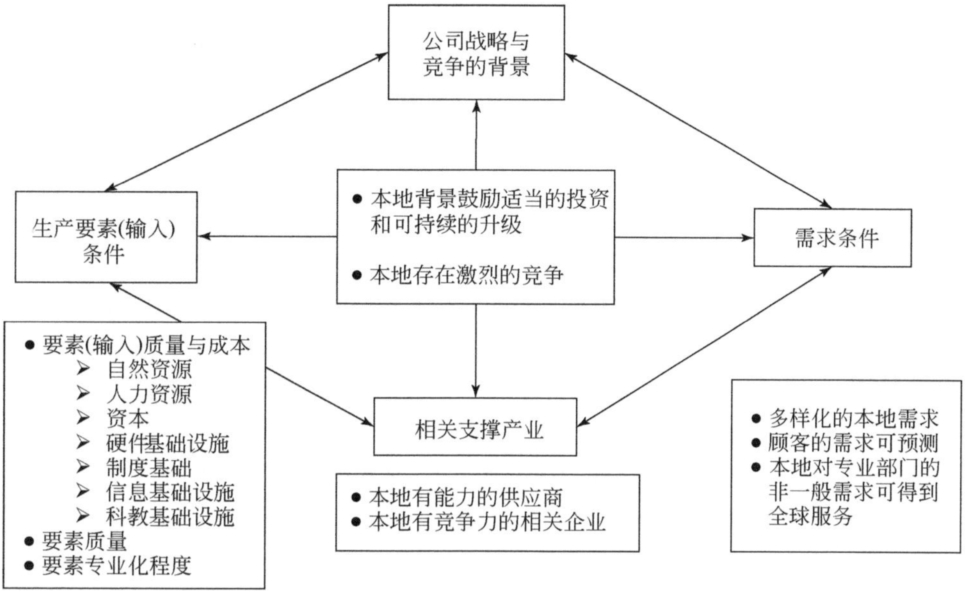

图 1-7　钻石模型示意图

资料来源：Porter（2000）

5. 新经济地理学理论

新经济地理学理论是 20 世纪 90 年代由克鲁格曼等开创，新经济地理学理论是将运输成本纳入理论分析框架，因为较少运输成本会引发集聚经济、外部性、规模经济等问题，把这些要素融入企业区位选择、区域经济增长及其收敛与发散的问题中，就会得出不同于传统区域经济理论的观点。所以，克鲁格曼提出新经济地理学理论是继新产业组织理论、新贸易理论、新增长理论之后最新的经济理论前沿。

传统的区域经济理论主要建立在新古典经济学基础之上，通过无差异空间、无运输成本等严格假定，提出相应的区位理论、区域增长理论等。克鲁格曼认为，以往的主流经济学正是由于缺乏分析规模经济和不完全竞争的工具，才导致空间问题长期被排斥在主流经济学之外。

与传统经济地理研究不同，克鲁格曼的新经济地理学理论以规模报酬递增和不完全竞争理论为基础假设，并认为最初产业在特定地点集聚的开端可能是由于偶然的历史事件和“路径依赖”。克鲁格曼在“中心-外围”模型中认为，在低运输成本、高生产规模、高制造业投入的条件下会促使产业集聚。规模经济导致的收益递增和运输费用的节约会产生集聚的“向心力”，资金、技术、劳动力等要素向集群靠拢，路径依赖也更为强烈。同时，过度集聚导致的外部不经济（拥挤）和用地成本的增加等会形成集聚的“离心力”。“中心-外围”模型奠定了新经济地理学理论的基本框架。

在“中心-外围”模型中，三种基本效应组成了该模型的基本机制：

一是本地市场效应，其含义是指垄断竞争厂商倾向于选择市场规模较大的地区进行生产并向市场规模较小的地区出售其产品。

二是价格指数效应，其含义是指厂商的区位选择对于当地居民生活成本的影响。在产业集聚的地区，商品（这里指制造业产品）一般来说比其他地区要便宜一些。这是因为本地生产的产品种类和数量较多，从外地输入的产品种类和数量较少，因而本地居民支付较少的运输成本。

三是市场拥挤效应，其含义是指不完全竞争厂商喜欢在竞争者较少的区位生产。

前两种效应形成了集聚力，促使厂商的空间集聚，后一种效应形成了分散力，促使厂商的空间扩散。产业的集聚还是分散取决于这两种力量的大小，如果集聚力大于分散力将会导致产业集聚，反之亦然。可以利用贸易成本的高低来衡量这两种作用力的大小。其中，高的贸易成本意味着贸易自由化的程度较低，反之，则意味着贸易自由化程度较高。

以克鲁格曼为代表的新经济地理学家以经济集聚作为研究对象，以垄断竞争模型为理论支柱，用本地市场效应和价格指数效应来解释经济集聚的原因，并为经济活动的空间研究提供了一个主流经济学的标准分析框架。但是，新经济地理学未能深入到经济集聚现象的内部探讨影响经济演进机制的微观要素，也未能深入指出企业规模报酬递增的来源，而在这些方面，新兴古典经济学采用超边际分析方法，重新将古典经济学中关于分工与专业化的思想变成决策和均衡模型，形成了一般递增报酬和分工网络效应等研究内容，在一定程度上弥补了这些缺陷。

三、城市规划理论

城市规划发展的历史证明：现代城市规划理论更多是“断片式”的、多方向的，有相当大的发散性。城市规划理论的变迁，其本质是在特定社会中不断地进行制度创新。只要社会在发展，就会有对相应制度安排的新要求，城市规划理论就将继续发展。本书仅列举了卫星城等与北京非首都功能疏解有关的理论进行简单阐述。

1. 田园城市理论

霍华德先后在《明天：一条通向真正改革的和平道路》（*Tomorrow：A Peaceful Path to real reform*）和《明日的田园城市》（*Garden Cities of To-morrow*）两本著作中详细讲述了田园城市理论，是一种将人类社区包围于田地或花园的区域之中，平衡住宅、工业、农业区域的比例的一种城市规划理念（图 1-8）。

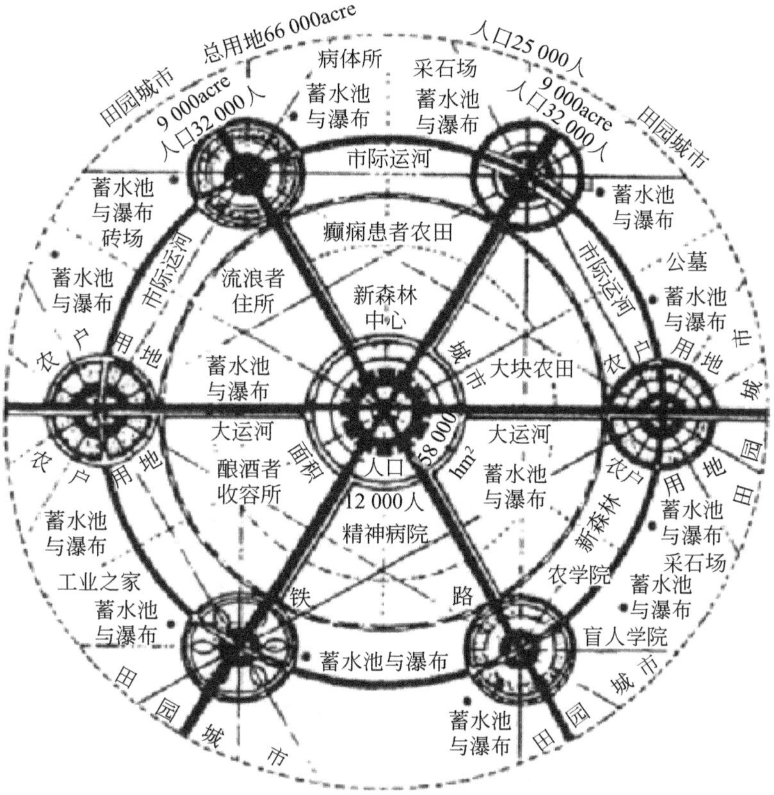

图 1-8　田园城市平面图

1 acre=0. 404 856hm^2

资料来源：Howard（1902）

他认为，要对城市的盲目膨胀进行有意识地移植和控制，通过建设田园城市来解决大城市中的多种问题。解决城市问题的方案主要包括：①疏散过于拥挤的城市人口，促使居民返回乡村。②建设一种把城市生活的优点同乡村的美好环境和谐地结合起来的田园城市。当城市人口增长达到一定规模时，就要建设另一座田园城市。若干个田园城市环绕一个中心城市（人口规模为 5 万 ~8 万人）布置，形成城市组群——社会城市。城市组群中每一座城镇在行政管理上是独立的，而各城镇的居民实际上属于社会城市的一个社区。③改革土地制度，地价的增值归开发者集体所有。

在该理论的影响下，19 世纪末英国各地出现田园城市运动，但现实并不理想，各田园城市的发展与预期相差甚远。

2. 卫星城理论

卫星城（satellite city）概念最先是泰勒于 1915 年提出的。他提出在大城市郊区建设卫星城，将工厂从市区迁至郊区，以分散中心城市过度集中的人口和工业。1922 年昂温

（Unwin）提出可以把伦敦的人口和工业分散到附近的卫星城镇，在伦敦外围建设绿带，以限制城市发展，进而控制其规模。1924 年国际城市会议在荷兰阿姆斯特丹召开，卫星城被广泛认为是防止大城市规模过大和不断蔓延的一个重要方法。

卫星城理论的渊源可以追溯到田园城市理论，经历了附属型、半独立型、独立型等发展阶段（图 1-9）。这种理论提出一种兼有城市和乡村优点的新型城市结构形式，在中心城周围建设一圈较小的城镇，形式上犹如行星周围的“卫星”，这是卫星城的思想萌芽。第二次世界大战之后，先是英国、瑞典、苏联、芬兰，后是法国、美国、日本等国规划建设了许多卫星城。近些年来发达国家在大城市外围建设的卫星城镇具有代表性的有斯德哥尔摩的卫星城——魏林比、巴黎外围的赛尔基·蓬图瓦兹等 5 个新城、华盛顿的卫星城——雷斯登、东京的卫星城——多摩等。20 世纪 40 年代末，中国在上海城市规划中提出在市区周围建设卫星城的设想。50 年代末上海、北京等城市总体规划中都考虑了卫星城的规划和建设。

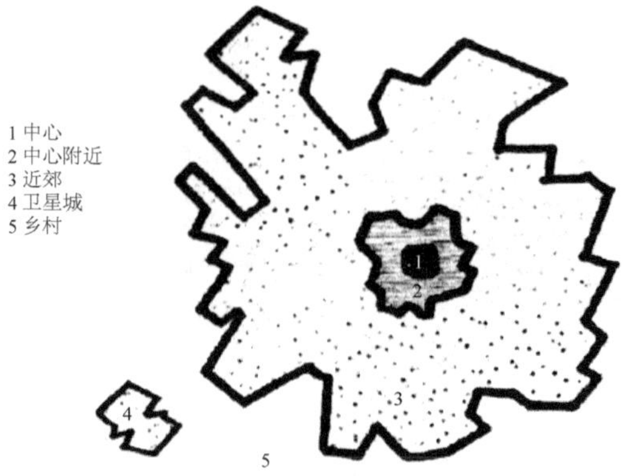

图 1-9　卫星城图示

资料来源：Taylor（1915）

一般来说，卫星城的建筑密度较低，环境质量较高，并且与中心城区之间往往有绿地进行分隔，主要建设目的是分散母城的人口和工业。

第一阶段的卫星城大部分是“卧城”，居民大多是母城的通勤职工。

第二阶段的卫星城开始成为半独立的“辅城”，城区开始发展一些工业，并建有一定的基础服务设施，部分居民得以就地工作。

前两个阶段的卫星城由于对母城的依赖性较高，对人口和产业的疏散作用并不明显。

第三阶段的卫星城对母城的依赖性大大降低，成为独立的“新城”，可以自主解决基本生活和工作的问题，形成功能健全的独立性城市，进而成长为区域经济增长的中心，达到吸引母城人口和产业的目的。

3. 有机疏散理论

有机疏散理论（theory of organic decentralization）是芬兰学者萨里宁在 20 世纪初期为缓解由于城市过分集中所产生的弊病而提出的关于城市发展及其布局结构的理论，是城市分散发展理论的一种。他在 1942 年出版的《城市：它的发展、衰败和未来》（*The City: Its Growth, Its Decay, Its Future*）一书中对有机疏散理论进行了详细阐述，认为城市与自然界的所有生物一样，都是有机的综合体，并从土地产权、土地价格、城市立法等方面论述了有机疏散理论的可能性。

萨里宁提出了有机疏散的城市结构的观点，认为这种结构既要符合人类聚居的天性，便于人们过共同的社会生活，又要不脱离自然。有机疏散的城市发展方式能使人们居住在一个兼具城乡优点的环境中。因此，他认为没有理由把重工业布置在城市中心，轻工业也应该疏散出去。许多事业和城市行政管理部门必须设置在城市的中心位置。城市中心地区由于工业外迁而空出的大面积用地应该用来增加绿地，而且也可以供必须在城市中心工作的技术人员、行政管理人员和商业人员居住，让他们就近享受家庭生活。

有机疏散的两个基本原则是把人们日常生活和工作，即所谓的“日常活动”的区域做集中布置；不经常的“偶然活动”（如看比赛和演出等）的区域不必拘泥于一定位置，可作分散布置。日常活动尽可能集中在一定范围内，使活动需要的交通量减到最低程度，并且不必都用机械化的交通工具，日常活动应以步行为主。往返于偶然活动的场所，可以使用设置在日常活动范围外的绿地中的交通干道。城市交通拥挤并不是现代交通工具造成的，而是城市的机能组织不善，使在城市工作的人每天耗费大量的时间和精力往返旅行所致。

第二次世界大战之后，西方许多城市以有机疏散理论为指导，调整城市发展战略，形成了健康有序的发展模式。其中，最著名的是大伦敦规划和大巴黎规划。1945 年完成的大伦敦规划对以伦敦为核心的都市圈作了通盘的空间秩序安排，以疏散为目标，在大伦敦都市圈内计划了十多个新镇以接受伦敦的外溢人口，减少市区压力和战后恢复重建。人口得以疏散的关键在于这些新镇分解了伦敦市区的功能，提供了就业机会。

4. 城市更新理论

城市更新的起源可以追溯到 20 世纪 50 年代，为了恢复遭到经济萧条打击和两次世界大战破坏的城市，西方国家开展了大规模的城市更新（urban renewal）运动，主要内容是清除贫民窟和大规模的推倒重建。由于缺乏理论上的认识，大规模的城市改造给城市带来较大破坏并产生一系列社会问题，如住房、疾病、种族隔离等。随着西方国家经济的快速发展，社会公平和福利受到广泛关注，学者们也逐渐注重对弱势群体、邻里修复、社会问题的研究。同时，城市更新研究出现了一种新的倾向，即城市“绅士化”（gentrification），也称为“中产阶级化”。90 年代，人本主义思想和可持续发展观念逐渐被大众所接受，城市更新也越来越注重居民意愿和公众参与，强调从经济、社会、物质、环境等多维度的综合更新，公众参与、伙伴关系被广泛讨论。21 世纪初，经济全球化的趋势愈发强烈，文化创意产业以其独特优势为城市更新注入新的活力。西方国家的城镇化已经进入后期阶段，而中国尚处于城镇化的加速阶段，城市更新研究也存在自身的复杂性和特殊性。有关城市更新研究经常被使用的概念有旧城改造、旧城更新、有机更新、城市再生、城市复兴等。

吴良镛（1989）认为，城市建设应该按照城市内在的秩序和规律，顺应城市的肌理，采用适当的规模、合理的尺度，依据改造的内容和要求，妥善处理关系，在可持续发展的基础上探求城市的更新发展，不断提高城市规划的质量，使得城市改造区的环境与城市整体环境相一致；主张对城市中已不适应一体化社会生活的地区作必要的改建，使之重新发展和繁荣，主要包括对建筑物等客观存在的实体的改造和对各种生态环境、空间环境、文化环境、视觉环境、游憩环境等的改造与延续。

作者通过对比国内外城市更新研究的演化过程、期刊和机构特征以及研究热点等的差异性，认为未来中国城市更新研究应集中在以下两个方面：一方面是公众参与和伙伴关系的深入研究。现有的研究多是探讨公众参与的意义、价值等理念层面、模式/机制的初步构建。未来公众参与或伙伴关系的研究应更加深入，从理念层面向应用实践方面转变，从机制或模式的不完善到逐步完善。另一方面是从注重物质空间向注重社会、文化、环境等方面转变。国内现有的研究更侧重于城市物质空间的更新改造，未来将逐步向社会公平、文化创意与旅游开发、可持续发展等方面转变。

5. 邻里单位理论

该理论首先由美国社会学家佩里（Perry）提出，为适应现代城市因机动交通发展而带来的规划结构的变化，改变过去住宅区结构从属于道路划分而提出的一种新的居住区规划理论。它针对当时城市道路上机动交通日益增长，车祸经常发生且严重威胁老弱及儿童穿越街道，以及交叉口过多和住宅朝向不好等问题，要求在较大范围内统一规划居住区，使每一个邻里单位成为组成居住的“细胞”，并把居住区的安静和朝向、卫生和安全置于重要位置。

根据佩里的论述，邻里单位由六个原则组成（图 1-10）：

（1）规模。一个居住单位的开发应当提供满足一所小学的服务人口所需要的住房，它的实际面积则由它的人口密度所决定。

（2）边界。邻里单位应当以城市的主要交通干道为边界，这些道路应当足够宽以满足交通通行的需要，避免汽车从居住单位内穿越。

（3）开放空间。应当提供小公园和娱乐空间的系统，它们被计划用来满足特定邻里的需要。

（4）机构用地。学校和其他机构的服务范围应当对应于邻里单位的界限，它们应该适当地围绕着一个中心或公地进行成组布置。

（5）地方商业。与服务人口相适应的一个或更多的商业区应当布置在邻里单位的周边，最好是处于交通的交叉处或与相邻的商业设施共同组成商业区。

（6）内部道路系统。邻里单位应当提供特别的街道系统，每一条道路都要与它可能承载的交通量相适应，整个街道网要设计得既能便于单位内的运行同时又能阻止过境交通的使用。

该理论产生于 20 世纪 20 年代，在经历了 100 多年的实践洗礼，仍在国内外城市规划中被广泛应用。

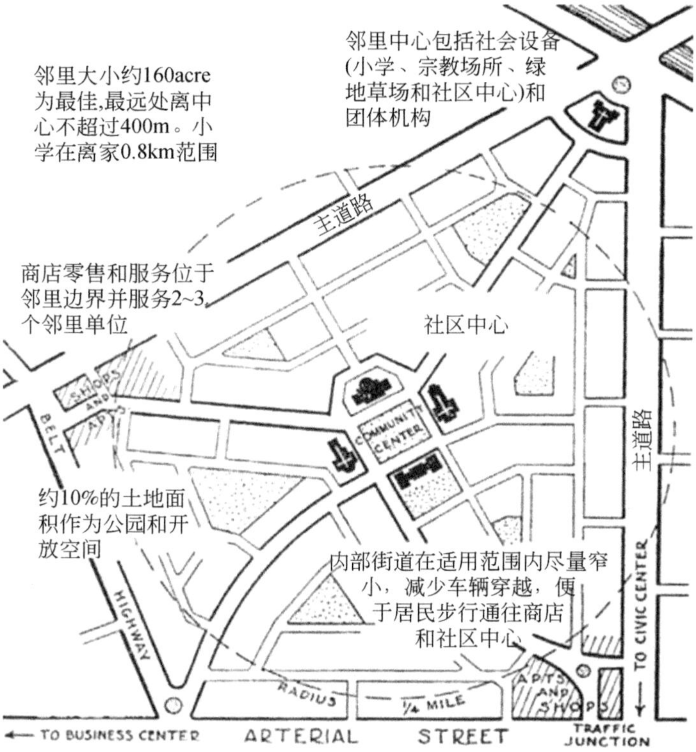
邻里大小约160acre
为最佳,最远处离中
心不超过400m。小
学在离家0.8km范围
邻里中心包括社会设备
(小学、宗教场所、绿
地草场和社区中心)和
团体机构
主道路
商店零售和服务位于
邻里边界并服务2~3
个邻里单位
社区中心
SHOPS AND APTS
BELT
COMMUNITY CENTER
主道路
约10%的土地面
积作为公园和开
放空间
内部街道在适用范围内尽量窄
小，减少车辆穿越，便
于居民步行通往商店
和社区中心
HIGHWAY
TO CIVIC CENTER
APTS AND SHOPS
RADIUS
1/4 MILE
TO BUSINESS CENTER
ARTERIAL
STREET
TRAFFIC JUNCTION

图 1-10　邻里单位的示意图

第五节　研 究 框 架

本书从功能疏解的人口、产业、城市等理论和测度方法入手，对北京非首都功能疏解的现状、进展和问题进行系统梳理和总结；通过问卷调查、统计分析、数学建模等方式，探究功能疏解的影响因素和作用机制；从宏观（京津冀地区）、中观（北京市、承接地）、微观（动物园服装批发市场等特定区域）三个空间尺度分析非首都功能疏解的区域效应；针对功能疏解的政策和措施、国内外城市功能疏解的经验教训，以及北京非首都功能疏解的影响机制和区域效应，提出优化对策和理论思考。这里从研究方法、逻辑框架、特色与创新三个方面阐述全书的研究框架。

一、研究方法

城市功能疏解涉及社会经济（城市、产业、市民等人文要素）和资源环境（土地、植被等自然要素）的交互作用，是一个复杂的人地关系地域系统，更涉及集聚向心力（关联效应、市场、知识外溢）和疏解离心力（土地租金/运输成本、拥塞和污染等其他外部不经济）的相互平衡，研究城市功能疏解的类型和机制较复杂，需要多学科多机制的研究方法，具体方法如下。

1. 定量与定性相结合的研究方法

通过对社会经济统计数据、问卷调查数据、空间矢量化数据的深度挖掘，以及对已有模型方法的改造，综合运用地理探测器、多元 Logistic 回归模型等方法，探索不同因素对疏解空间再利用类型的作用方向和强度。在定量分析的基础上，开展有针对性的定性分析，如通过对市场/商场、地下空间、制造业企业/园区等开展问卷调查和实地访谈，获取第一手资料和数据，挖掘不同行为主体对疏解空间再利用的需求偏好和影响因素，为定量分析提供微观基础和数据支撑。

2. 归纳与演绎相结合的研究方法

归纳与演绎是逻辑思维的两种方式，归纳是从个别到一般，演绎则是从一般到个别。通过对动物园服装批发市场、南华里社区地下空间、黑桥仓储中心等典型案例地区的研究和对比分析，归纳疏解空间再利用的一般规律，特别是具有普适性的影响因素和作用机制。从城市更新的视角和一般理论出发，如消费者行为理论、区域增长极理论等，实证检验理论在不同案例地区的异质性，开展与已有文献和研究结论的对话，揭示异质性的影响因素，演绎具有典型特色的规律和理论。

3. 理论与实践相结合的研究方法

既要通过归纳和演绎的方法发现科学规律，又要瞄准现实问题，切实解决疏解空间再利用中存在的短板和障碍问题，为促进非首都功能疏解、核心功能提升和解决“大城市病”提供科学依据。例如，在第九章典型案例研究中，分别对政府、市场/企业、市民、非营利组织等不同行为主体对疏解空间的需求偏好和影响因素等进行深度访谈和问卷调查，为构建形成机制的分析框架提供科学依据。

二、逻辑框架

本书研究的逻辑框架如图 1-11 所示。

全书遵循“状态—机制—效应—对策”的研究思路，探讨北京区域性批发市场和一般性制造业疏解的现状和特点，以服装鞋帽批发市场为重点，深入考察北京市批发功能疏解和天津市、河北省各地承接批发功能的影响因素和作用机制，对比分析影响因素和作用机制的异同点并对批发市场疏解的区域效应进行调查与研究。在此基础上，结合北京市疏解空间的分布特征和典型案例调研，获取疏解空间再利用的影响因素和作用机制，并对疏解空间再利用的类型和影响机制进行了深入探讨。结合典型调研中发现的问题和实证研究中得出的基本结论和判断，对北京非首都功能疏解提出对策建议。

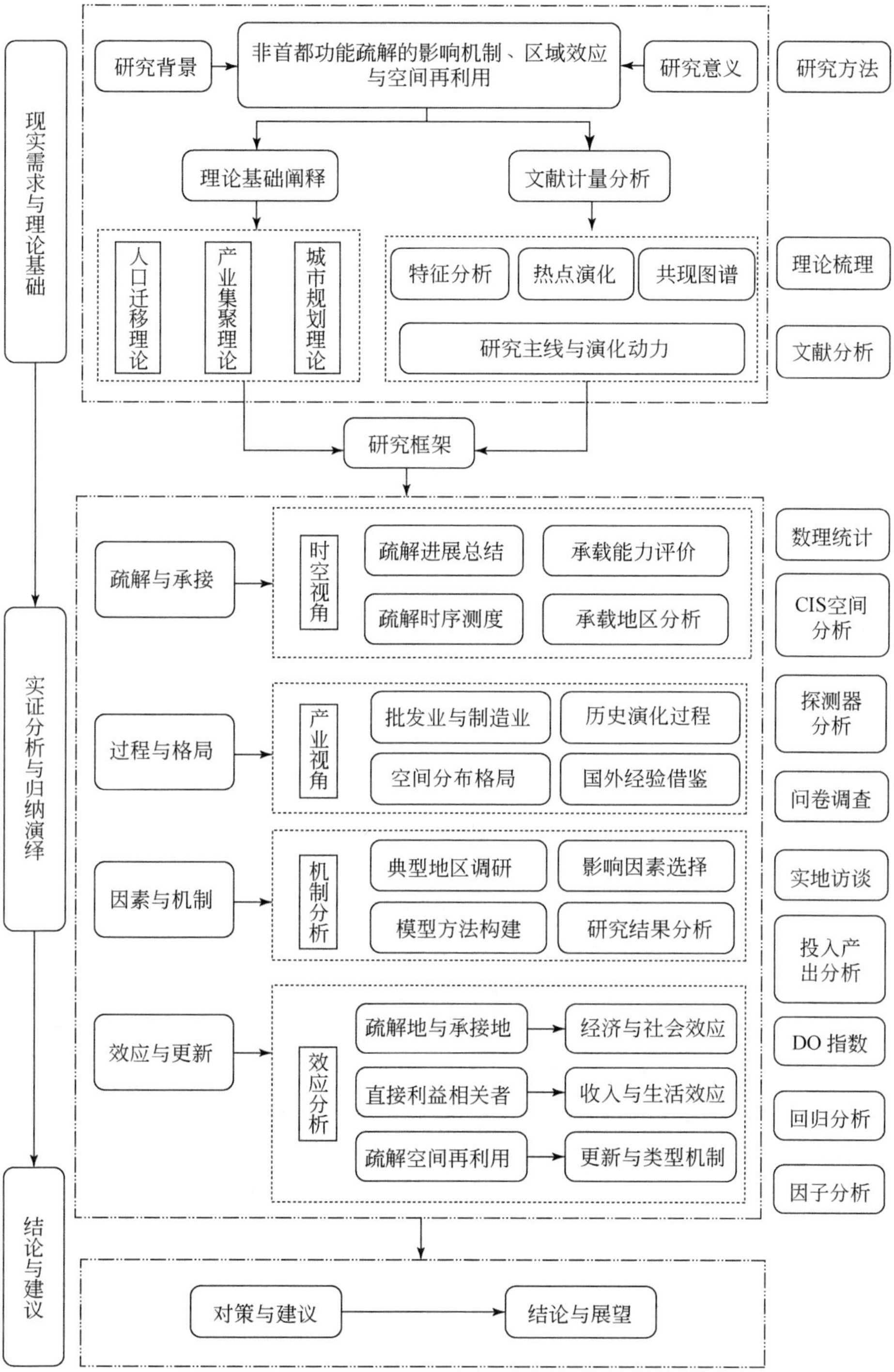

图 1-11　本书研究的逻辑框架图

三、特色与创新

本书的特色是在国家鲜明的需求引导下，通过解决关键科学问题满足国家重大应用目标的同时，探讨经济地理学中企业区位选择、人口迁移、城市功能结构等核心理论问题，从而拉动学科发展。

全书的创新之处可以概括为以下三点：

（1）从地理学的视角研究解决问题。综合性是地理学研究的特色之一，许多学者都从经济学、社会学、生态学的角度研究京津冀协同发展问题，但只关注产业或人口的单一方面，而将两者结合起来的综合研究相对较少。作为北京非首都功能重要组成部分的人口和产业是相辅相成的，由于决定产业区位选择的因素与人口迁移的因素并不完全一致，因此产业疏解未必能够同步带动人口疏解，如北京的流动人口中70%是家庭迁移，为了家庭稳定，流动人口可能不愿意再流动；如为了让正在上学的孩子享受到更好的教育资源，从事疏解产业的流动人口外迁的可能性更小。因此，需要将经济因素和社会因素等结合起来进行综合研究，这样才能得出有现实意义的研究结论。

（2）体现地理学的复杂性特点和前沿发展趋势。根据地理学第一定律，地理事物或属性在空间分布上互为相关。因此，一个事物的变化必然会引起另一事物的变化。总结已有研究成果，对于疏解可能带来的区域效应的研究并不多见，这与非首都功能疏解从2014年才正式启动且疏解效果呈现有一个滞后期有关。因此，本书将研究的重点放在区域效应上，并从宏观、中观、微观三个尺度进行研究。这样，不仅考虑功能疏解对北京市的影响，还考虑对重要承载地，乃至整个京津冀地区的影响，进而将局部与整体统一起来，纳入一个系统进行研究。

（3）注重微观调研和大数据的应用。由于经济地理学的研究对象直接涉及行为主体中的个人和企业，因此必须开展针对微观主体（个人和企业）的问卷调查和深度访谈，从而收集第一手资料和数据。本书结合中国科学院A类先导科技专项、国家自然科学基金项目以及地方横向课题，在雄安新区、通州副中心、天津武清区、河北燕郊等典型地区开展了问卷调查，不仅弥补了统计数据不足的缺陷，而且对加强经济地理学在微观机制的研究具有重要意义。同时，本书还结合京津冀三省市工商注册企业数据，利用DO指数等方法开展企业大数据分析，丰富和完善了经济地理学的传统技术方法。

第二章　基于 CiteSpace 的文献计量分析和综述

文献计量学是以文献量（各种出版物，尤以期刊论文和引文居多）、作者数（个人、集体或团体）、词汇数（各种文献标识，其中以叙词居多）为研究对象，采用数学、统计学和文献学等计量方法研究文献情报的分布结构、数量关系、变化规律，进而探讨科学技术的结构、特征和规律的一门学科。随着 CiteSpace、VOSviewer 等以引文分析和知识图谱可视化技术为基础的分析软件的兴起，文献计量学常常与知识图谱分析技术一起被用来预测学科或研究领域的发展趋势，探究学科之间的相互影响关系，挖掘研究领域的前沿与热点，对研究领域的学者做出评价，或从某些关键期刊的刊文情况分析学科发展的特点与趋势。

本章结合文献计量、知识图谱分析、社会网络分析等方法，运用可视化工具，系统归纳非首都功能疏解的相关研究，梳理研究脉络，发掘研究热点，方便读者对非首都功能疏解研究有更清晰的认识。

第一节　数据来源与研究方法

知识图谱（knowledge graph）是人工智能的重要分支技术，2012 年由谷歌（Google）公司提出，意指结构化的语义知识库，是应用数学、图形学、信息科学、可视化技术等学科理论与方法的结合，一开始是作为人工智能的分支技术，之后在图书情报领域日渐普及。通过对关键词、作者、机构、被引文献、被引作者、被引期刊等学科信息的抽取和分析，挖掘其隐含信息并借助可视化知识图谱直观呈现相关信息和信息实体间的相互关联；通过相关信息的汇聚情况，利用引文分析、共现分析等功能，显示一个学科或知识领域在一定时期发展的趋势，预测研究热点、交叉学科和未知领域等，将学科的知识架构、发展历史、前沿领域等进行清晰地可视化展示，揭示该领域科学知识的发展状况，因而知识图谱在情报学、图书馆学、信息与知识传播、经济学、社会学等领域的应用日益普及。

一、数据来源

常见的中文文献资料数据库有中国知网、万方资源、读秀学术搜索、中文社会科学引文索引（CSSCI）、超星数字图书馆、人大报刊复印资料、龙源期刊网、人民日报等。常见的外文数据库有 Web of Science、Science Direct、EBSCO 总平台（含 ASP、BSP、PsycINFO、PsycARTICLE、ERIC、eBooks 等）、Springer Link Journals、Springer Link Books、

Reaxys、ProQuest 学位论文全文库、Oxford Journals、Royal Society of Chemistry（英国皇家化学学会）、Cambridge Journals 等。

本章选取中国期刊全文数据库（中国知网）为数据来源。中国知网将期刊杂志、博士论文、硕士论文、会议论文、报纸、工具书、年鉴、专利、标准、国学、海外文献等众多资源汇聚为一体，是世界上最大的动态更新的学术期刊全文数据库。

要理解北京非首都功能疏解是如何演进的，就要从京津冀协同发展的初始研究开始，围绕规划建设雄安新区和北京城市副中心（通州）进行拓展。因此，在中国知网文献检索中输入检索条件为“主题=非首都功能疏解∪京津冀协同发展∪副中心建设∪雄安新区”，限定研究的数据库为中文核心及 CSSCI 文献数据库，且以期刊数据为主，时间截至 2021 年 12 月 31 日，本次共搜到 3276 条记录（表 2-1）。

表 2-1　检索关键词和文献数量占比

检索关键词	数量/篇	占比/%
京津冀协同	1984	60. 6
非首都功能疏解	794	24. 2
副中心建设	69	2. 1
雄安新区	429	13. 1
总计	3276	100

二、研究方法

关键词是作者学术思想及学术观点的凝练，也是文献收录和索引的重要标识。当两个或更多的关键词在同一篇文献中出现则被称为关键词共现。关键词共现分析是揭示和研究关注点之间网络关系的重要方法之一。关键词共现分析在共词分析理论的基础上需要满足四个假设条件：

（1）论文的关键词和标题等关键术语都是经过作者认真选择的，能够反映该领域的研究现状。

（2）当同一篇文献中使用多个关键词时，这些关键词之间有一定的联系。

（3）如果有足够多论文中使用一对关键词，那么这对关键词所表示的关系在该学科具有特别的意义。

（4）经过培训的标引者选择用以描述内容的关键词，事实上是相关科学概念可以信赖的一个指标。

根据 Whittaker 等（2012）的观点，关键词共现分析还可以用以发现新的学科增长点和突破口，即如果两个关键词同时与某关键词有较强的共现关系，则这两个关键词之间也可能存在某种关联，从而导致科学上某种创新的发现。

关键词共现关系图可用于分析研究领域内的关键词共现关系。在该图中，每个节点代

表一个关键词，如果两个关键词在同一篇文献中出现，这两个节点之间就存在一条边，边的权重等于两个关键词共现的次数。据此，一组文献中的关键词共现关系就形成了以关键词为节点，以共现关系为边的网络图（图 2-1）。

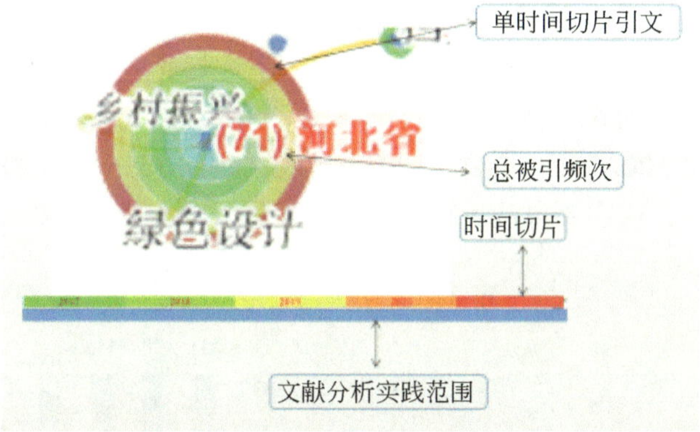

图 2-1　关键词共现分析演示图例

其中，节点半径大小代表关键词的词频（即包含该关键词的文献数量），节点以树的年轮形式表示该关键词在不同时段的演化规律。每一圈年轮的宽窄代表某一年该关键词出现的频次，年轮从里到外代表时间从远到近。节点的某一圈呈现红色代表该节点在某一时段爆发或者剧增（burst），表明该时间区间内该关键词出现的频率突然变化（激增），处于研究的前沿。如果节点外包围有紫色的圆圈，表示该节点具有较高的中介中心度（betweenness centrality），说明该节点在聚类网络中的连接能力，并且通常中心度高的点是连接 2 个不同聚类路径的桥梁，体现这类词在某个研究领域的重要作用。多个关键词通过边相连并且聚集在一起，结合中介中心度、频次等指标能够较直观地呈现研究的重要关键词所在，为明确该领域的研究热点提供依据。

本章同时利用文献题录信息统计分析工具（statistical analysis tool for informetrics，SATI）进行作者、关键词、年份等信息的抽取和统计。SATI 通过对期刊全文数据库题录信息的字段抽取、频次统计、共现矩阵的构建，利用一般计量分析、共现分析、聚类分析、多维尺度分析、社会网络分析等方法，实现元数据抽取、频次统计、知识矩阵构建、数据可视化等功能。

第二节　特征分析

本节主要从文献数量特征、期刊和学科特征、机构特征、作者特征四个方面开展研究工作，文献来自北大核心与 CSSCI 文献数据集，在分析时主要以期刊分析为主要方式，排除新闻报纸、会议论坛、文件等。经去重后，最终确定的文献数量为 3276 篇，最早的文献出现在 2006 年，这是一篇关于京津冀经济协同发展的会议报告，并非学术论文。因此，研究的时间段最终确定为 2007～2021 年。

一、文献数量特征分析

基于文献发行年际数量变化可以发现，2007～2013 年变化幅度很小，年际发文量基本保持在 23 篇左右，最高文献数是 25 篇，最低是 21 篇，可以认为这一阶段主要是学术界对于京津冀协同发展研究的探索阶段。2014 年之后发文量呈现陡然增加的趋势，从 2014 年的 181 篇增至 2017 年的 621 篇，增长了 243%。虽然 2017 年之后发文量呈现递减趋势，但即使是发文量最低的 2021 年仍然约是 2013 年发文量的 15.6 倍。2014～2021 年的发文量占样本总量的 95.24%，这主要得益于京津冀协同发展战略提出后的推动效应（图 2-2）。

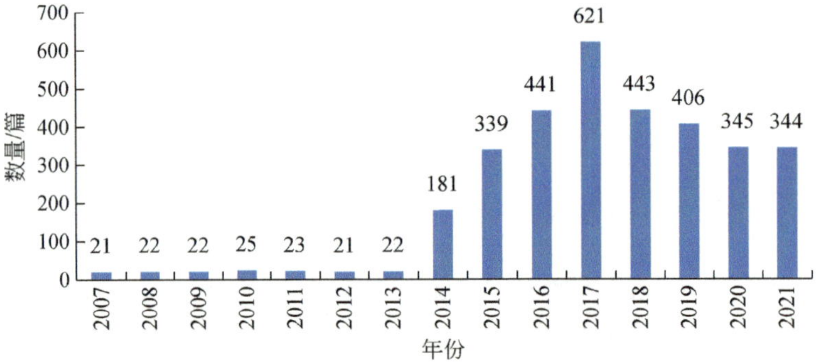

图 2-2　2007～2021 年各年度总体发文量

二、期刊和学科特征分析

分析研究成果的来源期刊分布情况，可以为该领域文献搜集和前期知识积累提供方向，并在一定程度上反映研究领域的理论和实践价值。据统计，京津冀协同发展研究的 3276 篇文献分别发表在 492 个期刊上（图 2-3）。

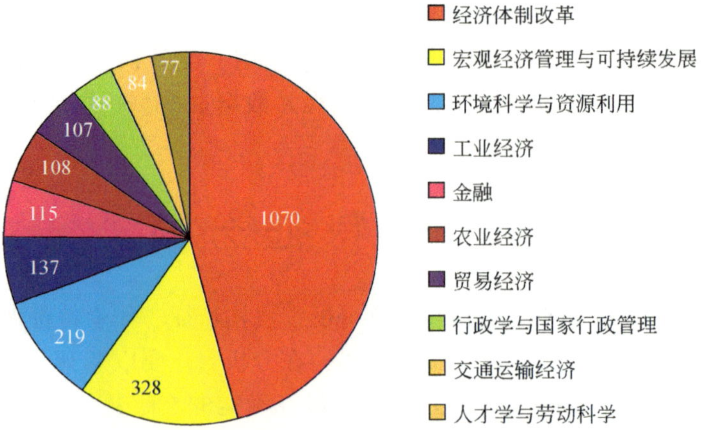

图 2-3　发文量的学科分布情况

发文量少的学科未作统计

从期刊发文量看，在对非首都功能疏解的研究中，社会学、经济学、管理学等学科占主导地位，一定程度上表明这是社会学、经济学、管理学研究的热点问题（表 2-2）。2007 年以来发文量最大的 3 个期刊分别是《经济与管理》《前线》《商业经济研究》，这三个期刊占所有文章总数的 13.64%。发文量不少于 28 篇的期刊有 19 个，其中经济与管理科学期刊有 12 个，在期刊数量上占主导地位。其他发文量较大的还有《人民论坛》《经济研究参考》《河北学刊》等基础科学、社会科学等期刊。

从影响因子的角度看，经济类和管理类期刊的复合影响因子普遍较高。其中，《中国流通经济》《当代经济管理》《经济与管理》的影响因子分别为 5.222、3.884 和 3.475。与地理学科相关的《地理科学进展》《经济地理》的影响因子分别为 6.046 和 6.428，显著高于其他期刊，文献具有较高的研究价值。

表 2-2　根据发文量确定的期刊排序表

期刊名称	发文量/篇	专辑名称	专题名称	影响因子
经济与管理	155	经济与管理科学	经济与管理综合	3.475
前线	151	社会科学	政治军事法律综合	0.652
商业经济研究	141	经济与管理科学	贸易投资	1.915
人民论坛	92	社会科学	政治军事法律综合	1.002
经济研究参考	78	经济与管理科学	经济与管理综合	0.736
河北学刊	77	社会科学	教育综合	1.230
中国流通经济	63	经济与管理科学	贸易经济	5.222
河北大学学报（哲学社会科学版）	61	社会科学Ⅱ	教育综合	1.490
中国人才	42	社会科学Ⅱ	人才学与劳动科学	0.082
河北经贸大学学报	39	经济与管理科学	经济与管理综合	2.741
生态经济	38	经济与管理科学	宏观经济管理与可持续发展	2.453
宏观经济管理	35	经济与管理科学	宏观经济管理与可持续发展	2.855
科技管理研究	33	经济与管理科学	基础科学综合	2.157
当代经济管理	33	经济与管理科学	经济与管理综合	3.884
中国金融	33	经济与管理科学	金融学	1.049
中国职业技术教育	32	社会科学Ⅱ	职业教育	2.186
城市发展研究	31	经济与管理科学	宏观经济管理与可持续发展	2.747
地理科学进展	30	基础科学	地理学与测绘学	6.046
经济地理	28	经济与管理科学	宏观经济管理与可持续发展	6.428

三、机构特征分析

机构特征分析主要包括研究机构发文量、研究机构所属地域、研究机构合作网络等。在 CiteSpace 参数设置中时间跨度设为 2007～2021 年，time slice 设为 1，node type 选择

"institution"，TopN=50，使每个时间切片中发文量排在前50的机构显示在生成的图谱中（图2-4）。

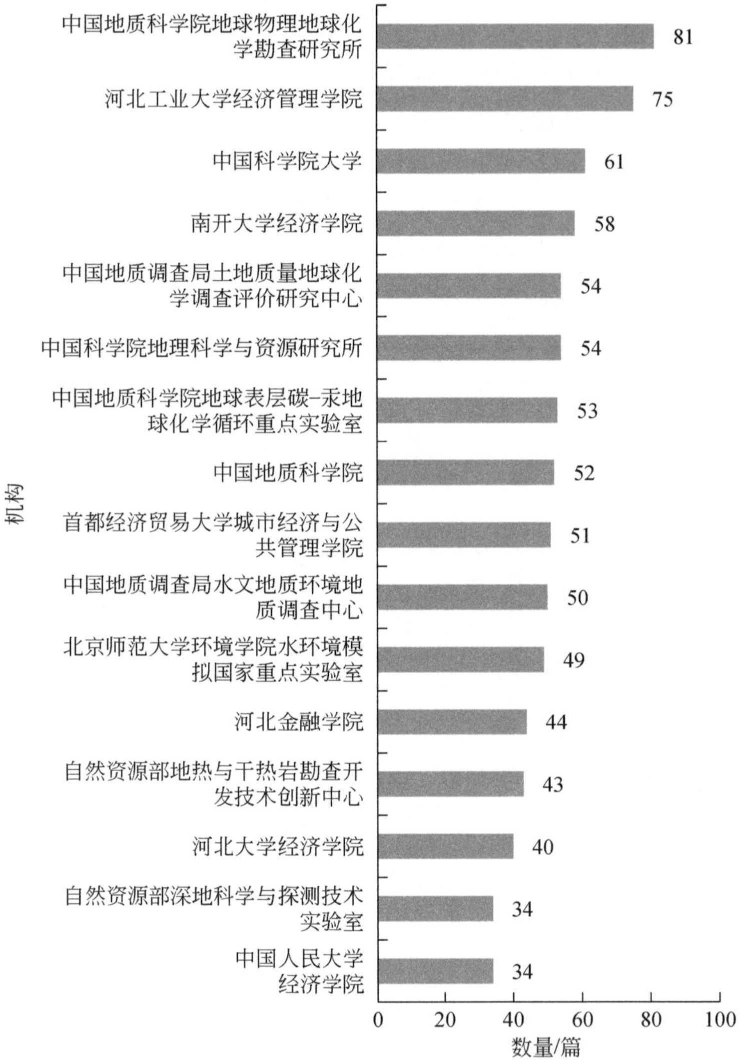

图2-4　发文量大于30篇的机构

从高产机构和发文量的统计结果看，发文量在30篇以上的机构有16家。其中，中国地质科学院、河北工业大学、中国科学院大学、南开大学、中国地质调查局、中国科学院地理科学与资源研究所等单位的发文量较高，均达到50篇及以上。中国社会科学院工业经济研究所、中国共产党北京市委员会、北京方迪经济发展研究院、北京市社会科学院经济研究所、中共北京市委党校、北京市城市规划设计研究院、人民日报社、北京市发展和改革委员会、河北金融学院、中国共产党河北省委员会、南开大学等单位也有较多的研究产出。这些机构在CiteSpace机构合作网络图谱中的字体和节点半径都较大，位于机构合作网络的中心，具有较高的中心度，是非首都功能疏解研究的代表性机构（图2-5）。

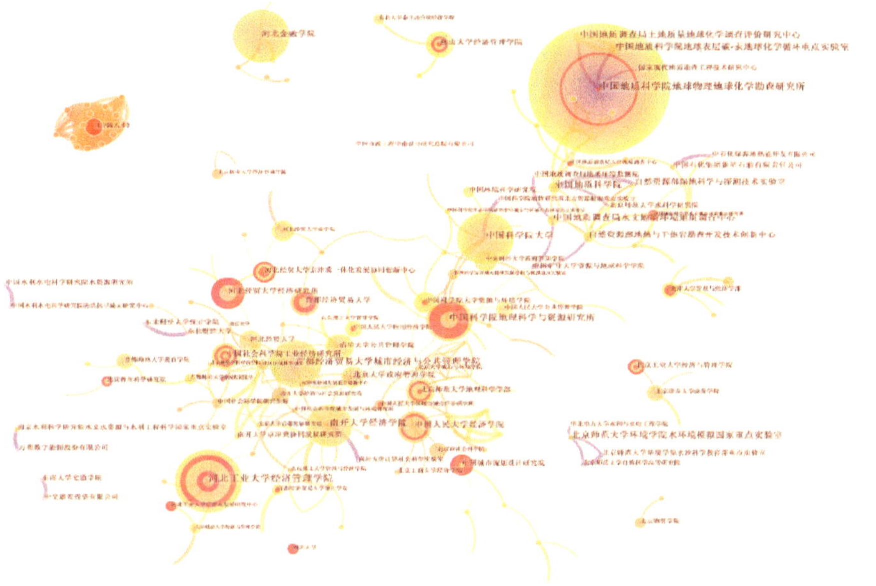

图 2-5　京津冀研究的机构共现网络图谱

从地域图谱看，位于北京的高校和科研院所是非首都功能疏解研究的主力。同时，从研究机构共现网络图谱看，有 377 个节点和 376 条连线，研究机构的共现网络密度为 0.0053，表明高校和科研院所之间初步形成了合作网络，但联系与合作程度相对较低，各领域研究较为独立。

四、作者特征分析

在京津冀协同发展研究中，发文量较高的作者有中国人民大学的孙久文教授（60 篇）、北京市社会科学院的赵弘教授（38 篇）、中国社会科学院工业经济研究所的叶振宇教授（24 篇）、王德利教授（20 篇），以及中国人民大学区域与城市经济研究所的张可云教授（19 篇）。近年来对非首都功能疏解研究较多的团队主要包括（图 2-6）：

中国人民大学应用经济学院的孙久文研究团队，多年来深耕京津冀区域一体化，主要从新时代、新都市主义的视角，结合京津冀协同发展进行深入的思考和探究，合作机构有首都经济贸易大学城市经济与公共管理学院等。

北京大学政府管理学院的李国平研究团队，该团队在区域空间结构、产业转移及宏观经济等领域有重要地位，对非首都功能疏解的讨论主要以雄安新区为切入点，从区域协同的视角进行分析和概括，合作机构有京津冀协同发展联合创新中心等。

中国人民大学经济学院区域与城市经济研究所的张可云研究团队，参考国外城市的疏解政策，对非首都功能疏解的内涵、影响机理、疏解思路与方向等进行讨论。

中国区域科学协会的肖金成研究团队，主要从产业协同与区域协同的视角，将非首都

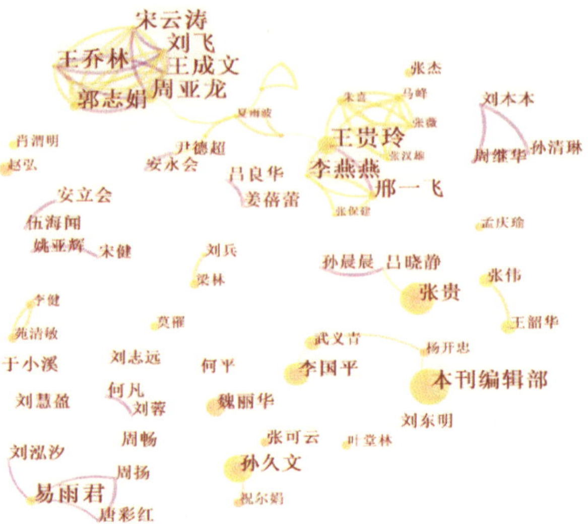

图 2-6　研究学者的合作共现图谱

功能疏解与雄安新区建设进行关联讨论，合作机构有北京物资学院经济学院等。

北京市社会科学院的赵弘、王德利研究团队，研究主要从战略高度对非首都功能疏解与京津冀协同发展研究的关键问题进行思考和讨论，并对北京城市空间布局优化进行分析，该团队与北京方迪经济发展研究院有较密切的合作关系。

中国社会科学院工业经济研究所的叶振宇研究团队，主要从产业转移对雄安新区的规划建设进行讨论，合作机构有华东师范大学城市与区域科学学院等。

南开大学滨海开发研究院的周立群研究团队，主要从津冀承接平台建设和天津滨海新区对接策略等方面展开研究与讨论，合作机构有天津市农村经济与区划研究所、天津财经大学经济学院等。

此外，还有以刘元旭、李鲲、张旭东、王敏等为主的新华社记者团队，对非首都功能疏解和京津冀协同发展、雄安新区建设等相关政策的落实情况进行现状报道、跟踪调研，并进行相应的评论与分析。

第三节　研究热点演化

通过绘制关键词共现、关键词聚类等知识图谱，得出非首都功能疏解研究的高频词和研究热点。在此基础上，运用自然断点法将非首都功能疏解研究划分为两个阶段（平稳发展阶段、波动增长阶段），分别阐述不同阶段的研究主线和在该研究主线下研究热点的演变过程。

一、关键词分析

关键词是学术论文核心内容的词组表达，是反映论文核心要义或中心思想的文献著录规则。因此，揭示论文关键词的分布结构及其逻辑关系，是追踪某学科或主题领域研究动态的重要途径。

1. 全体文献关键词分析

通过 CiteSpace 软件分析研究期内突显的热点关键词，一般认为一段时间内的热点关键词代表了该阶段内学者的主要研究方向，一共识别出 8 个关键词（图 2-7）。

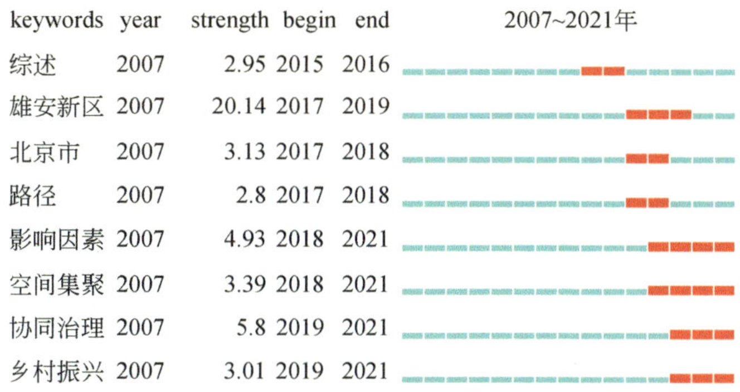

图 2-7 2007～2021 年研究突显热点关键词

"keywords" 代表关键词，"year" 代表研究开始的年份，"strength" 代表关键词的研究强度，"begin" 代表关键词出现的年份，"end" 代表关键词结束的年份，"红线" 代表该关键词作为研究热点的时间段

由关键词、研究开始和结束的年份、研究强度、时间线颜色等综合分析可知，2013 年是一个关键的时间节点。2013 年前学者讨论较少，并未集中在京津冀协同发展上，从关键词的突显来看直至 2014 年才有所显现。从热点关键词之间的研究强度来看，仅有雄安新区强度大于 20，其余均在 3 左右。

2. 非首都功能疏解的关键词分析

目前，学术界常用普赖斯定律作为遴选高频词的理论依据，其中频次的界定公式为

$$K=0.749(U_{max})^{\frac{1}{2}}$$

式中，K 为高频词出现的最低频次；U_{max} 为关键词出现的最高频次，出现频次 $\geqslant K$ 的关键词称为高频词，以此作为构建共词矩阵的计算对象。根据 SATI 的统计结果，本书样本文献中出现频次最高的关键词是"非首都功能疏解"（985 次），经公式计算所得 $K=23.5$，共有 18 个关键词入选，由此界定的主题范围明显偏窄。对采用主题检索得到的文献关键词进行高频词界定时，与主题高度重合的检索词不宜作为阈值的计算对象，而应选择频次排在检索词之后的关键词作为阈值的计算对象，其原理是将主题词划归更广泛意义上的

“专业领地”而避免由于领地覆盖范围引起的关键词过度涌现问题。在本研究中，阈值的计算对象应为“白洋淀”（85 次），此时阈值 $K=6.9$，向上取整为 7，故界定出现频次≥7 的关键词为高频词，共有 109 个关键词入选（表 2-3）。

表 2-3　关键词词频计算结果表

频次	突变	程度	中心度	标准差	关键词
985	—	114	0.66	1	京津冀
672	8.04	77	0.41	15.98	雄安新区
447	13.14	73	0.33	43.99	协同发展
85	9.34	13	0.05	1.61	白洋淀
81	—	32	0.13	1	河北
76	—	37	0.15	1	城市群
70	—	20	0.09	1	产业转移
59	—	21	0.07	1	北京
40	—	13	0.03	1	协同创新
40	7.64	6	0.02	1.14	地热

利用 CiteSpace 对 2007～2021 年非首都功能疏解研究文献进行关键词共现分析。选择节点类型（node types）=“Keyword”、时间切片（time slice）=“2006～2021”，设置“Years Per Slice=1”，以提高知识图谱在时区上的区分度。将“Selection Criteria”赋值为“TopN=25”，通过寻径（pathfinder）算法和修剪切片网（pruning sliced networks）对本阶段文献进行热点演化分析，并在控制面板中按照出现频次（by freq）对关键词的显示进行调整，得到非首都功能疏解研究的关键词共现知识图谱。

2007～2021 年非首都功能疏解研究出现频率较高的关键词（频次≥20）有京津冀、雄安新区、协同发展、白洋淀、河北、城市群、产业转移、北京、协同创新、地热、区域经济、产业结构、区域协同、协同治理、一体化、产业协同、制造业、影响因素、科技创新、创新驱动、生态环境、功能疏解等，这些关键词在图中节点较大，连接线也较为紧密。京津冀、雄安新区、协同发展、城市群、河北等关键词的中介中心度大于 0.1，是具有较高中心度的关键节点。

二、聚类分析

CiteSpace 自带聚类功能，每个聚类由多个紧密相关的关键词组成，给每个聚类赋予合适的标签，即完成自动聚类和自动标签的过程。CiteSpace 为聚类标签的提取提供潜在语义索引（LSI）、对数似然率（LLR）和互信息（MI）三种算法。在实际研究中，使用 LLR 算法提取聚类标签往往具有更好的效果。因此，本书采用 LLR 算法为聚类命名，形成京津冀、协同发展、雄安新区、城市群、北京、对策、产业结构、河北省、产业转移、区域经济、公告服务、白洋淀、科技创新、影响因素、区域创新 15 个聚类，聚类编号顺序从 0

到 14，其中数字越小，聚类包含的关键词越多。

依据网络结构和聚类的清晰度，CiteSpace 提供了模块值（modularity Q，简称 Q 值）和平均轮廓值（weighted mean silhouette S，简称 S 值）两个指标，可作为评判聚类图谱绘制效果的依据。一般来说，Q 值在区间［0，1），$Q>0.3$ 就意味着划分出来的社团结构是显著的；当 S 值在 0.5 以上，聚类一般认为是合理的，若 $S>0.7$，聚类是令人信服的。该聚类结果的 $Q=0.6237$，$S=0.8697$，可见对非首都功能疏解研究的 3276 篇文献数据的关键词聚类结果合理。聚类的范围、大小和具体标识词见图 2-8 和表 2-4。

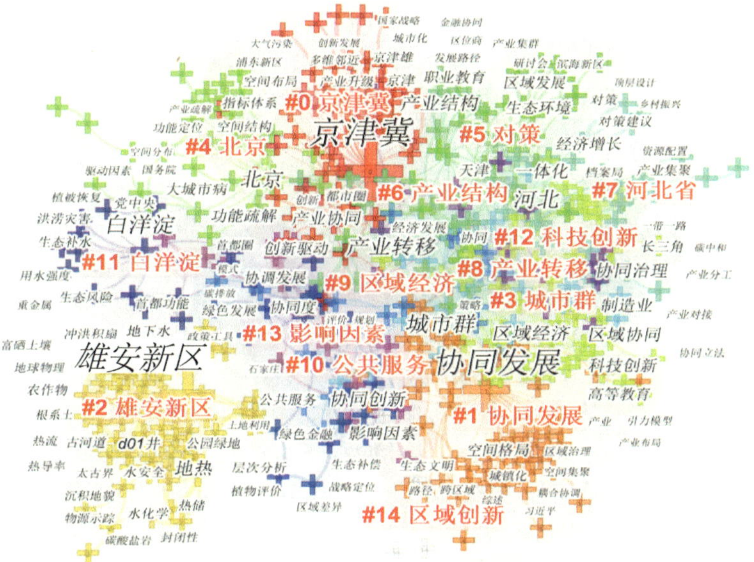

图 2-8　非首都功能疏解研究的关键词聚类图谱

0 号聚类“京津冀”中，专家学者对于产业升级、空间布局、多维邻近、大气污染等问题关注较多。首都北京是京津冀城市群的核心，集聚了京津冀 41.8% 的地区生产总值和 48.8% 的公共预算收入。

“北京”聚类中的研究包括大城市病、功能定位、产业疏解、创新、植被恢复等。

“河北省”聚类中的研究包括乡村振兴、资源配置、产业集聚、经济增长、一体化等。

“对策”聚类中对区域发展、产业结构、生态环境等热点话题进行了讨论。

表 2-4　非首都功能疏解研究的关键词聚类表

聚类编号	聚类大小	聚类标签	标识词
#0	66	京津冀	协同发展；政策工具；人才政策；污染成本；主体协同；产业协同；多重困境；韧性应对；一行三会；区域管理
#1	63	协同发展	协同发展；体育旅游；扎根理论；长三角一体化；京津冀经济圈；京津冀协同发展；京津冀区域；战略意义；中国式现代化；优化开发

续表

聚类编号	聚类大小	聚类标签	标识词
#2	60	雄安新区	雄安新区；生态廊道；生态源地；生态网络；生态系统服务供给与需求；地质调查工程；物源示踪；表层土壤；地球化学指标；沉积地貌
#3	55	城市群	区域协同；大都市区；行政区划；立法参与；合作实践；京津冀协同发展；协同治理；长三角地区；档案编研；综合档案馆
#4	33	北京	京津冀协同发展；大城市病；人口疏解；新型城镇化；保障性住房；功能疏解；总体规划；党代会报告；非首都功能；城市功能空间
#5	32	对策	协同发展；区域规划；改革开放；城乡统筹；职业院校学生；区域发展；区域政策；地方政策；职业院校学生；产业平台
#6	30	产业结构	产业结构；经济增长；能源消费；人口密度；科技人才；雄安新区；绿色金融；信用机制重构；数字货币；区域价值链
#7	30	河北省	京津冀协同发展；京津冀一体化；区域人才合作；人才回流；合作状况；协同发展；持续发展；档案馆网站；创意产业；绿色设计
#8	23	产业转移	产业转移；协同发展；产业合作；区域合作；脱钩分析；京津冀协同发展；顶层设计；产业协同发展；任务分工；京津冀交通一体化
#9	23	区域经济	区域经济；京津冀协同发展；溢出效应；新型城镇化；京津冀协同；新型城镇化；京津冀协同；聚类分析；高等职业教育；互动发展
#10	21	公告服务	京津冀协同发展；共建共享；社会治理；安全韧性；雄安新区；非首都功能；经济与社会发展；公共事务学院；实体经济；结构优化升级
#11	20	白洋淀	京津冀协同发展；共建共享；社会治理；安全韧性；雄安新区；非首都功能；经济与社会发展；公共事务学院；实体经济；结构优化升级
#12	18	科技创新	科技创新；高质量发展；对外开放；协同发展；隐含类知识；京津冀协同发展；职业教育；资源配置；优化资源配置；发展态势
#13	17	影响因素	协调发展；养老服务；长效机制；改革创新；时空分异；影响因素；空间杜宾模型；生态福利绩效；动态评价；改革创新
#14	4	区域创新	区域创新；主体协同；空间关联；产学合作；知识流动

2017 年中共中央、国务院决定设立河北雄安新区后，相关领域的研究团队对雄安新区的地形、地质变迁、地热资源、水文条件、生态环境、植被与农作物覆盖等进行了大量分析与讨论。因此，“雄安新区”也是一个重要的聚类。

CiteSpace 聚类中的时间线（timeline）视图主要侧重于勾画聚类之间的关系和某个聚类中文献的历史跨度（图 2-9）。CiteSpace 会首先对默认视图进行自动聚类和自动标签，然后根据节点所属的聚类（坐标纵轴）和发表的时间（坐标横轴），将各个节点设置在相应的位置上，从而生成时间线视图。由于同一聚类的节点按照时间顺序被排布在同一水平线上，所以每个聚类中的文献就像串在一条时间线上，展示出该聚类的历史成果。通过时间线视图，我们可以作如下分析：

（1）在哪个年份，该聚类开始出现，即有了该聚类的第一篇文献。

（2）在哪个年份，该聚类的成果开始增多。

（3）在哪个年份，该聚类开始趋冷，关注度降低。

（4）在哪些年份，出现了哪些标志性的文献（如高被引文献、高中介度文献等），这些文献怎样影响聚类的走势。

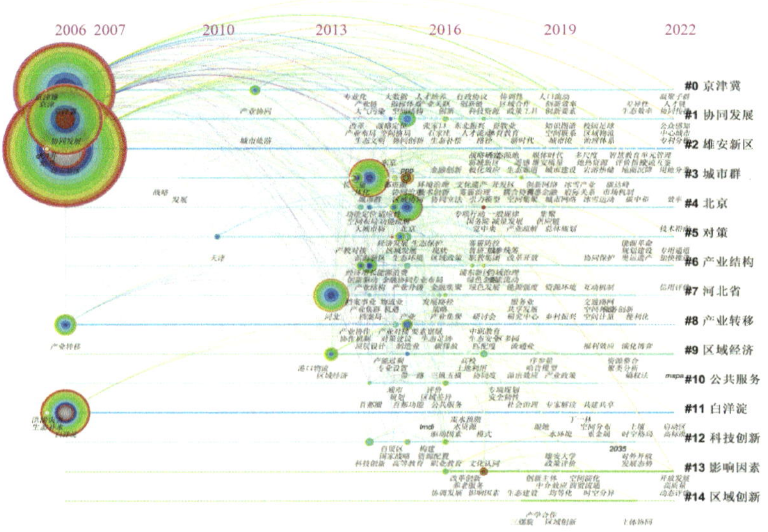

图 2-9　非首都功能疏解研究的关键词聚类时间线

CiteSpace 的时间线视图包含的信息广泛，由图 2-9 可知在非首都功能疏解的研究中，从 2007 年开始研究已经呈现白热化趋势，2007 年至今分化出 15 个研究热点聚类，分别是京津冀、协同发展、雄安新区、城市群、北京、对策、产业结构、河北省、产业转移、区域经济、公共服务、白洋淀、科技创新、影响因素、区域创新。

从上图我们还可以得到如下信息：在哪一年发刊的文献被引量较高。高被引文献的聚类圆圈是最大的，图中较大的圆圈分别是京津冀、协同发展、雄安新区、城市群，说明同一年的学者研究非首都功能疏解时该聚类的关注度较高。再如，我们还可以从被引的连线看出关键词聚类的分化方向，聚类较大的连线表明这两个聚类之间的联系较为密切。

三、演化阶段

运用自然断点法将与北京非首都功能疏解相关的研究划分为两个阶段，分别为平稳发展阶段（2007 ~ 2013 年）、波动增长阶段（2014 ~ 2021 年）（表 2-5）。

这一划分结果与标志性的重大事件重合度较高。其中，2006 年京津冀协同发展论坛在河北工业大学（天津市）召开，通过学术交流，形成学术共识，进而从理论和实践两个层面推动京津冀区域合作向纵深发展，全面提升京津冀区域核心竞争力。自此以后，针对京津冀三地综合研究的文献呈现缓慢增长的趋势。2014 年 2 月国家将京津冀协同发展上升为国家战略，京津冀三地开展了多轮次的讨论，涉及环境、生态、经济、交通等多个领域，以及政府规划部门、商界代表等众多参与者。2018 年 11 月国务院明确提出京津冀协同发展是以北京非首都功能疏解为“牛鼻子”，也是我国探索解决“大城市病”的优化开发模式之一，使学术界研究更具针对性。

表 2-5　非首都功能疏解研究的演化阶段划分

演化阶段	分化标志	阶段特征	发文量/篇
平稳发展阶段（2007～2013 年）	20 世纪 80 年代中期，国土空间整治将京津冀地区作为整体，研究环渤海及京津冀地区的国土整治工作。21 世纪初，京津冀三方政府、商界及学者形成“廊坊共识”。2010 年 8 月京津冀都市圈发展规划上报国务院	国家开始针对京津冀开展三地协同发展研究，后期采纳各方意见，逐渐形成共识	156
波动增长阶段（2014～2021 年）	2014 年 2 月国家提出京津冀协同发展战略，明确该战略的核心是非首都功能疏解；2018 年 11 月京津冀协同发展论坛上提出以北京非首都功能疏解为“牛鼻子”推动调整区域经济结构及空间结构	以国家推动京津冀协同发展为主要动力，北京非首都功能疏解为落脚点、核心点和关键点	3120

1. 平稳发展阶段（2007～2013 年）

利用 CiteSpace 软件对 2007～2013 年文献数据进行共现分析，在节点类型中选择（node types）＝“Keyword”，在时间切片设置“Years Per Slice = 1”，在“Selection Criteria”中因为这一阶段内的文献数量较少，选择“TopN = 10”，根据每年发文量在“Purning”中选择“Pathfinder”（寻径算法）、“Pruning Sliced Networks”（修剪切片网络）和“Pruning the Merge Network”（修剪合并网络）对相关数据进行分析，得到图 2-10。

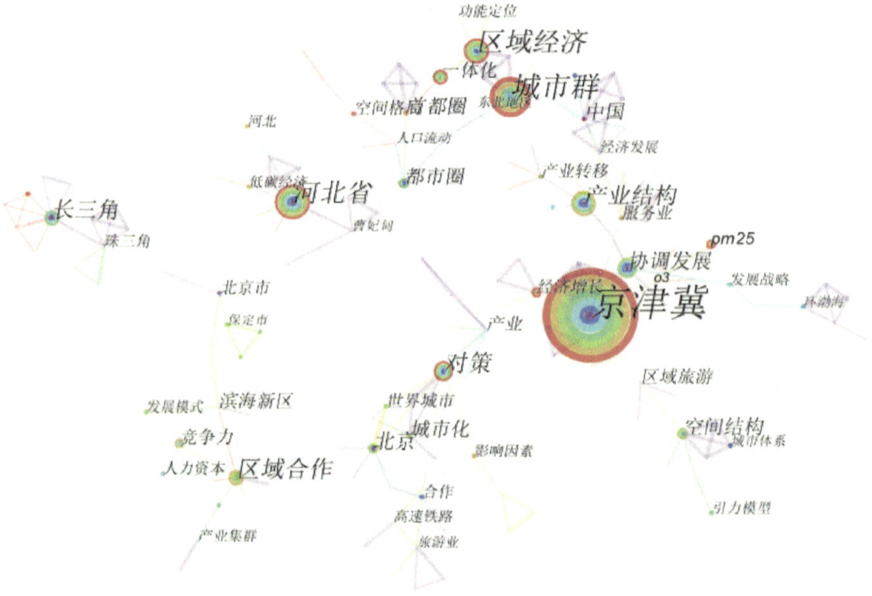

图 2-10　平稳发展阶段的关键词共现图谱

从关键词共现的研究来看，这一阶段有四个研究热点共现集聚区，自大到小分别为京津冀、城市群、区域经济、产业结构。其中，京津冀为最大的研究热点共现集聚区，其余部分研究热度相对较小，从各个研究共现集聚区之间的联系入手分析，研究大致可以分为三条主线与一条交叉研究线。

1）第一条研究主线：世界城市和世界级城市群

围绕北京申奥成功和加入世贸组织，中国改革开放由南向北逐步延伸，改革开放的动力由外资驱动向创新驱动转换，北京提出打造世界城市，建设世界级城市群。在此背景下逐渐形成第一条研究主线，研究热点体现为城市化、世界城市，都市圈、城市群内城市功能定位和区域一体化等。其中，空间结构与产业区位未能合理配置是学者研究京津向周边地区进行产业转移并推动相关要素合理分配的主要原因之一，产业转移的研究也就是后来非首都功能疏解的前序研究。从产业转移到功能疏解，从区域一体化到区域协同，从政府主导到多维并行驱动，诸多学者的研究由单一的点向线再到面逐渐扩展。2014 年我国明确提出疏解北京非首都功能是京津冀协同发展的核心，但未明确该项内容之前，学者针对京津冀整体及个体均进行了大量研讨。例如，刘建朝和高素英（2013）从区域和产业两个维度，以及城市流空间角度对比分析了京津冀与长三角的空间联系强度，说明京津对周边城市的空间集聚效应的强度及未来周边地区承接京津产业转移的难度，提出破解京津冀成长为世界级城市群难题的关键在于进一步强化空间联系，施行空间协同发展。祝尔娟（2009）从京津冀整体战略定位着手提出京津冀可以从产业发展、产业结构、产业定位多维度思考京津冀三地间的产业升级与整合研究，三省市之间存在的产业互补性、差异性、梯度性，以及由此产生的共同利益是京津冀产业协调发展的根本保证，未来优势互补和取长补短的合理配置将使京津冀整体竞争力不断增强。合理推动区域产业转移逐渐成为推动京津冀协同发展的重要路径，而推动京津两地向周边的河北省进行产业转移的前提是要对不适合在京津两地发展而适合在河北省发展的产业进行识别，这也可以认为是学者早期针对不适合在京津两地布局的产业向河北省进行疏解的探索。例如，刘东生与马海龙（2012）认为京津冀产业协同发展应该首先注重政府的调控作用，其次是制定三地间的协调发展机制，强化经济一体化概念，然后要合理评估京津两地的产业，从产业梯度差异入手分析，最后要完善基础设施，促进三地之间交通互联互通。再如，黄征学（2007）从京津冀城市群的角度分析，指出京津冀整体以京津两市做“哑铃片”，而河北省作为“中杆”的“哑铃型”的城市群结构愈发明显，要素过度向京津集聚是不合理的，提出建立三地政府联合调控的区域总体规划，建立跨区域的联合机制，鼓励研究机构与中介机构积极参与三方论坛；政府和民间之间要及时沟通，合理发挥市场机制作用，寻求区域间合作效应等。

2）第二条研究主线：产业结构优化与区域一体化

伴随中国改革开放与内驱发展逐渐深化，针对京津冀当前困境及未来发展研究形成了第二条研究主线，热点集中体现为产业结构优化、服务业发展、区域旅游等具体领域。京津冀区域经济一体化应该如何实现？吴群刚和杨开忠（2010）认为核心问题是建立在恰当的公共政策基础上，要从区域产业结构着手提升产业创新以及做好从产业升级和人才与市场优化衔接管理，反对纯粹的产业转移并提倡产业升级创新，即将不适合当地发展而适合其他地区发展的产业进行合理转移，将适合当地发展的保留后进行创新升级，主要措施是农民就地城市化、“一轴两翼多中心”的发展模式，诱导京津冀核心——北京形成合理循环的人口流动机制等。对比长三角和珠三角经济圈，京津冀一体化进程明显较弱，尤其是在人口、产业、社会、经济等诸多层次。一方面原因是，北京自带的首都以及天津自带的直辖市“光环”促使在要素分配时不可避免地向其倾斜；另一方面原因是，区域之间差异较大，哪些产业应该优先发展，哪些产业应该创新升级均需要三地政府协商、市场分配、人员调控的共同推进。当前已经步入信息化时代，区域整体竞争力强弱较明显地体现在高新技术产业上。例如，张淑莲等（2011）以京津冀电信制造产业为例进行了实证研究，发现北京产业创新系统与创新环境协同最优而河北最弱，提出市场导向和政府引导共同作用的模式。若要三地政府高效合作，首先应该解决的是什么？李卫峰（2010）从信息沟通的角度认为京津冀三地之间实现协同发展的基础在于信息化各要素协调发展，要实现区域的经济贸易、人口交流互通的关键在于缩小三地之间的信息差异，并提出区域信息化发展的对策是首先强化城市信息一体化，其次是强化北京、天津、石家庄作为信息中心的作用，最后要拓展信息服务面。由此可见，信息化时代的到来已经逐渐改变了区域产业定位的既定原则，主要原因在于信息化的发展在一定程度上促使城市-区域间交流的便捷化，快速交通的发展也促使区域整体的“压缩”。但是信息化和交通快捷化的发展的初衷之一应该是促进区域一体化协调发展进而提升区域的整体竞争力，但实际情况却可能是河北等地区源源不断向京津两地输送要素，而人口过度集中在京津产生了一系列的问题，如北京的“大城市病”愈加严重。武建奇和母爱英（2007）针对京津冀都市圈管制问题进行了讨论，落脚点在政府的管理理念、管理模式、管理体系和职能上，提出建立都市圈双层多核管理模式以及超脱圈层的更高管制机构，最终建立经济、社会、环境相统一的协调发展机制。

3）交叉研究线：区域与产业的交叉研究

在第一条研究主线和第二条研究主线相互交错的基础上，也形成了新的研究路径，即针对京津冀协同发展的具体措施，体现为协同发展、区域协同、区域协调、产业同构、产业差异等。京津冀协同发展面临挑战，主要原因在于京津冀三地之间的产业虽存在差异性，但是产业同构现象十分突出，各地对于产业定位存在较大分歧。一方面，北京和天津同处于京津冀发展的经济区内，但行政地位和经济实力差别不大，对比珠三角缺乏同属一省共同规划的统一利害关系，对比长三角也缺少上海那样处于绝对领导地位的凝聚力。另一方面，京津两市在初期的产业政策上追求大而全，不是小而精，强调全产业体系建设，自我封闭造成产业结构趋同性较强，要素在其中过度重复使用造成浪费，争夺资源和投资也造成京津冀地区整体发展滞后。那么如何改善这种状况呢？有哪些影响因素可以得到解决？吕志奎（2010）从区域公共管理的角度展开研究，认为京津冀问题的原因主要在于我国行政区划与经济区划的差异性和切块单边管理与整体协作的矛盾性，以及法律制度权利、区域协作治理、政策工具的不完备，提出从公共管理理念、体制和组织多维度着手促进京津冀协同发展。一些学者在研究京津冀协同发展的过程中，注意到京津不断发展时产生了强大的虹吸作用，这种作用形成了“环北京贫困带”（2010 年时），孟祥林（2014）提出这样的“围脖”是区域之间发展不协调不对称导致的，应该调整北京部分产业的发展，适当迁移和转移，推动区域协同发展。例如，一些劳动密集型产业在城区内集聚扩张也促使劳动人口高度集聚，人口过度膨胀是导致北京和天津形成“大城市病”的原因之一。如何高效促进区域内部协调和区域整体竞争力提升？从前文学者提出的诸多观点可以得出基本结论，应该进行区域内部沟通协商，推动产业转移到适宜区域，对适合当地发展的产业进行优化升级，在要素流通和人口流动上建立协商沟通机制。

4）第三条研究主线：污染防治与可持续发展

2008 年北京奥运会闭幕后，人们对于生产生活环境的重视逐渐加深，且低碳发展与可持续发展成为共识，在此基础上逐渐演化出第三条研究主线，研究热点体现为 $PM_{2.5}$ 和低碳经济、可持续发展、交通互联建设、人才流动等，为可持续发展的世界城市和城市群建设提供支撑和保障。研究的主要方向可以归结为两个：一个方向是京津冀的大气污染防治；另一个方向是京津冀水环境调控。

在大气污染防治方面，王跃思等（2013）对京津冀大气霾污染与控制策略进行了机制研究，提出联防联控与政府主导、法制监督、控制污染、科学防治的治理手段。程庆水等（2008）对环保行政执法的协同发展展开探究，发现三地之间的配合能力、协同程度较为缺乏，在此基础上提出联合执法，完善联络，建立综合环境规制机构。高污染高排放的企业过度集中在北京势必导致环境问题突出，严峻的生态环境也是北京向外疏解非首都功能的主要原因之一。

在水环境调控方面，封志明与刘登伟（2006）以京津冀都市圈为案例构建了水资源风险评价指数并对水资源短缺风险进行了系统评价，提出严控人口规模和经济规模以应对短缺风险。水资源的多少将严格决定着区域产业的未来发展规模与人口规模。

5）小结

总体而言，这一阶段（2007～2013 年）学者们从京津冀各个空间尺度的产业情况、社会发展、经济状态、生态环境等诸多方面展开了研究。其中，多数学者研究归结起来贯穿始终的是产业为何转移，转移的方向是哪里以及产业如何通过创新推动区域一体化发展。

首先，从第一条研究主线看，是从宏观上着手协调京津冀整体的资源配置与优化空间格局，而资源禀赋流向的目的地大多是各种产业门类。因此，若要优化空间格局，需要充分考虑产业布局的合理性和必要性。

其次，从第二条研究主线看，提升区域竞争力应该是整合资源优势，在三地之间形成分工合作的整体，进而参与国内国际竞争。三地应该统一规划，合理规制，这就要求在中观层面的各个地方对当地产业进行合理选择，做到小且精而非大且全。

最后，从第三条研究主线看，经济高效增长的前提是产业合作共赢而非趋同竞争。合理竞争与区域合作并不矛盾，但是地区间产业趋同势必造成资源浪费，尤其是在京津冀地区的水资源极度紧缺情况下更需要合理的规划。

2. 波动增长阶段（2014～2021 年）

利用 CiteSpace 软件对 2014～2021 年的文献数据进行共现分析，在节点类型中选择（node types）=“keyword”，在时间切片设置“Years Per Slice=1”，在“Selection Criteria”中因为这一阶段的文献数量较多，所以选择“TopN=50”，根据每年发文量在“Purning”中选择“Pathfinder”（寻径算法）、“Pruning Sliced Networks”（修剪切片网络）和“Pruning the Merge Network”（修剪合并网络）对相关数据进行分析得到图 2-11。

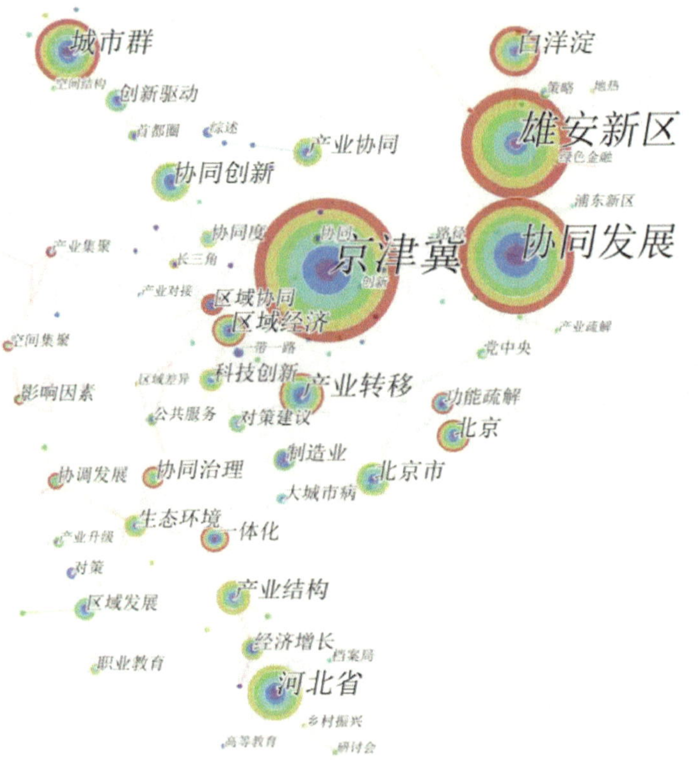

图 2-11　波动增长阶段的关键词共现图谱

总体上看，这一阶段的研究以京津冀、雄安新区、协同发展、城市群最为突出。大致是承接了上一阶段的研究热点并继续深入探索的结果。其中，多次出现的是北京市，作为京津冀协同发展核心的非首都功能疏解是诸多学者研究的主要方向之一。这一阶段的研究主线大致可以概括为四条。

1）第一条研究主线：定量识别与协同路径

这条主线重点探讨了如何量化识别协同路径以及具体的协调路径，研究热点体现为产业协同、协同创新、协同治理、区域协同、协同度等。

2016 年中共中央政治局会议审议《关于规划建设北京城市副中心和研究设立河北雄安新区的有关情况的汇报》，雄安新区首次出现在汇报稿的标题之中。2018 年 4 月中共中央国务院正式批复《河北雄安新区规划纲要》。从初始阶段开展京津冀协同发展研究到雄安新区正式确立，期间经过了多年的研究讨论，雄安新区的定位即为疏解北京非首都功能的集中承载地，作用是有效吸引北京人口与非首都功能转移。那么，京津冀如何进行协同发展，城市群功能应如何定位，协同路径与如何量化协同是诸多学者研究的热点。陆大道（2015）在对京津冀三地各个历史发展阶段进行评述的基础上提出北京、天津、河北的战略定位思考，指出未来京津冀的主要任务是强化金融、商贸、信息服务等高端服务业，并使生产性服务业和制造业融合发展；发挥科技资源和研发力量较强的优势，在装备制造领域和电子信息领域成为国家级新型工业化产业示范基地，建立若干个具有重要影响力的产业集聚区、强大竞争力的产业体系和重点产业链；促进空间重组和整合，有效引导人口、产业适度集中；优化城乡土地利用结构等。自提出京津冀一体化到京津冀协同发展再到北京非首都功能疏解，学者们都绕不开的一个话题就是京津冀三地之间基础设施的建设。京津两地的基础设施完备而健全，但是与两地相邻的河北相对薄弱，陆大道（2015）指出三地之间应该统一规划建设和一体化管理并强化多维区域性基础设施建设和跨越行政区划的体制约束。

协同发展究竟是什么？什么样子的发展可以被认为是实现了协同发展？毛汉英（2017）认为协同发展应该是指围绕同一目标、基于合作共赢理念及优势互补原则、产业分工的要求和资源承载力，协调两个及以上行政区组成的区域，目标是实现互利共赢、共同发展。对于协同发展而言，对其施加保驾护航的发力点应该落在机制创新和区域政策上，机制与政策是针对区域发展诸多方面进行综合调控的手段，两者之间互为依托、互为支撑、互相影响。建设雄安新区与北京城市副中心的规划方案是京津冀协同发展的重要部分，其内在机制应该是秉持互惠互利、合作共赢、协同创新、共建共享、发展约束等诸多层面，且目标层应该保持社会公平、经济效率、生态文明的目标导向。实际上京津冀协同发展是由中央政府主导的区域经济一体化战略，可以认为协同发展是一体化建设的前期阶段。而要解决前期阶段的诸多问题，关键点在于非首都功能疏解。张可云和蔡之兵（2015）认为北京非首都功能向雄安新区及其他适宜发展相关产业的地区疏解是保持北京可持续健康发展和推动京津冀协同发展的关键，并提出非首都功能疏解的两个基本原则，一个原则是保持北京的可持续健康发展，另一个原则是奠定京津冀协同发展的基础，从现今的单向薄弱联系逐渐改善为双向坚实联系。进行非首都功能疏解的直接原因是北京“大城市病”，为此吴建忠与詹圣泽（2018）提出科学布局产业链、规范产业政策、控制资源利用和无序扩张等建议。

总体而言，这一研究主线已经逐渐由上一阶段的以北京与天津的部分产业转移和本地产业升级研究转向三个层面：一是宏观层面上从探讨京津冀协同的经济一体化战略到探讨区域一体化的对策与路径，期间将京津冀作为城市群或者联合区域从中央政府、地方政府、中央企业等层面展开分析；二是从宏观向中观与微观层面过渡的研究，如通州行政副中心研究，非首都功能向雄安新区的集中疏散研究，北京、天津、河北应该如何在京津冀协同发展中明确各自定位研究等，分析研究的内容更加深入；三是从中观层面研究再次深入到微观层面研究，即细化到城市的基础设施、人口、资源、经济等诸多层面，探讨这些层面的协同和一体化。

2）第二条研究主线：转变发展方式与创新驱动

以创新驱动发展战略为指引，从区域角度看待城市群的产业转移与区域协同再到非首都功能疏解的研究主线，研究热点为空间结构、创新驱动、城市群与首都圈建设，并注重区域差异、公共服务等，也是上一阶段研究的延续和深化。

根据党的十八大，要实施创新驱动发展战略，目的在于转变原有的以高污染高排放和以经济效益为主要目标的发展模式，逐步过渡到创新引领产业转型升级的全面创新驱动的发展模式，而这也是解决北京“大城市病”的主要方式之一。在京津冀协同发展中，创新驱动发展战略是对区域内各组成部分进行有效指引的纲领之一，创新驱动不仅是在技术经济层面的创新，而且包含区域的智慧化程度、基础设施的完善程度、服务创新水平、生态发展等多个方面。京津冀城市群如何进行协同创新，北京“大城市病”如何解决？关键是了解城市群现阶段各个城市的发展质量。李磊和张贵祥（2015）通过构建城市群发展质量评价指标体系综合对比分析了京津冀、长三角的核心城市发展质量，得出北京与天津的整体发展质量明显优于河北的 11 个地级市，京津冀的城市发展质量应该是公共服务、基础设施和生态协同突破行政区划壁垒的协调共建。京津冀协同发展与创新驱动发展战略的结合，总体体现为区域内的协同创新发展，作用到北京与天津则是在原有水平上进行技术驱动和技术改进等，因此对于区域协同创新水平的评价至关重要，关乎京津冀核心城市的哪些产业、资源投入，人口流动该升级、该转移、该疏解以及哪些产业该强化、该控制等。孙瑜康和李国平（2017）从缩小京津冀三地间创新水平差距与推动跨区域跨主体的创新协作两个视角构建了协同创新指数，发现三地整体的创新能力是在不断提升，但是北京在各方面均较强，天津次之，河北较差，提出要在创新要素上强化流动，构建官产学研多元协同创新模式。在协同创新中，基本要素禀赋的快捷流动是极为关键的，为之提供保障的是区域整体的法律政策和规章制度，关键是构建创新驱动的市场环境，核心是对人才要素的把控。协同创新应该是政策引领多元企业共进，确立并强化企业的创新主体位置，适宜产业转移的企业经过评估后进行合理转移，北京不适合进行转移疏解的优质创新企业和产业可以通过与河北相关产业上下游进行产业链和产业体系构建，形成区域产业创新联盟。从区域协同到非首都功能疏解，向协同要红利是我国在进行京津冀区域改革和发展的新趋向。刘秉镰和孙哲（2017）提出区域协同的四个主要维度，分别是地理形态空间协同、经济形态产业协同、制度基础市场协同、政策工具的治理协同，且在区域协同中应该注重的三大基础性策略包括：以总体目标与互惠偏好之间形成价值共识、以需求互补和制度约束建立秩序规则、以中央调控和区域联动推进管理实施。2017 年之后京津冀地区以创新发展为指引逐渐向纵深推进，具体体现为在河北省腹地设立雄安新区，中央以“千年大计、国家大事”为雄安新区规划建设定性，可见对雄安新区的重视程度。不应该将雄安新区的建设仅仅视为河北省内一个简单的区域规划，而应将其纳入非首都功能疏解和京津冀协同，乃至国家层面的战略规划。

总体而言，这一研究主线可以认为是从学者探索如何实现京津冀协同发展到国家明确推动雄安新区建设逐渐深化的，分析的重点逐渐由京津冀如何协同到创新驱动引领三地共建再到空间、产业、市场、治理四个维度的共同治理以及多重的机制协作保障，如互惠互利、共商共享的协调机制。非首都功能疏解作为其中的核心具有关键的引领作用，在京津冀协同策略上从学者的思想汇聚到政府的全面引导实施，其间应该是从模糊到具体的过程。非首都功能疏解应该遵循“形成价值共识——即城市群内成员的总体目标应该是各个成员子目标的最大公倍数”到“建立秩序规则——摒弃原有的资源过度使用，区域内各个成员应该能够需求互补、资源共享并做到物尽其用，以及建立合理制度约束”再到“推进管理实施——要求中央调控和区域之间联动机制的实施”。当然从以上的认识到实践也是较为片面的，因为在现实需求上，产业、市场、治理维度在地区之间的不协同已经成为深层次的矛盾，解决早期城市蔓延及无序开发所导致的现阶段城市问题频现便是非首都功能疏解的现实需求，也是京津冀要协同发展的直接原因之一。

3）第三条研究主线：结构升级与产业疏解

由治理出发到如何实现产业结构优化升级以及经济增长高效化的研究主线，重点关注北京“大城市病”与非首都功能疏解问题，研究热点主要包括大城市病、功能疏解、产业疏解和产业转移等。

中央将京津冀协同发展定位为国家战略的重要原因之一，是为解决北京和天津存在已久的“大城市病”。相比之下，北京的大城市病更为严重，也更为紧迫，北京“大城市病”出现的核心原因是经济发展所导致的人口过快增长，重要原因是城市规划的不科学以及北京单中心格局的作用始终未能有效突破，根本原因在于体制机制的制约。从治理出发，通过综合的产业结构、城市空间等多维优化疏解非核心功能是推进京津冀协同发展的有效途径。赵弘（2014）认为“大城市病”的成因主要有四点，即规模过大、空间失衡、城市贫困，以及多重组合的复合，在京津冀协同发展上强调顶层设计和向下实施，以逐步引导的方式，提出河北应该积极对接非首都功能疏解，因地制宜合理规划，促进经济体制改革，优化各类主体之间的博弈关系，探索出一条市场与政府相互配合的新路子、新模式，并在全国推广。当前长三角地区与珠三角地区已经成长为全国乃至世界强势的经济增长极，京津冀地区具备科创优势、制造业优势以及广阔的发展空间优势，产业结构优化升级可为经济高效增长提供良好条件。从治理角度看待协同发展不应局限在产业结构领域，更应拓展到研究面，该地区环境污染严重，生态环境脆弱且敏感，应该思考探索“人口流动-资源利用-环境保护”协同共生的复合人居系统。在北京“大城市病”空间治理上不可能一蹴而就，方创琳（2017）认为京津冀城市群的发展应该呈现出一个博弈、协同、突变、再博弈、再协同、再突变的非线性螺旋上升过程，这样一种由博弈到协同再到突变的过程便是京津冀协同发展的阶段性规律。因此，伴随京津冀协同发展的深入，北京非首都功能疏解的难点和痛点也会逐渐解除。同时京津冀城市群发展的内涵在于规划协同、交通协同、产业协同、城乡协同、市场协同、科技协同、金融协同等 11 项内容的协同。对于非首都功能疏解，产业协同是其中的重要内容，也是协同发展的基础性内容，未来应着力在城市群内部形成有链有群型的产业体系。

总体而言，人口过度增长是北京“大城市病”产生的根本原因，疏解非首都功能是为应对北京“大城市病”而施行的重要举措之一。从治理“大城市病”角度出发，北京非首都功能疏解应该处于京津冀协同发展的规划之中。首先，应该打破行政区划分割与经济一体化建设之间的矛盾，以区域创新为动力推进两市一省的发展；其次，在治理过程中应该注重以协同创新为先导，构建分工新格局，如北京可充分发挥其知识、人才、科技优势逐渐形成京津冀地区创新发展源头，天津应充分发挥港口优势和制造业优势成为创新实验与制造基地，河北应依据自身资源禀赋与产业基地成为协同创新的产业化基地；最后，在资源禀赋上应该强化流动，建立区域利益协调机制，将河北原有单向输出转变为资源双向流通模式。

4）第四条研究主线：集中承接地规划建设

从区域发展角度出发探讨产业协同、产业升级创新与未来如何协调京津冀地区之间发展以及疏解非首都功能的研究主线，其重要落脚点是雄安新区和北京城市副中心两个集中承载地的规划建设。

这一研究路径也是综合前几个路径开展的更加细致化的研究，可以认为是第一条研究主线的协同路径到如何实施的延伸强化，也是第二条研究主线中京津冀城市群建设的深化以及第三条研究主线中疏解北京非首都功能的具体办法。在之前的分析中，多数只是一味地强调通过协同发展解决问题，并未将问题导致的现象与问题产生的原因分割来看，未重视疏解地与承接地建设。笼统疏解非首都功能，却未能深入分析哪些是北京城市核心功能，哪些是北京首都功能与非首都功能，哪些是能够疏解到北京城市副中心的，哪些是可以疏解到雄安新区的。对于京津冀地区而言，区域发展中的问题主要有：两市强一省弱的格局、三地间产业结构趋同性较强、恶性竞争、环境污染等，这些都是产业协同发展中应该引起重视的部分，更是问题集中显现的部分。

在《京津冀产业协同发展规划》中可以发现政府对于产业协同发展的三个关注点：首先是对于环境污染的从严治理和保护，强化产业结构调整和创新升级，建立完备的生态补偿机制，高排放产业要向低耗逐渐转型发展；其次是建立增量利益分配机制，调动发达地区带动后发地区的积极性；最后是强化区域创新体系与产业协同协作体系建设。对于产业如何更加细致地分布到各个区域协同发展，可以认为是非首都功能如何疏解和河北和天津如何承接的问题。邓仲良与张可云（2016）从制造业入手，进行承接地的实证研究，得出未来北京在石油加工业、金属加工业、造纸业、纺织业等制造业疏解的集中承接地可以是河北的唐山和雄安新区等地。从区域整体角度看，应该对北京的核心功能和承接地进行更准确的把握。例如，张可云和沈洁（2017a，2017b）认为北京的功能分为核心功能和首都功能，首都功能为政治中心和国际交往中心所发挥的作用，核心功能主要指文化中心、科技创新中心。当前北京的主要问题是核心功能不足，非核心功能过度集聚，提出未来应该遵循“精准定位、多管齐下、协同疏解”的原则。纲要坚持“一盘棋”的思想，科学定位了两市一省的功能定位。林学达（2013）认为通州作为北京城市副中心应该主要遵循全面整合和结构优化，以及功能融合两大战略，从宏观和微观两个角度去把控副中心建设的疑难点。区域核心城市之所以出现较为严重的“大城市病”，关键原因在于北京的核心功能发展较弱，合理疏解产业与行政功能、合理规划承接地是极其重要的。当前中国经济已经由原来的追求数量转向追求质量的“新常态”，长三角、珠三角两大城市群的经济增速逐渐放缓，京津冀协同发展战略是与之平齐的国家战略，且北京作为首都是具备发展成为世界级城市的基础和条件的。京津冀三地之间联系密切，各自优势和特色相对突出，可以通过中央层面的调节和引导推动北京过度聚集的城市功能向周边地区疏解。

总之，这一研究主线是前文研究内容的细化和深化，针对非首都功能疏解，可以从北京功能定位的几大中心入手。在文化中心上，京津冀三地的文化底蕴深厚且当前在创新驱动发展战略下，互联网等新兴文化与传统文化的融合使得传统文化的内涵得以释放，北京可以充分利用其发达的信息技术平台与津冀进行文化产品的互通与高水平人才交流，三地政府需要积极投身于文化协同发展与部分文化产业的疏解交流中。在科创中心建设上，强化京津冀三省市的协调创新功能、综合定位与产学研企的互动，科技成果要能在疏解后的三省市得到更好发展，尤其是科研成果要在企业未来发展中得到呈现，形成合理的产业协同体系。作为集中承载地的雄安新区和通州副中心的发展应该是解决北京大城市病的“题眼”，也是促进京津冀协同发展的“支点”。

学者们针对京津冀现阶段存在的问题与未来如何发展给出了各自的建议。核心功能以及非核心功能的界定本来就是人为决定的，对于未来如何疏解，应该把握的根本在于北京自身的发展能否持续，北京要把握核心功能，做到“疏后更强”，对于天津应该在现有的制造业发展基础上与北京形成产业创新联动体系，对于河北要积极承接北京疏解的一些非首都功能且完善各项基础设施，对于雄安新区和通州城市副中心应补齐发展短板，集中承接北京非首都功能，达到带动区域更加和谐发展和优化区域经济结构的目标。

第四节 演化动力

事物的发展是内外两种因素共同作用的结果，内因是主要原因，外因是次要原因，内外因相互作用是根本原因。因此，针对非首都功能疏解的研究可以从内部的驱动与外部的驱动两个方向进行考虑（图 2-12）。

内部的驱动主要为诸多学者的关注研究与探讨，涉及的学科有经济学、地理学、环境学和管理学等，通过借鉴国外理论、概念与研究范式等对非首都功能疏解进行探索，如国外研究理论中的协同论、有机疏散理论等。

外部的驱动可以进一步细化为政府端、市场端、技术端、环境端的推动作用。其中政府端的作用是最大的，一是中央政府对于三省市之间如何协同地统筹规划，二是地方政府之间应该如何沟通，如何根据纲要建立共识并逐一落实，以达到三省市均希望达到的预期目标；市场端最主要的作用方式是发挥市场机制的作用，将不适合当前北京发展的产业通过市场机制辅助进行产业转移和疏解到其他地区，以期在当地能够更好发展；技术端是在政府和市场作用的基础上推动发展的工具之一，如新技术和新方法的应用促进产业升级转移等，企业大数据分析、遥感监测、模拟分析等研究工作的出现可以拟合产业承接地的发展情况，因此科技引导的技术发展对于区域未来如何走向的影响是巨大的；环境端主要反映在居民生活的影响与城市未来生态建设上，习近平总书记明确指出人民对美好生活的向往就是我们的奋斗目标。在京津冀协同发展中，雾霾、沙暴、水污染等环境问题频现，人口过度拥挤导致的污染等问题叠加造成不良后果，对首都居民的生活造成了严重干扰，因此向外疏解非首都功能也是解决环境端问题的方式之一。

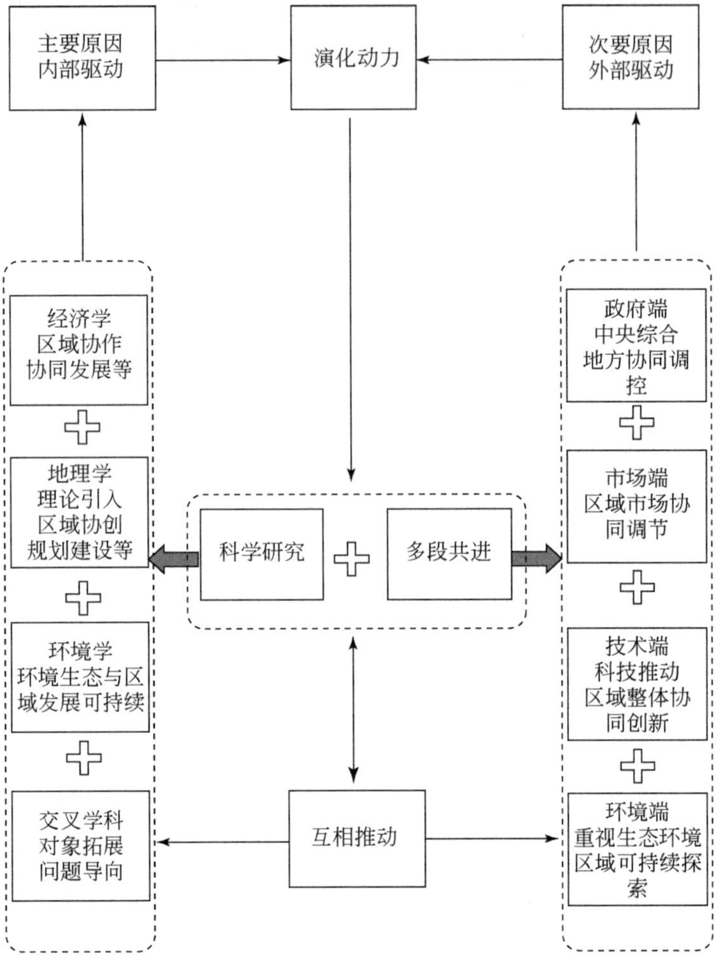

图 2-12　演化机制简图

一、内动力分析

非首都功能的研究起始于学者对于京津冀经济发展、地区发展、人才流动等诸多层面的研究，在我国经历了一个由初期平稳发展研究相对宽泛、中期快速发展研究深化、后期探讨的热度略微下降但研究内容更加细化聚焦的过程，各个学科均在其中扮演了重要角色。

由政府主导的京津冀协同发展论坛于 2006 年底在天津召开，诸多专家学者对于京津冀如何协同、从哪些方面开展协同研究进行了细致研讨。最先开展国内相关研究的是经济学家与地理学家，地理学家引入诸如协同论、有机疏散理论、城市更新理论分析北京的城市规划建设、京津冀城市群的管制发展，且带有地理指向性地分析北京的部分产业区位的合理性等。经济学者站在宏观层面分析京津冀产业、金融、经济发展等问题，或是站在微观层面看待区域合作和协同发展的作用机制等。之后地理学者、环境学者、管理学者等越来越多的学者深入京津冀协同发展的研究中，加入了诸如区域经济一体化、区域协同、产业转移、产业创新、城市群建设、区域可持续发展等诸多研究。伴随学科之间的交流互动，学者从最初研究京津冀协同发展到后来的非首都功能疏解，其间的研究范式可以归纳为以下两条。

在研究对象上，主要围绕三地整体与个体的产业发展的状况、协同发展的问题与对策、协同创新的路径与方法、区域经济一体化到区域一体化的探索、传统文化与现代文化的融合传承、科技创新研究到企业合作发展等方面。在研究过程中逐渐演化出雄安新区、北京市、影响因素、空间集聚、协同治理、乡村振兴等研究热点。

在理论层面上，借鉴国外研究的协同论与京津冀地区协同发展的实际情况，提出京津冀未来协同发展的诸多方向，具体体现为协同论与有机疏散理论两个方面：一方面，协同论最初由物理学家哈肯提出，认为千差万别的系统尽管属性有别，但在整个环境中各个系统之间存在相互影响而又相互合作的关系。伴随协同论的理念深入，京津冀协同发展研究演化出如产业协同、交通协同、文化协同、规划协同、生态协同等研究热点，也成为经济学、环境学、地理学、管理学等诸多学科的重要研究对象。另一方面，有机疏散理论最早由萨里宁为解决城市过分集中所产生弊病而提出的关于城市结构发展布局的理论，可以认为是为解决已经发生的“大城市病”和潜在演化的“大城市病”而提出的理论之一。当前北京由于人口过分集中导致了诸如城市交通拥挤、环境污染、医疗卫生等负担加剧等问题。有机疏散理论影响了北京非首都功能疏解的具体实施，如在集中承载地雄安新区的规划建设上注重产业谋划、基础设施建设、空间规划治理等，以及在周边地区注重与当地产业融合发展。在借鉴有机疏散理论的基础上，逐步演化出“大城市病”、非首都功能疏解、产业转移、空间谋划、协同治理等研究热点。

二、外动力分析

从政府端来看，可以从两个方面集中考虑：一是中央政府的统筹谋划，二是地方政府的协调部署。雄安新区作为非首都功能疏解的集中承接地和“千年大计”不可避免地被寄予厚望。非首都功能疏解不仅是疏解产业，雄安新区的建立也不仅是为了发展经济。当前我国的经济建设已经是南强北弱，经济强势城市多集中于东南沿海地带，雄安新区与北京、天津的地理区位恰好形成“等边三角形”，也地处河北腹地，是完全的内陆型国家新区，可以认为是为我国探究未来内陆城市发展规划的“样板”。深圳的建设是我国在改革开放初期的伟大尝试，并且深圳依靠外向型经济和全球产业链转移取得了成功；浦东新区是我国扩大改革开放的前沿，中国加入世界贸易组织（WTO）后，上海浦东新区逐渐成为长三角地区乃至全国的重要经济增长极。实际上我国当前推动的“长江经济带”“黄河流域高质量发展”等与雄安新区接受来自北京非首都功能疏解的逻辑是一致的，即中央政府在探究从海洋经济发展到内陆经济转型的新路子。因此，中央政府在对京津冀进行协同发展规划时进行的思考有以下几点：一是两市一省之间的发展差异趋于显著，过度的资源禀赋集中在京津两地使得人口过快增长导致了一系列“大城市病”；二是为了疏解非首都功能到周边地区，即以首都一些产业的疏解给首都做精简的同时也能带动京津冀的协同发展；三是为了探索适合中国国情的内陆型城市发展道路，中国城市的发展已经经历过“以资源换发展”“以土地换财政”“以环境换增长”的粗放型增长过程，未来应该以创新驱动发展战略为导向促使原有经济发展方式转型升级。雄安新区被定义为“国家级新区”，虽然地处河北，但与京津联系紧密，便于中央政府及时调控。未来雄安新区的成功也可以为中国内陆型城市转型发展提供参考。因此，中央政府的驱动是极为重要的。

除了中央政府的统筹规划以外，地方政府因为行政级别不同而协调不畅，主要原因是经济区划与行政区划的分割，这就要求地方政府做好衔接，落实好统一谋划的总方针。在中央政府和地方政府层面，为解决可能存在的障碍，国家与地方政府先后出台了《北京市城市总体规划（2004 年—2020 年）》纲要等政策性文件推动地方政府之间的协作，并在创新驱动、乡村振兴、区域协同下催生出区域协同创新、科技创新、区域发展、顶层设计等研究热点。同时，北京非首都功能疏解的集中承接地——雄安新区和通州也被包含在研究热点之中。

从市场端来看，北京非首都功能疏解应该遵循的是市场规律，但是市场机制的作用多是自发调节，当市场无法进行有效调节时，更应该与政府的调控相结合才能发挥更大效用。对于市场机制的推动作用至少在三个层面进行思考，首先是分区看待京津冀三地的市场机制作用，其次是京津冀区域一体化的市场机制作用，最后是将京津冀放入国内统一大市场进行思考。在京津冀协同发展的研究初期，若遵循市场规律的作用，北京不可避免地会不断集聚要素资源，结果可能是北京的“大城市病”更严重，因此如何解决北京的“大城市病”，如何改善河北向京津单向输出资源的困境成为研究热点。前期，市场端真正推动的研究趋向大体是从区域整体分析，基本逻辑应该是河北如何发展？北京如何疏解？天津如何配合？三者之间的关系应该如何处理？宏观角度来看，演化出来的研究热点为产业体系、要素流动、人口趋向、一体化、基础设施建设、主导产业等；从微观角度来看，演化出来的研究热点为钢铁、石油、信息产业转移与转型升级以及北京行政部门的转移等。后期，京津冀的发展定位纳入了全国经济发展体系，演化出来的研究热点有产业关联、协同度、驱动因素等，在纲要出台后，学者针对其研究更加深化，如基于市场价值链的研究、双循环背景下制造业的困境和解决等研究。

从技术端来看，非首都功能疏解研究是伴随技术发展而不断演进的。一方面，雄安新区作为北京非首都功能疏解的集中承接地被定位为“千年大计”，在探索未来城市布局中需要大量科学技术的应用与支持，如移动支付与 GIS 大数据、互联网技术结合形成的“智慧交通”体系在区域交通协同的研究，生物传感器与互联网技术结合形成的区域“智慧医疗”架构在区域医疗协同的研究等，是较大区别于现今的交通相对割裂、医疗教育等公共资源相互分离的情况。基于创新驱动发展战略与北京自身的科技创新中心的定位，区域协同发展研究不断演化，如协同合作网络、科技创新网络、数字经济等研究热点，尤其是协同创新理念在京津冀区域内的深化，逐渐形成了以北京为核心的科技创新基地。协同创新是京津冀地区在科技创新方向上的一次协同深化，一方面是通过中央意识的引导和联合机制安排，促进区域内部的企业、大学、研究机构发挥各自的优势进行互补，强化了对资源整合与利用效率的同时加速了区域整体的发展。另一方面，这是一种科技创新研究的新范式，区域内部的成员均可以享受到协同创新发展的效益，通过协作开展产业技术创新和科技成果产业化是相对落后产业的一次升级改造。因此，技术端的变革和创新对于非首都功能疏解研究是一种较为重要的动力因素。在这样的背景下，逐步演化出区块链、数字创新、协作网络等研究热点。

从环境端来看，主要的研究驱动可以分为两个方面：一个方面是居民居住条件的逐渐恶化使得人们对于环境问题的关注持续深化，如大气污染、水污染、城市内涝等诸多层面的影响；另一个方面是我国经济增长进入新常态，原有的“以资源换增长”“以土地谋财政”“以环境换发展”的经济增长方式亟待转变，从原有的追求“数字型”经济到“质量型”经济的转化需要对一系列有损环境的发展方式做出改变。《京津冀协同发展生态环境保护规划》中对于各项环境监测指标均做出明确规定，碳减排规划再一次迫使高排放高耗能产业加速产业结构优化，此前河北省政府办公厅印发《河北省建设京津冀生态环境支撑区“十四五”规划》明确涵盖了绿色发展、生态建设、环境质量、协同治理等方面。在研究的前期，学者较多从单个城市单个区域研究京津冀地区的生态环境、当地谋划产业的地理区位合理性，或者关注某一污染指标的测定并提出相关建议，相关的研究热点有北京市、雾霾、水环境；在研究的中后期，伴随京津冀一体化建设和纲要的提出，逐步演化出京津冀、产业布局、大气污染、新常态、耦合协同、生态补偿等研究热点。

第三章　非首都功能疏解实践与国外借鉴

早在20世纪60年代，日本就有东京迁都的议论。伴随经济高速增长，东京因城市拥挤而带来的弊病已十分明显，部分学者极力主张将日本的国会、行政、立法与司法等国家行政中枢机构迁移到其他地区。当时学术界就有首都迁移、首都分散、首都扩展等不同观点，这不仅关系到东京乃至日本的未来，也与国家经济发展和大都市疏解的成败息息相关。本章试图从行政办公、一般性制造业、医疗教育三个方面选择日本的新宿区、丰田市汽车制造业、筑波科学城作为案例，通过经验总结，以期为北京非首都功能疏解提供经验借鉴。同时，利用北京市2012年竞争型投入产出表，构建了敏感度模型，定量分析了最终使用变动1%对某一产业增加值和就业的影响程度，试图通过定量与定性相结合的方法，探讨非首都功能疏解的“有序”途径。

第一节　北京非首都功能疏解实践

京津冀协同发展战略实施以来，北京坚持推进一般性制造业、区域性批发市场和物流中心、部分教育和医疗等公共服务功能疏解和提升。疏解北京非首都功能并不是简单地将北京市不要的产业和服务机构转移到河北等周边省市，而是通过疏解带动和提升当地原有的产业和服务水平，促进北京与河北等周边省市的产业联动和公共服务均等化，提升周边省市的产业加工配套能力和公共服务供给水平，加强产业链的上下游联系和社会公平，在城市层面形成合理的产业分工和职能分工，促进京津冀区域协同发展。

一、疏解采取的措施

北京通过“禁、关、控、转、调”五种方式来完成疏解非首都功能的产业目标。

“禁”主要是严格按照《北京市新增产业的禁止和限制目录（2014年版）》，禁止新建、扩建首都不宜发展的工业项目，尤其是明确全市范围内不再新增一般制造业。

“关”是就地关停高污染、高耗能、高耗水企业，全面治理镇村工业大院，加快清理小散乱企业。

“控”是对城市废弃物处理、炼油、食品加工等保障城市运行及民生的行业实行总量控制。

“转”是指对不符合首都城市战略定位的劳动密集型、资源依赖型的一般性制造业实施整体转移。

“调”是对高端产业中不具备比较优势的制造环节实施调整，主动在京津冀地区进行全产业链布局。

这五种调控方式又可以分为“控增量”和“调存量”两个方面。

1. 控增量

2014年7月北京市制定出台了《北京市新增产业的禁止和限制目录（2014年版）》清单，首次对明显不符合首都城市战略定位的行业严格禁止准入，对部分行业做出区域限制、规模限制，以及产业环节、工艺及产品限制。这也是全国首个以治理“大城市病”为目标的产业指导目录。2015年新版《北京市新增产业的禁止和限制目录（2015年版）》对一般性制造业、区域性物流基地和区域性批发市场、部分教育医疗等公共服务功能在全市范围内禁止新建和扩建进行了明确规定（表3-1）。与2014年相比出现了以下新变化：一是整体从严。按小类计，北京全市层面受到禁限的行业占全部国民经济行业分类的比例由32%提高到55%，增加了23个百分点。二是突出重点。朝阳、海淀、丰台、石景山将执行与东城、西城一样严格的禁限措施，受到禁限的行业占全部国民经济行业分类的比例从42%提升到79%。

表3-1 《北京市新增产业的禁止和限制目录（2015年版）》清单（摘录）

序号	非首都功能	产业门类
1	一般性制造业（研发、设计、采购、营销、技术服务、财务等非生产制造环节除外）	农副食品加工业：禁止新建和扩建（本地出产的鲜活农副食品加工除外；水产品冷冻加工除外）
		食品制造业：禁止新建和扩建（保障城市基本运行和符合卫生规范的现场制作类经营除外）
		酒、饮料和精制茶制造业：禁止新建和扩建（葡萄酒制造除外）
		烟草制品业：禁止新建和扩建
		纺织业：禁止新建和扩建（保障城市基本运行的纺织制成品制造除外）
		纺织服装、服饰业：禁止新建和扩建
		皮革、皮毛、羽毛及其制品和制鞋业：禁止新建和扩建
		木材加工和木、竹、藤、棕、草制品业：禁止新建和扩建
		家具制造业：禁止新建和扩建（水性漆工艺、红木家具除外）
		造纸和纸制品业：禁止新建和扩建（纸制品制造除外）
		印刷和记录媒介复制业：禁止新建和扩建（书、报刊印刷除外；本册印制除外；包装装潢及其他印刷中涉及金融、安全、运行保障等领域，且使用非溶剂型油墨和非溶剂型涂料的印刷生产环节除外；装订及印刷相关服务除外；记录媒介复印除外）
		石油加工、炼焦和核燃料加工业：禁止新建和扩建（油品质量提升和技术改造项目除外）
		化学原料和化学制品制造业：禁止新建和扩建（涉及国家和北京市鼓励发展的新材料产品制造除外；保障医院、军工、科研机构、重点企业应用的气体生产除外；日用化学产品制造中城市医疗、应急保障类产品除外）

续表

序号	非首都功能	产业门类
1	一般性制造业（研发、设计、采购、营销、技术服务、财务等非生产制造环节除外）	医药制造业：禁止新建和扩建（化学药品制剂制造除外；中药饮片加工的精制环节除外；中成药生产的制剂环节除外；兽用药品制造中持有新兽药注册证书或自动化密闭式高效率混合生产工艺的粉剂、散剂、预混剂生产线，持有新兽药注册证书或采用动物、动物组织、胚胎等培养方式改为转瓶培养方式的兽用细胞苗生产线除外；生物药品制造除外；卫生材料及医药用品制造除外）
		化学纤维制造：禁止新建和扩建（其他合成纤维制造中特种纤维、高性能纤维、生物基纤维材料制造除外）
		橡胶和塑料制品业：禁止新建和扩建（为航空航天、军工等配套的特种橡胶和塑料制品制造除外）
		非金属矿物制品业：禁止新建和扩建（涉及国家和北京市鼓励发展的新材料产品制造除外；水泥制品制造和砼结构构件制造中符合住房城乡建设部门行业规划、技术规范要求的项目除外）
		黑色金属冶炼和压延加工业：禁止新建和扩建
		有色金属冶炼和压延加工业：禁止新建和扩建（涉及国家和北京市鼓励发展的新材料制造除外）
		金属制品业：禁止新建和扩建
		通用设备制造业：禁止新建和扩建（内燃机及配件制造中燃气轮机除外；金属加工机械制造中超精密、智能装备除外；物料搬运设备制造中智能装备除外）
		专用设备制造业：禁止新建和扩建（节能、智能、成套设备制造除外；制药专用设备制造除外；电子工业专用设备制造除外；医疗仪器设备及器械制造除外；环保、社会公共服务及其他专用设备制造除外）
		汽车制造业：禁止新建和扩建（新能源汽车除外；汽车整车制造中自主品牌乘用车、高端品牌整车、产品结构优化升级除外；改装汽车制造中兼并重组、产品结构与企业布局调整升级除外；汽车零部件及配件制造中动力总成系统、汽车电子等除外）
		铁路、船舶、航空航天和其他运输设备制造业：禁止新建和扩建（铁路机车车辆配件制造除外；铁路专用设备及器材、配件制造除外；城市轨道交通设备制造除外；航空、航天器及设备制造除外）
		电气机械和器材制造业：禁止新建和扩建（输配电及控制设备制造除外；锂离子电池制造除外；电气信号设备装置制造除外）
		计算机、通信和其他电子设备制造业：禁止新建和扩建（军工电子制造除外；计算机外围设备制造除外；其他计算机制造除外；通信设备制造除外；广播电视设备制造除外；雷达及配套设备制造除外；视听设备制造除外；半导体分立器件制造除外；集成电路制造除外；光电子器件及其他电子器件制造除外；电子元件及组件制造除外；其他电子设备制造除外）
		其他制造业：禁止新建和扩建（煤制品制造除外）
		废弃资源综合利用业：禁止新建和扩建（列入相关专项规划、保障城市运行的项目除外）

续表

序号	非首都功能	产业门类
2	区域性物流基地和区域性批发市场	批发业：禁止新建和扩建［商品交易市场设施（符合规定的农产品批发市场以及对城市运行及民生保障发挥重要作用的项目除外）；不符合相关布局要求的再生物资回收与批发］
		零售业：禁止新建和扩建［商品交易市场设施（符合规定的社区菜市场等农产品零售网点以及对城市运行及民生保障发挥重要作用的项目除外）；汽车、摩托车、燃料及零配件专门零售中未列入相关专项规划的成品油加油站；生活用燃料零售中从事瓶装液化石油气充装并用于销售的液化石油气充装站点（经区县政府批准进行液化石油气供应市场资源整合和升级改造的除外）］
3	部分教育医疗等公共服务功能	中等职业学校教育：不再新设立中等职业学校；不再扩大中等职业学校教育办学规模；中等职业学校不再新增占地面积
		高等教育：不再新设立或新升格普通高等学校；不再扩大高等教育办学规模；高等教育学校不再新增占地面积
		成人高等教育：不再扩大普通高等学校成人教育、网络教育、自学助学的面授教育规模；不再新增招收京外生源的成人教育机构和办学功能
		技能培训、教育辅助及其他教育：禁止新设立面向全国招生的一般性培训机构

2. 调存量

具体做法：一是对高能耗、高水耗、有污染的项目就地清理淘汰。确定到 2017 年退出 1200 家污染企业，实现重点工业污染行业调整退出目标。二是对有条件通过结构调整、技术改造进而符合首都城市战略定位的项目，转型升级一批。三是对有经济带动作用的产业项目通过区域对接合作，转移疏解一批。这种转移疏解要按照京津冀三地的产业定位来实施。到 2017 年有的疏解项目要取得实质性进展；现在已经确定的教育和医疗项目到 2020 年左右要完成疏解；到 2030 年公共服务资源配置更加均衡有效。

在此基础上，多个区县制定了非首都功能疏解的计划表。在业态调整方面，西城区将完成 10% 的“动批”商户疏解，约有 1300 户，还将启动天意小商品市场的疏解调研工作，促进马连道地区业态调整和产业升级，依法规范和撤销 20 个市场。2015 年开始丰台区大红门地区的 45 家市场共 2.45 万商户，将每年削减 10%，5 年内完成该地区的升级转型。大红门地区的时村村、东罗园村将率先启动城中村改造，可削减 12 个市场，减少 5000 家商户。东城区将关停万朋文化批发市场等 4 ~ 6 家小型市场，并引导百荣、红桥等大型市场转型升级，加快商流、物流分离，逐步退出不符合首都功能定位的企业。2015 年，朝阳区通过“一乡一市场”的模式在 19 个乡清退 200 万 m^2 低级次市场和出租大院，五年内将使区域内有形市场减少四成。

北京与天津、河北分别签订了合作框架协议和备忘录。实施交通、环保、产业三个重点领域率先突破工作方案，北京新机场开工建设，首钢曹妃甸、张承生态功能区、中关村示范区与滨海新区合作等重点工作取得进展，中关村企业在天津、河北累计设立分支机构1532个①。

北京市还加快了行政副中心建设，通州区政府办公地腾挪。北京市属各机关和大多事业单位、科研机构将逐渐搬往北京东郊通州区潞城，预计有100多万人口将因此受到影响。

二、疏解取得的成效

通过淘汰转移一般性制造业、搬迁批发市场、打造行政副中心、统筹外迁教育和医疗等资源，疏解工作取得了较大进展。

1. 淘汰转移一般性制造业进程加快

2015年10月底，北京市共关停退出一般性制造业和污染企业315家，提前完成300家污染企业年度淘汰任务，累计淘汰各类污染企业995家。列入国家2015年先行启动疏解项目的8个一般性制造业企业，已有7家通过停产和核减生产环节等方式完成调整退出，剩余1家正在搬迁②。

为助力河北建设产业转型升级试验区，北京积极推动一般性制造业与高端制造业生产环节向河北转移布局。2014年丰台区成功推动新兴际华集团下属的北京凌云建材化工有限公司搬迁到河北邯郸武安工业区，这是北京首个整体搬迁的央企项目。截至2015年底北京向河北疏解转移的工业项目超过80个，总投资超过1200亿元，达产以后将形成2500亿元的产能。

北京推动钢铁、汽车等行业向京外转移和布局。北京现代第四工厂已在黄骅正式开工，2016年投产后，年产小汽车30万辆，发动机20万台。首钢京唐二期将为曹妃甸协同发展示范区再次助力。

2. 批发市场搬迁河北进展顺利

2015年前三季度北京市撤并、升级、清退90家低端市场，完成全年任务的60%，腾退营业面积约44万m^2，摊位1.2万个。动物园、大红门、西直河等市场商户正在向廊坊永清、保定白沟、沧州黄骅等地疏解，助力河北打造全国现代商贸物流基地。永清—西城现代物流园已确定由平安银行、北京华融金晖置业有限公司等企业合作推进建设。由于交通、配套、资源、规划等优势，永清浙商新城项目已成为北京动物园服装批发市场、大红门、雅宝路等服装市场外迁的首选之地。白沟大红门国际服装城（二期）已试营业。

动物园服装批发市场已经与廊坊永清、台湾新城、保定白沟、石家庄长安区和乐城国

---

① 京津冀产业交通生态一体化初见成效. 2015-7-9. https://auto.huanqiu.com/article/9CaKrnJNa3T.

② 北京已关停315家污染企业 提前完成年度淘汰任务. 2015-11-16. https://m.haiwainet.cn/middle/455939/2015/1116/content_29359561_1.html.

际贸易城、天津西青区和卓尔电商城签订合作协议，共同推进“动批”商户疏解承接工作。2015 年底前“动批”摊位减少 60% 以上，从业人员减少 13500 人以上，腾退建筑面积 20 万 m^2。东天意小商品批发市场实现整体疏解，2016 年“动批”基本完成搬迁，“官批”“天意”“万通”全面启动疏解；到 2017 年“动批”“官批”“天意”“万通”这些市民耳熟能详的市场彻底告别西城。天皓成服装批发市场已于 2015 年 1 月 12 日闭市，成为“动批”首家摘牌的服装批发市场，预示着此前停留在口号层面的“动批”外迁政策进入实操阶段。2015 年 1 ~ 9 月，动物园地区批发市场减少摊位 560 个，查封库房 9 个，拆除违法建设 34 处共 800m^2，拆除 234 块户外广告牌匾。

大红门批发市场升级改造、调整外迁、撤并拆除步伐加快。大红门批发市场自 2009 年开始，已经有部分企业和商户前往廊坊永清台湾工业新城内的浙商新城。据报道，有先后两批共 1500 个商户迁移到白沟大红门国际服装城。1400 家商户签约石家庄乐城国际贸易城。2015 年开始大红门批发市场将每年削减 10% 的商户，5 年内完成该地区的升级转型。

西城区属企业天恒集团从天意小商品批发市场收回 3800m^2 使用权，2015 年底完成东天意小商品批发市场清理腾退，将疏解摊位 350 个，疏解从业人员 1050 人。新发地批发市场加快外迁仓储物流功能，首批 300 余家商户签约落户河北省高碑店市，2015 年底前将带动 4000 多家商户落户。西直河石材市场已拆除 162 万 m^2，复垦土地和绿化 2045 亩①，减少流动人口 3 万人，部分企业已转移至河北香河、黄骅、易县等地。

3. 行政副中心建设成效明显

行政功能疏解对其他功能疏解具有示范带动作用。同时，积极推动加快规划建设北京市行政副中心工作。2015 年 7 月北京市委十一届七次全会明确了通州作为市行政副中心的定位。按照纲要要求，原通州新城的规划转变为北京行政副中心的相关规划。“十三五”期间北京将加强通州行政副中心及其他新城重大项目的建设，提升通州行政副中心和其他新城的承接服务能力。2018 年 3 月，北京市人大常务委员会听取和审议了《北京城市副中心控制性详细规划（草案)》。北京城市副中心控制性详细规划向社会公开，北京城市副中心作为北京新两翼的一翼，将着力打造成为和谐宜居之都示范区、新型城镇化示范区、京津冀区域协同发展示范区。

2018 年 12 月，北京城市副中心控规获批复，与雄安新区形成北京新的两翼。

2019 年 1 月，北京市级行政中心正式迁入北京城市副中心。

2024 年 1 月，北京市级机关第二批集中搬迁工作顺利完成。

4. 教育功能疏解快速推进

北京市与河北省教育两地教育部门签订《京冀两地教育协同发展对话与协作机制框架协议》，北京市教委与石家庄市政府签署《教育合作框架协议》，启动北京与唐山优质教

---

① 1 亩≈666. 67m^2。

育资源合作项目。2015 年 6 月北京工业大学、天津工业大学、河北工业大学三校联合正式成立“京津冀协同创新联盟”，通过师资共享、联合培养、智库建设、产学研合作等方式开展深度合作。同时，成立“京津冀轨道交通协同创新中心”“京津冀环境污染控制协同创新中心”，共同打造“国家急需、世界一流”的协同创新体系。2015 年 7 月北京建筑大学、天津城建大学、河北建筑工程学院合作成立京津冀建筑类高校协同创新联盟，在人才培养、科技研发与成果转化、学科发展与人才培养，以及智库建设等方面进行深度合作。

2015 年 9 月北京城市学院在完成学校划转后，2015 级新生和 2014 级部分老生入驻顺义校区。北京工商大学向良乡校区疏解 530 名本科生，实现本科新生全部疏解到新校区。9 月新学期开学，北京建筑大学实现 1003 名本科生疏解至大兴校区，计划 2015 年底前再将西城校区的部分学生疏解至大兴校区，完成 2015 年疏解目标。北京市外事学校等 4 所职业高中整合为一所职教学校，2016 年起整体从西城区迁至昌平区沙河镇七里渠村育荣教育园，目前已腾退 5 处校址共 4.3 万 $m^2$①。

5. 医疗资源外迁统筹推进

北京市正通过整体或部分搬迁、交流合作等方式，统筹推动市属医院向中心城外疏解，促进优质医疗资源均衡配置。

天坛医院整体迁建工程主体结构已于 5 月 28 日封顶，2019 年 1 月天坛医院新院区正式开诊。北京同仁医院亦庄院区、北京大学第一医院大兴院区、北京友谊医院顺义院区等项目有序实施。北京朝阳医院、北京天坛医院与河北燕达医院签订合作协议，派驻专家团队，共建脑科等诊疗中心，燕达医院门诊住院数量增长了近一倍。北京辖区约 50 家医疗机构已与河北省 60 余家三级医院开展了多种形式的合作。

第二节　疏解时序的定量化研究

如何实现非首都功能的“有序”疏解？根据文献检索，目前的研究主要集中在功能疏解的测度方法、必要性、动力机制、路径、成效评价等方面，对如何识别非首都功能以及非首都功能疏解的时序等研究相对不足。例如，杨开忠（2015）认为，解决北京“空间”危机的出路在于“展都”，即形成以北京为核心的首都功能承载区，应按照发挥市场决定作用和政府辅导作用相结合的原则，一方面着力打破地方封锁、市场垄断，建立区域开放统一、公平竞争的共同市场，另一方面借鉴国外首都功能疏解的经验，着力制定实施政府引导非首都功能疏解的政策。文魁（2014）认为，并不是所有的非首都功能都要疏解，而是要疏解那些与北京资源环境承载力和生态环境不匹配、不适应的非首都功能。北京非首都功能疏解绝不是单纯的淘汰落后，帮扶周边发展，应该优先疏解既能减轻自身压力又能带动周边发展的功能和项目。张可云和董静媚（2015）根据韩国首都圈的治理经验，提出北京可以通过建设“创新城市”等措施向外疏解科技创新这一首都核心功能，弥补了学者

① 北京部分高校外迁 6600 余名学生入驻新校区. 2015-11-26. 中国青年报.

关注焦点始终集中在非首都功能疏解的不足。谷树忠（2014）提出要规避功能疏解可能带来的经济、社会、生态、政治风险，并据此提出要加强风险分析，制定风险规避机制和防范预案。王继源等（2015）依据北京2012年投入产出表，编制了19个部门的完全劳动消耗表，定量测算了产业疏解后对本部门和关联部门就业的影响程度，提出以产业疏解带动人口疏解，最终实现京津冀产业和人口的合理布局。王茜（2015）研究了首都产业疏解对北京地税收入的影响，并从激发第三产业的发展潜力等方面提出政策建议。除了对工业疏解的研究外，国内学者也对商业、批发和零售业、医疗卫生等产业疏解进行了研究。

综上所述，已有研究以定性分析为主，在确定和选择城市功能疏解的优先顺序时缺乏定量研究作为依据。在为数不多的定量研究中，主要利用统计方法和不同区域的企业数、工业密度、产值比重等指标，分析不同区域人口或产业的数量及其变化特征，缺乏相关测度模型的构建。事实上，产业之间往往存在相互联系，一个产业的变动可能通过产业链的上下游联系直接或间接地影响其他产业的变动，因此必须将产业放在一个系统中进行综合考虑，从而更精确地识别非首都功能疏解可能给某一产业带来的影响程度。基于以上分析，我们利用北京市2012年竞争型投入产出表，构建了产业敏感度模型，定量识别最终使用变动可能对某一产业增加值和就业人口带来的影响，可以为正确识别产业疏解的时序、优化北京市的经济结构和空间结构、完善与之配套的扶持政策提供科学依据。

一、研究方法和数据来源

为了充分考虑最终使用变动所带来的全局性影响，研究采用了投入产出分析方法，这是一种综合性的分析方法，考虑了国民经济各产业部门之间生产和分配的内在联系，也就是将其作为一个系统去研究，而不是割裂地将产业看作是简单的线性对应关系。在此基础上，利用北京市统计局公布的2012年竞争型投入产出表，通过构建产业敏感度模型定量计算最终使用变动1%引起的北京市某一产业增加值和就业人口的相对变化程度。之所以选择这两个指标，主要是基于以下三点考虑：

（1）根据城市地理学和城乡规划学的基本原理，生产功能是城市最基本的功能，产业是城市生产功能的主体。因此，产业的类型、规模、结构和发展的资源环境效应必须与城市功能相适应。疏解非首都功能必须将与其相对应的产业识别并转移出来，这是从经济视角选择产业增加值作为重要指标的原因。

（2）人口规模失控是北京市存在的突出问题，通过产业疏解带动就业疏解并最终实现人口规模控制目标是多年来治理“大城市病”的一条基本经验。同时，就业还是一个重要的社会问题，是体现“以人为本”的新型城镇化发展理念的重要目标和衡量标准。

（3）这两个指标能够简单且直观地反映首都功能的经济属性和社会属性，可以从不同的视角考虑问题，也可以为我们开展多目标决策下的方案优选提供依据和参考。

1. 研究方法

投入产出表中，每一行的数据表示从生产的角度来看，该部门将自己的产品分配给各个部门的量；每一列的数据表示从消耗的角度来看，该部门在生产过程中消耗各个部门产品的量。通过计算投入产出表中（消费、固定资本形成、出口、调出）四项最终使用变动1%所引起的北京市各部门产业增加值和就业人口的产业敏感度系数，来定量确定北京市疏解非首都功能的产业优先顺序。需要说明的是，我们的一个基本假设是产业敏感度越小，越应该优先疏解。

假设有 n 个部门，投入产出模型可以表示为

$$X=(I-A)^{-1}\cdot(F+R)=(I+A+A^2+\cdots)\cdot(F+R)=L\cdot F+L\cdot R \quad (3.1)$$

$$A=\begin{bmatrix}A^{11} & \cdots & A^{1n}\\ \vdots & \ddots & \vdots\\ A^{n1} & \cdots & A^{nn}\end{bmatrix},\ F=\begin{bmatrix}F^1\\ \vdots\\ F^n\end{bmatrix},\ X=\begin{bmatrix}X^1\\ \vdots\\ X^n\end{bmatrix},\ L=(I-A)^{-1}=\begin{bmatrix}L^{11} & \cdots & L^{1n}\\ \vdots & \ddots & \vdots\\ L^{n1} & \cdots & L^{nn}\end{bmatrix}$$

式中，X 为 $n\times1$ 的总产出列向量；I 为单位阵；A 为 $n\times n$ 维直接消耗系数矩阵；L 为 $n\times n$ 维列昂惕夫逆矩阵；F 为 $n\times1$ 维 2012 年投入产出表中（消费、固定资本形成、出口和调出）四项最终使用数据；R 为 $n\times1$ 维 2012 年投入产出表中进口、调入和其他项。基于式（3.1），引入直接增加值系数对角阵 V（投入产出表中数据）和直接就业人口系数对角阵 E，可得到分行业的工业增加值 C 和就业人口 D 的公式，即

$$C=V\cdot X=V\cdot L\cdot F \quad (3.2)$$

$$D=E\cdot X=E\cdot L\cdot F \quad (3.3)$$

计算最终使用变动 1%，产业增加值和就业人口的相对变化率 α 和 β，其中 C_{2012} 和 D_{2012} 分别为 2012 年北京市的 GDP 和就业人口数。

$$\Delta C=V\cdot\Delta X=V\cdot L\cdot\Delta F \quad (3.4)$$

$$\Delta D=E\cdot\Delta X=E\cdot L\cdot\Delta F \quad (3.5)$$

$$\alpha=\frac{\Delta C}{C_{2012}} \quad (3.6)$$

$$\beta=\frac{\Delta D}{D_{2012}} \quad (3.7)$$

2. 数据来源

分行业的工业增加值数据和就业人口数据均来自 2013 年北京市统计年鉴，投入产出中的最终使用数据来自北京市 2012 年竞争型投入产出表。2012 年北京市产业增加值合计（GDP）为 17581.7 亿元，就业人口为 919.1 万人。为了保证产业增加值和就业人口在产业部门上具有可比性，并兼顾北京市 2012 年投入产出表中的产业部门分类标准，我们将统计年鉴中的产业部门合并为 42 个（表 3-2）。

表 3-2 国民经济的产业部门和编号

编号	产业部门	编号	产业部门
1	农林牧渔产品和服务	22	其他制造产品
2	煤炭采选产品	23	废弃资源综合利用
3	石油和天然气开采产品	24	金属制品、机械和设备修理服务
4	金属矿采选产品	25	电力、热力的生产和供应
5	非金属矿和其他矿采选产品	26	燃气生产和供应
6	食品和烟草	27	水的生产和供应
7	纺织品	28	建筑
8	纺织服装鞋帽皮革羽绒及其制品	29	批发和零售
9	木材加工品和家具	30	交通运输、仓储和邮政
10	造纸印刷和文教体育用品	31	住宿和餐饮
11	石油、炼焦产品和核燃料加工品	32	信息传输、软件和信息技术服务
12	化学产品	33	金融
13	非金属矿物制品	34	房地产
14	金属冶炼和压延加工品	35	租赁和商务服务
15	金属制品	36	科学研究和技术服务
16	通用设备	37	水利、环境和公共设施管理
17	专用设备	38	居民服务、修理和其他服务
18	交通运输设备	39	教育
19	电气机械和器材	40	卫生和社会服务工作
20	通信设备、计算机和其他电子设备	41	文化、体育和娱乐
21	仪器仪表	42	公共管理、社会保障和社会组织

北京市在 1985 年第一次进行全市投入产出调查和编表工作。2012 年投入产出表是非首都功能疏解提出前的最新一期投入产出表，以此为依据具有现实意义。

二、敏感度分析

根据上述计算方法，运用 MATLAB 工具进行矩阵运算。为了突出不同的目标导向，我们分别将最终使用变动 1% 对北京市产业增加值和就业人口的影响程度称为经济敏感度和就业敏感度，相应的计算结果称为经济敏感度系数（α）和就业敏感度系数（β）。

1. 经济敏感度分析

将经济敏感度系数从高到低排序，得到 42 个产业部门的经济敏感度系数分布图。从图 3-1 可以看出，经济敏感度系数分布具有明显的指数型分布特征，经济敏感度系数在 0.1000% 以下的差异较小，无法将影响较低的产业部门区分成不同的层级，故将经济敏感度系数取对数，得到经济敏感度系数的对数分布图。

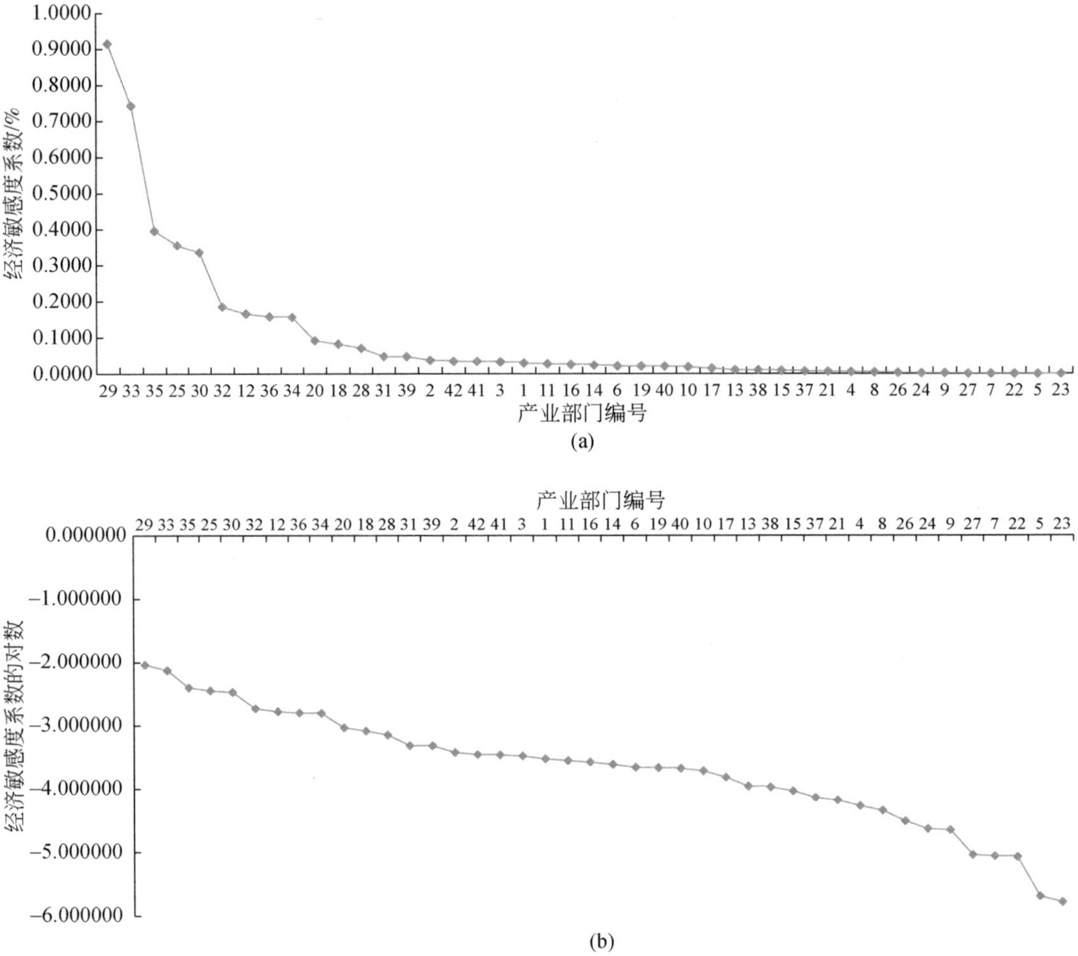

图 3-1　经济敏感度系数分布（a）和经济敏感度系数的对数分布（b）

运用自然断点分级法，将经济敏感度系数取对数后的值分为三级，对应经济敏感度系数的自然断点分别是 0. 0045% 和 0. 0827% 。按照分级结果，将 42 个产业部门划分为敏感度系数大、敏感度系数中、敏感度系数小三个等级（表 3-3）。

表 3-3　根据经济敏感度系数划分的产业部门分类结果

类型	产业部门
敏感度系数大（0. 0827% ≤α<0. 915%）	29、33、35、25、30、32、12、36、34、20、18
敏感度系数中（0. 0045% ≤α<0. 0827%）	28、31、39、2、42、41、3、1、11、16、14、6、19、40、10、17、13、38、15、37、21、4、8
敏感度系数小（0. 0002% ≤α<0. 0045%）	26、24、9、27、7、22、5、23

注：产业部门编号按敏感度系数由大到小排序。

（1）经济敏感度系数大的产业部门有 11 个，按照敏感度系数由大到小依次是：批发和零售（0.9150%），金融（0.7436%），租赁和商务服务（0.3964%），电力、热力的生产和供应（0.3560%），交通运输、仓储和邮政（0.3363%），信息传输、软件和信息技术服务（0.1856%），化学产品（0.1665%），科学研究和技术服务（0.1586%），房地产（0.157%），通信设备、计算机和其他电子设备（0.093%），交通运输设备（0.083%）。其中，电力、热力的生产和供应业，通信设备、计算机和其他电子设备，化学产品，交通运输设备 4 个部门属于第二产业；批发和零售，金融，租赁和商务服务，交通运输、仓储和邮政，信息传输、软件和信息技术服务，科学研究和技术服务，房地产 7 个部门属于第三产业。由此可见，经济敏感度系数大的产业部门主要集中在第三产业。

（2）经济敏感度系数中的产业部门有 23 个。其中，属于第一产业的有 1 个，属于第二产业的有 13 个，属于第三产业的有 9 个。这些产业可以作为非首都功能疏解考虑的对象。

（3）经济敏感度系数小的产业部门有 8 个，按照敏感度系数由大到小依次是：燃气生产和供应（0.0031%），金属制品、机械和设备修理服务（0.0023%），木材加工品和家具（0.0022%），水的生产和供应（0.0009%），纺织品（0.0009%），其他制造产品（0.0008%），非金属矿和其他矿采选产品（0.0002%），废弃资源综合利用（0.0002%）。除水的生产和供应、燃气生产和供应外，其他产业均属于第二产业。由此可见，经济敏感度系数小的产业部门主要集中在第二产业，这些产业将成为未来非首都功能疏解的重点。

2. 就业敏感度分析

将就业敏感度系数从高到低排序，得到 42 个产业部门的就业敏感度系数分布图［图 3-2（a）］。从图可以看出，就业敏感度系数分布也具有明显的指数型分布特征，就业敏感度系数在 0.001% 以下差异较小，无法将影响较低的产业部门区分成不同的层级，故将就业敏感度系数分别取对数，得到就业敏感度系数的对数分布图［图 3-2（b）］。

运用自然断点分级法，将就业敏感度系数取对数后的值分为三级，对应就业敏感度系数的自然断点分别是 0.0048% 和 0.0533%。按照分级结果，将 42 个产业部门划分为敏感度系数大、敏感度系数中、敏感度系数小三个等级（表 3-4）。

（1）就业敏感度系数大的产业部门有 14 个，按照就业敏感度系数由大到小依次是：批发和零售（0.9780%），租赁和商务服务（0.5719%），交通运输、仓储和邮政（0.5075），金融（0.2215%），科学研究和技术服务（0.1768%），信息传输、软件和信息技术服务（0.1603%），化学产品（0.1301%），住宿和餐饮（0.1185%），房地产（0.1150%），建筑（0.1047%），通信设备、计算机和其他电子设备（0.1020%），电力、热力的生产和供应（0.0814%），教育（0.0648%），公共管理、社会保障和社会组织（0.0533%）。其中，化学产品，建筑，通信设备、计算机和其他电子设备，电力、热力的生产和供应 4 个部门属于第二产业，其他 10 个部门均属于第三产业。由此可见，就业敏感度系数大的产业部门也主要集中在第三产业。

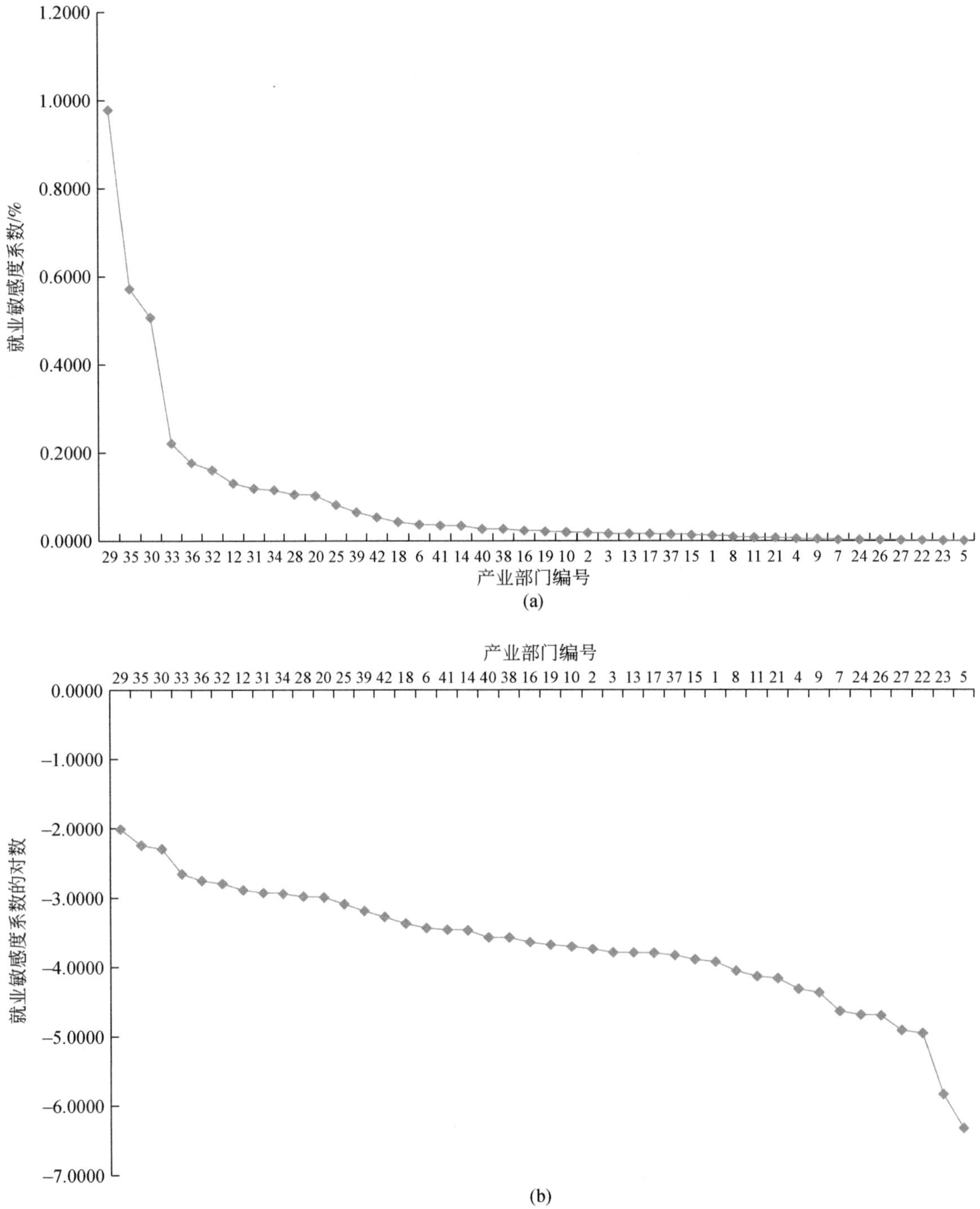

图 3-2　就业敏感度系数分布（a）和就业敏感度系数的对数分布（b）

表 3-4 根据就业敏感度系数划分的产业部门分类结果

类型	产业部门
敏感度系数大（0.0533%≤β<0.9780%）	29、35、30、33、36、32、12、31、34、28、20、25、39、42
敏感度系数中（0.0048%≤β<0.0533%）	18、6、41、14、40、38、16、19、10、2、3、13、17、37、15、1、8、11、21、4
敏感度系数小（0.0001%≤β<0.0048%）	9、7、24、26、27、22、23、5

注：产业部门编号按敏感度系数由大到小排序。

（2）经济敏感度系数中的产业部门有 20 个。其中，属于第一产业的有 1 个，属于第二产业的有 15 个，属于第三产业的有 4 个。由此可见，就业敏感度系数中的产业部门主要集中在第二产业，这些产业可以作为非首都功能疏解考虑的对象。

（3）就业敏感度系数小的产业部门有 8 个，按照就业敏感度系数由大到小依次是：木材加工品和家具（0.0043%），纺织品（0.0023%），金属制品、机械和设备修理服务（0.0020%），燃气生产和供应（0.0020%），水的生产和供应（0.0012%），其他制造产品（0.0011%），废弃资源综合利用（0.0001%），非金属矿和其他矿采选产品（0.0001%）。由此可见，就业敏感度系数小的产业部门都集中在第二产业，这些产业将成为非首都功能疏解的重点。

3. 综合敏感度分析

综合敏感度分析是将经济敏感度和就业敏感度进行综合集成分析。为了避免在确定指标权重时的随意性，本书通过数据本身的性质，运用模糊综合评价法计算经济敏感度和就业敏感度的权重。计算结果表明，经济敏感度和就业敏感度的权重分别为 0.4997 和 0.5003。将经济敏感度系数和就业敏感度系数加权求和得到的最终得分，即为综合敏感度系数（γ）（表 3-5）。运用自然断点分级法，将综合敏感度系数划分为三级，对应的综合敏感度系数的自然断点分别是 0.0032% 和 0.0627%。

表 3-5 根据综合敏感度系数划分的产业部门分类结果

类型	产业部门
敏感度系数大（0.0627%≤γ<0.9465%）	29、35、33、30、25、32、36、12、34、20、28、31
敏感度系数中（0.0032%≤γ<0.0627%）	18、39、42、41、6、14、2、16、3、40、19、1、10、38、11、17、13、15、37、21、8、4
敏感度系数小（0.0001%≤γ<0.0032%）	9、26、24、7、27、22、23、5

注：产业部门编号按影响程度从大到小排序。

（1）综合敏感度系数大的产业部门有 12 个。尽管这些产业部门的疏解可能对城市的经济增长和就业带来较大影响，但根据首都核心功能的定位和保障城市基本运行的需要，这些产业部门可以进一步划分为三种类型：第一种类型是优先疏解的产业，如化学产品，尽管其经济敏感度系数和就业敏感度系数都大，但由于与北京核心功能定位相矛盾，必须将其优先疏解；第二种类型是予以保留的产业，如租赁和商务服务，金融，电力、热力的生产和供应，信息传输、软件和信息技术服务，科学研究和技术服务，房地产，通信设备、计算机和其他电子设备，建筑，住宿和餐饮，这些产业属于首都核心功能或者是保障城市正常运行的部门。对于保障城市正常运行的产业，要根据需求的变化，限制或禁止其新建和扩建。第三种类型是部分保留或部分疏解，如批发和零售，交通运输、仓储和邮政，这些产业中除保障城市基本运行的部分外，其他部分应该逐步向外疏解。

（2）综合敏感度系数中的产业部门有 22 个。其中，第一产业 1 个，第二产业 15 个，第三产业 6 个。根据上面的分类标准，优先疏解的产业包括食品和烟草（保障城市基本运行和符合卫生规范的现场制作类经营除外），金属冶炼和压延加工品，煤炭采选产品，石油和天然气开采产品，通用设备，电气机械和器材，石油、炼焦产品和核燃料加工品，专用设备，非金属矿物制品，金属制品，仪器仪表，金属矿采选产品。予以保留的产业包括农林牧渔产品和服务，公共管理、社会保障和社会组织，文化、体育和娱乐，卫生和社会服务工作，居民服务、修理和其他服务，水利、环境和公共设施管理。部分保留或部分疏解的产业包括交通运输设备、教育、造纸印刷和文教体育用品、纺织服装鞋帽皮革羽绒及其制品。

（3）综合敏感度系数小的产业部门有 8 个。其中，优先疏解的产业部门包括木材加工和家具，金属制品、机械和设备修理服务，纺织品，废弃资源综合利用，非金属矿和其他矿采选产品，但保障城市基本运行的制造环节除外。予以保留的产业包括水的生产和供应、燃气生产和供应，这些是保障城市基本运行的产业部门。

三、结论与讨论

本节利用北京市 2012 年投入产出表，构建了产业敏感度模型，定量分析了最终使用变动 1% 对某一产业增加值和就业人口的影响。

1. 研究结论

在假设敏感度越低，产业越应该优先疏解的前提下，研究表明：

（1）根据经济敏感度系数，应该优先疏解的产业部门依次是燃气生产和供应，金属制品、机械和设备修理服务，木材加工品和家具，水的生产和供应，纺织品，其他制造产品，非金属矿和其他矿采选产品，废弃资源综合利用。假设将经济敏感度系数小的产业部门全部疏解，对北京市产业增加值的影响达到 1.06%，对应的产业增加值减少 186.4 亿元，显然这对北京市的影响是有限的。

（2）根据就业敏感度系数，应该优先疏解的产业部门依次是木材加工品和家具，纺织品，金属制品、机械和设备修理服务，燃气生产和供应，水的生产和供应，其他制造产品，废弃资源综合利用，非金属矿和其他矿采选产品。假设将就业敏感度系数小的产业部门全部疏解，对北京市就业人口的影响达到 1.31%，对应的就业人数减少 12.0 万人，显然对北京市的影响也是有限的。

（3）综合考虑经济敏感度系数和就业敏感度系数，北京市应该优先疏解的产业部门依次是木材加工和家具，金属制品、机械和设备修理服务，纺织品，废弃资源综合利用，非金属矿和其他矿采选产品。需要说明的是，水的生产和供应、燃气生产和供应也被列为疏解的范畴，但由于这些产业是保障城市基本运行的部门，所以予以保留。

（4）考虑首都核心功能定位和综合敏感度系数，北京市应该逐步向外疏解的产业部门是批发和零售，化学产品，食品和烟草，金属冶炼和压延加工品，煤炭采选产品，石油和天然气开采产品，通用设备，电气机械和器材，石油、炼焦产品和核燃料加工品，专用设备，非金属矿物制品，金属制品，仪器仪表，金属矿采选产品，木材加工和家具，金属制品、机械和设备修理服务，纺织品，废弃资源综合利用，非金属矿和其他矿采选产品。

2. 讨论

（1）是否经济敏感度系数小和就业敏感度系数小的产业部门都要向外疏解？根据敏感度系数的计算结果，水的生产和供应、燃气生产和供应都属于经济敏感度系数小和就业敏感度系数小的部门，但这些产业部门是保障城市基本运行的需要，因此不能简单地根据计算结果就下结论，还要从城市的功能定位和保障城市基本运行的需要出发，综合考虑问题，这样才能得出既科学又符合实际的结论。

（2）是否经济敏感度系数大和就业敏感度系数大的产业部门都要予以保留？根据计算结果，批发和零售属于经济敏感度系数大和就业敏感度系数也大的产业部门，这样的产业部门是否需要向外疏解？判断的主要依据是批发和零售的服务对象，如果是保障城市基本运行的部分就应该予以保留，如果主要服务区外市场就应该向外疏解，如大红门批发市场是北方地区最大的服装集散市场，80%的商品销往山西、河北、内蒙古、东北地区，就应该予以疏解。在疏解过程中要坚持市场为主，政府为辅的原则，避免用行政手段解决市场机制应该发挥决定性作用的领域。同时，避免假借批发和零售业向外疏解之名，盲目搬迁与居民生活密切相关的菜市场等做法，防止政策实施中的“一刀切”。

（3）北京的制造业应该维持多大比重？根据配第–克拉克定律，随着经济发展水平的提高，第二产业的比重会逐步降低，第三产业的比重会逐步增加，但第二产业的比重降低到多少合适？或者说，北京的制造业是否都向外疏解才好？其实不然，从发达国家的经验看，2012 年东京的制造业占 GDP 的比重为 9.4%，纽约都市统计区的第二产业占比为 7.28%，伦敦的制造业比重为 8.4%。在此背景下，北京应该发展哪些现代制造业部门？北京的制造业应该维持在多大的比重？这些都是值得进一步研究的问题。

（4）受现有统计制度和数据本身的限制，我们只能根据最新的投入产出表将北京的产业部门细分为 42 个，尽管如此，这样的分析仍然具有明显的局限性。如根据计算结果，造纸印刷和文教体育用品的经济敏感度系数和就业敏感度系数都处于中等水平，属于可以向外疏解的产业部门。其中，造纸及纸制品业由于资源环境破坏严重属于向外疏解的范畴，但印刷业和记录媒介的复制业由于具有时效性等特点，不应都向外疏解。但受数据本身的限制，无法对其进行更精确地识别。因此，从方法层面上，必须坚持定量分析与定性分析相结合。在定性分析上，本书主要体现在两个方面：一是区分这种产业是否属于保障城市基本运行的部门？如果是，就应该保留；如果不是，就应该向外疏解。二是区分这种产业是否与首都核心功能相一致？如果是，就应该保留；如果不是，就应该向外疏解。以化学产品为例，尽管经济敏感度系数和就业敏感度系数都大，但由于与北京核心功能相矛盾，必须向外疏解。又如对批发和零售产业部门的处理意见，除保障城市基本运行的部分外，其他部分（主要服务区外市场，如大红门批发市场）应该向外疏解。

第三节　国外经验借鉴

一、行政办公疏解的案例分析

为缓解日趋严重的大城市病，推动区域均衡发展，行政功能迁移成为众多国家与地区的选择。在国外，从18世纪末至今，全世界有90多个国家曾采取建立首都副中心甚至迁都等措施，以实现首都职能疏解与减少区域发展差距。在这些案例中，与北京发展情况、面临环境最为接近的成功案例即为东京都厅搬迁至新宿区，因而本节以其为案例进行分析，以期为北京行政功能疏解提供借鉴和建议。

1. 疏解概况

东京都厅即东京市行政机关，成立于1943年，原办公地址位于千代田区丸之内三丁目（东京市中心），为更好地服务东京城市发展，同时为东京产业发展预留足够空间，1991年东京都厅与东京都议会均迁移至新宿区二丁目，新位置在原位置以西约6km处，乘坐汽车约18min，乘坐公共交通约30min（图3-3）。

随着东京都厅迁移至新宿区，大量办公与商业设施快速发展，营商环境的改善以及一系列产业鼓励政策的施行，推动了高端产业的发展与完善，并将新宿区打造成为目前最成功的副中心。新宿区的就业构成已经接近东京的中央三区，成为东京新的中央商务区（CBD），切实疏解了中心城区的压力；而东京都厅的原址经改建后成为东京国际论坛大楼，以举办文化会展、国际会议为主，更好地服务于东京市文化创意产业发展。可见，东京都厅的疏解是较为成功的，其疏解背景、疏解方式、疏解目标均与北京类似，具有较强的参考性。

2. 建设经验

整体而言，东京都厅的成功疏解与其疏解区位的正确选择以及建设实施密不可分，其在疏解区位选择与建设中有如下经验。

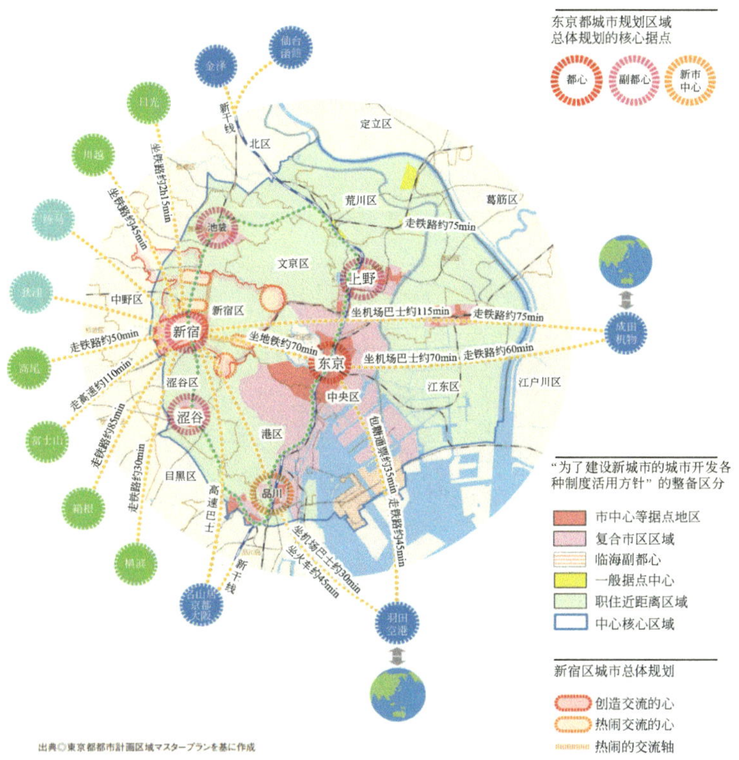

图 3-3　新宿区区位示意图

以东京都城市规划区域总体规划为基础制作

资料来源：新宿区まちづくり長期計画都市マスタープラン．2017.
https：//www. city. shinjuku. lg. jp/content/000235391. pdf.

1）合理的空间距离

东京市政府很早就提出疏解中心城区的功能并付诸实践。从 1958 年《第一次首都圈基本计划》中提出以绿带阻止城市无限度扩张并积极实施，到第二次全域规划中提出建设多摩新城等众多卫星城，这些空间管制措施都在一定程度上遭遇了失败。绿带失败的主要原因为想通过设置“一刀切”的绿带（距都心 20～30km）阻止城市扩张，这与城市拓展空间需求的矛盾无法调和；新城失败则主要在于空间距离过远（30～50km），无法与中心城区在产业之间形成联动，沦为“睡城”。在吸取了以上失败教训的基础上，20 世纪 80 年代东京将重点放到城市副中心建设上，除了 60 年代已经开建的新宿、池袋、涩谷三大副中心之外，又提出建设上野—浅草、锦糸町、大崎、临海副中心，合计七大城市副中心（图 3-4）。

七大副中心与市中心距离为 5～10km。在此距离内，通过发达的公共交通体系（主要为地下轨道交通），副中心可以有效承接中心城的人口、资本和技术扩散，与中心城发展形成良好互动，分担中心城压力。同时在地面又可以通过河流、公园等相互分隔，避免连

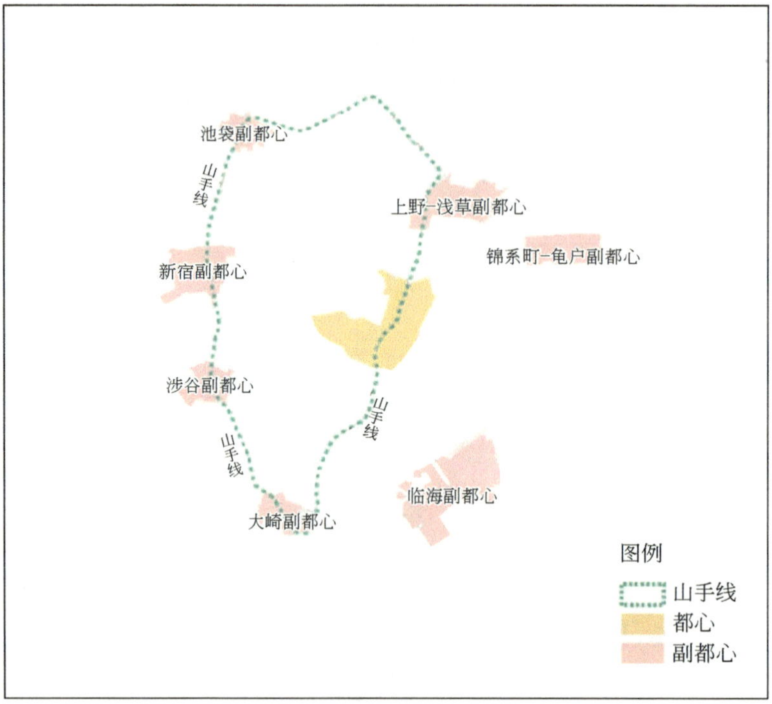

图 3-4　东京都与 7 大副都心布局关系图

资料来源：とよた都市計画 DATABOOK. 2021. https://www.city.toyota.aichi.jp/_res/projects/default_project/_page_/001/007/578/2021.pdf.

片发展。考虑行政中心对人口的吸纳能力以及对产业发展的推动作用，将其疏解至副中心不仅能有效缓解中心城压力，也能推动副中心发展。

对北京而言，在行政中心疏解中应充分重视空间距离的影响。当然 5～10km 的空间距离并不是绝对的，在有发达的公共交通支撑的情况下，空间距离可以适当扩大，根据新宿副中心的经验，距离城市中心 30min 车程（公共交通）是一个较为合理的距离。

2）良好的交通联系

在东京都副中心的发展过程中，中央政府和东京都政府设计合理的交通系统起到了重要作用。1958 年东京都成立了“东京整备委员会”，做出开发新宿、涩谷、池袋三个副中心的决定，这是新宿建设副中心的开始。1959 年东京建成丸内线地铁，把新宿和都中心联系起来。1964 年通过新宿的高速道路 4 号线建成。同年，车站大楼地下街及东口地下街建成开放。自此，新宿火车站成为全日本旅客流动量最大的车站之一，由于交通枢纽对商务以及人流的聚集效应，新宿副中心的商业和市政建设也迅速发展起来。

交通联系在新宿副中心的建设过程中起到了至关重要的作用。如今，新宿是东京市区内轨道交通网最为密集的地区之一，也是东京重要的人口集疏中心，而新宿站是新宿副都心的轨道综合枢纽，也是世界上最繁忙、客流量最大的站点，拥有超过 200 个出入口，单日旅客量超过 350 万人次。巨量的流动人口是新宿产业发展的基础与保障。因而，在行政中心迁移时，应充分考虑与中心城之间形成良好的交通联系。

3）高标准的基础设施

为推动行政中心迁移与新宿的耦合发展，在行政中心迁移之初非常重视提升建设标准，以适应高端产业集聚的需求。在规划建设中，每个街区原则上只建一幢超高层建筑，建筑物高度不得超过250m。建筑物的南、北和东、西分别退入道路红线10m和5m，保证每个街区都有30%的空地。在能源供给方面，区内的冷水、温水、冷气、暖气等集中供应并应用现代化技术以减少公害，节约能源和人力、空间和设备。在交通保障方面，为确保步行安全，步行与汽车交通完全分开；为解决停车问题，除每幢高层建筑设有自己的停车场及地下车库外，区内设置大规模的地下公共停车场，统一使用，提高总的存车能力。为充分利用新宿站带来的商务和人口集聚效应，在起初就将车站与周边开发进行统一设计与施工，通过地下空间的开发利用以及人行天桥等步行回路的设计，将交通枢纽带来的分割效应减小到最低程度，充分利用了交通枢纽的集聚经济；为提升新宿整体形象，对地标建筑形象进行了精心设计，以东京都厅大楼为例，现在已经成为新宿副中心的标志性建筑，每年吸引大量游客到访（图3-5）。

图3-5　东京都厅大楼

资料来源：www. veer. com

依托新宿高标准的基础设施和行政中心带来的信息与服务，新宿迅速成长为东京市新的金融中心，以新宿站为中心、半径为7000m的范围内聚集了160多家银行，商务区的日间活动人口已超过30万人。高标准的基础设施对迁入行政中心与地区产业融合发展起到了重要作用，北京在进行行政中心职能疏解中需要对此加以重视。

3. 经验启示

1）以行政中心迁移带动金融产业集聚

随着经济全球化的持续推进，政府在经济活动中的作用日渐凸显，尤其是金融、信息等行业，往往布局在政府机关附近，以获取及时的信息与服务。新宿在行政中心迁移中充分利用了这一点，通过行政中心的迁移带动金融产业的集聚，推动新宿发展成为东京都新的金融中心。同时，在产业发展中避免单纯发展生产性服务业或商业，而是充分将二者结合：一方面利用商务办公功能集聚高品质的商务人群，另一方面利用商业集聚人气，避免CBD昼夜人口差距过大，沦为空城。休闲娱乐业、宾馆酒店业、餐饮业的发展为生产性服务业和零售业提供了配套服务，形成密切的关联效应。

2）以企业服务提升商业商务功能

新宿区政府在1999年设立了地区产业振兴委员会，负责制定区产业振兴战略，并为区内商业服务业的发展提供各种咨询和帮助。2003年位于西新宿六丁目的新宿产业会馆竣工，成为CBD内外中小企业进行交流活动的主要场所。该会馆的主要任务是提供产业发展信息发布、产业咨询、招商咨询、企业诊断、业务商谈、经营讲座、人才培训等服务。较为完善的企业服务为新宿副中心的商业商务功能集聚与提升提供了极大的动力。

3）以高等教育发展提供技术和人才支撑

新宿的高等教育极为发达，拥有工学院大学、东京医科大学、东京女子医科大学、东京理科大学、早稻田大学（图3-6）、法政大学等多所高等院校。众多高等院校为新宿的发展提供了充足的技术及人才支撑。

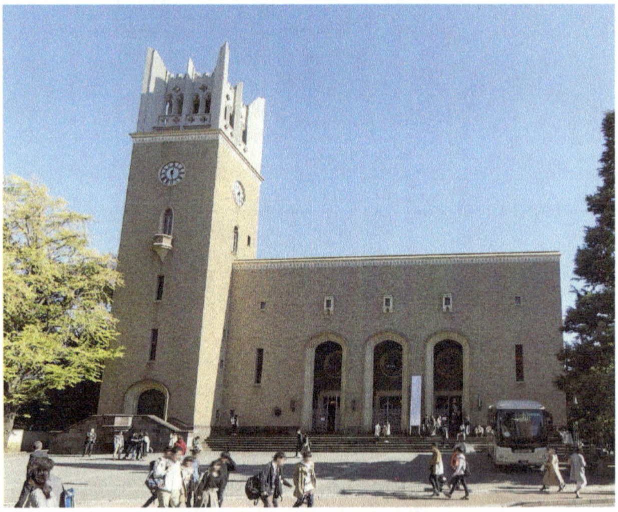

图3-6　早稻田大学

资料来源：早稻田大学官网（https：//www. waseda. jp/top/）

二、一般性制造业疏解的案例分析

一般性制造业是北京非首都功能疏解的重点之一。利用Weaver-Thomas模型计算出北京的优势制造业主要有交通运输设备制造业、通用设备制造业、医药制造业、专用设备制造业以及通信设备、计算机及其他电子设备制造业，电气机械及器材制造业，有色金属冶炼及压延加工业，仪器仪表及文化办公用机械制造业等，这些优势制造业均属于或部分属于被疏解的对象。整体而言，可将一般性制造业分为两类：一类为交通运输设备制造业、通用/专用设备制造业、有色金属冶炼及压延加工业等制造业，这类制造业具备较强的竞争力与一定的就业吸纳能力，往往成为一个城市的支柱产业；一类为食品制造业，纺织服装、鞋帽制造业等竞争力相对较弱的制造业，通常作为中小城市的一般性制造业存在。

为了在非首都功能疏解时带动周边中小城市发展，本节重点探讨第一类制造业，即有潜力成长为中小城市支柱产业的制造业。在这里，主要以交通运输设备制造业中的汽车制造业为案例，选取对象为日本丰田市。需要说明的是，丰田市并非在城市建设中被疏解，而是在建设之初考虑城市空间拓展而主动疏解，尽管如此，其对于北京市一般性制造业疏解而言仍具有一定的借鉴意义。

1. 建设概况

丰田市位于日本中部的爱知县，面积 918.32km^2，人口约 42.20 万（截至 2021 年 1 月）。自 1938 年丰田汽车公司搬入丰田市后，经过半个多世纪的发展，丰田市已经成为日本最大的汽车生产地，也成为世界最著名的汽车城之一。丰田汽车在日本的 11 家工厂均位于爱知县，其中有 6 家位于丰田市，而这 6 家工厂中，3 家是组装汽车的，3 家是制造发动机和零部件的。

截至 2018 年，丰田市共有 816 个工厂，从业人员有 114974 人，制造品上市额 14 兆 5903 亿日元。从工厂类别看，输送机械工厂占 22.9%，其次是生产用机械工厂占 15.7%，再次是金属制品工厂占 12.0%。从从业者比例来看，在输送机械厂工作的人最多，占 77.2%。除此之外，丰田市内有 338 个汽车相关制造业的工厂，占全市制造业工厂的 41.4%，汽车相关制造业的从业人数 98651 人，占全市制造业从业人员的 85.8%，汽车相关制造业的销售额为 14 兆 1039 亿日元，占全市制造业销售总额的 96.7%，足以表明丰田市是以汽车产业为中心的工业城市。

2. 经验启示

1）以区位交通为基础选择制造业承接地

丰田市位于日本名古屋都市圈东部，距离名古屋市 30km，这样的地理区位可以为丰田市制造业发展提供充足的相对廉价的土地。另外，丰田市也可以相对容易地从名古屋市获取资本与技术支持。更为重要的是，丰田市距离机场以及名古屋港也在 30km 左右，这为其提升国际交流、加强出口提供了得天独厚的条件。与此同时，丰田市已经形成了由高速公路、地铁、一般公路构成的完善的交通体系和放射状的交通网络，为其产业发展打下了坚实基础。

由丰田市的经验可以看出，对于本节所定义的第一类制造业（即有潜力成长为中小城市支柱产业的制造业）而言，其布局主要受到两方面条件的制约：一是来自中心城市的资本与技术支持，离中心城市越远，来自中心城市的资本与技术支持就越弱；二是大量相对廉价的土地供应，离中心城市越近，土地价格越高且供给减少。因此，这类制造业应疏解至距离中心城市30～50km范围内的中小城市才相对较为合理。同时，完善的交通设施也是疏解产业与城市融合发展的重要保障。北京在疏解一般性制造业时应从这两方面进行综合考虑。

2）以核心企业为基础积极打造产业集群

丰田汽车公司是丰田市成功建设的基石。以丰田汽车公司为依托，丰田市打造了完善的汽车产业集群。丰田市产业均围绕丰田汽车公司设置，2019年汽车相关制造业的工厂占全市制造业工厂总数的41.4%，汽车相关制造业的从业人数占全市制造业从业人数的85.8%，汽车相关制造业的产值占全市制造业产值的92.9%。

通过推动上游的各种汽车配件制造本地化、提升运输与管理的信息化程度，大幅削减了物流等成本；通过大力发展下游的汽车展销、汽车博览会与相关衍生服务业，进一步提升汽车整体价值。可见，汽车产业集群的打造大幅提升了丰田市汽车产业的综合影响力与国际竞争力，不仅推动丰田市成为日本最大的汽车制造基地，也提升了名古屋都市圈的整体地位与影响力。因而，北京在疏解一般性制造业时应综合产业特性与地区资源禀赋，打造富有地方特色的产业集群，这不仅有助于一般性制造业的成功疏解，也有助于京津冀世界级城市群的打造。

3）以生态环境为基底推动产城融合发展

丰田市在发展中一直秉承环境优先原则，不仅对工业排放实施严格的环境标准，同时极为重视对生态环境的保护。丰田市实行严格的空间管制措施，通过划定市街化区域、市街化调整区域、都市规划外区域作为空间管制标准，三者的面积分别为52.87km^2、302.82km^2和562.63km^2，占丰田市总面积的5.76%、32.97%、61.27%，其中市街化区域、市街化调整区域为鼓励开发区，都市规划外区域为禁止开发区。对于开发的具体位置也有相应政策，重点鼓励在地铁站1km范围内且邻近建成区的土地开发，力争建设紧凑型城市。丰田市一直致力于保护森林、河流、田园，争取打造环境优美、人与自然和谐共生的宜居城市。其在土地利用中，森林面积达到625.28km^2，占丰田市面积的68.09%（图3-10）。

良好的生态环境也推动了从业人员在丰田市安居置业，而这又进一步带动了丰田市生活性服务业的发展，二者相互促进，推动了丰田市产城融合发展。

3. 管理经验

1）坚持以制造业为核心支撑城市群发展

随着生产经营成本提升和全球化迅速推进，大都市圈均面临制造业外流的问题，制造业比重不断降低，服务业比重逐步提升，这虽然推动了经济持续增长，但在一定程度上也加剧了经济脆弱性。以日本三大都市圈为例，在遭遇2008年经济危机后，第三产业比重较高的东京都市圈与阪神都市圈的复苏势头明显弱于制造业比重较高的名古屋都市圈。名古屋都市圈坚持以运输机械（主要为汽车制造）、电器机械、精密机械制造等劳动生产率较高的制造业为主导，并通过技术进步保证劳动生产率的不断提升。高附加值的制造业支撑了相对富裕的中产阶层，而相对富裕的中产阶层又带动服务业发展，二者相互促进，提升了经济的持续性与抵抗外部风险的能力。

就京津冀地区而言，制造业仍是支撑该地区经济持续健康发展的重要动力。因而应将一般性制造业的疏解视为京津冀制造业转型升级的契机，高度重视一般性制造业的后续发展，特别是打造高精尖的现代产业体系，将制造业的疏解与转型升级视为提升京津冀地区国际影响力的重要举措予以关注和支持。

2）优化产业空间布局促进区域协调发展

现代制造业的发展已经演化为产业集群的竞争，对于中小城市而言，一个城市依托一个或几个大型企业围绕某个产业形成一个完善的产业集群即可支撑城市发展，也可避免过多功能集中于一个城市造成的诸多城市问题。从城市群的利益最大化与空间均衡的角度而言，产业的合理布局成为一个重要问题。以名古屋都市圈为例，不同的城市具有不同的产业分工，名古屋市主要以航空机、电机、制陶等产业为主导，四日市主要以石油化学产业为主导，津市主要以造船、电机、食品产业为主导，东海市主要以钢铁产业为主导，其余城市虽然均以汽车产业为主导，但在产业分工中又各有侧重，其中整车组装主要集中在丰田市，配件及配套环节集中在丰田市周边的其他县市。通过合理的空间布局，各城市依托自身优势针对某一产业打造产业集群，在整体上又相互协作，促进了整体利益的最大化。北京在一般性制造业疏解中应对此慎重思考。

3）重视中等教育并培养相关技术人才

高效率的制造业是丰田市也是名古屋都市圈发展的基石，而人才与技术则是维系高效率制造业的基础。名古屋都市圈的工业企业重视制造和产业技术，根据自身特点，相对于高等教育来说更侧重于中等教育。制造业领域需要大量的中等技术人员，如在大学的理工学部或研究生院的理工学科接受了专业教育的毕业生，还有工业高等专科学校、工业高等学校、职业学校的毕业生。名古屋都市圈除了国立和私立的大学以外，也有民间经营的大学。这些大学不仅为本企业培养高等技术人才，同时也培养制造业相关领域的高级人才。这种体制根植于对技术革新不懈追求的精神和以理论为基础、重视实践应用的意识，在名古屋都市圈的发展中得到了验证。对于北京非首都功能疏解而言，为推动一般性制造业向外疏解，符合制造业特点的中等教育也要给予重视与支持。

三、医疗教育疏解的案例分析

与行政、一般性制造业相比，医疗和教育功能对于城市化的推动作用相对较小，更多地表现为依附于城市发展并推动城市化质量提升。在国外，对于医疗与教育而言，一般是实行基本医疗与教育服务的均等化，对于高级医疗与高等教育需求则引入私人资本进行补充，在建设中注重空间的均等化，尤其在医疗方面，国外的医疗体制与北京差别较大，对北京借鉴意义有限。而对于医疗和教育功能疏解而言，基本思路也较为明确：一是大力推动基本医疗服务与教育服务的均等化，提升本地居民接受医疗教育服务的便利性；二是针对主要向外部居民服务的高级医疗与教育服务，可以通过建设产业新区或产业新城予以疏解。

北京是全国医疗和教育资源最丰富的地区，推动医疗和教育功能向周边疏解，一方面有助于推动基本公共服务均等化，另一方面也有助于提升京津冀城市群的发展质量。鉴于北京国际医疗服务区已经在通州开始建设，本节着重对高等教育功能疏解进行分析。目前世界上较为成功的疏解经验为日本筑波科学城的建设与发展，本节以此为案例分析其疏解的成功经验，以期为北京教育功能疏解提供参考。

1. 疏解概况

筑波科学城坐落在日本茨城县西南部，距县厅所在地水户市约50km，位于首都东京东北部，距离东京约50km，总面积约284km^2。

筑波科学城是通过有计划地迁移国家研发机构和教育机构，在疏解东京都教育和科研功能的同时，以成为高水平的研究和教育基地为目的而建设发展起来的。

20世纪50年代，日本政府成立首都圈整备委员会并开始考虑部分首都职能的疏解，至60年代逐步形成方案，将国立大学及部分行政机关作为疏解对象，并将筑波科学城作为疏解选址。1963年筑波科学城开始建设，原位于东京的国土地理院、国立金属材料技术研究所、国立农业研究中心等46家日本国家级研究机构，以及京都教育大学、筑波技术大学和图书馆情报大学三所大学迁入筑波科学城，最终于1980年基本完成国家研究机构和教育机构的搬迁和新建工作。

截至2016年底，筑波科学城拥有人口约20万，拥有31个国立科研机构、300余个民间科研机构和企业等，集中了日本30%的国家级研究机构和40%的科研人员。此外，筑波大学已发展为日本排名前十的一流大学，为筑波科学城的研究机构、企业输送了大量人才。政府部门积极促进大学与产业之间、科学城内各研究机构之间的相互合作与有机联系，使筑波成为一个综合的研究城市。

2. 经验启示

1）后期引入市场机制

相对于筑波在日本基础研究领域的地位而言，筑波的产业基础没有得到相应发展，产业规模与科研投入完全不匹配。筑波国立实验机构对企业的支持度远远满足不了企业需求。由于过于强调政府主导，作为投资代理人的政府官员也没有动力去了解市场、了解技术，研发人员本身的收入与研究成果及其创造的价值也没有直接联系，导致科研成果没有充分应用，研究成本大而回报低限制了筑波科学城的进一步发展。

在意识到政府失灵和产业规模不足的问题后，日本开始逐步改变完全政府主导的模式，积极引入市场机制。日本大力推动筑波科研机构的市场化，鼓励大学教师等培育大学风险企业，这些独立行政法人改革为筑波管理模式转变提供了制度保证，促使科技成果由“体制内”向“体制外”流转，为进一步的产学研合作奠定了基础。政府重点支持大学和科研机构成立科技中介机构——技术许可组织，接受大学及研究者个人委托，为大学科研成果申请专利，进行技术营销，实施技术转移，有效转变了筑波科学城的发展模式，促进了政府、产业界、学术机构之间的相互影响，许多著名的公司在筑波设立研究中心，带动了新技术的开发和新兴产业的发展。

2）与周边地区协调发展

筑波科学城受到中央政府的直接管理，中央和地方政府的发展目标不统一，导致科学城无法与当地经济有机融合。尽管采取了不少措施，但是筑波科学城与周边地区的发展仍然表现为脱节，筑波科学城的研究成果较少转化为实际生产力，且其对周边地区也没有表现出明显的带动作用。由此可见，单纯的大学城或医疗园区建设并不能充分带动地区发展，医疗与教育功能的疏解必须与地区产业发展和城市化相结合，方可发挥较好的效果。

3）提供完善的法治环境

法律法规的制定与出台对筑波科学城的发展起到了十分重要的作用。1970 年 5 月发布《筑波研究学园都市建设法》（1974 年修订），1970 年 8 月又相应发布《筑波研究学园都市建设法施行令》，1971 年制定《筑波研究学园都市建设计划大纲》（1973 年修订），1983 年颁布《高级技术工业集约地区开发促进法》，1985 年颁布《技术城促进税制》。同时，还有一些相关的国家法律，如《私人部门资源利用法》《科学技术厅设置法》《外资法》《小企业新技术振兴法》等，这可以说是世界上最完善的高新技术园区法律体系。将建设筑波科学城的国家意志上升为法律法规，有助于促使历届政府保持对科学城的重视和投入。

同样，在北京疏解一部分教育功能的过程中，制定相关的法律法规，适当规定地方政府与社会团体的权利、义务，可以为教育功能承接地的发展提供有效保障。

第四章　非首都功能疏解的承接地评价

在前一章我们研究了非首都功能疏解的时序问题，这一章我们将研究非首都功能疏解的空间问题。围绕这一问题，我们首先确定了北京周边地区的范围，以此作为承接北京非首都功能疏解的主要承接地。其次，在承接地开展了中小城市综合实力评价。然后，基于水资源、土地资源、环境容量、生态系统脆弱性、生态系统重要性 5 个指标开展了资源环境承载力的单项评价和综合评价。最后，根据综合实力评价和资源环境承载力评价结果，识别出承接地中小城市的承接能力。研究结果表明，资源环境承载力高、城市综合实力高的县市区包括静海区、昌平区、顺义区、通州区、东丽区、天津市辖区、津南区、武清区、北辰区、西青区，资源环境承载力低、城市综合实力低的县市区包括承德市辖区、张家口市辖区、平谷区、顺平县、滦县、宣化县、怀来县、徐水县、满城县、安新县、曲阳县、门头沟区（该评价基于 2013 年行政区划）。

第一节　承接地的范围和概况

从非首都功能疏解的初衷看，主要是促进京津冀地区协同发展，因此承接地的选择应集中在北京周边地区，且大致范围不超过三省市所在的行政区划。从这个角度看，确定北京周边地区的范围是开展研究的基础和关键。

既然要选择在北京周边地区，那么相对于周边地区就要有一个中心作为坐标原点，中心如何确定？是以北京城六区为中心，还是以北京市域作为一个中心？从北京的主体功能区规划看，首都功能核心区和首都功能拓展区（东城区、西城区、朝阳区、海淀区、丰台区、石景山区，也称为城六区）是北京各类功能最为集聚的地区。各种功能过度集中，导致交通拥堵、职住分离、空气质量恶化等“大城市病”进一步加剧。因此，我们将城六区作为中心，以外的地区都属于周边地区的范畴。

关于研究区范围确定的方法有很多，这里我们尝试使用交通可达性的分析办法。

一、交通运输方式的选择

我们考虑了两种方案：一种方案是综合考虑公路和铁路的影响，另一种方案是只考虑公路的影响。通过对比分析，我们选择了只考虑公路影响这种情况，并据此确定了承接地的范围。

1. 考虑公路和铁路

第一步，将现有全国分县市区的面状文件加载到 ArcGIS10.1 软件中，以北京城六区为中心，利用 buffer 功能分别将缓冲区的值设为 50km、100km、150km 和 200km，生成 4 个圈层的大致范围，再分别计算边界县市区到北京城六区的驾车时长，划出 4 个圈层的准确范围。

第二步，查找高铁站点数据。在火车票网上查到 2015 年全国高铁站点的名称，之后利用经纬度地址批量查询工具，得到各个高铁站点的经纬度坐标，导入 ArcGIS 10.1 中生成点文件，并筛选出北京市、天津市、河北省、山西省、山东省中可能在 2.0h 圈层中的高铁站点，共 45 个。

第三步，利用运行时长划分圈层。在中国铁路 12306 网站上依次查找出从北京城六区分别到 45 个高铁站点的高铁/动车运行时长，筛选 2h 内的站点，共 22 个（表 4-1），并划分成 0.5h、1.0h、1.5h、2.0h 四个层次，分别对应四个圈层。

表 4-1 22 个高铁站点的分布

纬度(N)/(°)	经度(E)/(°)	关键词	层次/h	地址
36.67	116.89	济南西站	2.0	山东省济南市槐荫区威海路
38.01	114.48	石家庄站	1.5	河北省石家庄市桥西区京广西街
36.67	116.99	济南站	2.0	山东省济南市天桥区车站后街
39.16	117.16	天津西站	0.5	天津市红桥区
38.11	113.43	阳泉北站	2.0	山西省阳泉市盂县站前街
38.25	114.71	正定机场站	1.5	河北省石家庄市正定县昌盛路
39.13	117.20	天津站	0.5	天津市河北区海河东路隧道
39.29	115.94	高碑店东站	0.5	河北省保定市高碑店市 G112
39.24	117.76	滨海北站	1.5	天津市滨海新区广场路二
36.62	114.55	邯郸东站	2.0	河北省邯郸市邯郸县丛台东路
37.09	114.59	邢台东站	2.0	河北省邢台市邢台县 G4（京港澳高速公路）
39.51	116.70	廊坊站	0.5	河北省廊坊市安次区常甫路
39.96	119.59	秦皇岛站	2.0	河北省秦皇岛市海港区北环路
39.46	116.05	涿州东站	0.5	河北省保定市涿州市涿豆公路
38.86	115.60	保定东站	1.0	河北省保定市清苑区开泰街
38.31	116.76	沧州西站	1.0	河北省沧州市沧县北京路
39.62	118.11	唐山站	1.5	河北省唐山市路北区站前南路
39.85	119.41	北戴河站	2.0	河北省秦皇岛市北戴河区站南大街
37.41	116.46	德州东站	1.5	山东省德州市陵县支路二十七
39.06	117.05	天津南站	0.5	天津市西青区柳静路
38.51	115.07	定州东站	1.0	河北省保定市定州市大鹿庄乡小渡河村
37.63	114.53	高邑西站	2.0	河北省石家庄市高邑县顺府路

第四步，将这些筛选的站点数据加载在 ArcGIS10.1 中，用不同的颜色表示出来，将铁路的各个圈层与公路的各个圈层融合，得到最终的 0 ~ 0.5h 圈、0.5 ~ 1.0h 圈、1.0 ~ 1.5h 圈、1.5 ~ 2h 圈结果（图 4-1）。

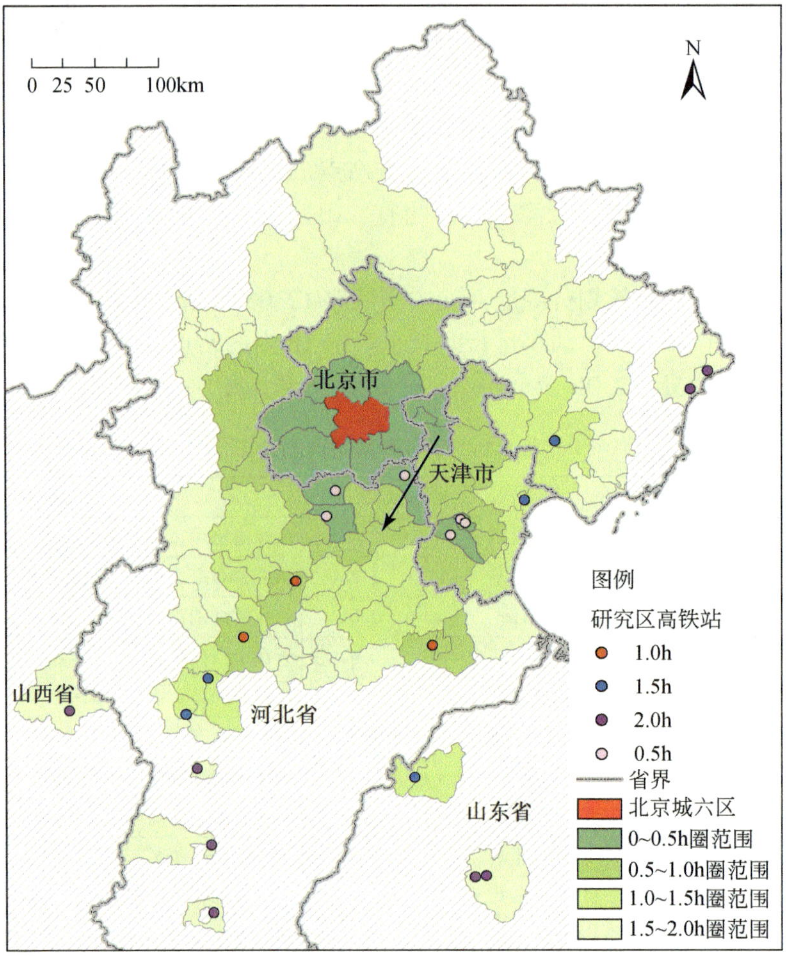

图 4-1　综合考虑公路和铁路的研究区范围

通过分析上图发现，1.5 ~ 2h 交通圈不仅包括了天津和河北两省市的部分县、市和区，还涵盖了阳泉、德州、济南等山西、山东的部分县市区。

这种研究方法的好处是综合考虑了公路和铁路两种交通运输方式，特别是考虑了近年来才发展起来的高铁的影响。缺点也是显而易见的，由于两种交通运输方式的运行速度存在很大差异，以及研究范围受到交通路网的影响较大，导致在叠加两种交通运输方式确定的研究区范围时存在不连续的现象，这给研究承接地范围内中小城市的分布特点、功能承接类型和方式等带来很大的困难。

2. 只考虑公路

如果只考虑公路交通的影响，仍以北京城六区为中心，利用 buffer 功能和 ArcGIS10.1 软件，分别将缓冲区的值设为 50km、100km、150km、200km，生成 4 个圈层的大致范围，再分别计算边界县区到北京城六区的驾车时长，划出 4 个圈层的准确范围（图 4-2）。

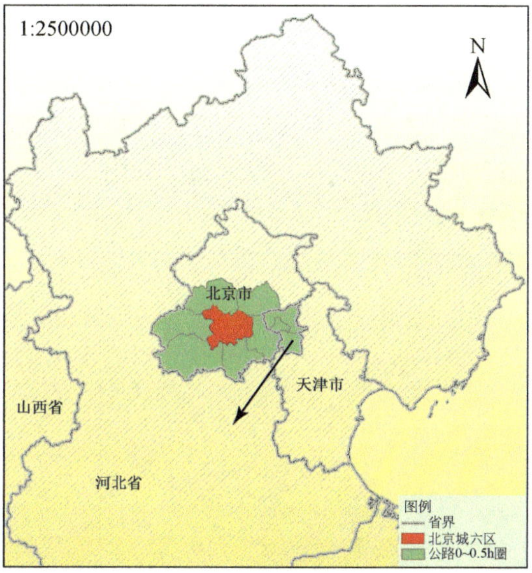

(a)0~0.5h圈范围图

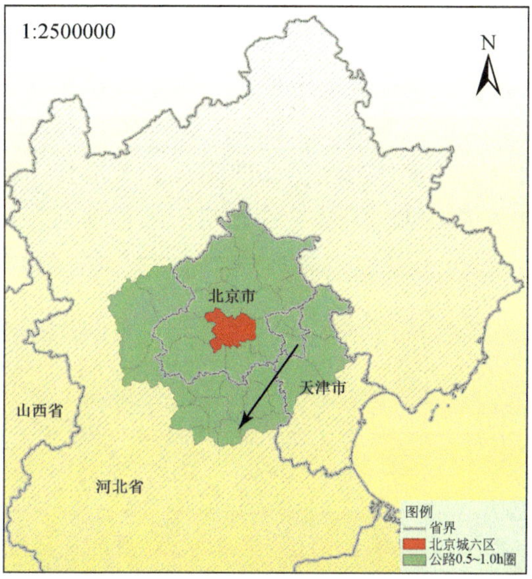

(b)0.5~1.0h圈范围图

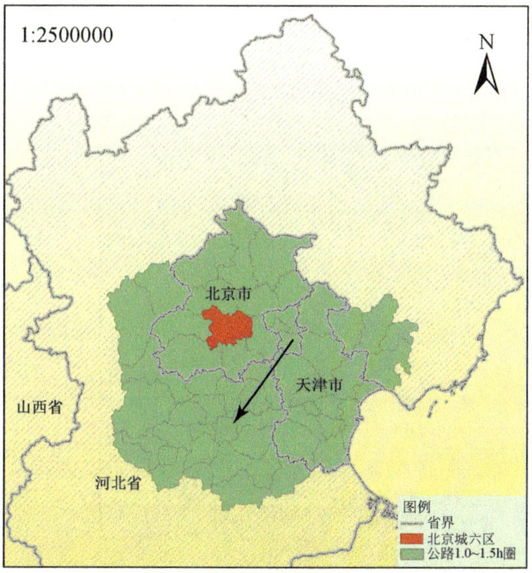

(c)1.0~1.5h圈范围图

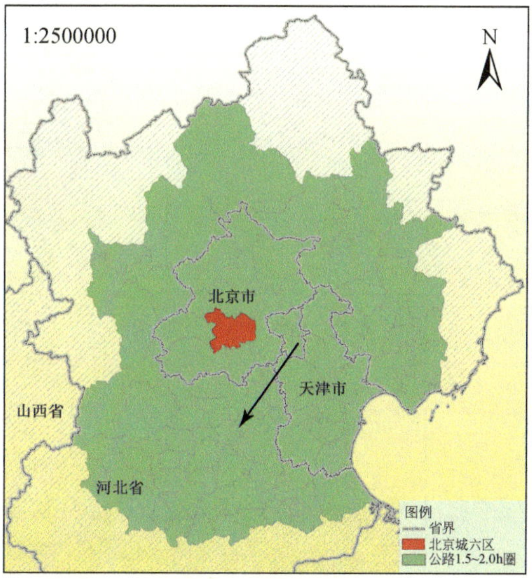

(d)1.5~2.0h圈范围图

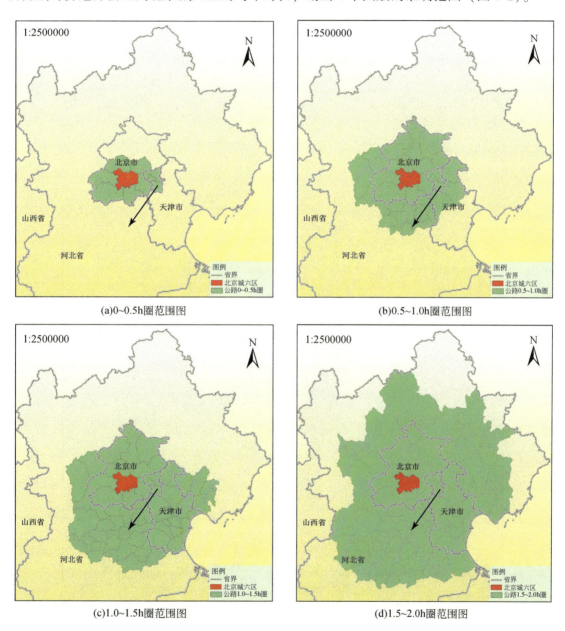

图 4-2 不同小时圈的具体范围

通过对比分析和优劣比较，我们建议采取公路方法确定的研究区范围，其中：① 0 ~

0.5h 圈包括（9 个）昌平区、门头沟区、顺义区、通州区、房山区、大厂回族自治县、大兴区、三河市、香河县。② 0.5～1.0h 圈包括（19 个）怀柔区、密云县、延庆县、怀来县、雄县、涿鹿县、平谷区、涞水县、涿州市、固安县、定兴县、容城县、蓟县、廊坊市市辖区、高碑店市、宝坻区、武清区、永清县、霸州市。③ 1.0～1.5h 圈包括（25 个）丰润区、玉田县、易县、徐水县、满城县、顺平县、唐山市市辖区、安新县、任丘市、清苑县、大城县、高阳县、青县、保定市市辖区、河间市、丰南区、文安县、东丽区、津南区、宁河县、滨海新区、天津市市辖区、北辰区、西青区、静海区。④ 1.5～2.0h 圈包括（30 个）承德县、滦平县、张家口市市辖区、丰宁满族自治县、赤城县、承德市市辖区、宣化县、兴隆县、迁西县、沧州市市辖区、遵化市、迁安市、滦县、涞源县、唐县、滦南县、宽城满族自治县、曲阳县、望都县、蠡县、定州市、黄骅市、博野县、安国市、肃宁县、饶阳县、安平县、曹妃甸区、沧县、献县（图 4-3）。

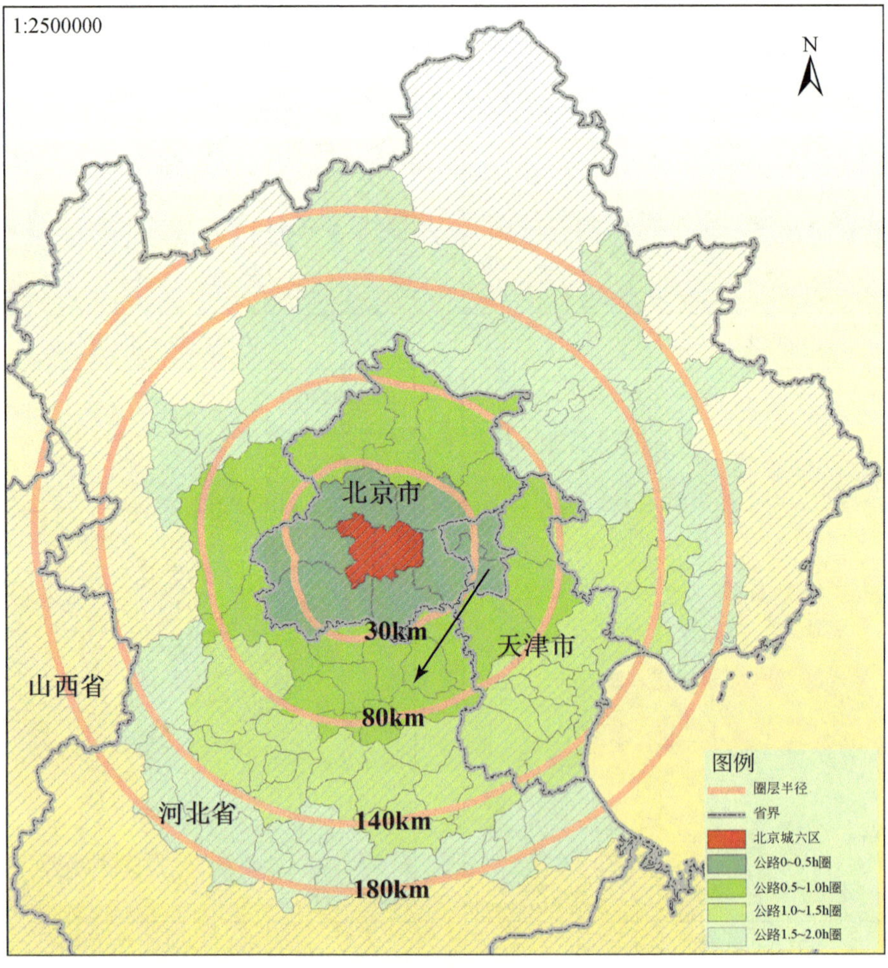

图 4-3　不同圈层的大致半径距离

截至 2013 年底，研究区共有 83 个县市区，其中包含北京市除城六区外的所有区县，天津市的所有区县，河北省廊坊市的所有县市区，唐山市除乐亭县外的所有县市区，保定市除阜平县外的所有县市区，张家口市包含市辖区在内的 5 个区县，承德市包含市辖区在内的 6 个区县，沧州市包含市辖区在内的 8 个县市区，以及衡水市的饶阳县和安平县。研究区面积达 107567km^2，占京津冀地区总面积的 49.8%；总人口 5141.0 万人，占京津冀地区总人口的 47.1%；地区生产总值达 34962.4 亿元，占京津冀地区生产总值的 56.2%。

研究分别统计了 2004 年和 2014 年研究区和京津冀地区的数据，将 2004 年和 2014 年研究区的总人口和地区生产总值占整个京津冀地区的比重进行了对比，从中可以发现，2004～2014 年研究区的总人口和地区生产总值占整个京津冀地区的比重都略有降低，说明北京周边地区中小城市的人口增长和产值增长幅度略低于其所在的整个京津冀地区的增长幅度，人口集聚功能和产业集聚功能也有所降低，其发展并未受到足够重视，区位优势没有得到充分利用（图 4-4）。

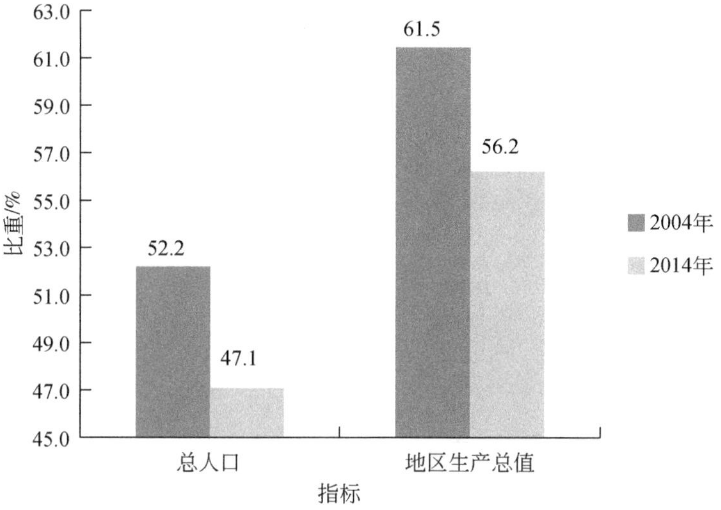

图 4-4　研究区各指标占京津冀地区的比重

通过纵向比较可以发现，2004～2014 年研究区总人口增加了 6.6%，地区生产总值增长率为 15.7%，整个京津冀地区在 10 年里总人口增加 18.2%，地区生产总值增长率达 16.7%，研究区的人口增长远低于京津冀地区，产业发展速度与京津冀地区大环境相比相对落后。北京市中心城区与周边地区中小城市的联系较为薄弱，整个京津冀地区在城乡人力资源开发、城乡基础设施、教育发展水平等方面的区域差距较大，北京的发展并没有带动京津冀地区的繁荣，中小城市普遍存在基础设施落后、经济发展缓慢等现象。但北京周边地区的中小城市相对于北京中心城区，仍拥有较大的发展空间，可以充分利用其地理区位优势，将疏解非首都功能的工作重心更多地向此地倾斜。

3. 内部各圈层的基本情况

鉴于京津冀协同发展战略提出前和地方委托课题的工作需要，研究分别统计了 2004 年和 2014 年研究区内每个圈层的城市数量、地区生产总值、总人口，以及各个圈层占 1.5～2h 圈的比重，并将 2004 年数据和 2014 年的数据进行对比，探究各个圈层的比重变化。

0 ~ 0. 5h 圈、0. 5 ~ 1. 0h 圈、1. 0 ~ 1. 5h 圈、1. 5 ~ 2. 0h 圈的中小城市数量分别为 9 个、19 个、25 个和 30 个。可以看出，随着圈层的扩大，各圈层内部的城市数量及其占比也在增加（图 4-5）。

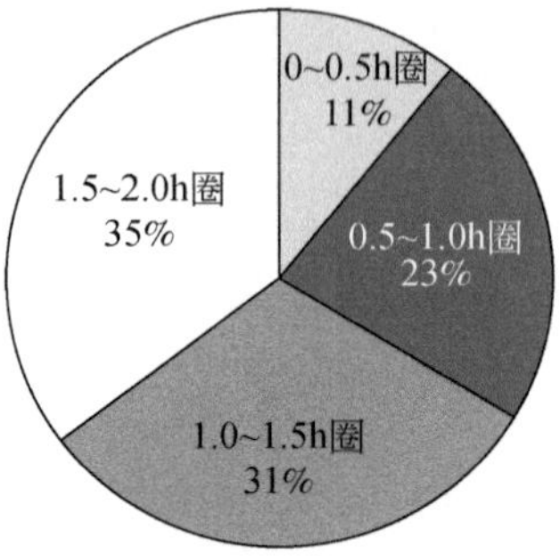

图 4-5　研究区各圈层城市数量所占比重

0 ~ 0. 5h 圈包括北京城六区紧邻的昌平区、顺义区、门头沟区、通州区、房山区、大兴区以及河北省廊坊市的三河市、大厂回族自治县、香河县。10 年间，该圈层的总人口比重近乎增加了一倍，区位优势吸引了大量人口集聚，人口输入压力大（图 4-6）。

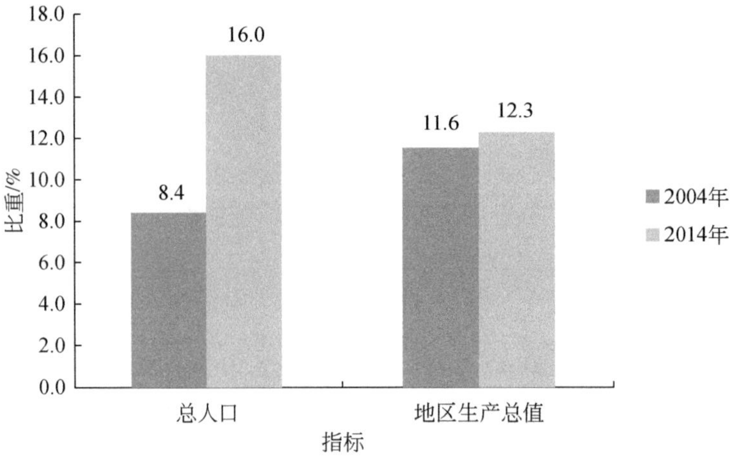

图 4-6　0 ~ 0. 5h 圈各指标占研究区的比重

资料来源：根据 2014 年《中国城市统计年鉴》《中国区域经济统计年鉴》《北京统计年鉴》《天津统计年鉴》《河北统计年鉴》等的数据计算而得

0. 5 ~ 1. 0h 圈与 0 ~ 0. 5h 圈不同，这个圈层 2014 年的两项指标比 2004 年的比重稍有降低。其中，地区生产总值的比重变化幅度大于总人口比重的变化幅度（图 4-7）。

1. 0 ~ 1. 5h 圈 2014 年总人口比重低于 2004 年，而地区生产总值的比重略有增加（图 4-8）。

1. 5 ~ 2. 0h 圈 2014 年的总人口比重和地区生产总值比重较 2004 年都略有增加，但增加幅度很小（图 4-9）。

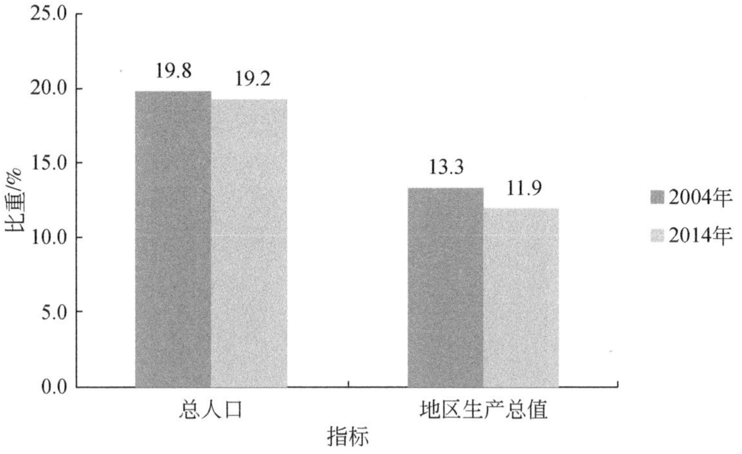

图 4-7　0.5～1.0h 圈各指标占研究区的比重

资料来源：根据 2014 年《中国城市统计年鉴》《中国区域经济统计年鉴》《北京统计年鉴》《天津统计年鉴》《河北统计年鉴》等的数据计算而得

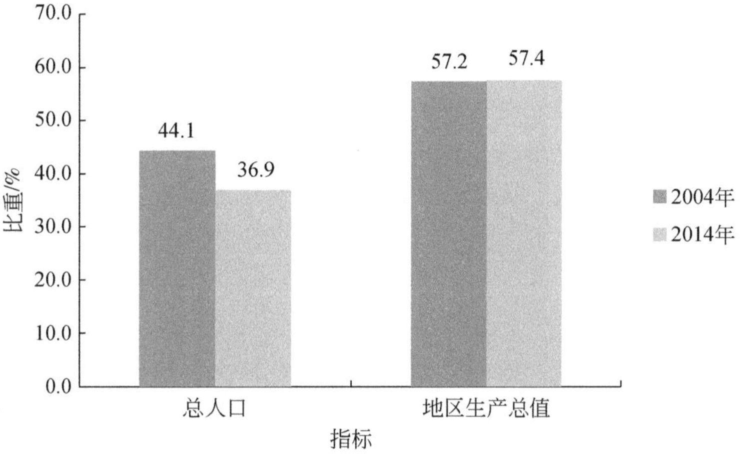

图 4-8　1.0～1.5h 圈各指标占研究区的比重

资料来源：根据 2014 年《中国城市统计年鉴》《中国区域经济统计年鉴》《北京统计年鉴》《天津统计年鉴》《河北统计年鉴》等的数据计算而得

二、承接地概况

1. 地形地势

地形总体趋势是东南低、西北高。东南部以平原为主，海拔在 200m 以下；西北部以高原为主，海拔在 1000m 以上。平原和高原之间的过渡地带为山地，海拔在 200～1000m。西部为太行山，北部为燕山。平原和高原的坡度较低，高坡度区主要集中在平原和高原的过渡地带和山区。

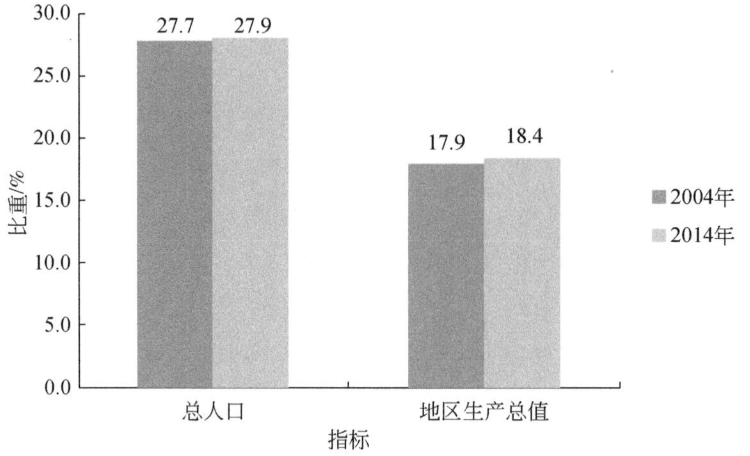

图 4-9　1.5～2.0h 圈各指标占研究区的比重

资料来源：根据 2014 年《中国城市统计年鉴》《中国区域经济统计年鉴》《北京统计年鉴》《天津统计年鉴》《河北统计年鉴》等的数据计算而得

2. 气候条件

以温带季风气候和温带大陆性气候为主。南部为温带季风气候区，夏季高温多雨，冬季寒冷干燥，四季分明，冬夏季风方向变化显著；北部为温带大陆性气候，冬冷夏热，年温差大，降水集中，四季分明。从年降水量看，总体上属于降水偏少的地区，并呈现从东南向西北递减的态势。从气温看，由南向北依次为暖温带、中温带。

3. 自然资源

（1）水资源。水资源缺乏，水量型缺水、季节性缺水、水质性缺水都比较突出。区域内地表径流不丰富，多年平均降水量仅 535mm，是中国东部沿海降水量最少的地区，部分河流常年干涸。地方多年（2000～2014 年）人均水资源占有量 300m^3，仅为中国平均值的 1/7，世界平均值的 1/27（图 4-10）。

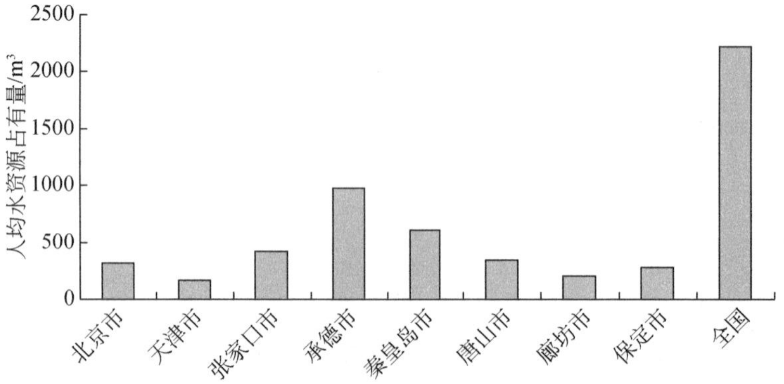

图 4-10　北京周边地区多年（2000～2014 年）人均水资源占有量

（2）能源矿产资源。能源矿产资源种类多样，采储量较大，但是空间分布不均衡。区内有冀中煤炭基地，在河北西北部还有大量煤矿存在。南部的平原和渤海湾地区是我国重要的油气生产基地，主要有任丘油田、大港油田、冀东油田等油田和南堡气田。铁、钼、铅、锌等黑色、有色金属矿和磷、耐火黏土、石墨、萤石等非金属矿也有较广泛的分布。风能、太阳能较为丰富，开发潜力较大。

（3）土地资源。根据2007年国土资源部土地利用分类统计结果，北京周边地区的土地利用类型以牧草地为主，约占总面积的48.75%，其余分别为农用地（21.19%）、林地（14.74%）、未利用地（10.04%）、城镇建设用地（5.28%）。国土开发强度大但区域分异明显。2007年该地区国土开发强度（城镇建设用地占总面积的比重）为5.28%，高于全国同期平均水平（3.46%）。随着距离北京、天津城市核心区距离增加，国土开发强度呈同心圆状下降。从不同土地利用类型的空间分布看，未利用地主要分布在高原地区的山地和东南部的滨海地区。

4. 人口和城镇化

人口分布呈现不均衡的态势。平原地区人口多，密度较大。山区和高原地区人口少，密度低。从城镇化水平看，整个区域城镇化率不高，大部分县市区的城镇化率在50%以下。高城镇化地区主要集中在北京—天津和北京—保定—石家庄一线。

5. 经济发展水平

区域发展极不平衡。地均GDP和人均GDP空间差异明显，高值区主要集中在京津唐三地以及北京—保定一线，部分分布于沧州的市辖区，即截至2020年，河北省在现行标准（年均纯收入超过4000元）下农村建档立卡贫困人口全部脱贫，7746个贫困村全部出列，62个贫困县全部摘帽，历史上首次消除了绝对贫困和区域性整体贫困，全面实现“两不愁三保障”及饮水安全有保障。北京周边县域经济发展相对滞后，在北京、天津两个直辖市的周围形成了密集的贫困带，分布着众多的国家级贫困县。

从产业类型看，第一产业优势突出，其中南部平原地区是我国重要的粮食生产基地，北部高原地区是我国重要的肉类和奶制品生产基地，东部沿海地带是重要的水产品生产基地。第二产业以能源重化工产业为主，现代制造业发展迅速。能源重化工产业主要分布在河北和天津，而现代制造业主要分布在北京和天津。第三产业发展迅速，北京在1994年第三产业比重超过50%，2013年更是接近80%。天津的第三产业增长平稳，2013年已接近50%，其余地区第三产业发展比较迟缓。

6. 基础设施建设与布局

整体交通条件较好，基本形成了以北京为主中心、天津为副中心的陆海空综合交通运输体系，但是不同区域之间、各种交通运输方式之间的分工合作还需要进一步深化。

北京周边地区综合交通运输体系呈现以北京为中心的放射状形态。根据全国主体功能区划中交通优势度的评价结果，北京、天津是交通优势度最高的地区，随着与两个城市距离的增加，呈现同心圆状下降，北部地区是交通优势度最低的区域。

三、城市与人口的类型划分

1. 城市规模等级划分

根据城市规模划分标准，本节整理了2010年人口普查资料中城区常住人口数据，将研究区内的城市进行了规模等级划分，划分结果见表4-2。之所以选择2010年，是因为第六次全国人口普查数据是最准确和完备的，其他年份的统计年鉴都缺乏相应的指标。同时我们着重关注北京非首都功能疏解前（2014年）的情况。

表4-2 研究区城市规模等级划分

县市区	城区常住人口/万人	所属城市	城市规模
大厂回族自治县	5.07	廊坊市	Ⅱ型小城市
赤城县	6.26	张家口市	Ⅱ型小城市
顺平县	6.41	保定市	Ⅱ型小城市
望都县	7.45	保定市	Ⅱ型小城市
博野县	7.45	保定市	Ⅱ型小城市
涞源县	7.76	保定市	Ⅱ型小城市
滦平县	7.99	承德市	Ⅱ型小城市
宣化县	8.17	张家口市	Ⅱ型小城市
饶阳县	8.24	衡水市	Ⅱ型小城市
宽城满族自治县	8.68	承德市	Ⅱ型小城市
涿鹿县	9.32	张家口市	Ⅱ型小城市
兴隆县	9.58	承德市	Ⅱ型小城市
容城县	9.90	保定市	Ⅱ型小城市
丰宁满族自治县	9.94	承德市	Ⅱ型小城市
涞水县	10.00	保定市	Ⅱ型小城市
高阳县	10.05	保定市	Ⅱ型小城市
承德县	10.11	承德市	Ⅱ型小城市
沧县	10.77	沧州市	Ⅱ型小城市
唐海县	10.91	唐山市	Ⅱ型小城市
安平县	11.47	衡水市	Ⅱ型小城市
永清县	11.69	廊坊市	Ⅱ型小城市
定兴县	12.11	保定市	Ⅱ型小城市
唐县	12.32	保定市	Ⅱ型小城市
曲阳县	12.42	保定市	Ⅱ型小城市
肃宁县	12.62	沧州市	Ⅱ型小城市
易县	12.62	保定市	Ⅱ型小城市

续表

县市区	城区常住人口/万人	所属城市	城市规模
安国市	13.55	保定市	Ⅱ型小城市
怀来县	13.68	张家口市	Ⅱ型小城市
雄县	13.92	保定市	Ⅱ型小城市
满城县	13.95	保定市	Ⅱ型小城市
献县	14.13	沧州市	Ⅱ型小城市
宁河县	15.24	天津市	Ⅱ型小城市
迁西县	16.01	唐山市	Ⅱ型小城市
蠡县	16.42	保定市	Ⅱ型小城市
安新县	16.74	保定市	Ⅱ型小城市
大城县	17.14	廊坊市	Ⅱ型小城市
固安县	17.16	廊坊市	Ⅱ型小城市
青县	17.66	沧州市	Ⅱ型小城市
香河县	17.80	廊坊市	Ⅱ型小城市
徐水县	19.38	保定市	Ⅱ型小城市
滦南县	19.82	唐山市	Ⅱ型小城市
滦县	20.82	唐山市	Ⅰ型小城市
文安县	21.72	廊坊市	Ⅰ型小城市
清苑县	21.96	保定市	Ⅰ型小城市
河间市	24.35	沧州市	Ⅰ型小城市
涿州市	26.05	保定市	Ⅰ型小城市
蓟县	27.02	天津市	Ⅰ型小城市
宝坻区	27.20	天津市	Ⅰ型小城市
高碑店市	27.49	保定市	Ⅰ型小城市
玉田县	28.39	唐山市	Ⅰ型小城市
门头沟区	29.05	北京市	Ⅰ型小城市
霸州市	29.17	廊坊市	Ⅰ型小城市
静海县	29.30	天津市	Ⅰ型小城市
黄骅市	29.70	沧州市	Ⅰ型小城市
遵化市	29.98	唐山市	Ⅰ型小城市
迁安市	30.88	唐山市	Ⅰ型小城市
延庆县	31.74	北京市	Ⅰ型小城市
丰南区	32.65	唐山市	Ⅰ型小城市
丰润区	35.15	唐山市	Ⅰ型小城市
武清区	35.27	天津市	Ⅰ型小城市
怀柔区	37.29	北京市	Ⅰ型小城市
三河市	38.69	廊坊市	Ⅰ型小城市
平谷区	41.60	北京市	Ⅰ型小城市

续表

县市区	城区常住人口/万人	所属城市	城市规模
任丘市	43.09	沧州市	Ⅰ型小城市
密云县	46.77	北京市	Ⅰ型小城市
定州市	48.21	保定市	Ⅰ型小城市
沧州市市辖区	49.94	沧州市	Ⅰ型小城市
西青区	52.49	天津市	中等城市
廊坊市市辖区	53.08	廊坊市	中等城市
承德市市辖区	54.04	承德市	中等城市
北辰区	57.51	天津市	中等城市
津南区	59.01	天津市	中等城市
东丽区	59.10	天津市	中等城市
顺义区	87.66	北京市	中等城市
张家口市市辖区	92.46	张家口市	中等城市
房山区	94.48	北京市	中等城市
保定市市辖区	103.82	保定市	Ⅱ型大城市
通州区	118.43	北京市	Ⅱ型大城市
大兴区	136.51	北京市	Ⅱ型大城市
唐山市市辖区	145.02	唐山市	Ⅱ型大城市
昌平区	166.05	北京市	Ⅱ型大城市
滨海新区	231.34	天津市	Ⅱ型大城市
天津市市辖区	434.31	天津市	Ⅰ型大城市

把一个国家或区域中许多大小不等的城市按规模分成五个等级，就有一种普遍存在的规律性现象，即人口规模越大的城市，数量越少；人口规模越小的城市，数量越多，即形成城市等级规模金字塔。研究区域的城市等级规模金字塔见图4-11。可以看出，研究区内城市等级规模分布基本符合金字塔理论。

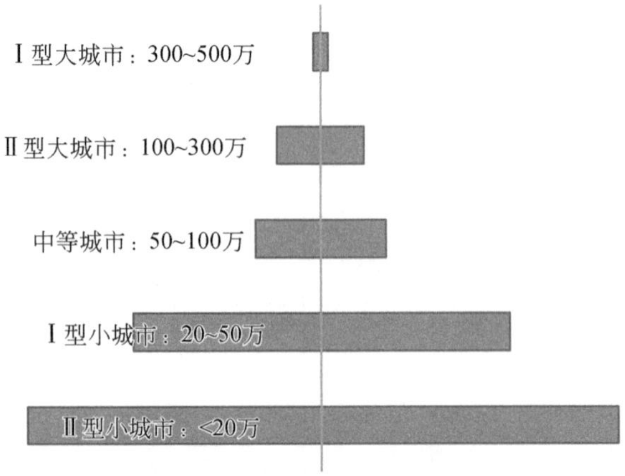

图4-11　研究区城市等级规模金字塔及各等级城市数

2. 总人口增长类型划分

整理 2004 ~ 2014 年来研究区内各县市区总人口的数据，根据年均增长率计算公式，计算出各县市区的年均人口增长率（图 4-12）。

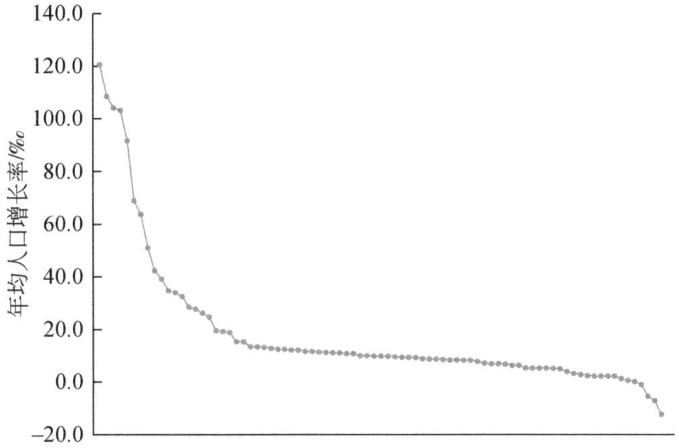

图 4-12　研究区各县市区年均人口增长率分布曲线

83 个县市区的年均人口增长率为 18.3‰。根据年均人口增长率的分布，将 83 个县市区的总人口增长类型划分为五类，见表 4-3。

表 4-3　总人口增长类型划分

增长率/‰	增长类型	城市数量/个
> 80	很快	5
40 ~ 80	较快	4
20 ~ 40	较慢	8
0 ~ 20	很慢	62
<0	负增长	4

可以看出，各地区年均人口增长率大多集中在 0 ~ 20‰，个别城市增长很快，也有少数几个城市呈现人口负增长。人口增长很快，即年均人口增长率大于 80‰的县市区包括东丽区、西青区、北辰区、滨海新区、昌平区。其中，人口增长最快的是滨海新区，主要受地理区位和国家政策的影响。昌平区紧邻北京中心城，东丽区、西青区、北辰区环绕于天津市辖区的周围，滨海新区是国务院批准的第一个国家综合改革创新区，2005 年开始被写入"十一五"规划并纳入国家发展战略，成为国家重点支持开发开放的国家级新区，随着滨海新区开发开放的全面推进，人口集聚明显提速。人口呈现负增长的地区集中在张家口和承德。张承地区是京津冀地区经济欠发达的地区。

3. 地区生产总值增长类型划分

本节整理了近10年来研究区内各县市区GDP的数据，根据年均增长率计算公式，得出各县市区的年均GDP增长率（图4-13）。

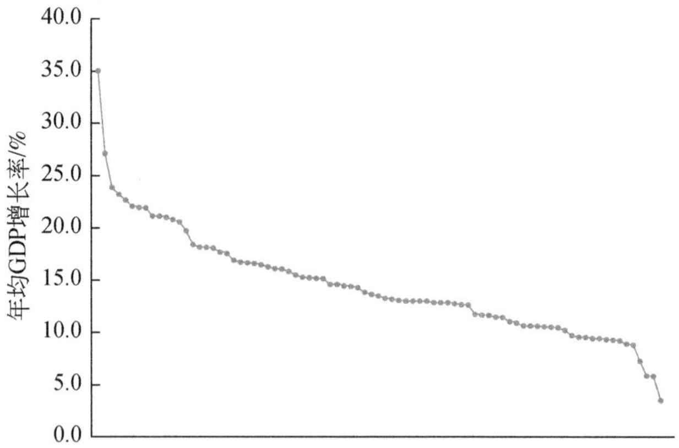

图4-13　研究区各县市区年均GDP增长率分布曲线

83个县市区的年均GDP增长率为14.6%。根据年均GDP增长率的分布情况，将83个县市区的GDP增长类型划分为五类，见图4-14。

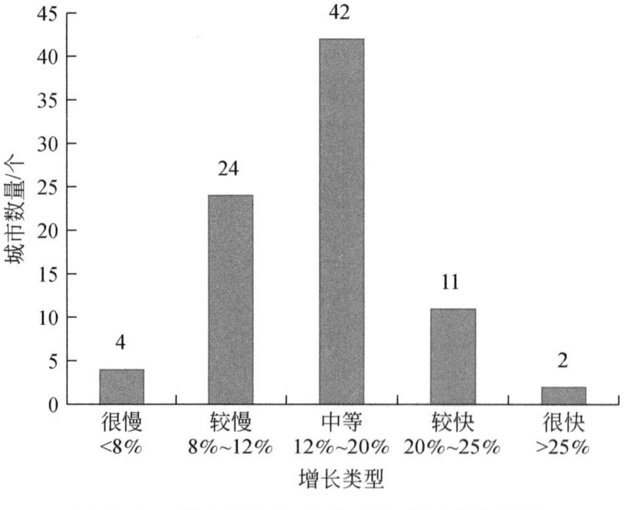

图4-14　研究区各县市区GDP增长类型划分

可以看出，各地区年均GDP的增长率大多集中在12%～20%。其中，天津滨海新区的年均GDP增长率十分突出，达到35.0%，经过十多年的发展，天津滨海新区的综合实力不断增强，服务功能进一步完善，是继深圳经济特区、浦东新区之后，又一带动区域发展的新的经济增长极，区位优势、资源优势、科技与人才优势为经济发展提供了强有力的支撑。

4. 中小城市规模分类

将年均人口增长率、2014 年总人口数、年均 GDP 增长率、2014 年 GDP 四个指标作为变量，以研究区的 83 个县市区为对象，按照欧氏距离法，利用 SPSS 18.0 进行 K 均值聚类分析（表 4-4）。

有些城市的指标为负值，且 4 个指标之间数值不在同一量级上，需要对各个城市的指标进行数据标准化，利用 min-max 标准化方法对原始数据进行线性变换。设 min$A$ 和 max$A$ 分别为属性 A 的最小值和最大值，将 A 的一个原始值 x 通过 min-max 标准化映射成在区间 [0，1] 中的值 x'，公式为

$$\text{新数据}=\frac{\text{原数据}-\text{极小值}}{\text{极大值}-\text{极小值}}$$

K 均值聚类分析结果见表 4-5。

表 4-4 研究区城市功能聚类结果

类别	县市区
第一类	滨海新区
第二类	安国市、安平县、安新县、博野县、承德市市辖区、高碑店市、高阳县、固安县、河间市、怀柔区、蓟县、密云县、平谷区、青县、清苑县、曲阳县、饶阳县、香河县、兴隆县、雄县、徐水县、宣化县、延庆县、大厂回族自治县、定兴县、定州市、房山区、沧县、涞水县、蠡县、滦南县、满城县、门头沟区、大城县、容城县、顺平县、唐县、望都县、文安县、涿州市、易县、永清县、玉田县、张家口市市辖区、遵化市、丰南区、丰润区、唐海县
第三类	北辰区、昌平区、大兴区、东丽区、津南区、通州区、西青区
第四类	保定市市辖区、沧州市市辖区、丰宁满族自治县、涞源县、廊坊市、滦平县、滦县、宁河县、迁安市、武清区、献县、涿鹿县、宽城满族自治县、赤城县、怀来县、黄骅市、静海县、肃宁县、三河市、顺义区、任丘市、承德县、霸州市、迁西县、宝坻区
第五类	唐山市市辖区、天津市市辖区

表 4-5 k 均值聚类分析结果

指标项	聚类				
	1	2	3	4	5
年均人口增长率	1.0000	0.1610	0.7274	0.1980	0.2049
2014 年总人口数	0.2771	0.0999	0.2046	0.1150	0.8801
GDP 增长率	1.0000	0.2384	0.5112	0.4603	0.5249
2014 年 GDP	1.0000	0.0136	0.0764	0.0458	0.3221

第一类（人口及经济发展很快）：年均人口增长率、GDP 增长率、2014 年 GDP 均很高，只有滨海新区一个城区。

第二类（人口及经济均发展缓慢）：年均人口增长率很低，2014 年总人口数也很小，说明城市规模比较小，人口基数小且相对稳定。GDP 增长率最小，且 2014 年 GDP 也是最小，城市经济发展比较缓慢。

第三类（正在迅速发展的小城市）：2014 年总人口数小，但是年均人口增长率很高，说明城市扩张速度较快。2014 年 GDP 较小，但是 GDP 增长率很高，城市经济处于迅速发展中。

第四类（人口稳定，城区经济发展较快的小城市）：2014 年总人口数和年均人口增长率均不高，说明城市人口规模比较稳定，人口总数接近人口容纳量。虽然 2014 年 GDP 较小，但是增长迅速，说明该城市在人口稳定的情况下，经济并未停滞。

第五类（人口稳定，城区经济发展快的大城区）：2014 年总人口数大，但年均人口增长率较低，城市人口规模比较稳定。GDP 增长率较快，2014 年 GDP 也很大，说明城市经济仍处在持续发展中。

第二节　承接地中小城市的综合实力评价

非首都功能疏解的范围和类型不仅取决于首都的意愿，还取决于周边地区中小城市的承接能力和综合实力。除了区域发展滞后与区域协同发展的需要会影响非首都功能疏解外，自然地理环境特征也会对非首都功能疏解和周边地区中小城市承接能力产生影响。城市综合实力表征了城市的中心性，是确定核心城市、划分城市等级结构的依据，也是识别城市群空间体系结构的重要参数。

一、指标选择和权重

城市综合实力评价涉及指标的选取、指标权重确定、评价模型的构建。由于研究关注各个城市的社会经济联系，指标的选取侧重于社会、经济实力评价。我们选取 GDP、常住人口、第三产业占 GDP 的比重、地方财政一般预算收入、固定资产投资、社会消费品零售总额、实际直接利用外资 7 项指标。其中，GDP 和常住人口表征城市的社会经济规模，第三产业占 GDP 的比重表征城市的发展程度，地方财政一般预算收入表征地方政府的收入水平，固定资产投资和社会消费品零售总额旨在评价城市的消费水平，实际直接利用外资强调城市与外界联系。通过上述指标的综合评价，有助于全面厘清承接地中小城市的综合实力。

二、单项指标评价

限于篇幅等原因，这里仅展示了经济规模、第三产业占 GDP 比重、实际直接利用外资三个指标的评价结果。

1. 经济规模评价

GDP 综合反映了城市的经济发展状况。由评价结果可知，天津滨海新区的经济规模明显高于天津主城区等其他城市。位于廊坊、保定等与北京接壤地市的部分中小城市 GDP 较小，呈现“灯下黑”的现象。

2. 第三产业占 GDP 比重评价

第三产业占 GDP 的比重反映了城市服务业的发展状况。通常来说，随着城市发展，第二产业和第三产业占比会逐步提高。因此，第三产业比重综合反映了城市发展的水平和服务能力，评价结果如表 4-6 所示。

表 4-6 中小城市服务能力比较

排名	县市区名称	第三产业占 GDP 比重	排名	城市名称	第三产业占 GDP 比重
1	天津市市辖区	0.81	25	唐海县	0.39
2	蓟县	0.63	26	沧县	0.39
3	沧州市城区	0.63	27	涿鹿县	0.38
4	延庆县	0.59	28	宣化县	0.38
5	大兴区	0.57	29	津南区	0.37
6	唐山市市辖区	0.56	30	丰宁满族自治县	0.37
7	顺义区	0.54	31	涞源县	0.36
8	怀来县	0.54	32	武清区	0.36
9	涿州市	0.52	33	三河市	0.35
10	涞水县	0.51	34	怀柔区	0.35
11	昌平区	0.50	35	遵化市	0.34
12	黄骅市	0.48	36	东丽区	0.34
13	河间市	0.48	37	易县	0.33
14	通州区	0.47	38	滦南县	0.33
15	门头沟区	0.47	39	唐县	0.32
16	廊坊市市辖区	0.46	40	房山区	0.32
17	密云县	0.43	41	玉田县	0.32
18	平谷区	0.43	42	香河县	0.32
19	承德市市辖区	0.42	43	宁河县	0.32
20	宝坻区	0.41	44	天津市滨海新区	0.32
21	张家口市市辖区	0.41	45	徐水县	0.31
22	曲阳县	0.41	46	安国市	0.30
23	保定市市辖区	0.40	47	定兴县	0.30
24	肃宁县	0.40	48	兴隆县	0.30

续表

排名	县市区名称	第三产业占 GDP 比重	排名	城市名称	第三产业占 GDP 比重
49	滦县	0.30	67	满城县	0.27
50	安平县	0.30	68	蠡县	0.27
51	迁西县	0.30	69	饶阳县	0.27
52	迁安市	0.29	70	献县	0.26
53	霸州市	0.29	71	北辰区	0.26
54	青县	0.28	72	清苑县	0.25
55	安新县	0.28	73	固安县	0.25
56	文安县	0.28	74	静海县	0.24
57	西青区	0.28	75	顺平县	0.24
58	滦平县	0.28	76	雄县	0.24
59	任丘市	0.28	77	丰润区	0.24
60	丰南区	0.28	78	高阳县	0.23
61	高碑店市	0.28	79	定州市	0.22
62	承德县	0.27	80	容城县	0.22
63	大厂回族自治县	0.27	81	宽城满族自治县	0.21
64	望都县	0.27	82	大城县	0.20
65	赤城县	0.27	83	永清县	0.17
66	博野县	0.27			

由计算结果可知，天津市主城区（和平区、河东区、河西区、南开区、河北区和红桥区）的第三产业比重最高。而之前综合实力排名较高的天津市滨海新区在城市服务能力方面的排名却比较靠后，说明天津滨海新区的发展相对单一，城市功能有待进一步完善。蓟县、沧州市城区第三产业比重较高，北京的延庆县、大兴区、顺义区第三产业比重较高，这与北京的经济发展水平有关。北京以外的地区，唐山市市辖区和涿州市值得关注，可以考虑进一步分担北京非首都服务功能。

3. 外商直接投资分析

天津滨海新区吸引外商直接投资明显高于其他地区，甚至远高于天津市市辖区，这是由滨海新区的地理位置以及国家赋予滨海新区的特殊政策共同决定的。天津应充分发挥滨海新区人才集聚和政策高地的作用，吸引高端企业入驻，承接北京部分金融和现代制造等技术含量高的产业转移，实现自身发展。天津市主城区应抓住国际港口城市建设契机，加强基础设施建设，扩大物流辐射力，巩固以远洋运输、航空货运、国际中转等为主的物流枢纽地位，以此带动京津冀地区物流业规模和服务水平的全面提升。

三、集成结果

采用综合熵指数法（GE）确定指标的权重（表4-7）。

表4-7　县市区综合实力评价指标及其权重

序号	指标	权重（w）
1	GDP总量/万元	0.149
2	常住人口/万人	0.049
3	第三产业占GDP比重/%	0.006
4	地方财政一般预算收入/万元	0.217
5	固定资产投资/万元	0.096
6	社会消费品零售总额/万元	0.180
7	实际直接利用外资/万元	0.303

指标的重要性在于能够体现区域差异，而熵值法正切合该需求。根据熵值方法，指标在区域间的差别越大，其权重越大。熵值法的数学公式如下。

设有n个城市m个指标，式中i，j分别表示第i个城市第j个指标。熵值法确定指标的权重的具体步骤是：

（1）标准化。去除量纲，采用0～1标准化处理方法，即

$$x'_{ij} = \frac{x_{ij}}{\max(x_{ij})},\ i = 0,1,2,\cdots$$

（2）确定指标的熵值，即

$$p_{ij} = \frac{x_{ij}}{\sum_{i=1}^{n} x_{ij}},\ j = 1,2,3,\cdots$$

$$E_j = -\frac{\sum_{i=1}^{n}(p_{ij} \cdot \ln p_{ij})}{n},\ j = 1,2,3,\cdots$$

（3）做以变换，使得熵值与权重正相关，得到指标j的权重，即

$$d_j = 1 - E_j$$

（4）权重归一化处理，得到第j个指标的权重w_j。

$$w_j = \frac{d_j}{\sum_{j=1}^{m} d_j},\ j = 0,1,2,3$$

权重评估结果如表4-8所示。权重最大的指标是固定资产投资，而非最常用的GDP。换言之，京津冀地区各个城市的固定资产投资差别相对较大。

基于上述单项指标评价结果和权重赋值，评价得出京津冀地区各个县市区的综合实力

见表4-8。

表4-8　县市区综合实力评价结果

排名	名称	综合实力	排名	名称	综合实力
1	天津市滨海新区	57.82	34	承德市市辖区	1.70
2	天津市市辖区	20.52	35	河间市	1.69
3	顺义区	7.35	36	滦县	1.68
4	西青区	6.44	37	玉田县	1.66
5	东丽区	6.01	38	滦南县	1.66
6	北辰区	5.91	39	平谷区	1.64
7	武清区	5.33	40	黄骅市	1.49
8	津南区	4.95	41	沧县	1.45
9	昌平区	4.81	42	香河县	1.32
10	大兴区	4.61	43	门头沟区	1.26
11	通州区	4.51	44	延庆县	1.20
12	房山区	4.02	45	承德县	1.18
13	迁安市	3.58	46	徐水县	1.15
14	三河市	3.19	47	献县	1.14
15	丰南区	3.13	48	怀来县	1.13
16	保定市市辖区	3.12	49	文安县	1.08
17	宝坻区	3.11	50	青县	1.06
18	唐山市市辖区	2.91	51	肃宁县	1.05
19	蓟县	2.78	52	唐海县	1.02
20	静海县	2.65	53	宽城满族自治县	0.94
21	宁河县	2.43	54	清苑县	0.91
22	遵化市	2.34	55	高碑店市	0.90
23	廊坊市市辖区	2.32	56	安国市	0.89
24	丰润区	2.31	57	丰宁满族自治县	0.87
25	任丘市	2.30	58	固安县	0.86
26	张家口市市辖区	2.26	59	易县	0.85
27	沧州市市辖区	1.99	60	滦平县	0.85
28	密云县	1.94	61	定兴县	0.82
29	迁西县	1.93	62	大城县	0.82
30	怀柔区	1.93	63	兴隆县	0.81
31	涿州市	1.80	64	曲阳县	0.79
32	霸州市	1.79	65	涿鹿县	0.78
33	定州市	1.78	66	涞水县	0.76

续表

排名	名称	综合实力	排名	名称	综合实力
67	蠡县	0.74	76	宣化县	0.64
68	唐县	0.72	77	大厂回族自治县	0.64
69	安新县	0.71	78	顺平县	0.60
70	安平县	0.71	79	赤城县	0.57
71	永清县	0.70	80	饶阳县	0.53
72	满城县	0.70	81	博野县	0.52
73	雄县	0.69	82	容城县	0.52
74	高阳县	0.69	83	望都县	0.51
75	涞源县	0.66			

根据计算结果，天津市滨海新区和天津市市辖区综合实力明显高于其他中小城市，形成明显的断裂现象。例如，天津市城区与顺义区的差别较大，而之后的城市综合实力逐渐减小，未见明显的实力悬殊现象。

总体来看，实力较强的地区主要分布于北京的东南侧，环渤海地区的综合实力明显优于西部地区。北部的张家口、承德等城市及其所属的区县综合实力较弱，大部分地区属于生态类的限制开发地区，中心城市对周围区县的带动作用较弱，周围区县的综合实力不强。

第三节　承接地的资源环境承载力评价

资源环境承载能力是指在一定时期和一定区域范围内，在维持区域资源结构符合持续发展需要、区域环境功能仍具有维持其稳态效应能力的条件下，区域资源环境系统所能承受人类各种社会经济活动的能力。目前的研究通常以省域或县市域为基础评价单元，以综合承载力指数排序和承载人口数量测算为主要目标。

根据已有研究，京津冀地区资源环境整体超载，主要表现为灰霾所代表的大气环境以及渤海湾水质的不断恶化，以及地下水过度超采、水资源安全难以得到保障等方面。因此，本节以京津冀三省市为评价对象，而没有局限于研究所确定的83个县市区。

一、单项指标评价

根据京津冀地区的资源环境特点和要素禀赋条件，以及《省级主体功能区划技术规程（试行）》的计算方法，选择水资源、土地资源、环境容量、生态系统脆弱性、生态系统重要性5个指标进行资源环境承载力的单项指标评价和综合评价，从而确定不同县市区的资源环境承载力相对大小。

1. 水资源评价

可利用水资源指标项可以衡量京津冀地区现有水资源开发利用潜力，通过可供进一步开发利用的人均可利用水资源量来反映。可利用水资源指标项是对人口集聚、产业布局、城镇发展的水资源适宜性评价，在指标计算与结果评述时应尽量反映与此相关的要素。指标项通过可开发利用水资源量扣除已开发利用水资源量得到，两者分别体现了水资源的天然丰枯条件与开发利用状况，总指标则反映了评价地区水资源可供进一步开发利用的潜力。具体公式为

[人均可利用水资源量]=[可利用水资源量]/[常住人口]

[可利用水资源量]=[可开发利用水资源量]-[已开发利用水资源量]+[可开发利用入境水资源量]

[可开发利用的水资源量]=[地表水可利用量]+[地下水可利用量]

[地表水可利用量]=[多年平均地表水资源量]-[河道生态需水量]-[不可控制的洪水量]

[地下水可利用量]=[与地表水不重复的地下水资源量]-[地下水系统生态需水量]-[无法利用的地下水资源量]

[已开发利用水资源量]=[农业用水量]+[工业用水量]+[生活用水量]+[生态用水量]

[可开发利用入境水资源量]=[现状入境水资源量]×γ

其中γ分流域片取值，范围可为0~5%。京津冀地区现状条件下海河流域片取0。

评价结果表明，京津冀地区水资源极度匮乏（表4-9）。人均可利用水资源量在1500m^3以下，属于缺乏类和较缺乏类的县区有159个，占总数的88.33%。人均可利用水资源量小于1000m^3的缺乏和较缺乏区域面积为14.24万km^2，占京津冀地区面积的65.79%，集中的人口为9773.66万，占总人口的93.61%。尤其显著的是人均可利用水资源量小于500m^3的缺乏区域，覆盖了137个县区，占整个京津冀地区面积的50.30%，且集中了82.85%的人口。从空间分布来看（图4-15），京津冀地区北部和西部人均可利用水资源相对较为丰富，而中部和南部地区人均可利用水资源极为缺乏，尤其是天津市，全市都属于人均可利用水资源量小于500m^3的缺乏区域。近年来，随着社会经济的快速发展，京津冀地区水资源开发利用程度不断加大，地下水超采问题突出，华北平原深层地下水已形成地跨北京、天津、河北等地的地下水漏斗，影响面积达7.6万km^2，其中天津沉降中心的沉降量超过2m。

表4-9　京津冀地区人均可利用水资源量评价结果

类型	县区数/个	面积/km^2	面积比重/%	人口/万人	人口比重/%
缺乏	137	108881.75	50.30	8650.31	82.85
较缺乏	22	33520.04	15.49	1123.36	10.76
中等	12	40034.85	18.50	347.89	3.33
较丰富	9	34021.61	15.72	318.96	3.06
合计	180	216458.25	100	10440.52	100

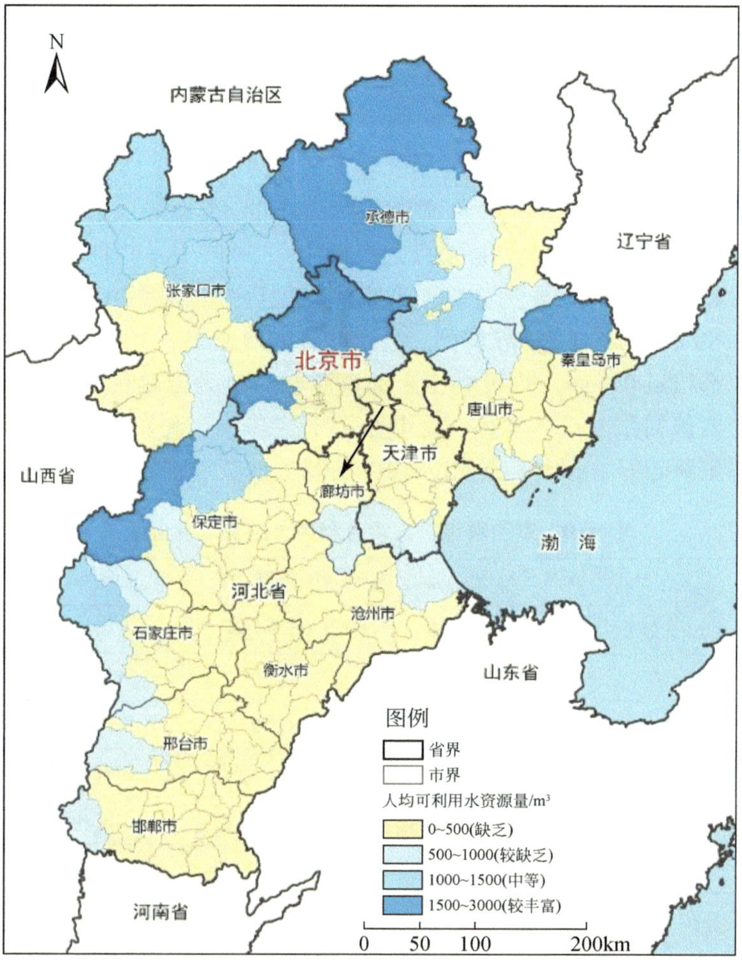

图 4-15 京津冀地区人均可利用水资源量空间评价

2. 土地资源评价

通过测算可利用土地资源反映京津冀地区土地资源状况。可利用土地资源是指可被作为人口集聚、产业布局、城镇发展的后备适宜建设用地，由后备适宜建设用地的数量、质量、空间分布状况三个要素构成，具体可通过人均可利用土地资源来反映。具体的计算公式为

[人均可利用土地资源]=[可利用土地资源]/[常住人口]

[可利用土地资源]=[适宜建设用地面积]-[已有建设用地面积]-[基本农田面积]

[适宜建设用地面积]=([地形坡度]∩[海拔])-[所含河湖库等水域面积]-[所含林草地面积]-[所含沙漠戈壁面积]

[已有建设用地面积]=[城镇用地面积]+[农村居民点用地面积]+[独立工矿用地面积]+[交通用地面积]+[特殊用地面积]+[水利设施建设用地

面积]

[基本农田面积]=[[适宜建设用地面积]内的耕地面积]×β

式中，β的取值范围为［0.8，1）

评价结果表明，京津冀地区人均可利用土地资源较为缺乏（表4-10）。人均可利用土地资源小于0.3亩，属于缺乏和较缺乏类的县区有116个，占总个数的64.44%。这两个类型区域面积为99222.66km^2，占京津冀地区总面积的45.84%。值得注意的是这两类地区的人口为8023.29万，占京津冀地区总人口的76.85%。人均可利用土地资源大于0.8亩，属于较丰富和丰富类的区县仅8个，占京津冀地区总面积的18.11%，人口比重仅为京津冀地区的1.89%。从空间分布来看，绝大部分人口密集、经济发达的城市市辖区人均可利用土地资源都接近0，而人均可利用土地资源相对较为丰富的区域主要分布在京津冀的北部地区，主要包括张家口和承德，主要是由于这些地区开发程度相对较低，人口分布较少且土地资源禀赋较好。另外，沧州人均可利用土地资源也较为丰富（图4-16）。

表4-10　京津冀地区人均可利用土地资源评价结果

类型	县区数/个	面积/km^2	面积比重/%	人口/万人	人口比重/%
缺乏	25	12863.40	5.94	3196.66	30.62
较缺乏	91	86359.26	39.90	4826.63	46.23
中等	56	78043.64	36.05	2219.97	21.26
较丰富	7	35593.52	16.45	179.80	1.72
丰富	1	3598.45	1.66	17.46	0.17
合计	180	216458.27	100	10440.52	100

3. 环境容量评价

环境容量是指遵循一定的环境质量标准，在一定范围内环境所能承纳的最大污染物负荷量。它是为评估一个地区环境容纳污染物能力而设计的一个集成性指标项，由大气环境容量胁迫指数、水环境容量胁迫指数、综合环境容量胁迫指数三个要素构成。

按照数值的自然分布规律，对单因素环境容量承载指数（ai）进行等级划分，分别是无超载（ai≤0）、轻度超载（0<ai≤1）、中度超载（1<ai≤2）、重度超载（2<ai≤3）和极度超载（ai>3）。

将主要污染物（SO_2、化学需氧量）的承载等级分布图进行空间叠加，取二者中最高的等级为综合评价的等级，即

[环境容量]=max{[大气环境容量(SO_2)],[水环境容量(化学需氧量)]}

环境容量的等级分为5级，具体的级别与单因素环境容量评价相同。

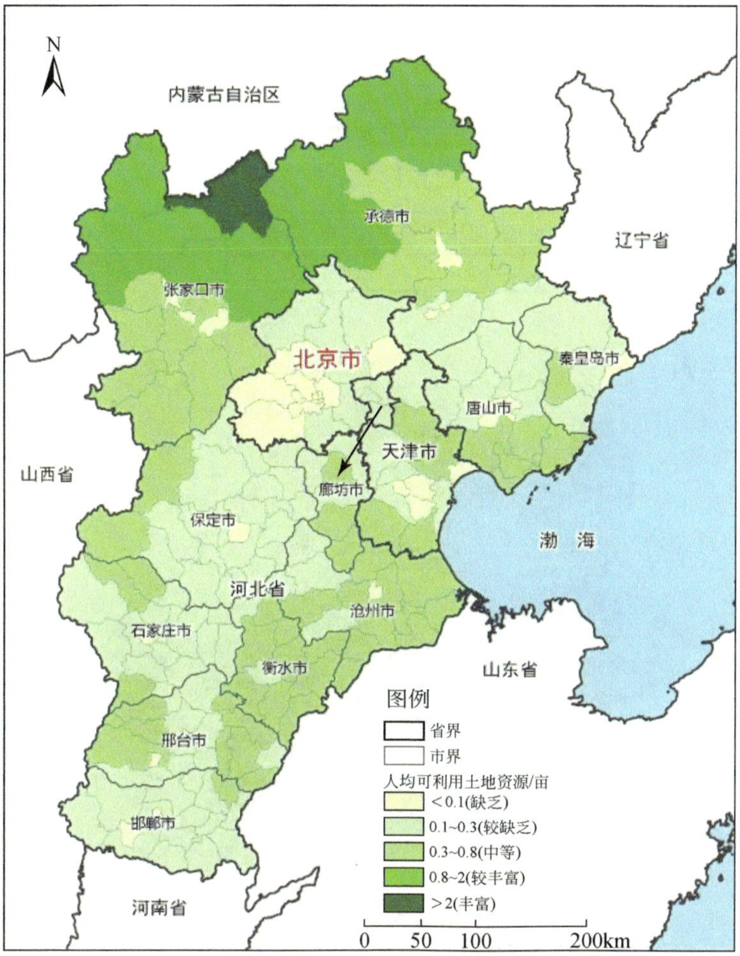

图 4-16　京津冀地区人均可利用土地资源空间评价

评价结果显示，京津冀地区环境容量超载情况非常严重（表 4-11）。属于重度超载和极度超载的区县有 125 个，占区县总数的 69.44%。这两类区域面积共计 102794.58km^2，占京津冀地区总面积的 47.49%；集中人口 7490.97 万人，占京津冀地区总人口的 71.75%。京津冀地区环境容量极度超载的县区有 116 个，占京津冀地区总面积的 42.92%，集中了 7038.32 万人，占总人口的 67.41%。无超载和轻度超载的县区有 36 个，集中了京津冀地区 17.36% 的人口。从空间分布特征看，京津冀北部地区环境容量相对较好，而中部和南部地区超载严重。除了北京市北部山区以外，北京、天津、唐山等人口稠密地区环境容量超载都较为严重（图 4-17）。

表 4-11　京津冀地区环境容量评价结果

类型	县区数/个	面积/km^2	面积比重/%	人口/万人	人口比重/%
无超载	21	61508.26	28.42	1115.95	10.69
轻度超载	15	27032.49	12.49	696.61	6.67

续表

类型	县区数/个	面积/km²	面积比重/%	人口/万人	人口比重/%
中度超载	19	25122.94	11.61	1137.00	10.89
重度超载	9	9892.99	4.56	452.65	4.34
极度超载	116	92901.59	42.92	7038.32	67.41
合计	180	216458.27	100	10440.53	100

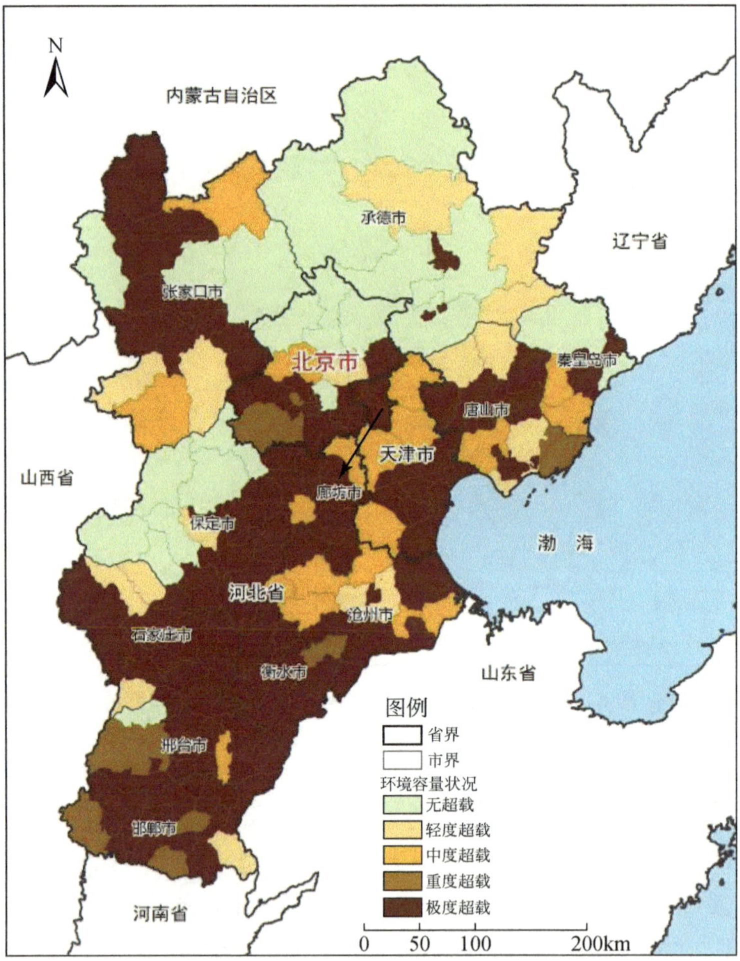

图 4-17 京津冀地区环境容量空间评价

4. 生态系统脆弱性评价

生态系统脆弱性是表征区域尺度生态系统脆弱程度的集成性指标。脆弱生态系统是对环境因素改变反应敏感，而维持自身稳定的可塑性较小的生态系统，生态系统脆弱区域已不适宜于工业化、城镇化和人口集聚。确定生态系统脆弱性首先要确定沙漠化、土壤侵蚀、石漠化的脆弱程度，对于任一地理单元或行政单元，然后采用最大限制因素法确定区

域生态系统脆弱性，公式表示如下

[生态系统脆弱性]=max{沙漠化脆弱性,土壤侵蚀脆弱性,石漠化脆弱性}

根据上述计算公式，在确定沙漠化、土壤侵蚀、石漠化脆弱性分级的基础上对分级的生态环境问题单要素图进行复合，判断区域生态系统脆弱类型是单一型还是复合型。对单一型生态系统脆弱区域，根据其生态环境问题脆弱性程度确定生态系统脆弱性程度；对复合型生态系统脆弱类型，采用最大限制因素法确定影响生态系统脆弱性的主导因素，根据主导因素的脆弱性程度确定生态系统的脆弱性程度。将生态系统脆弱性程度划分为极度脆弱、重度脆弱、中度脆弱等五级。京津冀地区沙漠化、土壤侵蚀、石漠化等生态环境问题均不突出，因此，评价结果中不含极度脆弱和重度脆弱两种类型。

根据评价结果，京津冀地区生态系统脆弱性不高（表4-12）。属于不脆弱的县区有114个，面积82541.45km^2，占总面积的38.13%，集中了7504.40万人，占总人口的71.88%。属于微度脆弱的县区有25个，面积37341.51km^2，占总面积的17.25%，人口1255.04万人，占总人口的12.02%。属于中度脆弱的县区有41个，面积96575.30km^2，占总面积的44.62%，人口1681.09万人，占总人口的16.10%。从空间分布看（图4-18），京津冀北部和西部地区生态系统脆弱性较高，北部主要受到京津风沙源沙漠化的影响，而西部地区主要受黄土高原土壤侵蚀的威胁。京津冀中部和南部地区，包括北京、天津、河北的地市生态系统大部分属于不脆弱。

表4-12　京津冀地区生态系统脆弱性评价结果

类型	县区数/个	面积/km^2	面积比重/%	人口/万人	人口比重/%
不脆弱	114	82541.45	38.13	7504.40	71.88
微度脆弱	25	37341.51	17.25	1255.04	12.02
中度脆弱	41	96575.30	44.62	1681.09	16.10
合计	180	216458.26	100	10440.53	100

5. 生态系统重要性评价

生态系统重要性指在全国或区域尺度上对社会经济发展、生态系统维持和生物多样性保护等具有重要意义的森林、草地、荒漠、湿地、特殊生态系统等生态系统与生态过程在维持自身结构与功能的过程中，为人类生存和发展提供必不可少的支持和效用的产品、服务、资源和环境。

确定生态系统重要性首先要确定主要生态系统在水源涵养、土壤保持、防风固沙和生物多样性维持与保护等方面的服务功能重要程度，在此基础上确定区域生态系统重要性（表4-13），公式表示如下：

[生态系统重要性]=max{[水源涵养功能重要性]，[土壤保持功能重要性]，[防风固沙功能重要性]，[生物多样性维持与保护功能重要性]，[特殊生态系统重要性]}

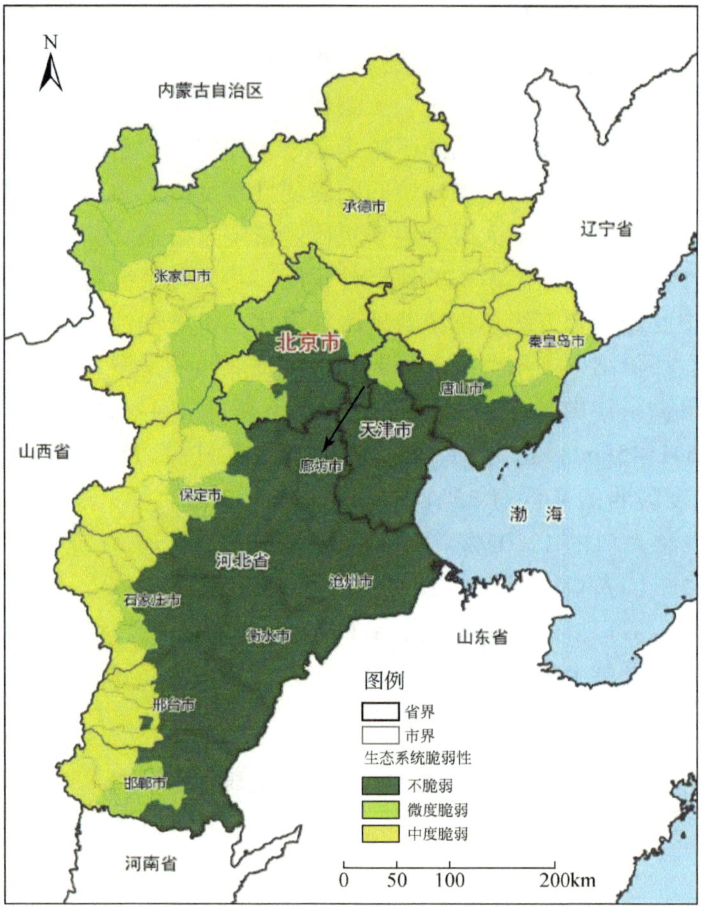

图 4-18　京津冀地区生态系统脆弱性空间评价

根据上述计算公式，在计算森林生态系统、草原草甸生态系统、荒漠生态系统、湿地生态系统、特殊生态系统等生态系统类型在水源涵养、土壤保持、防风固沙、生物多样性维持与保护等方面的服务功能重要程度基础上，对生态系统服务功能重要性图进行复合，判断区域生态系统重要性是单一型还是复合型。对单一型生态系统重要性，根据其生态系统服务功能重要程度确定区域生态系统重要性程度；对复合型生态系统重要性，采用主导因素法判断表征生态系统服务功能重要程度的主要功能，根据主导因素的生态系统服务功能重要性确定生态系统重要性。生态系统重要性可以划分为高、较高、中等、较低、低五级。

表 4-13　京津冀地区生态系统重要性评价结果

类型	县区数/个	面积/km²	面积比重/%	人口/万人	人口比重/%
低	112	84174.62	38.89	6826.60	65.38
较低	66	120897.57	55.85	3561.17	34.11
中等	2	11386.07	5.26	52.75	0.51
合计	180	216458.26	100	10440.52	100

评价结果表明，京津冀地区生态系统重要性不高。属于重要性低的县区有112个，面积84174.62km²，占总面积的38.89%，集中了6826.60万人，占总人口的65.38%。属于生态系统重要性较低的县区有66个，面积120897.57km²，占总面积的55.85%，人口3561.17万人，占总人口的34.11%。属于生态系统重要性中等的县区仅有2个，面积11386.07km²，占总面积的5.26%，人口52.75万人，占总人口的0.51%。从空间分布看，生态系统重要性和生态系统脆弱性的空间分布较为相似，京津冀北部和西部地区生态系统重要性相对较高，主要是由于水源涵养、土壤保持、防风固沙等功能较为重要；京津冀中部和南部地区，包括北京、天津、河北的几个地市生态系统重要性均很低（图4-19）。

图4-19 京津冀地区生态系统重要性空间评价

二、综合评价结果

以上5个指标可以归并为3类。第一类是资源类指标，包括人均可利用水资源量和人均可利用土地资源，通过这2项指标反映区域资源环境承载力的资源支撑条件。第二类是生态类指标，包括生态系统脆弱性和生态系统重要性，通过这两项指标判断区域生态系统应被保护的程度。第三类是环境类指标，即环境容量，反映环境对该地区资源环境承载力的约束程度。

第一类指标即人均可利用土地资源和人均可利用水资源量。这2项指标中，人均可利用土地资源和人均可利用水资源量对国土空间开发起到正向作用，且两者完全不相关，因而取两者最小值作为分子以体现它们的保障作用。计算方法为

$$R=\min\{[\text{人均可利用土地资源}],[\text{人均可利用水资源量}]\}$$

第二类指标即生态系统脆弱性和生态系统重要性。由于这两项指标的内在含义完全不同，所以呈不相关，基本可以看作是独立变量，生态系统足够脆弱或足够重要都意味着需要得到更多保护，因此选取这两项指标的最高得分作为评价区域生态系统应被保护程度的依据。计算方法为

$$E=\max\{[\text{生态系统脆弱性}],[\text{生态系统重要性}]\}$$

第三类指标即环境容量，考虑第三类指标对资源环境承载力起到的是约束性作用，因此对环境容量（EC）通过正弦变换为取值在0.9～1.1的标准化指数 k，作为支撑系数约束指标综合得分，以正确地刻画约束条件对资源环境承载力评价结果的影响。支撑系数的表达为

$$k=[\mathrm{EC}]\ 0.9\sim1.1$$

则资源环境承载力综合评价指数（C）计算公式为

$$C=k\times\frac{R}{E}$$

将资源环境承载力综合评价指数划分为5个等级，可用于衡量京津冀地区每个县区的资源环境承载力状态。

综合评价结果表明，京津冀地区资源环境承载力总体偏弱（表4-14）。属于弱和较弱的县区有63个，面积81288.78km²，占京津冀地区总面积的37.56%，集中了3667.92万人，占总人口的35.13%。属于中等的县区有78个，面积50175.41km²，占总面积的23.18%，人口4949.42万，占总人口的47.41%。属于较强和强的县区仅39个，面积为84994.07km²，占总面积的比重为39.27%，人口1823.18万，占总人口的17.46%。

表4-14　京津冀地区资源环境承载力综合评价结果

类型	县区数/个	面积/km²	面积比重/%	人口/万人	人口比重/%
弱	41	43959.90	20.31	2354.09	22.55
较弱	22	37328.88	17.25	1313.83	12.58
中等	78	50175.41	23.18	4949.42	47.41
较强	34	78219.21	36.14	1626.95	15.58
强	5	6774.86	3.12	196.23	1.88
合计	180	216458.26	100	10440.52	100

从空间分布看，京津冀地区北部的张家口、承德以及东南部的廊坊、沧州资源环境承载能力相对较强，这些地区水土资源禀赋相对较好，生态和环境问题相对较少，因而具有较高的资源环境承载力。位于京津冀地区东部的秦皇岛和西南部的石家庄、邢台、邯郸等由于水土资源缺乏，环境容量超载严重，因而资源环境承载力较弱（图 4-20）。

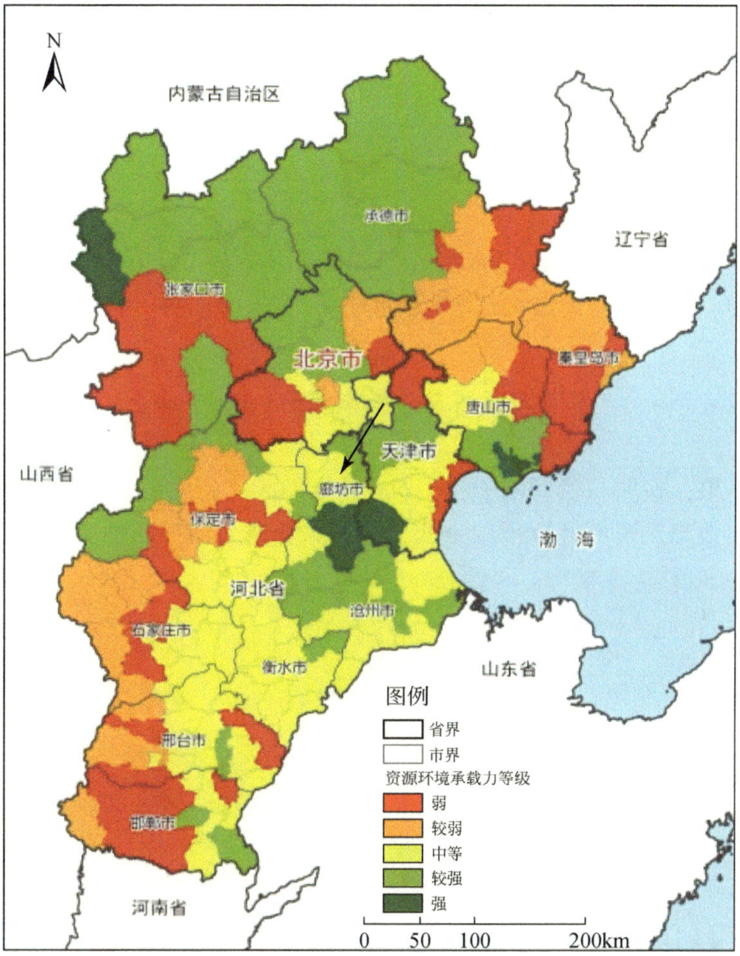

图 4-20 京津冀地区资源环境承载力综合评价

总体看来，京津冀地区资源环境承载力空间分布不均。其中，北京市资源环境承载力内部差异明显，北部较强，两翼较弱，中南部一般。天津市除东部沿海较弱以外，其他地区具有中等或者较强的资源环境承载力。河北省具有显著的空间分异特征，北部的张家口和承德以及东南部的廊坊、沧州具有较强的资源环境承载力，东部的秦皇岛、唐山以及西南部的石家庄、邢台、邯郸等资源环境承载力较弱，其他地区处于一般水平。

第四节　集成评价与承接能力类型划分

将城市综合实力与资源环境承载力进行耦合分析的目的是研究发现城市综合实力高、资源环境承载力高的县市区，以及城市综合实力低、资源环境承载力低的县市区，研究指向是为一般性制造业、教育医疗等公共服务的转移寻找承接地。技术路径包括两个，一个是采用几何平均值法，另一个是采用综合判别法。

一、几何平均值法

几何平均值法就是根据城市综合实力和资源环境承载力的计算结果进行连乘后再开方。计算公式为

$$\alpha = \sqrt[2]{\text{ucp} \times \text{rec}}$$

式中，α 为城市综合实力与资源环境承载力的耦合值；ucp 为城市综合实力；rec 为资源环境承载力。

根据计算结果，按照自然间断点法对 83 个县市区进行分级，分别为资源环境承载力高、城市综合实力高，资源环境承载力低、城市综合实力低等四种类型（图 4-21）。

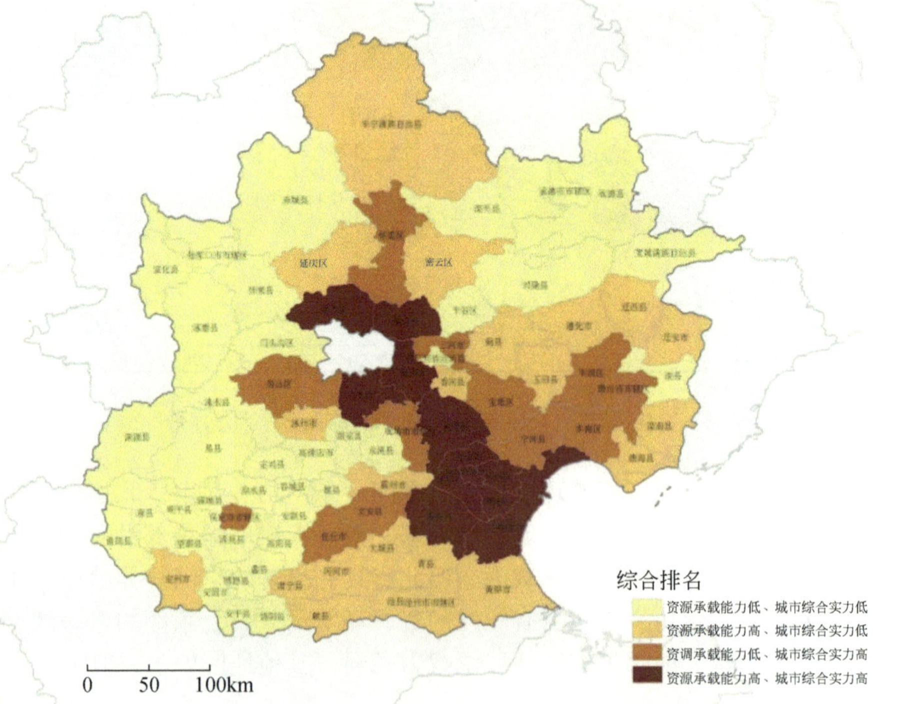

图 4-21　2014 年城市综合实力与资源环境承载力的耦合分析结果（方案 1）

（1）资源承载能力低、城市综合实力低（37）：宣化县、曲阳县、满城县、顺平县、安新县、门头沟区、望都县、容城县、博野县、饶阳县、怀来县、承德市市辖区、徐水县、唐县、大厂回族自治区、兴隆县、高阳县、易县、赤城县、永清县、安平县、宽城满族自治县、蠡县、张家口市市辖区、雄县、涞源县、高碑店市、平谷县、定兴县、滦县、固安县、安国市、清苑县、涿鹿县、涞水县、承德县、滦平县。

（2）资源承载能力高、城市综合实力低（21）：肃宁县、青县、迁安市、丰宁满族自治县、献县、香河县、延庆区、黄骅市、迁西县、蓟县、密云县、沧县、大城县、玉田县、定州市、霸州市、涿州市、遵化市、河间市、滦南县、沧州市市辖区。

（3）资源承载能力低、城市综合实力高（13）：唐海县、房山区、文安县、任丘市、丰润区、怀柔区、宁河县、廊坊市市辖区、唐山市市辖区、三河市、保定市市辖区、宝坻区、丰南区。

（4）资源承载能力高、城市综合实力高（12）：通州区、大兴区、津南区、昌平区、静海县、北辰区、武清区、东丽区、西青区、顺义区、天津市市辖区、滨海新区。

二、综合判别法

综合判别法就是将城市综合实力和资源环境承载力分别划分为三个等级，这样就会产生9种组合类型，也就是九宫格，再通过降维处理的方法将九种组合类型合并为四种类型。

（1）资源环境承载力高、城市综合实力高（0个）：无。

（2）资源环境承载力高、城市综合实力中（1个）：静海县。

（3）资源环境承载力高、城市综合实力低（4个）：丰宁满族自治县、大城县、唐海县、文安县。

（4）资源环境承载力中、城市综合实力高（10个）：昌平区、顺义区、通州区、大兴区、东丽区、天津市市辖区、津南区、武清区、北辰区、西青区。

（5）资源环境承载力中、城市综合实力中（20个）：怀柔区、密云县、迁西县、遵化市、三河市、丰润区、玉田县、宝坻区、唐山市市辖区、涿州市、滦南县、保定市市辖区、任丘市、河间市、定州市、沧州市市辖区、丰南区、宁河县、廊坊市市辖区、霸州市。

（6）资源环境承载力中、城市综合实力低（32个）：承德县、赤城县、滦平县、延庆县、宽城满族自治县、兴隆县、涿鹿县、大厂回族自治县、涞水县、香河县、涞源县、易县、固安县、高碑店市、定兴县、雄县、唐县、容城县、清苑县、望都县、高阳县、青县、蠡县、黄骅市、博野县、安国市、肃宁县、沧县、献县、饶阳县、安平县、永清县。

（7）资源环境承载力低、城市综合实力高（2个）：房山区、滨海新区。

（8）资源环境承载力低、城市综合实力中（6个）：承德市市辖区、平谷区、张家口市市辖区、迁安市、蓟县、滦县。

（9）资源环境承载力低、城市综合实力低（8个）：宣化县、怀来县、门头沟区、徐水县、满城县、顺平县、安新县、曲阳县。

在识别九种类型后，将高高类、高中类、中高类归入资源环境承载力高、城市综合实力高的第一种类型。将高低类、中低类归入资源环境承载力高、城市综合实力低的第二种类型。将中中类、低高类归入资源环境承载力低、城市综合实力高的第三种类型。将低中类、低低类归入资源环境承载力低、城市综合实力低的第四种类型。其计算结果见图4-22。

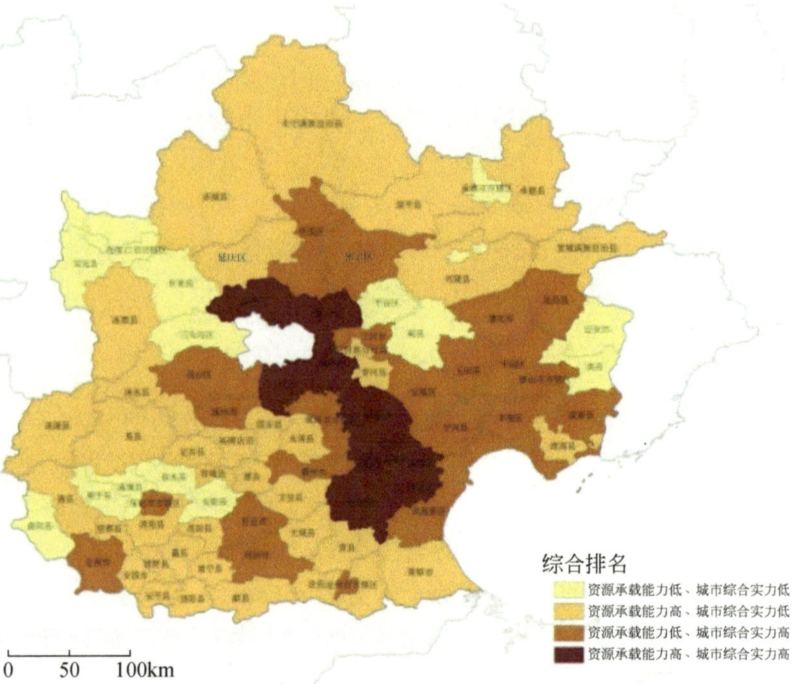

图4-22　2014年城市综合实力与资源环境承载力的耦合分析结果（方案2）

(1) 资源环境承载力高、城市综合实力高（11个）：静海县、昌平区、顺义区、天津市市辖区、通州区、大兴区、东丽区、津南区、武清区、北辰区、西青区。

(2) 资源环境承载力高、城市综合实力低（36个）：丰宁满族自治县、大城县、宽城满族自治县、唐海县、文安县、承德县、赤城县、滦平县、延庆县、大厂回族自治县、兴隆县、涿鹿县、涞水县、香河县、涞源县、高碑店市、固安县、易县、定兴县、雄县、唐县、容城县、清苑县、望都县、高阳县、青县、蠡县、黄骅市、博野县、安国市、肃宁县、沧县、献县、饶阳县、安平县、永清县。

(3) 资源环境承载力低、城市综合实力高（22个）：怀柔区、密云县、迁西县、唐山市市辖区、遵化市、三河市、丰润区、玉田县、宝坻区、涿州市、滦南县、保定市市辖区、任丘市、河间市、定州市、沧州市市辖区、丰南区、霸州市、廊坊市市辖区、宁河县、房山区、滨海新区。

(4) 资源环境承载力低、城市综合实力低（14个）：承德市市辖区、平谷区、张家口市市辖区、迁安市、宣化县、怀来县、门头沟区、徐水县、满城县、顺平县、安新县、曲阳县、蓟县、滦县。

三、推荐方案

根据以上两种计算方法，将同时列入某一类的县市区作为最终结果，其方案如下。

（1）资源环境承载力高、城市综合实力高（10 个）：静海县、昌平区、顺义区、通州区、东丽区、天津市市辖区、津南区、武清区、北辰区、西青区。

（2）资源环境承载力高、城市综合实力低（9 个）：肃宁县、青县、献县、香河县、丰宁满族自治县、延庆县、黄骅市、大城县、沧县。

（3）资源环境承载力低、城市综合实力高（11 个）：房山区、任丘市、丰润区、怀柔区、宁河县、三河市、宝坻区、廊坊市市辖区、唐山市市辖区、保定市市辖区、丰南区。

（4）资源环境承载力低、城市综合实力低（12 个）：承德市市辖区、张家口市市辖区、平谷区、顺平县、滦县、宣化县、怀来县、徐水县、满城县、安新县、曲阳县、门头沟区。

第五章　集中承接地雄安新区的初步研究

2017年4月国家宣布设立河北雄安新区，作为非首都功能疏解的集中承接地，这是继深圳经济特区、上海浦东新区之后又一个具有全国意义的新区，是“千年大计”。经过5年多的规划建设，雄安新区已经进入承接北京非首都功能和建设同步推进的重要阶段。本章将结合课题组在雄安新区开展的实地调查和科学研究工作，系统分析雄安新区的资源环境承载力、人口分布和流动特征、现代产业体系构建等问题，并提出若干建议和思考。

第一节　雄安新区资源环境承载力评价

资源环境承载力是承载人类生活和生产活动的自然资源上限、环境容量极限和生态系统服务功能底线的综合。资源环境承载力评价是在自然环境不受危害或维系良好生态系统的前提下，确定地域空间可以承载的最大资源开发强度与环境污染物排放量，以及可以提供的生态系统服务能力。

一、雄安新区概况

雄安新区位于河北省中部，地处北京、天津、保定腹地，距北京和天津均为105km，距石家庄155km，距北京大兴国际机场55km，地理坐标为38°43′N～39°10′N，115°38′E～116°20′E，起步区面积约为100km^2，中期发展区面积约为200km^2，远期控制区面积约为2000km^2。

1. 自然地理条件

雄安新区位于太行山以东平原区，在大清河水系冲积扇上，是太行山麓平原向冲积平原的过渡带，属堆积平原地貌。地势由西北向东南逐渐降低，海拔多在5～26m，自然纵坡千分之一左右，为缓倾平原，土层深厚，地形开阔。

全境属于海河流域的大清河水系，区内河渠纵横，水系发育，湖泊广布，河网密度达到0.12～0.23km/km^2。华北平原最大的淡水湖泊——白洋淀位于区内东南部，由140多个大小不等的淀泊组成，总面积为366km^2，其中有312km^{2}分布于安新县境内，上承九河（潴龙河、孝义河、唐河、府河、漕河、萍河、杨村河、瀑河、白沟引河）是大清河南支缓洪滞涝的天然洼淀，主要调蓄上游河流洪水。

2. 交通区位条件

雄安新区是交通运输部确定的第一批交通强国建设试点地区。境内有京雄城际铁路、津雄城际铁路、固保城际铁路、京石城际铁路等过境，有荣乌高速公路（G18）、青新高速公路（G0211）、大广高速公路（G45）、津保高速公路（S7）、京雄高速公路（SG3）等高速横贯全境，“四纵三横”高速公路网加快形成。

3. 经济社会条件

2019 年雄安新区实现 GDP 为 215 亿元，2020 年前三季度完成固定资产投资同比增长 16.6 倍，拉动河北省投资增长 3.3 个百分点。2021 年外贸进出口总值 20.2 亿元，同比增长 64.4%。截至 2020 年法人单位达 1.99 万个，规模以上工业企业 163 家，其中亿元以上工业企业 30 家。

根据第七次全国人口普查结果，截至 2020 年 11 月雄安新区常住人口为 1205440 人，共有家庭 384126 户，平均每个家庭户的人口约 3 人。15 岁及以上人口的平均受教育年限为 8.92 年。常住人口中，居住在城镇的人口为 567164 人，占 47.05%；居住在乡村的人口为 638276 人，占 52.95%。流动人口为 187330 人，其中跨省流动人口为 59172 人，省内流动人口为 128158 人。

二、评价技术流程

遵循资源环境承载力评价原则，针对雄安新区的区情特点，遴选土地资源、水资源、环境、生态、自然灾害五个方面，分别采用土地可利用度、水资源丰度、环境纳污能力、生态本底特征、自然灾害危险性五个指标进行单项评价，在此基础上集成评价资源环境承载力，综合识别资源环境承载力的强弱等级（图 5-1）。

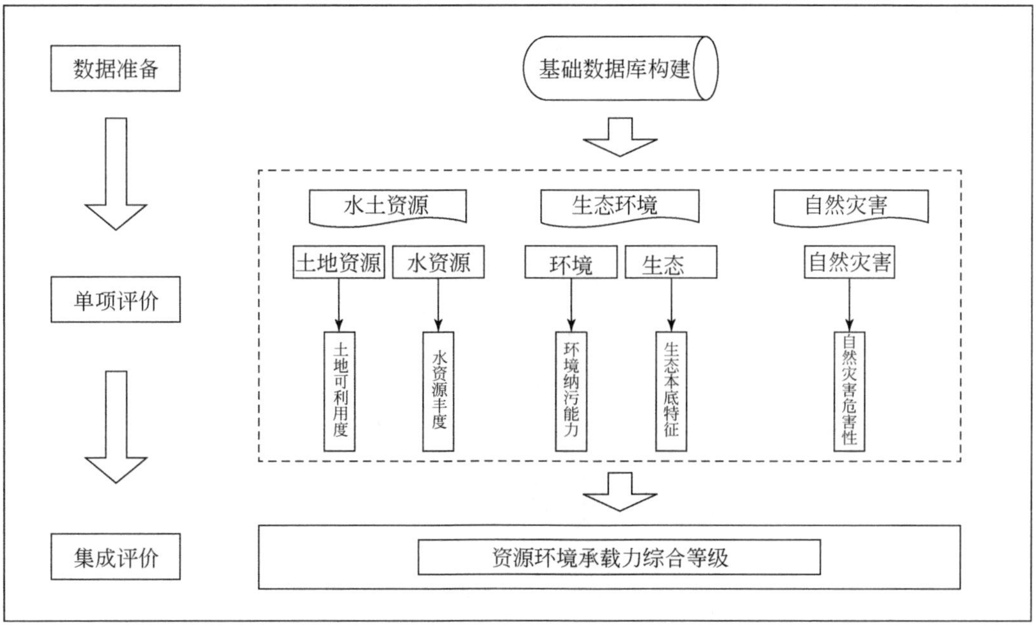

图 5-1　资源环境承载力评价技术流程

三、单项评价

本书评价对象为雄安新区三县（雄县、容城县、安新县）行政管辖的33个乡镇。由于数据收集的局限性，本次评价没有包括任丘市3个乡镇（鄚州镇、苟各庄镇、七间房乡）和高阳县1个乡（龙化乡）。

1. 土地资源评价

土地资源评价主要表征区域土地资源对人口和产业发展的支撑能力，采用土地可利用度作为评价指标，通过坡度、高程、土地利用类型综合反映。公式如下：

[土地可利用度] =f（[坡度]，[高程]，[土地利用类型]）

[土地可利用度] 是指用于产业发展、城市建设的土地资源可利用程度，受 [坡度]、[高程]、[土地利用类型] 共同影响。

本部分主要涉及高程和土地利用数据，两份数据均来自中国科学院资源环境科学与数据中心（https://www.resdc.cn/）。高程数据源于美国奋进号航天飞机雷达地形测绘(shuttle radar topography mission，SRTM)，基于最新的SRTM v4.1数据拼接、整理生成，空间分辨率为30m。土地利用数据时间节点为2018年，以美国陆地卫星Landsat遥感影像数据作为主信息源，通过人工目视解译获取，空间分辨率为30m。

数据预处理包括研究区域范围裁剪、投影转换等，本书图像成果坐标系设定为WGS84，投影采用通用横轴墨卡托投影（UTM），研究区域带号为50N。每部分数据预处理均类似，在此不再赘述。

1）坡度

基于DEM数据计算栅格单元坡度，按<3°、3°~8°、8°~15°、15°~25°、>25°生成坡度分级图，分别赋值5、4、3、2、1，表征土地可利用度从易到难。雄安新区坡度分级如图5-2所示，93.2%面积的土地坡度等级均在较高以上（坡度<8°）。因此，坡度不是雄

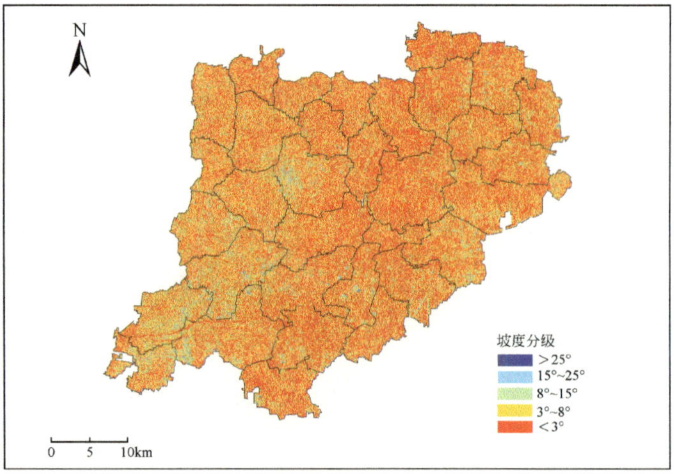

图5-2　雄安新区坡度分级分布

安新区土地利用度的主要限制性因素。

2）高程

基于数字高程模型（DEM）数据，参考全国层面标准生成高程分级图。可以发现，雄安新区高程最小值为-62m，最大值为66m，均属于第一等级（参考《资源环境承载能力和国土空间开发适宜性评价方法指南》，按照<20m、20～50m、50～100m、100～200m、>200m分为第一等级、第二等级、第三等级、第四等级、第五等级），高程的限制作用几乎可以忽略不计（图5-3）。

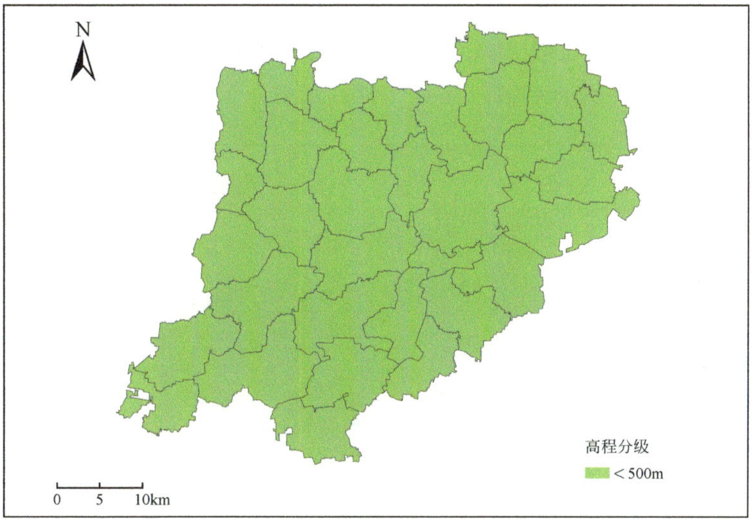

图5-3 雄安新区高程分级分布

3）土地利用类型

雄安新区土地利用类型分布见图5-4。其中，耕地面积占65.8%，城乡、工矿、居民用地面积占18.9%，未利用土地面积占9.0%，水域面积占5.7%，草地和林地面积均不足1%。

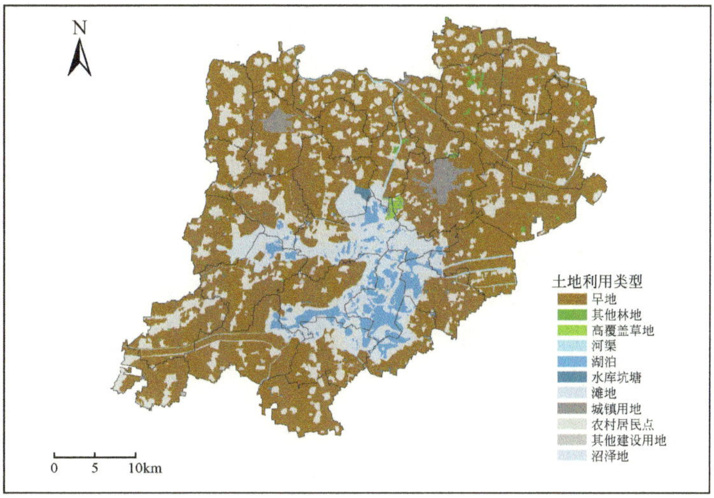

图5-4 雄安新区土地利用类型分布

4）土地可利用度集成

以坡度分级结果为基础，结合高程、土地利用类型，将土地可利用度划分为高、较高、中等、较低、低 5 种类型，分别赋值为 5、4、3、2、1。具体来说，高程在 2000 ~ 3000m，坡度分级降 1 级作为土地可利用度等级；高程>3000m，坡度分级降 2 级作为土地可利用度等级；现状土地利用类型为水域、未利用地（沙地、戈壁、盐碱地、沼泽地等）的，土地可利用度一般设为低等级。

经过计算，雄安新区栅格单元土地可利用度分布见图 5-5。其中，较高土地可利用度面积占比 43.3%，高土地可利用度次之，面积占比 35.9%。中等土地可利用度面积占 5.7%，低和较低土地可利用度面积分别占比 14.8% 和 0.3%。雄安新区部分土地利用度低的原因是存在大面积的水域。

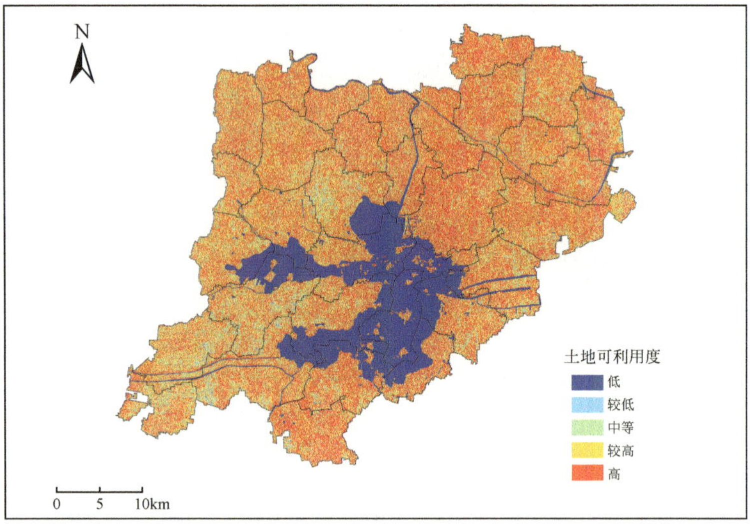

图 5-5 雄安新区土地可利用度分布

在栅格单元评价的基础上，对各乡镇范围内所有栅格单元的土地可利用度取平均值，并将该值作为行政单元的土地可利用度，最后确定雄安新区各乡镇的土地可利用度等级（图 5-6）。

计算结果表明，土地可利用度呈现“中心低，四周高”的格局。特别是北部地区的土地可利用度均较高，为雄安新区发展提供了丰富的土地资源。白洋淀湖泊周围地区以生态涵养功能为主，是雄安新区良好生态环境的重要保障。

雄安新区各乡镇土地可利用度排名见表 5-1。其中，排名靠前的基本都是雄县的乡镇，如北沙口乡、朱各庄镇、大营镇、雄州镇等；排名靠后的多是安新县的乡镇，如圈头乡、赵北口镇、安新镇、端村镇等。

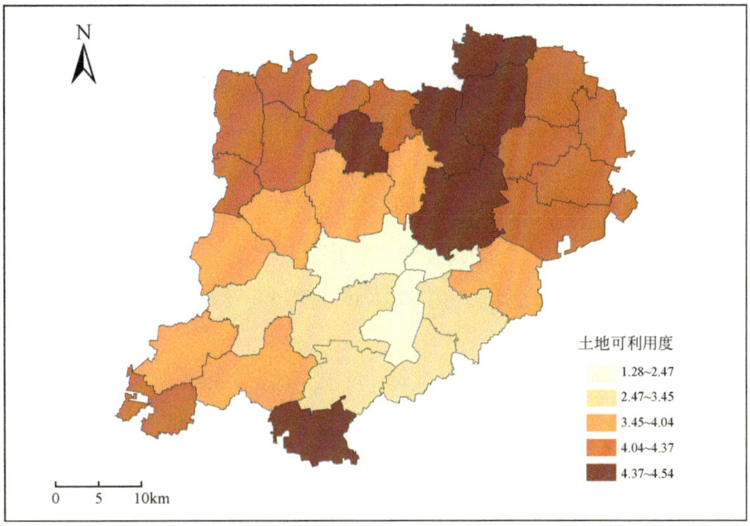

图 5-6　雄安新区乡镇土地可利用度分布

表 5-1　雄安新区各乡镇土地利用度排名

排名	乡镇名称	土地可利用度	排名	乡镇名称	土地可利用度
1	北沙口乡	4. 54	18	芦庄乡	4. 15
2	朱各庄镇	4. 45	19	老河头镇	4. 04
3	大河镇	4. 43	20	平王乡	3. 99
4	龙化乡	4. 43	21	同口镇	3. 86
5	大营镇	4. 42	22	苟各庄镇	3. 86
6	雄州镇	4. 40	23	三台镇	3. 79
7	米家务镇	4. 37	24	寨里乡	3. 69
8	贾光乡	4. 36	25	大王镇	3. 57
9	龙湾镇	4. 36	26	安州镇	3. 45
10	昝岗镇	4. 35	27	刘李庄镇	3. 44
11	容城镇	4. 33	28	鄚州镇	3. 39
12	张岗乡	4. 32	29	七间房乡	3. 19
13	南张镇	4. 31	30	端村镇	2. 84
14	八于乡	4. 29	31	安新镇	2. 47
15	双堂乡	4. 28	32	赵北口镇	2. 32
16	晾马台镇	4. 27	33	圈头乡	1. 28
17	小里镇	4. 26			

2. 水资源评价

水资源评价表征国土空间内水资源对人口和产业发展的保障能力，采用水资源丰度作为评价指标，通过降水量和水资源量的丰富程度综合反映。公式为

$$[\text{水资源丰度}]=f([\text{降水量}],[\text{水资源量}])$$

本部分主要涉及降水量和水资源量数据。降水量来源于中国科学院资源环境科学与数据中心的降水量空间插值数据集，该数据集基于全国 2400 多个气象站日观测数据，通过澳大利亚的 ANUSPLIN 插值软件整理、计算生成，空间分辨率为 1km。水资源量数据来自地方统计年鉴、水资源公报等。

1）降水量

选取最新 2013 年、2014 年、2015 年三年的年降水量数据，经过取平均处理，生成雄安新区年降水量分布图（图 5-7）。

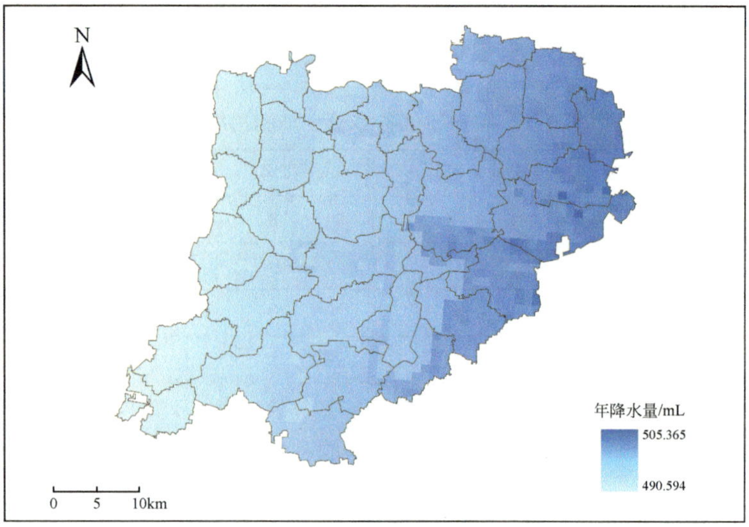

图 5-7　雄安新区年降水量分布

根据全国一般标准将年降水量按 >1600mm、800 ~ 1600mm、400 ~ 800mm、200 ~ 400mm、<200mm 划分为很湿、湿润、半湿润、半干旱、干旱 5 个等级。栅格单元年降水量最小值和最大值分别为 491mm、505mm，因此该地区所有栅格单元年降水量均属于半湿润等级。

2）水资源量

根据统计公报，容城县、安新县、雄县多年平均水资源量分别为 0.3645 亿 m^3、0.8895 亿 m^3、0.6090 亿 m^3，雄安新区多年平均水资源量为 1.73 亿 m^3，其中 90% 以上为地下水，人均水资源量仅有 144m^3，产水模数为 11.07 万 m^3/km^2。人口是决定水资源量分配的重要因素。本书根据人口比重估算各乡镇水资源量（苟各庄镇、龙化乡、鄚州镇、七间房乡根据产水模数和行政面积计算而来），采用自然间断点法将各乡镇水资源量分成 5

个等级。雄安新区水资源量分布呈“南高北低”格局（图 5-8）。

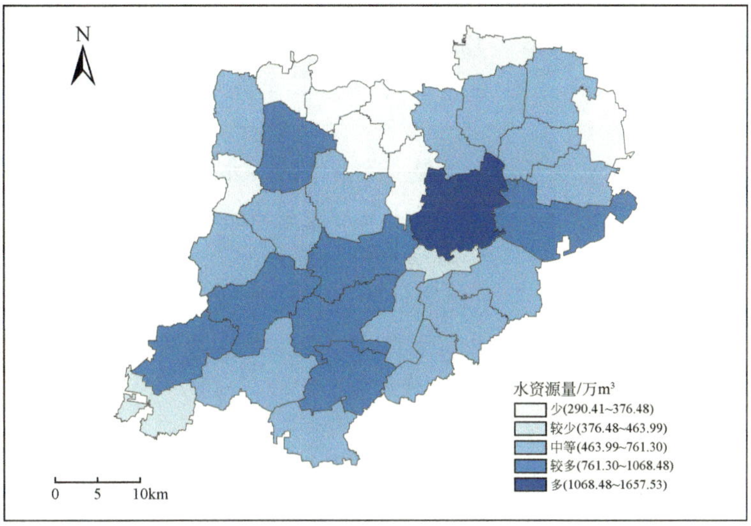

图 5-8　雄安新区各乡镇水资源量分布

3）水资源丰度集成

由于雄安新区各乡镇降水量差异很小，所以主要采用水资源量进行综合评价，确定水资源丰度为丰富、较丰富、一般、较不丰富、不丰富 5 个等级，并分别赋值为 5、4、3、2、1。

雄安新区各乡镇水资源丰度如图 5-9 所示。

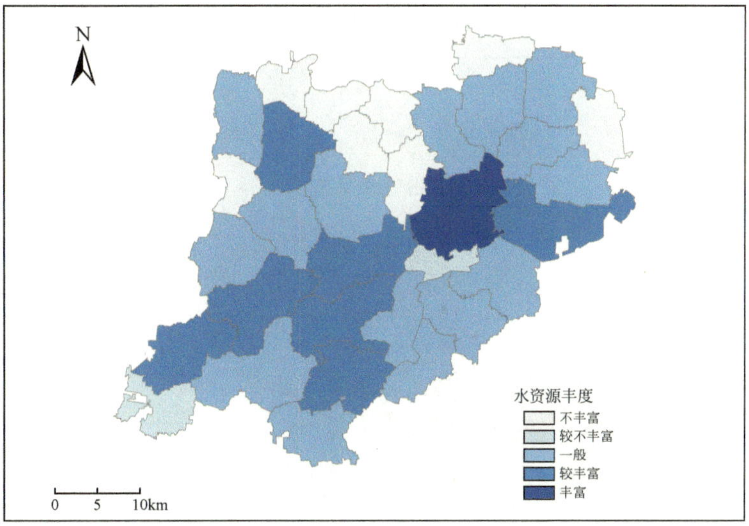

图 5-9　雄安新区各乡镇水资源丰度

3. 环境评价

环境评价表征区域环境可为人类生活生产提供的最大污染消纳能力，采用环境纳污能力作为评价指标，通过区域大气环境与水环境的主要污染物排放限值综合反映。具体公式为

[环境纳污能力]=f([大气环境污染物排放限值],[水环境污染物排放限值])

[大气环境污染物排放限值]]=[大气环境总量控制系数]×[规定年日平均浓度]×[大气环境功能区面积]

[水环境污染物排放限值]]=[水环境功能区目标浓度]×[可利用地表水资源量]+[污染物综合降解系数]×[水环境功能区目标浓度]×[可利用地表水资源量]

1）大气环境污染物排放限值

本书选取颗粒物粒径≤2.5μm（$PM_{2.5}$）为大气评价对象。根据《制定地方大气污染物排放标准的技术方法》(GB/T 3840—1991)，河北省大气环境总量控制系数取值标准范围是4.2～5.6，雄安新区选取4.9作为控制系数，单位为万 t/(a · km^2)。根据《环境空气质量标准》(GB 3095—2012)，$PM_{2.5}$浓度一类区年平均限值为15μg/m^3，二类区年平均限值为35μg/m^3。其中大气环境功能区一类区为自然保护区、风景名胜区和其他需要特殊保护的区域；二类区为居住区、商业交通居民混合区、文化区、工业区和农村地区。本书根据土地利用类型粗略估计大气环境功能区，如耕地、林地、草地、湖泊等划为一类区，城镇用地和农村居民点等划为二类区。

根据公式计算雄安新区各乡镇大气环境污染物排放限值，采用自然断点法分成低、中、高三个级别，并分别赋值1、3、5（图5-10）。

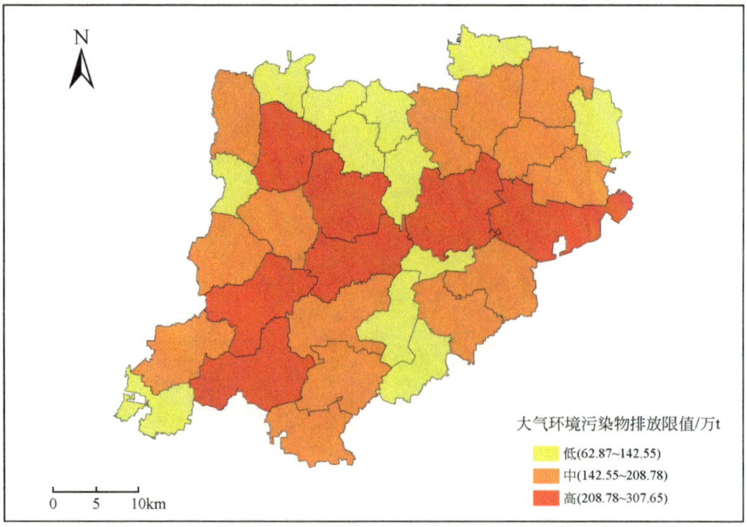

图5-10 雄安新区各乡镇大气环境污染物排放限值分布

雄安新区各乡镇大气环境污染物排放限值差异很大，主要受区域面积、城市建设、自然景观等影响。雄县的雄州镇、龙湾镇，安新县的同口镇、安州镇，容城县的容城镇等大气环境污染物排放限值很高（表5-2）。

表5-2　雄安新区各乡镇大气环境污染物排放限值排名

排名	乡镇名称	大气环境污染物排放限值/万t	排名	乡镇名称	大气环境污染物排放限值/万t
1	雄州镇	307.65	18	朱各庄镇	158.98
2	龙湾镇	249.15	19	龙化乡	151.08
3	同口镇	238.26	20	昝岗镇	148.68
4	安州镇	225.97	21	张岗乡	143.01
5	容城镇	224.12	22	芦庄乡	129.44
6	安新镇	218.00	23	七间房乡	124.32
7	大王镇	213.65	24	平王乡	121.53
8	老河头镇	208.71	25	圈头乡	121.50
9	刘李庄镇	202.27	26	双堂乡	119.18
10	端村镇	198.07	27	北沙口乡	117.07
11	大营镇	184.82	28	大河镇	112.39
12	米家务镇	184.05	29	晾马台镇	111.62
13	三台镇	180.18	30	贾光乡	97.30
14	南张镇	179.38	31	小里镇	91.64
15	苟各庄镇	174.53	32	八于乡	89.35
16	寨里乡	172.01	33	赵北口镇	62.87
17	鄚州镇	161.00			

2）水环境污染物排放限值

本书选取化学需氧量（COD）作为水环境污染物排放限值的评价对象。根据《地表水环境质量标准》（GB 3838—2002），水环境功能区COD目标浓度为20mg/L（Ⅲ类水质标准）。COD综合降解系数参考石维等（2021）对海河流域的研究，将平均综合降解系数设定为0.09d^{-1}。

本书用水资源总量替代可利用地表水资源量计算水环境污染物排放限值，采用自然断点法分成低、中、高3个等级，分别赋值1、3、5。

雄安新区各乡镇水环境污染物排放限值分布呈“南高北低”格局（图5-11），雄县、安新县的乡镇水环境污染物排放限值基本高于容城县的乡镇。

不同乡镇水环境污染物排放限值差别很大（表5-3）。雄县的雄州镇，安新县的刘李庄镇、端村镇、安新镇，容城县的容城镇等水环境污染物排放限值较大。容城县的八于乡、平王乡、大河镇、晾马台镇、贾光乡等水环境污染物排放限值较小。

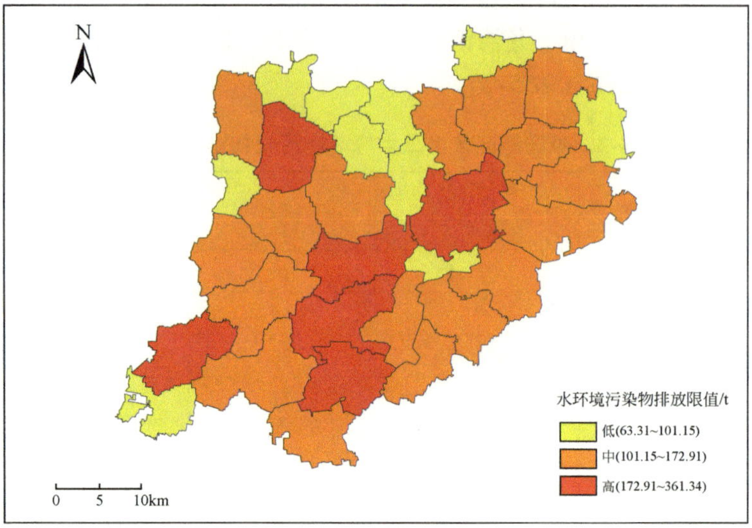

图 5-11 雄安新区各乡镇水环境污染物排放限值分布

表 5-3 雄安新区各乡镇水环境污染物排放限值排名

排名	乡镇名称	水环境污染物排放限值/t	排名	乡镇名称	水环境污染物排放限值/t
1	雄州镇	361. 34	18	龙化乡	128. 99
2	刘李庄镇	232. 93	19	大王镇	126. 74
3	端村镇	215. 51	20	七间房乡	125. 97
4	容城镇	214. 45	21	朱各庄镇	122. 49
5	安新镇	213. 46	22	昝岗镇	120. 00
6	老河头镇	193. 01	23	张岗乡	117. 71
7	龙湾镇	172. 91	24	赵北口镇	101. 15
8	安州镇	172. 10	25	芦庄乡	93. 92
9	寨里乡	165. 96	26	双堂乡	82. 07
10	同口镇	155. 38	27	北沙口乡	81. 32
11	苟各庄镇	149. 82	28	小里镇	79. 59
12	鄚州镇	140. 45	29	贾光乡	77. 60
13	三台镇	139. 64	30	晾马台镇	77. 08
14	大营镇	138. 39	31	大河镇	74. 31
15	南张镇	134. 53	32	平王乡	73. 76
16	米家务镇	131. 34	33	八于乡	63. 31
17	圈头乡	129. 28			

3）环境纳污能力集成

将大气环境和水环境污染物排放限值的赋值分数取平均作为环境纳污能力得分，根据分值高低划分环境纳污能力为强、较强、中等、较弱、弱 5 个等级。

雄安新区各乡镇环境纳污能力分布见图 5-12。整体上，安新县的乡镇环境纳污能力最强，其次为雄县，容城县多数乡镇环境纳污能力较弱。

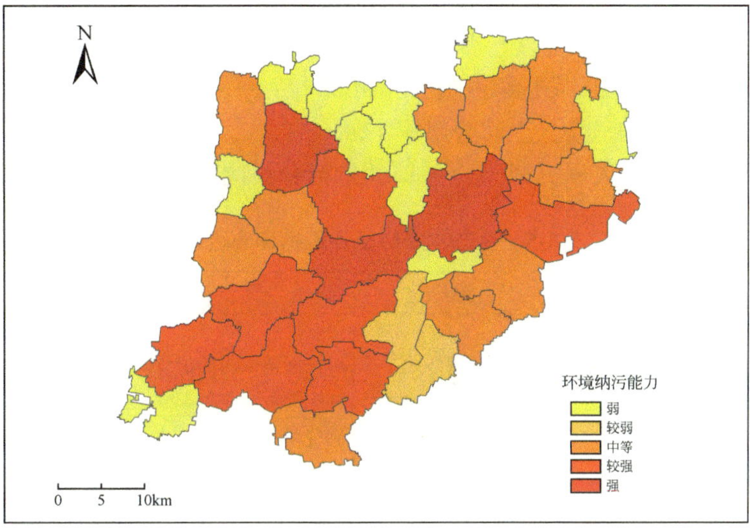

图 5-12　雄安新区各乡镇环境纳污能力分布

三县主要城区（安新镇、容城镇、雄州镇）环境纳污能力较强。环境纳污能力弱的乡镇需要特别注意资源环境承载能力，如八于乡、北沙口乡、大河镇、贾光乡、晾马台镇、芦庄乡、平王乡、双堂乡、小里镇、赵北口镇（表 5-4）。

表 5-4　雄安新区乡镇环境纳污能力等级划分

环境纳污能力	乡镇
强	安新镇、容城镇、雄州镇
较强	安州镇、大王镇、端村镇、老河头镇、刘李庄镇、龙湾镇、同口镇
中等	大营镇、苟各庄镇、龙化乡、鄚州镇、米家务镇、南张镇、三台镇、昝岗镇、寨里乡、张岗乡、朱各庄镇
较弱	七间房乡、圈头乡
弱	八于乡、北沙口乡、大河镇、贾光乡、晾马台镇、芦庄乡、平王乡、双堂乡、小里镇、赵北口镇

4. 生态评价

生态评价主要表征自然生态系统的本底条件，采用生态本底特征作为评价指标，通过区域水热条件和地形地貌特征综合反映。具体公式为

$$[\text{生态本底特征}]=f([\text{湿润指数}],[\text{活动积温}],[\text{高程}],[\text{地貌类型}])$$

[湿润指数]=[降水量]/[蒸散发量]

[湿润指数] 中蒸散发量采用 Thornthwaite 方法计算，该方法在国际上被广泛运用（Thornthwaite，1948；孟猛等，2004）；[活动积温] 是指一年内日平均气温≥10℃持续期间日平均气温的总和。

本部分湿润指数、活动积温来自中国科学院资源环境科学与数据中心的中国气象背景数据集（徐新良等，2017），该数据集是基于全国 1915 个站点的气象数据，时间从建站到 20 世纪 90 年代中期，经整理检查，形成原始数据库，空间分辨率为 500m。鉴于气象指标受地形影响，数据集对气温、积温等进行了 DEM 校正。地貌类型数据来源于《中华人民共和国地貌图集（1：100 万）》，空间分辨率 1km。

参考技术规程以及前人研究成果，各单项指标分级阈值见表 5-5。

表 5-5　生态本底特征评价指标分级阈值

评价指标	分级阈值	赋值	备注
湿润指数	≤-65	1	对全国范围内的指数采用自然断点法生成阈值；各赋值等级大致对应极干旱、干旱、半干旱、亚湿润干旱、湿润气候类型；植被类型大致对应沙漠戈壁、荒漠草原/草原/草甸草原、森林草原/草甸/灌木、森林、雨林
	-65 ~ -27	2	
	-27 ~ 11	3	
	11 ~ 52	4	
	>52	5	
活动积温/℃	<4500	1	各赋值等级大致对应温带、北亚热带、中亚热带、南亚热带、热带气候类型；植被大致对应针叶林/落叶阔叶林、草原草甸、亚热带季雨林/常绿阔叶林、常绿阔叶林/马尾松、热带亚热带常绿阔叶林、热带季雨林/雨林
	4500 ~ 5300	2	
	5300 ~ 6400	3	
	6400 ~ 8000	4	
	>8000	5	
高程/m	>3000	1	各赋值等级大致反映高程对人类活动的限制，分为差、较差、一般、较好、好 5 个等级
	2000 ~ 3000	2	
	1000 ~ 2000	3	
	500 ~ 1000	4	
	<500	5	
地貌类型	戈壁沙漠	1	戈壁沙漠为地貌分类中划定的相应类型，山地一般相对高差 500m 以上，丘陵一般相对高差 500m 以下，平地一般包括盆地、谷地、台地，滨海平原指沿海地区高程 200m 以下的平地
	山地	2	
	丘陵	3	
	平地	4	
	滨海平原	5	

1）湿润指数

雄安新区气候类型属于温带大陆性季风气候，夏季高温多雨，冬季寒冷干燥。湿润指数最小值和最大值分别为-24.1、-19.5，均属于第 3（半干旱）等级（图 5-13）。

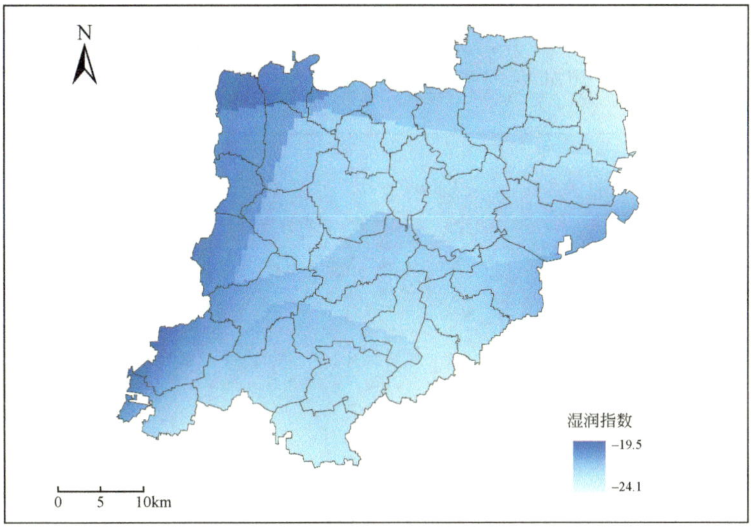

图 5-13 雄安新区湿润指数分布

2）活动积温

活动积温（≥10℃）表征供应农作物生长发育所需热量资源的能力，其研究对农业生产有重要意义。雄安新区活动积温呈现“南多北少”的趋势，最小值和最大值分别为4319、4448，均属于第1（温带）等级（图5-14）。

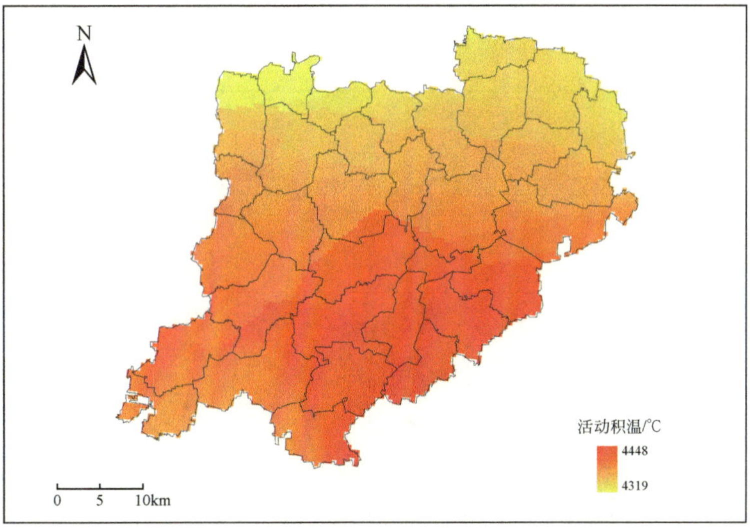

图 5-14 雄安新区活动积温分布

3）高程

如前文分析，雄安新区高程最小值、最大值分别为-62m、66m，属于第5（好）等级。

4）地貌类型

雄安新区地形地貌以平原为主，占比88%。其次为台地，占比12%，主要分布在区域的西北方向（图5-15）。两种类型分别属于第5、第4等级。

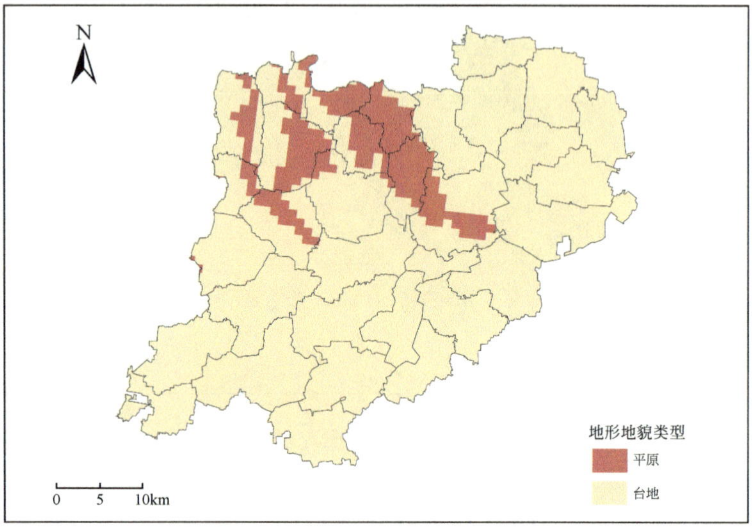

图5-15　雄安新区地形地貌分布

5）生态本底特征集成

将四个指标求取平均获得生态本底特征。可以发现雄安新区生态本底特征基本相似，在全国范围内属于一般以上（属性值≥3）等级（图5-16）。

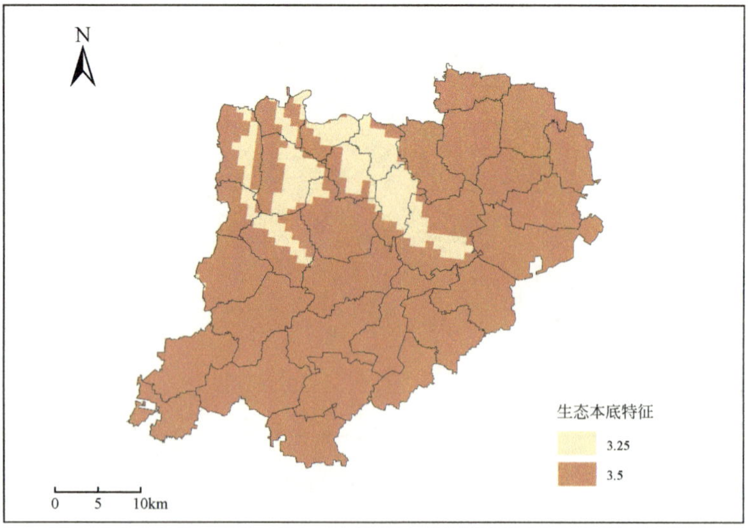

图5-16　雄安新区生态本底特征分布

雄安新区高程小于500m、地貌类型以平原为主，在这两方面具有较大优势。雄安新区湿润指数为半干旱等级，降水少，可利用水资源量紧张，该因素对生活生产有较大限制。雄安新区活动积温为温带等级，是突出的生态限制因素。该指标评价结果在四个生态指标中表现最差，说明该地区农作物生长发育所需热量明显缺乏，并不适宜大规模农业生产。

为了比较不同乡镇差异，将各乡镇范围内所有栅格单元生态本底特征的平均值作为乡镇尺度的生态本底特征。可以发现，雄安新区生态本底特征呈现“南高北低”格局。安新县和雄县生态本底特征略优于容城县。各乡镇差异较小，容城县的晾马台镇、平王乡、八于乡、大河镇、容城镇等生态本底特征较差（图5-17）。

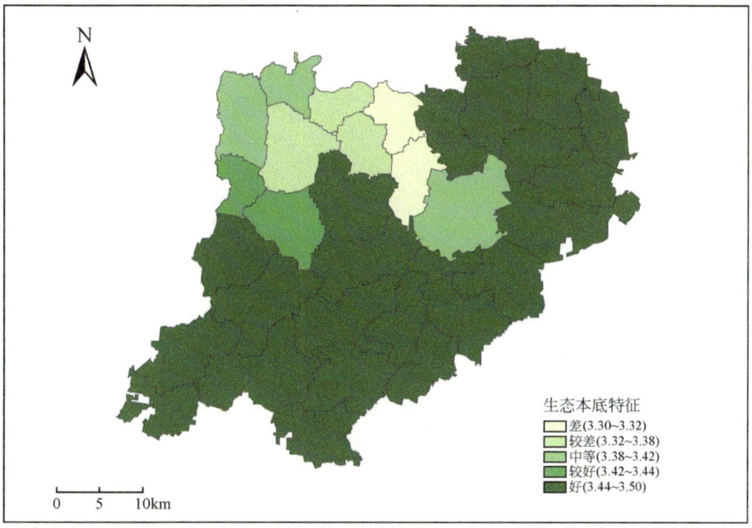

图5-17　雄安新区各乡镇生态本底特征分布

5. 自然灾害评价

自然灾害评价表征自然灾害发生的可能性及其强度，采用自然灾害危险性作为评价指标。根据雄安新区历史资料和地理特点，本书主要考虑沙尘暴、寒潮霜冻、雷电、干旱、暴雨洪涝5种自然灾害。

自然灾害危险性是由引发灾害的自然灾变的能量、规模、频度决定的，可由自然灾害的强度、频次、影响范围或灾变指数等参数表示，单灾种灾害危险性可用该灾害各强度的发生频率来计算，即

$$H=\frac{\sum_{i=1}^{5}F_i\times I_i}{\sum_{i=1}^{5}I_i}$$

式中，H为自然灾害危险性；F_i为某灾害第i等级发生频率；I_i为某灾害第i等级发生次数。

具体操作：将搜集到的5种自然灾害的多点数据分别进行空间叠加，利用缓冲区分析

和克里金插值法，将各种灾害在不同乡镇的发生频次、影响程度进行危险性分析，并计算自然灾害危险性。之后将自然灾害危险性按由高到低划分为5个等级（高、较高、中等、较低、低），然后根据归一化原理，按照等间距原则，在0～1对灾害的危险性进行插值，划分出该自然灾害危险性的相对等级，并进行区域划分。

本部分各类灾害数据源于该地区资料记载，采用文本分析等方法处理。

1）各类灾害分布

容城县的贾光乡、八于乡、容城镇等受沙尘暴灾害影响很大（图5-18）。

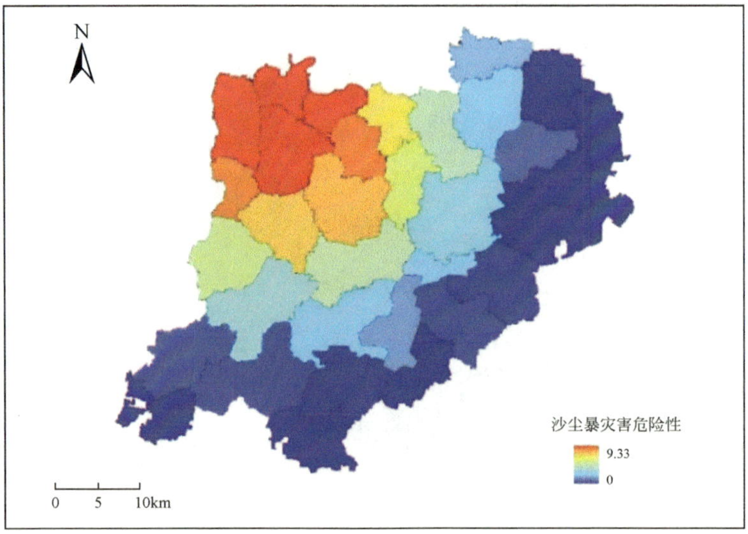

图5-18　雄安新区各乡镇沙尘暴灾害危险性分布

雄县的大营镇、朱各庄镇、雄州镇等受雷电灾害影响很大（图5-19）。

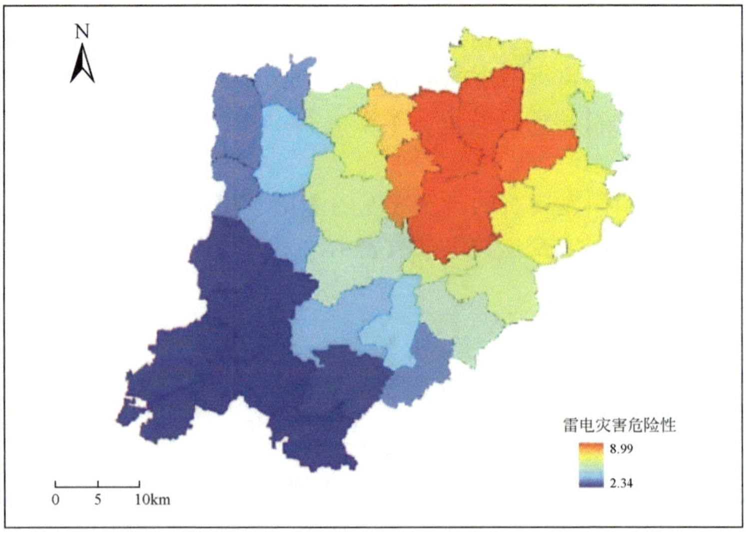

图5-19　雄安新区各乡镇雷电灾害危险性分布

雄县的朱各庄镇、雄州镇和容城县的平王乡等受寒潮霜冻影响很大（图 5-20）。

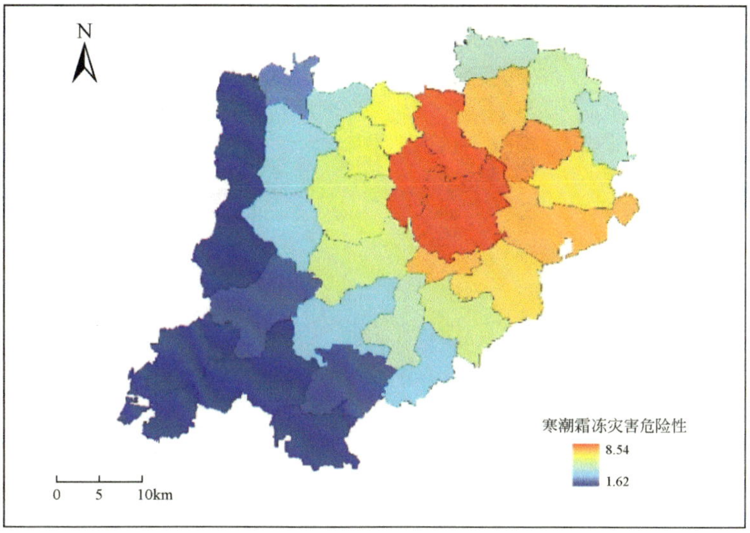

图 5-20　雄安新区各乡镇寒潮霜冻灾害危险性分布

容城县的容城镇、小里镇和安新县的安新镇等受干旱影响很大（图 5-21）。

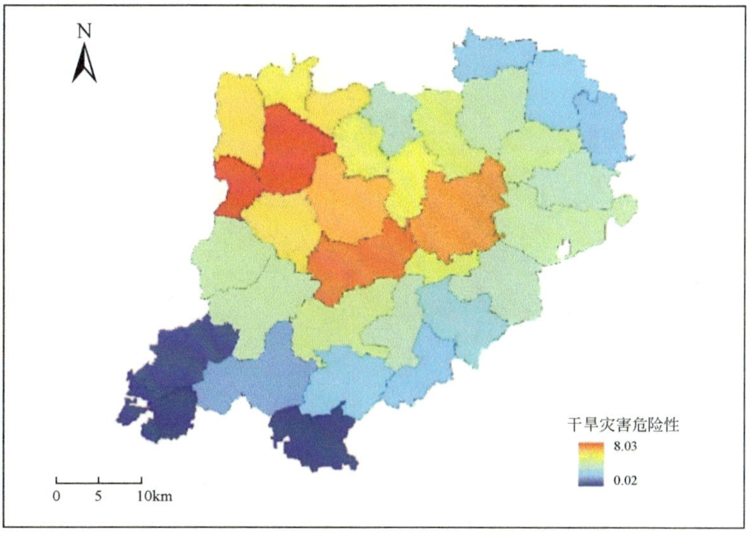

图 5-21　雄安新区各乡镇干旱灾害危险性分布

苟各庄镇、鄚州镇、七间房乡和雄县的龙湾镇、张岗乡、双堂乡等受暴雨洪涝影响很大（图 5-22）。

2）自然灾害危险性集成

将 5 类自然灾害危险性等级的平均值作为栅格单元的综合自然灾害危险性。雄安新区自然灾害危险性呈“北高南低，东高西低”格局，雄县、容城县的自然灾害危险性高于安新县（图 5-23）。

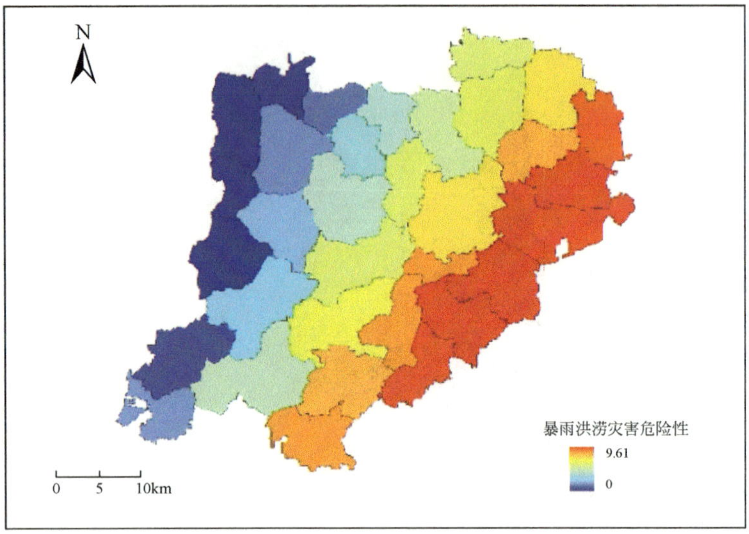

图 5-22　雄安新区各乡镇暴雨洪涝灾害危险性分布

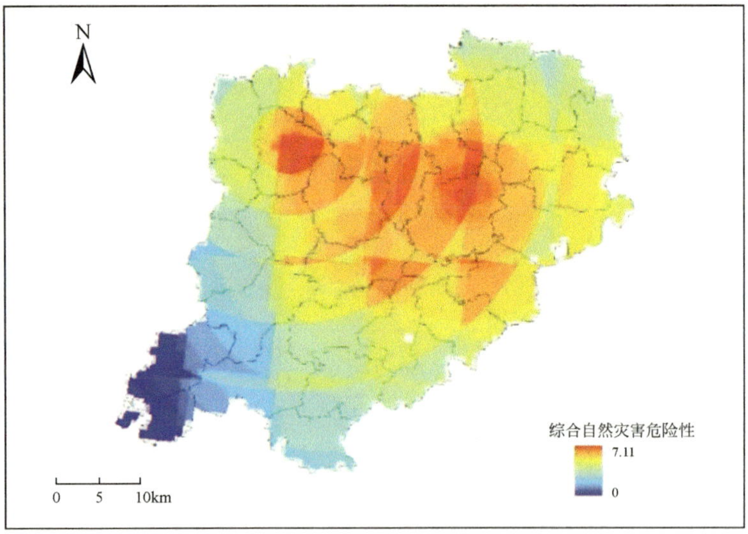

图 5-23　雄安新区综合自然灾害危险性分布

将各乡镇范围内栅格单元平均化处理得到乡镇尺度的自然灾害危险性（图 5-24）。“北高南低，东高西低”综合自然灾害危险性格局更为明显。

综合来看，容城县的平王乡、容城镇、大河镇、晾马台镇，雄县的朱各庄镇、雄州镇，安新县的大王镇、赵北口镇等综合自然灾害危险性极大（表 5-6）。

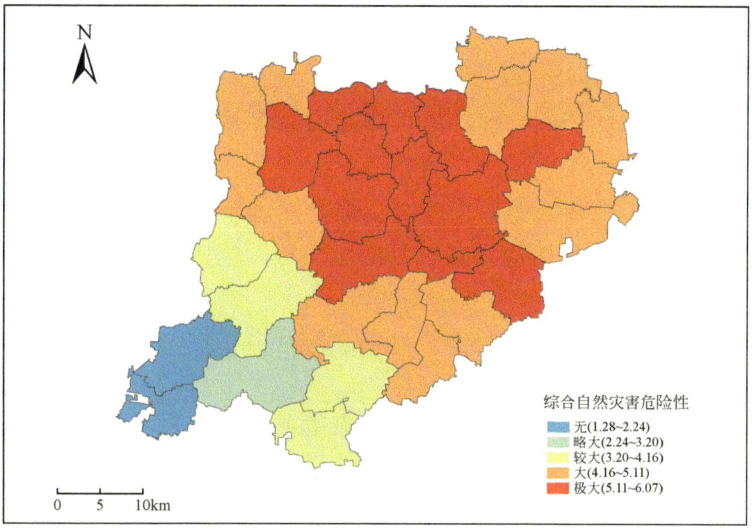

图 5-24 雄安新区各乡镇综合自然灾害危险性分布

表 5-6 雄安新区各乡镇综合自然灾害危险性排名

排名	乡镇名称	综合自然灾害危险性	排名	乡镇名称	综合自然灾害危险性
1	平王乡	6.07	18	三台镇	4.73
2	雄州镇	5.91	19	贾光乡	4.65
3	容城镇	5.79	20	端村镇	4.51
4	大王镇	5.69	21	双堂乡	4.48
5	大河镇	5.68	22	米家务镇	4.24
6	朱各庄镇	5.57	23	北沙口乡	4.24
7	赵北口镇	5.55	24	南张镇	4.23
8	晾马台镇	5.50	25	小里镇	4.22
9	安新镇	5.41	26	七间房乡	4.17
10	苟各庄镇	5.37	27	刘李庄镇	3.85
11	昝岗镇	5.16	28	安州镇	3.52
12	八于乡	5.16	29	寨里乡	3.29
13	张岗乡	5.10	30	龙化乡	3.23
14	龙湾镇	5.08	31	同口镇	2.94
15	大营镇	5.02	32	老河头镇	1.61
16	鄚州镇	4.99	33	芦庄乡	1.28
17	圈头乡	4.86			

四、综合评价

综合评价基于各单项评价的分级结果，综合划分资源环境承载力等级，表征国土空间对城市建设、农业发展等生活生产活动的综合支撑能力。资源环境承载力按取值由高到低划分为强、较强、中等、较弱、弱5个等级。综合评价遵循如下标准：

（1）资源环境承载力高值区应具备较好的水土资源基础，即同时要求土地资源、水资源具有较好的支撑能力。

（2）资源环境承载力高值区应具备较好的生态环境条件，即同时要求环境纳污能力较强、生态本底特征较高。

（3）资源环境承载力一定程度受到自然灾害的制约，即自然灾害危险性较高的区域资源环境承载力受到限制。

依据上述标准，本书按如下公式进行综合评价，即

[资源环境承载力]=f([水土资源基础],[生态环境条件],[自然灾害危险性])

[水土资源基础]=min([土地可利用度],[水资源丰度])

[生态环境条件]=min([环境纳污能力],[生态本底特征])

1. 水土资源基础

雄安新区各乡镇水土资源基础等级分布如图5-25所示。

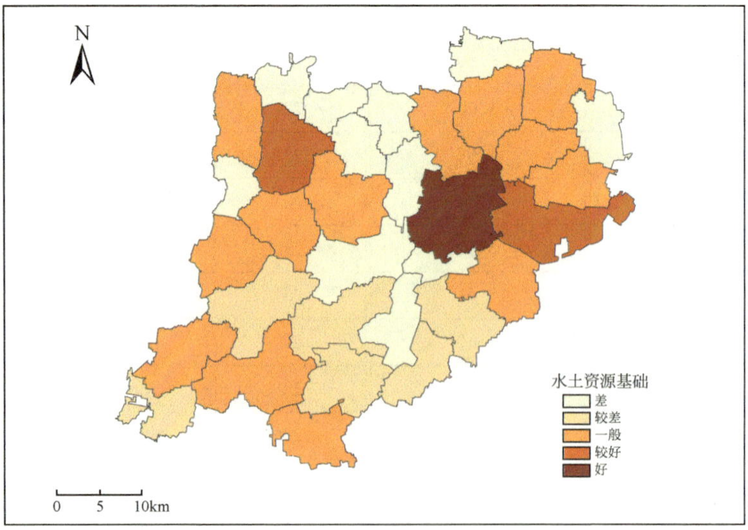

图5-25　雄安新区各乡镇水土资源基础等级分布

2. 生态环境条件

雄安新区各乡镇生态环境条件等级分布如图5-26所示。

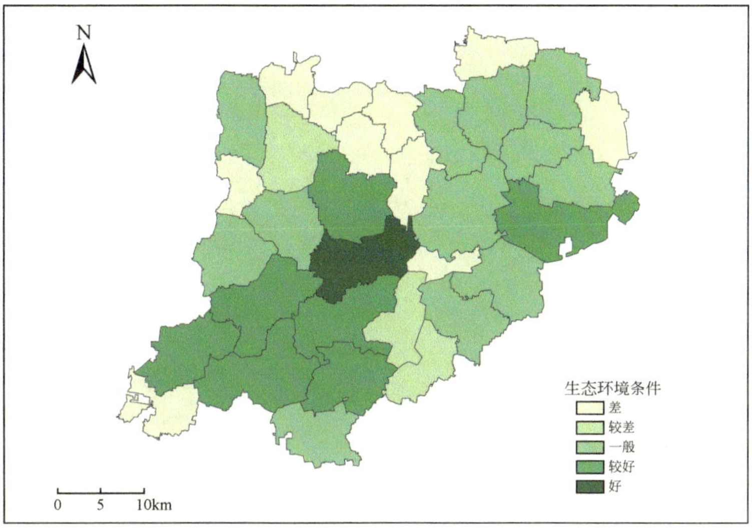

图 5-26　雄安新区各乡镇生态环境条件等级分布

3. 资源环境承载力基本格局

在水土资源基础、生态环境条件评价基础上，根据集成评价参照矩阵（表 5-7），初步划分资源环境承载力综合等级。雄安新区各乡镇资源环境承载力见图 5-27。

针对资源环境承载力，仅有雄县的龙湾镇为强等级，安新县的老河头镇、同口镇、大王镇和雄县的雄州镇为较强等级。

表 5-7　资源环境承载力集成评价参照矩阵

生态环境条件	水土资源基础				
	1（差）	2（较差）	3（一般）	4（较好）	5（好）
1（差）	较弱	中等	较强	强	强
2（较差）	较弱	中等	较强	强	强
3（一般）	弱	较弱	中等	较强	较强
4（较好）	弱	弱	较弱	中等	中等
5（好）	弱	弱	弱	较弱	较弱

4. 修正后的资源环境承载力评价

在水土资源基础、生态环境条件基础上，进一步纳入自然灾害危险性指标，对初步评价结果进行修正。修正准则包括：

（1）对于初步评价结果为资源环境承载力强和较强，但自然灾害危险性极大的区域，将其划分为资源环境承载力中等。

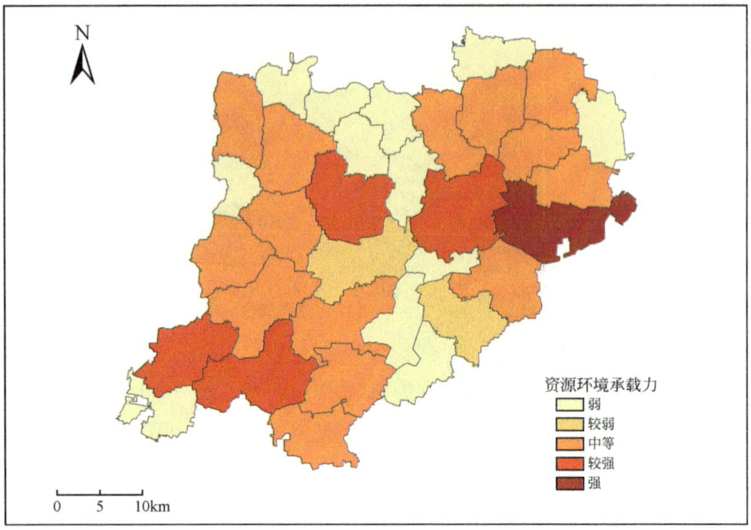

图 5-27　雄安新区各乡镇资源环境承载力分布

（2）对于初步评价结果为资源环境承载力强，但自然灾害危险性大的区域，将其划分为资源环境承载力较强。

在上述准则下，雄县的龙湾镇从资源环境承载力强修正为较强，雄县的雄州镇和安新县的大王镇从资源环境承载力较强修正为中等。最终得到各乡镇资源环境承载力，雄安新区资源环境承载力呈“四周高，中间低”的格局（图 5-28）。

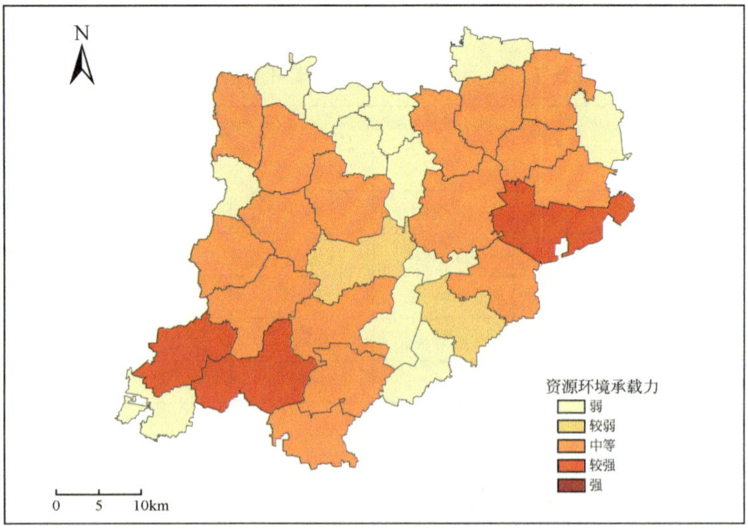

图 5-28　雄安新区各乡镇资源环境承载力分布

约有 48.48% 的乡镇资源环境承载力为中等，36.36% 乡镇资源环境承载力为弱，仅有 3 个乡镇（老河头镇、龙湾镇、同口镇）资源环境承载力较强（表 5-8）。

表 5-8　各乡镇资源环境承载能力等级划分

资源环境承载能力	乡镇
较强	老河头镇、龙湾镇、同口镇
中等	雄州镇、大王镇、朱各庄镇、容城镇、龙化乡、大营镇、米家务镇、昝岗镇、张岗乡、南张镇、苟各庄镇、三台镇、寨里乡、安州镇、刘李庄镇、端村镇
较弱	鄚州镇、安新镇
弱	八于乡、北沙口乡、大河镇、贾光乡、晾马台镇、芦庄乡、平王乡、双堂乡、小里镇、赵北口镇、七间房乡、圈头乡

第二节　集中承接非首都功能的进展情况

雄安新区自 2017 年设立以来，经过几年的规划和建设，已进入承接北京非首都功能和建设同步推进的重要阶段。目前，雄安新区外围骨干交通路网、内部道路体系、生态廊道建设、水系“四大体系”基本形成，城市框架逐步拉开（图 5-29）。

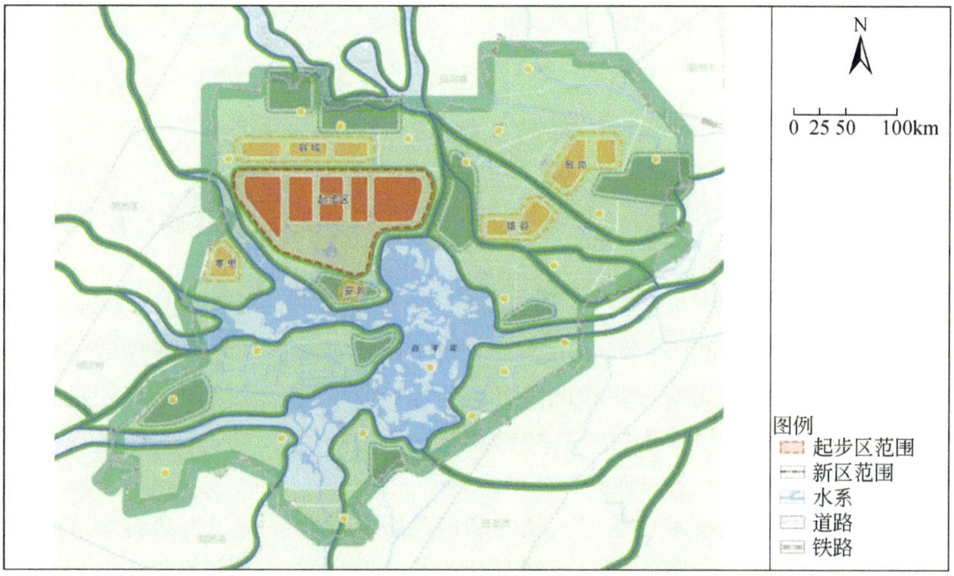

图 5-29　河北雄安新区起步区控制性规划起步区区位图

资料来源：《河北雄安新区起步区控制性规划》《河北雄安新区启动区控制性详细规划》

2020 年 12 月京雄城际铁路全线开通运营，总长 545km 的对外高速公路骨干路网已经全面形成，城市大脑、城市计算中心等智能基础设施累计投资已经超过 100 亿元，新建区域基础设施智慧化水平超过 90%。

据了解，自雄安新区设立以来，谋划推进重点项目共计 240 个，总投资 8031 亿元，累计完成投资超 4500 亿元。2022 年，雄安谋划推进总体建设项目 322 个。按照“在建一批、新开工一批、储备论证一批”的原则，100 多个建设项目压茬推进。

一、承接区的功能布局

容东、容西、雄东、昝岗等片区进入稳定开发期，启动区、起步区加快建设，重点片区框架全面拉开。

1. 启动区

启动区（西至起步区第三组团，北至荣乌高速公路，东至起步区第五组团中部，南至白洋淀，规划范围 $38km^2$，规划建设用地 $26km^2$）作为雄安新区率先建设的重点区域，承担着探索开发建设模式、先行先试政策措施、展现新区雏形等重任。启动区（第四组团和第五组团）结合京雄城际站点集中布局，形成现代服务业功能中心，努力建设成为北京非首都功能疏解首要承接地、雄安新区先行发展示范区、国家创新资源重要集聚区和国际金融开放合作区（图 5-30）。

图 5-30　雄安新区启动区控制性详细规划

集中打造金融岛、总部区、创新坊等产业功能片区，营造良好发展环境，先行承接企业总部、金融机构、高端高新产业和现代服务业等产业项目，承接和培育一批战略性新兴产业和高端服务业企业，尽快形成独具特色和充满活力的优势产业，为新区现代产业体系构建奠定坚实基础。

重点发展新一代信息技术产业、互联网和信息服务产业、现代生命科学和生物技术产业、现代金融业、软件信息服务和数字创意产业及其他高端现代服务业。在启动区的北端建设全球知名的互联网产业园区、生物产业园区和新材料创新基地，中南部布局金融岛和总部基地。由启动区向东西延伸，形成相应的产业发展地区（图 5-31）。

2. 起步区

起步区（西依萍河、北靠荣乌高速公路、东接白沟引河、南邻白洋淀，规划面积约 $198km^2$，其中城市建设用地约 $100km^2$）作为雄安新区的主城区，肩负着集中承接北京非首都功能疏解的时代重任，承担着打造“雄安质量”样板、培育建设现代化经济体系新引擎的历史使命，在深化改革、扩大开放、创新发展、城市治理、公共服务等方面发挥先行

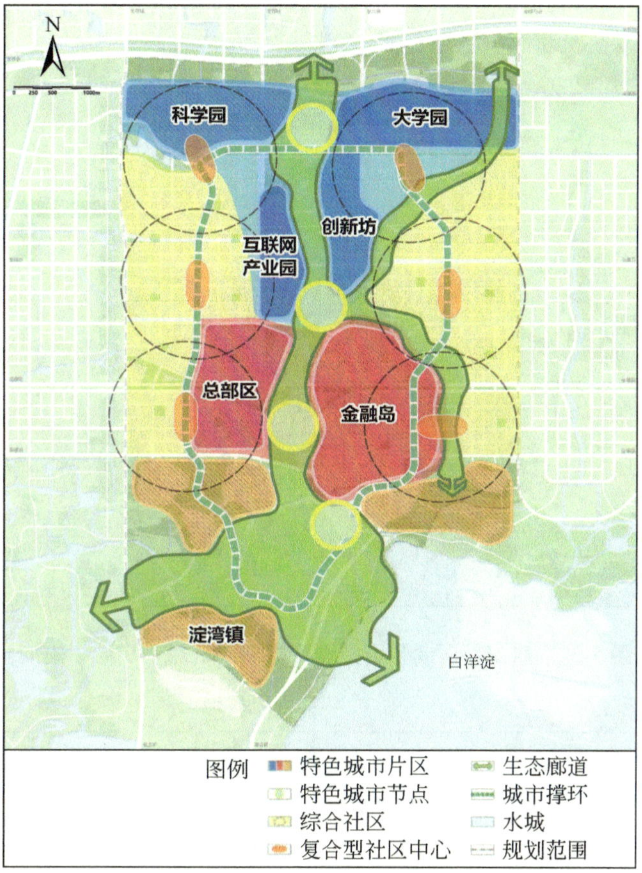

图 5-31　雄安新区启动区空间结构图

先试和示范引领作用。

北部集中布局科研创新、高等教育等功能，建设重大科学基础设施集群和具有领先水平的综合性科学研究实验基地，打造引领雄安新区科研创新发展的核心（图 5-32）。

中部沿起步区东西轴线布局事业单位、企业总部、金融机构等，构成城市发展的主轴线，建设国际水准的企业总部基地。

南部灵活布局规模适度的科研院所和创新企业，着力发展生态型创新园区，积极发展创意设计、内容服务等文化产业，合理布局生态文化旅游和国际交往功能。

第一组团和启动区（第四、五组团西部）形成现代服务业功能中心；第二组团布局行政办公和市民服务等设施，打造行政办公功能区；第三组团展示历史传承、文明包容、与时俱进，体现“五位一体”总体布局和新区形象；第五组团结合起步区门户建设，集聚国际要素，形成对外交往中心（图 5-33）。

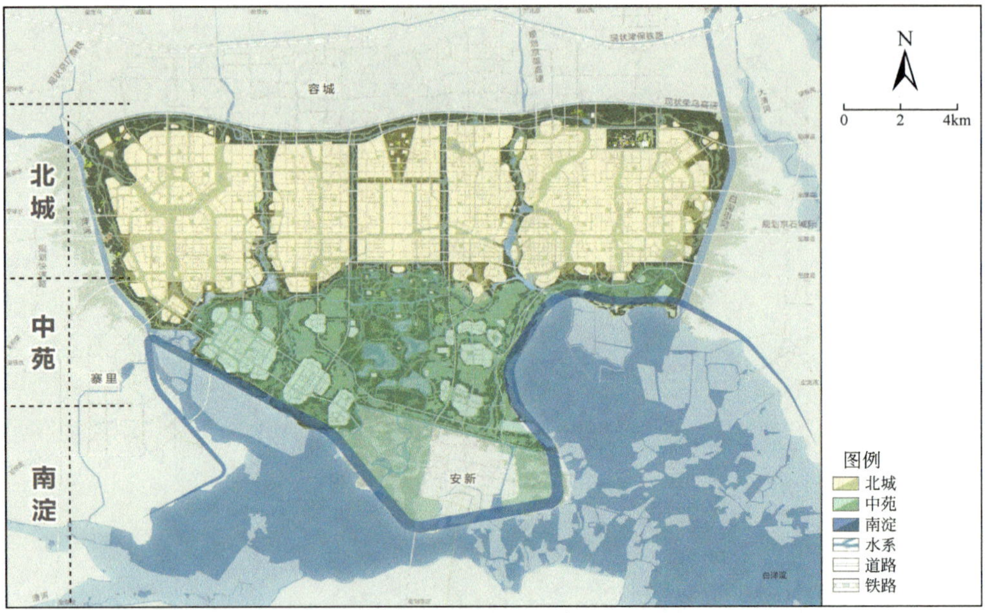

图 5-32　雄安新区起步区控制性规划（北城、中苑、南淀）

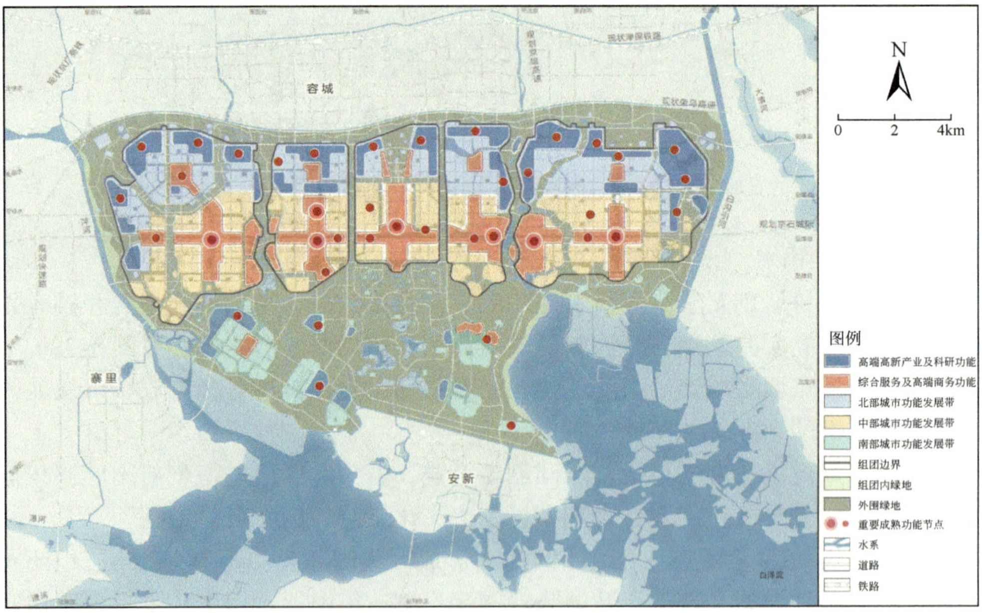

图 5-33　雄安新区起步区功能结构示意图

此外，基于 15min 生活圈，划定 30 个规划管理单元，明确规划要求和控制指标。整体路网密度控制在 10～15km/km^2。

二、承接产业情况

目前首批疏解清单标志性项目正在有序落地。中国卫星网络集团有限公司、中国中化集团有限公司、中国华能集团有限公司首批 3 家疏解央企总部已经完成项目供地并有序启动建设程序，中国矿产资源集团有限公司注册落户并完成选址，高校、医院疏解项目有序推进，中国科学院雄安创新研究院、中国电信雄安互联网产业园等一批市场化疏解项目开工建设，累计注册设立央企机构 110 余家，承接疏解势头良好。2022 年 1 ~ 9 月，雄安新区跨境电商进出口额约为 2.73 亿元，较上年全年增加 2.48 亿元，增长近 10 倍。

“十四五”时期，将全面落实党中央已经批准的疏解方案和政策，加快推动首批疏解项目全面开工建设，主动对接第二批疏解项目清单，推进市场化疏解项目建设。

（1）雄安新区创新研究院科技园位于雄安新区启动区科学园片区，总建筑面积 17.2 万 m^2，定位为统筹中国科学院相关创新资源、建设中国科学院支持和参与雄安新区规划建设发展的综合性集成创新平台。该园区项目已于 2022 年 9 月封顶主体结构。

（2）雄安新区科创综合服务中心（一期）项目位于雄安新区启动区科学园片区东部，建筑面积 5 万多平方米，主导功能为国家级实验室及其配套办公，是承接北京非首都功能疏解的科技创新平台和科研机构，为科创产业园区建设提供配套服务保障。目前正在进行二次结构砌筑、肥槽回填、地下部分机电管道安装、屋面工程的施工（图 5-34）。

图 5-34　雄安新区科创综合服务中心（一期）项目效果图

资料来源：https：//finance. sina. com. cn/jjxw/2023-05-29/doc-imyvmmfk1362172. shtml

（3）雄安城市计算（超算云）中心位于容东片区西部，总建筑面积约 3.9 万 m^2，一期工程总投资 10.99 亿元。2022 年 9 月完成项目主体结构、冷却塔主体结构、屋面钢结构。雄安城市计算（超算云）中心是雄安新区数字孪生城市运行服务系统的重要载体，其承载的边缘计算、超级计算、云计算设施将为数字孪生城市的大数据、区块链、物联网、AI、VR/AR 提供网络、计算、存储服务（图 5-35）。

图 5-35　雄安城市计算（超算云）中心项目效果图

资料来源：https：//www. 163. com/dy/article/IJ102BT70530QRMB. html

雄安城市计算（超算云）中心将作为雄安的“一个中心”来承载“4 个平台”，这“4 个平台”分别是区块链平台、视频一张网平台、城市信息模型（CIM）平台、物联网平台，“4 个平台”的大数据将在这里形成数据的汇集，通过算力和大数据分析工具来分析这些数据新的价值，为雄安城市建设和运营提供决策依据。

（4）国家电网能源互联网产业雄安创新中心位于雄安新区启动区，南邻京东产业园（未建）和史家胡同小学（已建成），西邻招商承建的西北部居住社区（在建），北边是国家医学研究中心（未建），东边是中央绿谷（已成型）和东部溪谷（已成型）交会的双谷公园（已成型）。项目总投资 27. 2 亿元，计划于 2024 年投入使用，预计带动上下游产业投资将达到 100 亿元，提供 1500 个就业岗位。中心发展定位是立足新兴产业创新发展，重点布局能源电商与金融科技、新一代信息技术、综合能源服务、电动汽车服务、智能电网技术等新兴产业，着力强化技术产品和商业模式创新，聚合产业链上下游优质资源，构建能源互联网高端高新产业集群，成为推动新区产业升级的重要力量（图 5-36）。

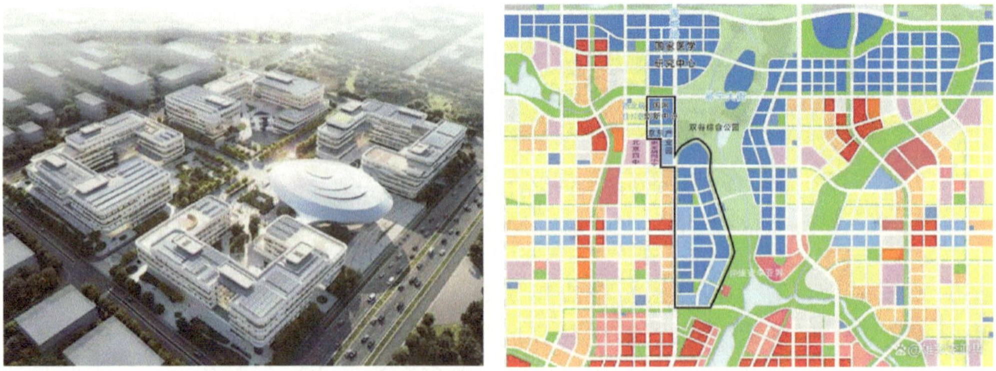

图 5-36　国家电网能源互联网产业雄安创新中心位置和效果图

资料来源：https：//baijiahao. baidu. com/s? id＝1752973562438934018&wfr＝spider&for＝pc

此外，已经编制完成了《雄安新区中关村科技园发展规划》并获政府批准（选址可能在雄县的雄东片区）。中国卫星网络集团有限公司雄安新区总部大楼项目建设正在按照节点稳步推进。

三、承接学校和医院等情况

2017 年 8 月京冀两地签署《关于共同推进河北雄安新区规划建设战略合作协议》，明确北京市以“交钥匙”方式支持雄安新区建设“三校一院”（雄安北海幼儿园、雄安史家胡同小学、北京四中雄安校区和雄安宣武医院）。

“三校”项目位于雄安新区起步区的启动区，总建筑面积 6.95 万 m^2，总投资 6.38 亿元，2019 年 9 月“三校”项目正式进场开工建设。2021 年 12 月雄安北海幼儿园交付，2022 年 6 月和 7 月小学和中学项目相继交付。雄安宣武医院位于启动区东北侧的几个地块，建设用地面积约 5.4hm^2，总建筑面积 12.2 万 m^2，床位数 600 床，概算总投资 18.24 亿元。雄安宣武医院将发挥首都医科大学宣武医院神经科学和老年医学特色，提升新区医疗服务水平。

首批 4 所到雄安建立新校区的在京高校分别是北京科技大学、北京交通大学、中国地质大学（北京）、北京林业大学。

北京科技大学、北京交通大学相继公布了雄安校区总体规划方案。北京科技大学雄安校区位于雄安新区起步区第五组团北部，占地面积约 2450 亩（图 5-37）。

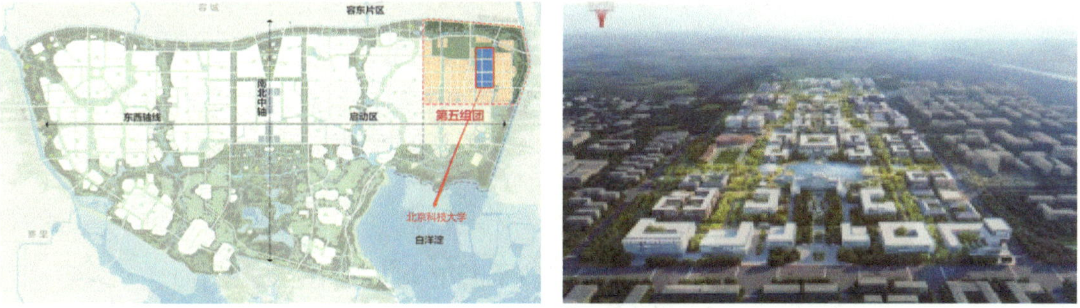

图 5-37　北京科技大学规划方案

资料来源：https：//item. btime. com/40c9bbumbh08m1amfersvmcoqqd

北京交通大学雄安校区位于雄安新区启动区和起步区第五组团北部，占地面积约 2600 亩，预计将于 2026 年前后完成一期建设并投入使用（图 5-38）。

北京林业大学预计已于 2022 年公布雄安新校区总规方案，中国地质大学（北京）雄安新校区将于 2025 年底完成一期建设并投入使用（图 5-39）。

据悉，北京林业大学雄安校区位于启动区和起步区第五组团东北部，占地面积约 2200 亩，距离北京校区直线距离约 110km。雄安校区一期建设预计 2025 年完成，到 2035 年基本完成三期建设。

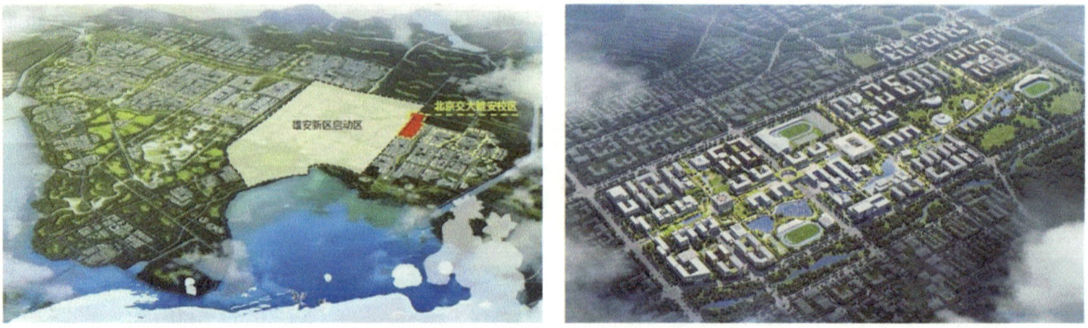

图 5-38　北京交通大学雄安校区规划图

资料来源：https：//baijiahao. baidu. com/s？ id＝1754102590943803966&wfr＝spider&for＝pc

图 5-39　北京林业大学雄安校区、中国地质大学（北京）雄安校区规划图

资料来源：https：//baijiahao. baidu. com/s？ id＝1754102590943803966&wfr＝spider&for＝pc

中国地质大学（北京）雄安校区位于起步区第五组团，总占地面积 1600 亩，预计 2025 年底完成一期建设并投入使用。目前，该校区总体规划方案征集（竞赛）活动已产生 5 套各具特色的设计方案，新校区的蓝图初见端倪。

第三节　人口分布和流动特征分析

一、人口分布特征

著名历史地理学家侯仁之研究发现，在太行山东麓存在一条自然环境优越、适宜人居的古道，这条古道通过的地方，既没有上游河流的湍急，也没有下游河流的宽阔河面和容易泛滥的威胁，这一条线正是最容易渡过每条河流的地方，大道发展起来以后，便有永久居民点自然而然地相继形成。如今，“京广线”沿袭了这条古道的走向。

1. 处于京津冀地区沿太行山东麓古道的人口稠密带上

根据改革开放后历次人口普查数据，绘制了 1982 年、1990 年、2000 年、2010 年京津冀地区县市尺度（将设区市的市辖区合并为一个整体）人口密度空间分布图（图5-40）。

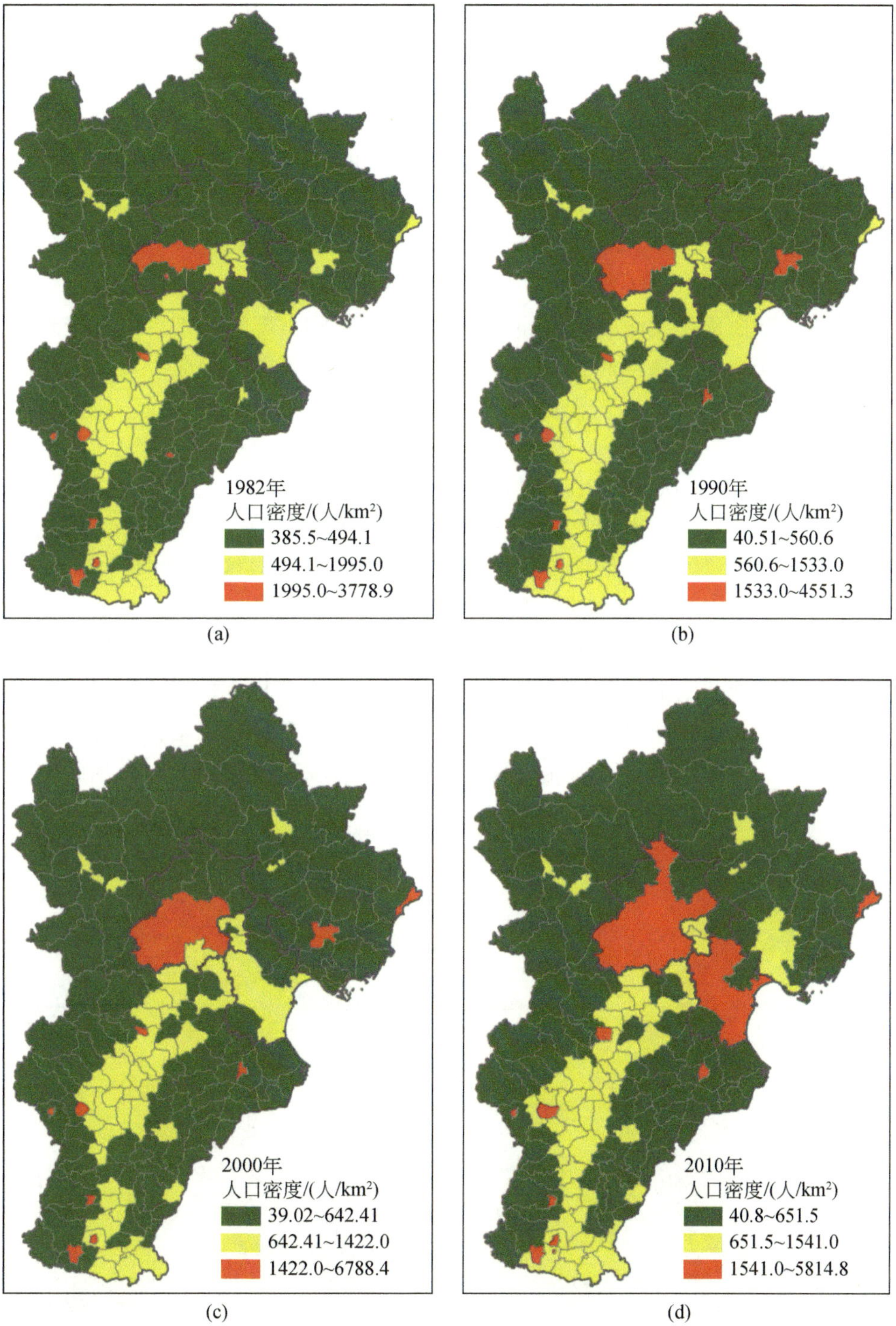

图5-40　1982～2010年京津冀地区人口密度分布图

考虑到各年县市尺度的内部差异，本章采用当期京津冀地区人口密度的平均值和北京市的人口密度值作为断点，如果低于京津冀地区的人口密度平均值，认为是人口相对稀疏区；如果能够达到北京市的人口密度水平，认为是人口高度集聚区。1982 年、1990 年、2000 年、2010 年京津冀地区各县市人口密度的平均值分别为 494.1 人/km^2、560.6 人/km^2、642.4 人/km^2 和 651.5 人/km^2；北京市（市辖区）的人口密度分别达到 1995 人/km^2、1533 人/km^2、1442 人/km^2 和 1541 人/km^2。不难发现，1982 ~ 2010 年，高于人口密度平均值的县市都相对稳定分布在“邯郸—邢台—石家庄—保定—北京”这条人口稠密带上。此外，还包括天津、张家口、承德等市辖区，呈散点式零星分布。人口密度达到同期北京市水平的县市主要是各市辖区所在地，包括石家庄、保定、邢台、沧州等，低于人口密度平均值的县市分布在京津冀地区的北部山区、西部山区和东部沿海地区。雄安新区涉及的雄县、容城县、安新县三县均处于沿太行山东麓古道的人口稠密带上，人口腹地较大。

2. 人口保持正增长，自然增长对人口正增长有一定补充作用

根据改革开放以来历次全国人口普查数据，绘制 1982 ~ 1990 年、1990 ~ 2000 年、2000 ~ 2010 年和 1982 ~ 2010 年京津冀地区县市区尺度的年均人口增长率空间分布图（图 5-41）。本书采用 0 和年均人口增长率平均值作为断点，如果年均人口增长率小于 0，说明人口负增长；如果年均人口增长率高于平均值，说明人口处于快速增长水平。1982 ~ 1990 年，除了张北县外，京津冀地区其他县市区均保持人口正增长。其中，人口快速增长的县市区主要是北京、保定及河北南部等县市区；1990 ~ 2000 年，北京以北的县市区人口基本上都呈现负增长，而北京及其以南除了保定周边，多数地区人口都呈现正增长。其中，人口快速增长区主要分布在京津唐地区和河北西南部地区；2000 ~ 2010 年，人口负增长的县市区主

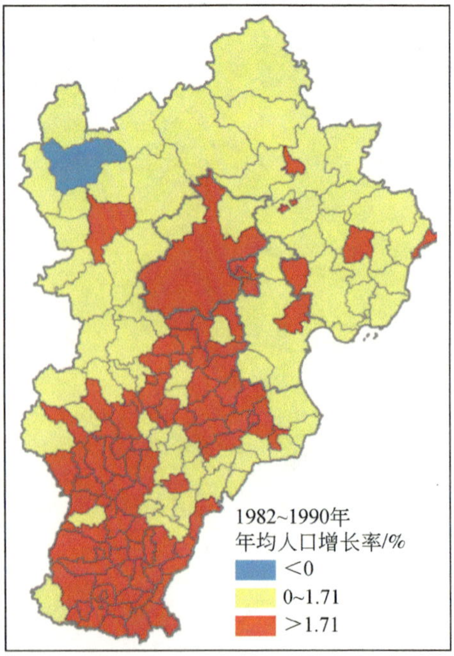

(a)

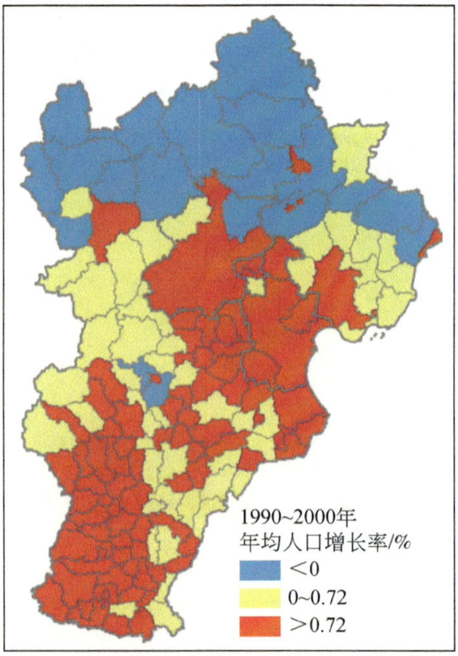

(b)

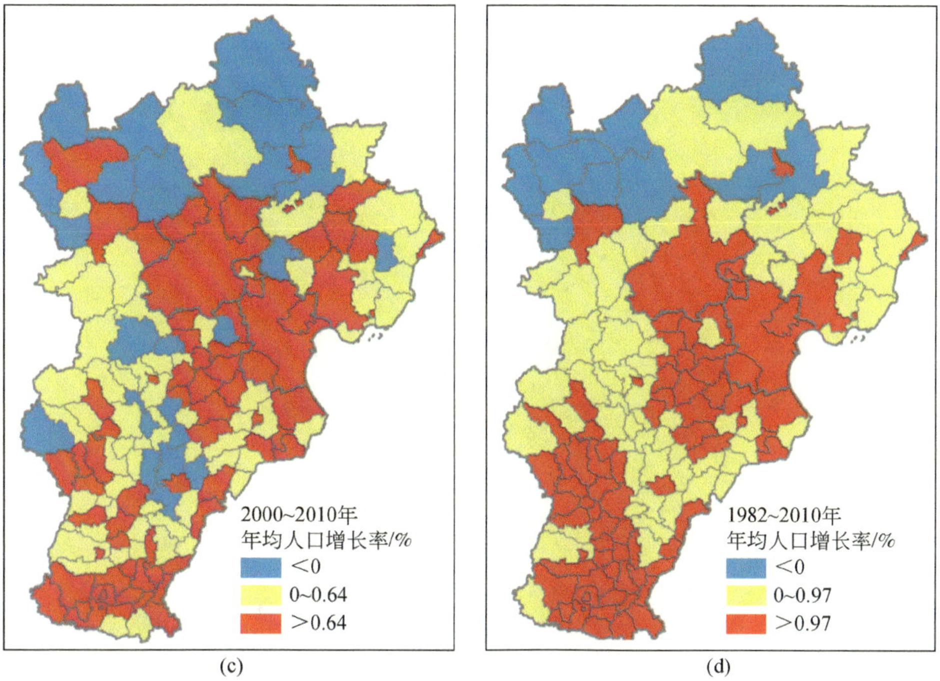

图 5-41　1982～2010 年京津冀地区年均人口增长率分布图

要分布在河北西北部的张家口周边以及南部的衡水周边，其他多数地区仍然呈现人口正增长。其中，人口快速增长区主要分布在京津唐地区和邯郸周边地区。

雄安新区所在的雄县、容城县、安新县等地区 1982～1990 年保持人口正增长。其中，雄县、容城县的年均人口增长率超过同期京津冀地区的平均值；1990～2000 年年均人口增长率格局与 1982～1990 年类似，人口保持正增长；2000～2010 年雄县、容城县人口、安新县人口仍然保持正增长，其中，容城县、安新县的年均人口增长率超过同期京津冀地区的平均值。总体来看，1982～2010 年，雄安新区保持人口正增长，且人口年均增长率超过京津冀地区的平均值。根据 2015 年 1% 人口抽样调查资料和京津冀人口统计资料，2010～2015 年，雄县、容城县、安新县等地继续保持人口正增长。可见，改革开放以来，雄安新区始终保持常住总人口正增长，相对于全国多数地区的市县人口负增长情况，雄安新区人口增长态势相对较好。其实，从人口迁移来看，雄安新区涉及三县呈现略微的人口净迁出，但是由于本地具有相对较高的自然增长率，对人口增长形成有力补偿，推动了雄安新区人口保持正增长的态势。

3. 人口分布呈现“北密南疏、镇区集聚”的特征

雄安新区多数村庄人口密度不高，大多处于 1500 人/km^2 以下，南部许多村庄的人口密度低于 100 人/km^2，总体来看，人口分布呈现“北高南低”的特征（图 5-42）。按照第五次人口普查对高密度区和城区划定参考的界定，雄安新区 1500 人/km^2 的村庄主要是各

镇镇区，由于镇区是分散的，所以人口分布也大致呈现分散的特征。

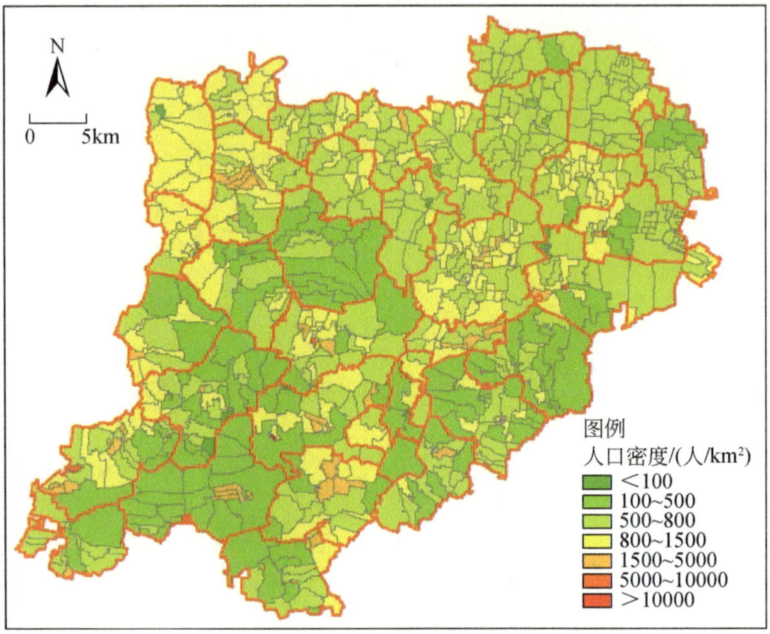

图 5-42 雄安新区人口密度分布图

二、人口流动特征

1. 以净迁出为主，但净迁出强度不大

净迁出人口是衡量人口流失的基本测度。其中，净迁出人口等于一个地区总迁入人口与总迁出人口的差值，净迁出人口为负值，则表明人口净流失。计算公式为

$$N_i = I_i - O_i = \sum_{j=1}^{n-1} I_{ji} - \sum_{j=1}^{n-1} O_{ij}$$

式中，N_i为地区 i 的净迁出人口；I_i为地区 i 的总迁入人口；O_i为地区 i 的总迁出人口；I_{ji}为从地区 j 到地区 i 的人口迁移量；O_{ij}为从地区 i 到地区 j 的人口迁移量；n 为地区数量。人口可能受到地理空间尺度以及人口规模大小的影响，采用相对量更能反映一个地区人口流失的强度。因此，采用净迁出强度衡量人口流失强度，净迁出强度等于净迁出人口与未发生迁移人口的比值。计算方法为

$$\mathrm{NR}_i = \frac{N_i}{L_i} = \frac{I_i - O_i}{L_i}$$

式中，NR_i为净迁出系数；N_i、I_i、O_i含义与上式一致；L_i为本地未发生迁移的人口。净迁出强度为负值时，净迁出强度绝对值越大，净迁出强度越大。

同样采用净迁出系数指标，分别分析 1982 年、1990 年、2000 年和 2010 年四期人口

普查中京津冀地区内部县市的人口净迁出的时空分异。国际上，一般认为净迁出人口占总人口超过10%，人口迁移进入活跃状态，折算为本章采用的净迁出系数，即1/9，据此将其作为人口迁移活跃和不活跃的划分断点。如图5-43所示，1982年京津冀地区大部分县市区表现为人口净迁出，常住人口低于户籍人口，但是全部属于一般净迁出区，人口净迁出强度不大，仅有各设区市及其周边呈现人口净迁入，但人口净迁出的强度也不大；1990年河北南部大多数县市区转为人口净迁入区，但总体上，无论人口迁入区还是人口迁出区，人口净迁出的强度都不大；2000年开始出现北京、廊坊、秦皇岛、石家庄等活跃净迁入区，并在河北北部出现部分活跃净迁出区，其他地区仍然是人口净迁出强度不大的一般净迁入区或一般净迁出区；2010年许多一般净迁入区转变为一般净迁出区，人口净迁出区出现收缩，但是同时出现了较多的活跃净迁出区，主要分布在各设区市驻地市辖区。总体上，2010年京津冀地区以人口净迁出为主，人口净迁入主要集聚在京津唐保地区以及石家庄等城市周边。其中，雄安新区1982年基本呈现人口净迁出，1990年呈人口净迁入，2000年容城县也转为人口净迁入，2010年容城县、安新县属于人口净迁入区，而雄县属于人口净迁出区。根据2015年1%人口抽样调查资料和京津冀人口统计资料，容城县、安新县、雄县全部转为人口净迁出区，但是净迁出系数绝对值低于1/9，净迁出强度不大。

2. 人口迁移持续呈现不活跃特征，近年来仅安新县活跃度有所提升

人口净迁出系数是反映人口迁移的一个基本指标，除此以外，人口总迁移系数、人口迁移规模也是反映人口迁移的参考指标，综合各类指标，本节对京津冀地区内部人口迁移的地域类型进行了划分。总迁移系数 GR_i 等于总迁移人口与未迁移人口的比值，总迁移系数越大，人口总迁移的活跃度越高，计算方法为

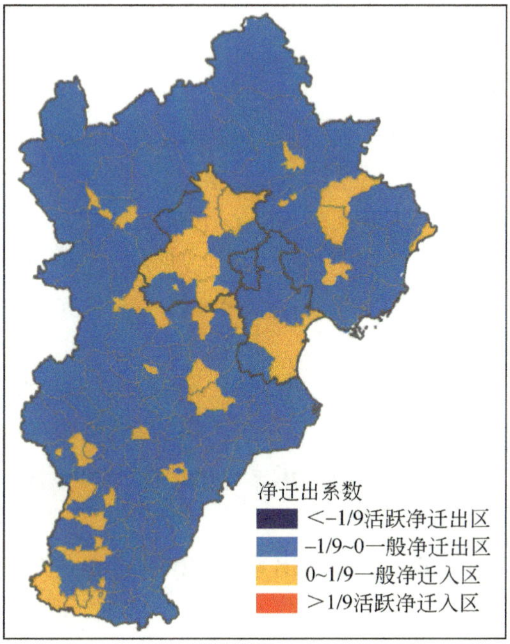

(a)1982年

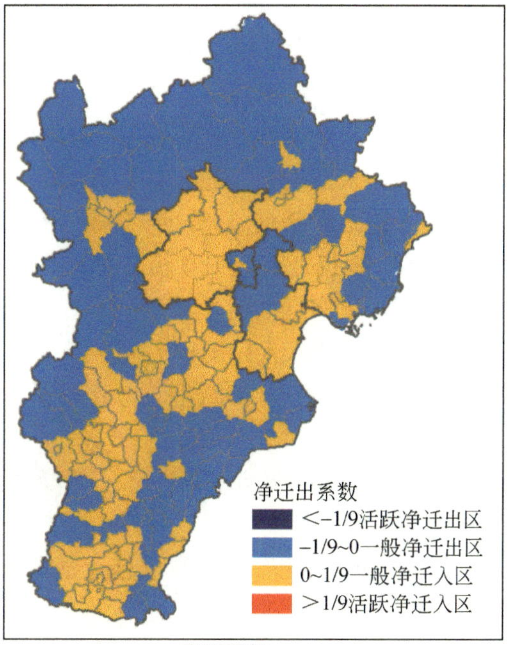

(b)1990年

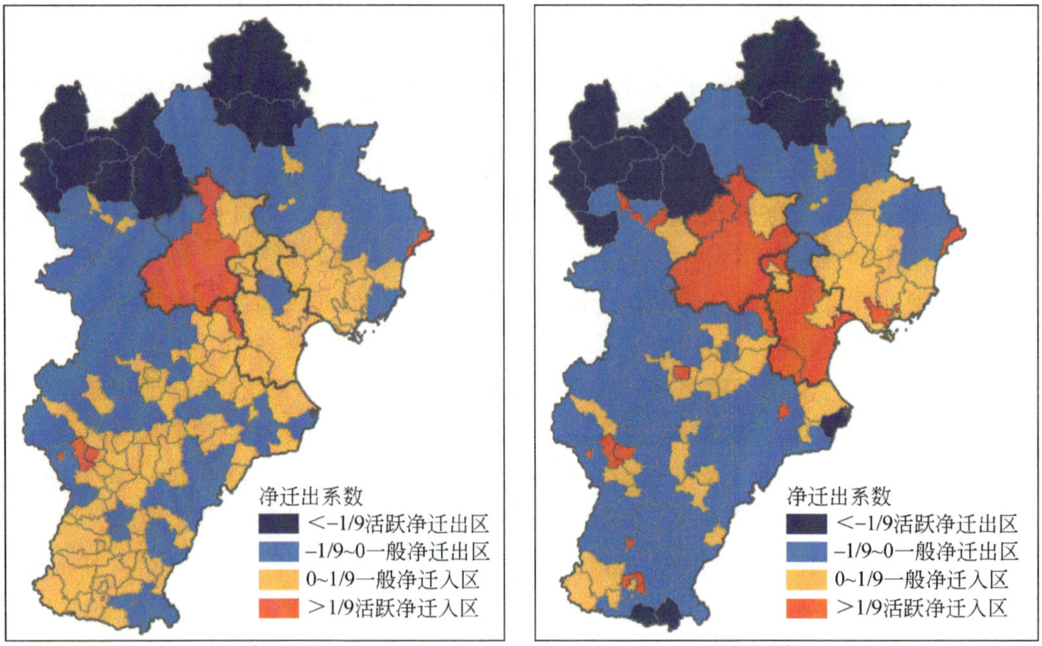

(c)2000年　　(d)2010年

图 5-43　1982～2010 年京津冀地区人口净迁出系数分布图

$$GR_i = \frac{GP_i}{L_i} = \frac{I_i + O_i}{L_i}$$

采用修正复合指标法划分人口迁移地域类型，同时考虑人口迁入和迁出两个过程，也兼顾了流动人口占比和流动人口规模两个方面。

第一步，根据净迁出系数、总迁移系数划分中国迁移人口的活跃类型：

（1）不活跃型。断点 α 取 1/9，总迁移系数 GR<1/9。

（2）平衡活跃型。总迁移系数 GR≥1/9，且净迁出系数满足-1/9<NR<1/9。

（3）净迁入活跃型。总迁移系数 GR≥1/9，且净迁出系数 NR≥1/9。

（4）净迁出活跃型。总迁移系数 GR≥1/9，且净迁出系数 NR≤-1/9。

第二步，根据迁移人口规模，把净迁入活跃型和净迁出活跃型分别划分为两个子类：

（1）大规模净迁入活跃型。α 取 1/9，β 取 50 万，总迁移系数 GR≥1/9，且净迁出系数 NR≥1/9，且迁入人口规模 I≥50 万。

（2）小规模净迁入活跃型。总迁移系数 GR≥1/9，且净迁出系数 NR≥1/9，且迁入人口规模 I<50 万。

（3）大规模净迁出活跃型。总迁移系数 GR≥1/9，且净迁出系数 NR≤-1/9，且迁出人口规模 O≥50 万。

（4）小规模净迁出活跃型。总迁移系数 GR≥1/9，且净迁出系数 NR≤-1/9，且迁出人口规模 O<50 万。

如图 5-44 所示，1982 年京津冀地区全境处于人口迁移不活跃状态；1990 年仅有邢台

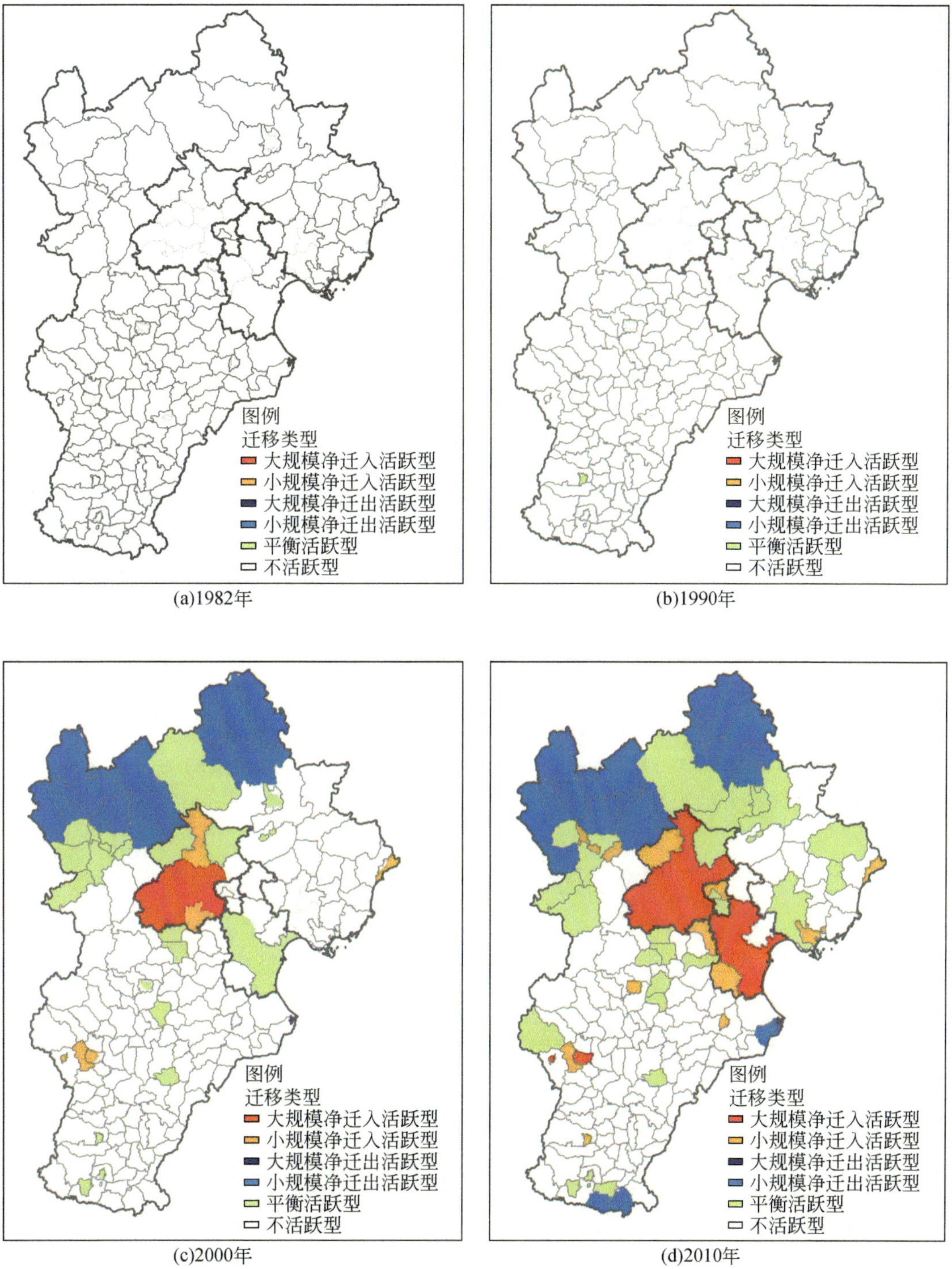

(a)1982年　(b)1990年

(c)2000年　(d)2010年

图 5-44　1982～2010 年京津冀地区人口迁移地域类型分布图

市发展成为平衡活跃型区；2000 年人口迁移地域类型的空间分化凸显，出现了北京这个大规模净迁入活跃型地区，以及怀柔、通州、石家庄、秦皇岛等小规模净迁入活跃型县市，同时平衡活跃型县市增加，在河北北部开始出现小规模净迁出活跃型县市；2010 年人口迁移地域类型进一步分化，出现了北京、天津、石家庄三个大规模净迁入活跃型地区，其他设区市驻地市辖区也多属于小规模净迁入活跃型，但是小规模净迁出活跃型县市增加有限，仅增加了海兴、魏县、大名等县市。总体来看，虽然拥有北京、天津、石家庄等大都市和人口强集聚中心，但是河北人口迁移并没有那么活跃，2010 年京津冀地区很多县市仍属于不活跃型。其中，雄安新区 1982 年、1990 年、2000 年持续属于人口迁移不活跃型区，2010 年开始，安新县转变为平衡活跃型，但总体来看，雄安新区人口迁移的活跃度不高，人口净迁出或净迁入的强度不大。

3. 务工经商是雄安新区吸引人口流入的主要原因

雄安新区的人口来源主要是省内流入人口。其中，容城县吸引的流入人口中有 46.33% 的人口迁移原因是务工经商，13.93% 的人口是为了学习培训，还有 11.39% 的人口是为了婚姻嫁娶，因为这三个原因迁移的人口占了全部流入人口的 71.65%；安新县是三县中流入人口最多的，其中务工经商的人口高达 73.76%，其次为随迁家属和学习培训，分别占 7.11% 和 6.30%。由此可见，务工经商是安新县人口迁入的主导成因；雄县的流入人口在三县中最少，有 38.70% 的外来人口是为了务工经商，23.74% 的外来人口属于随迁家属，还有 13.62% 的外来人口是为了婚姻嫁娶，这三类人口占雄县全部流入人口的 76.06%。汇总来看，雄安新区有 61.17% 的外来人口是为了务工经商，其次为随迁家属，占 10.27%，婚姻嫁娶和学习培训各占 7.63% 和 7.56%，而因为工作调动、投亲靠友、拆迁搬家和寄挂户口迁入的人口相对较少（图 5-45）。

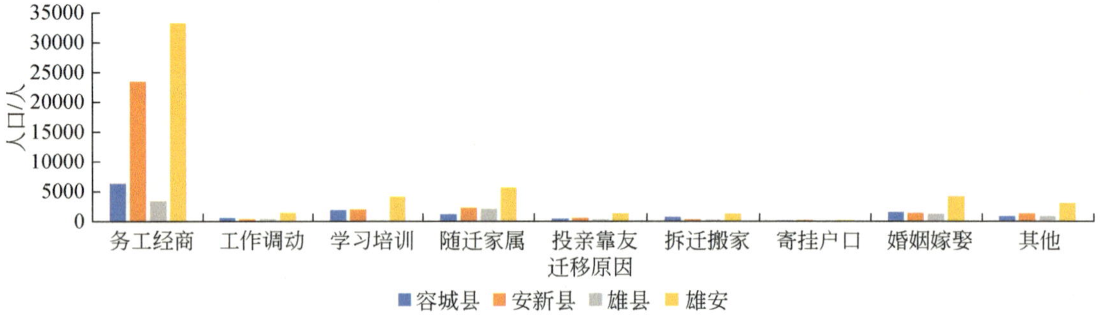

图 5-45　雄安新区按不同迁移原因的流入人口分布图

根据手机平台大数据，雄安新区近年来迁入人口以京津冀地区为主，除了保定外，北京、石家庄、天津也是重要的来源地（图 5-46）。

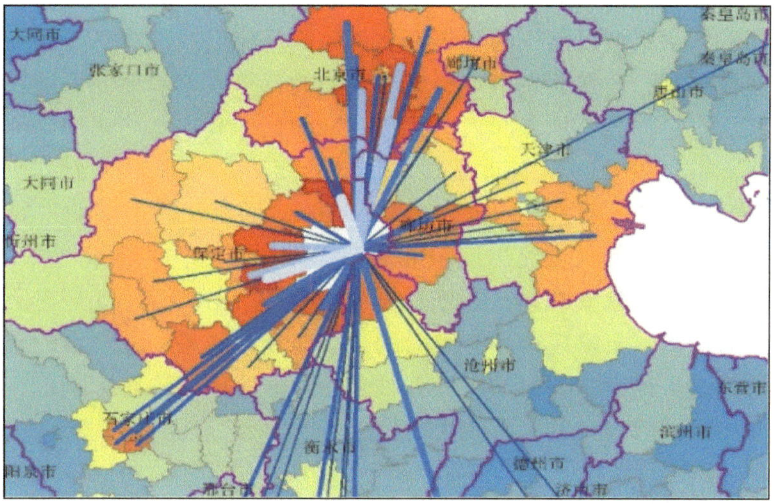

图 5-46　基于手机平台大数据的雄安新区迁入人口来源地分布

基于手机平台大数据，获取雄安新区内部人口经常性流动 OD 数据，通过社团发现工具，绘制雄安新区及周边地区社团图谱（图 5-47）。研究表明，容城县、雄县部分居民点属于高碑店社团，安新县内部的社团分化比较突出。

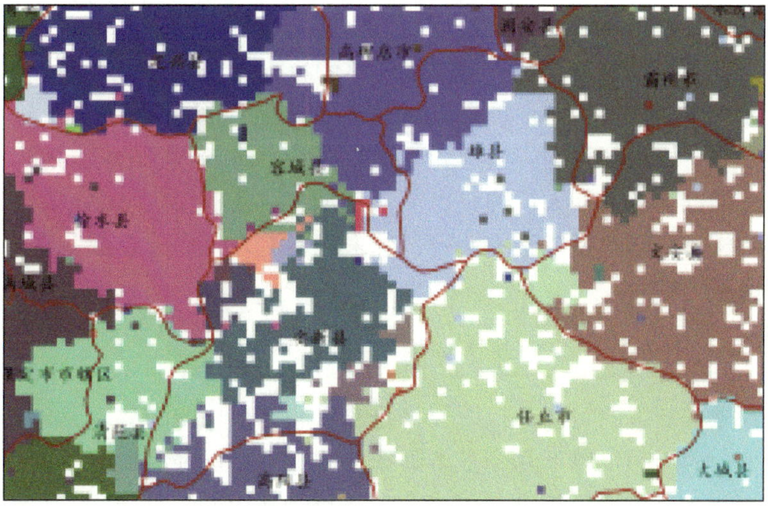

图 5-47　雄安新区及周边地区社团图谱

图中不同颜色代表不同的实际人流自组织形成的空间社团

近年来，北京市非首都功能疏散初见成效，根据 2015 年人口 1% 抽样资料，2010 ~ 2015 年北京市向河北省迁出 13. 03 万人，向天津市迁出 4. 6 万人，均明显高于 2005 ~ 2010 年的迁出量。但是，北京市人口与资源环境矛盾依然突出，雄安新区作为深入推进京津冀协同发展的一项重大决策部署，迎来吸纳北京市疏散人口的历史机遇，主要包括三部分人口：①政策引导的疏散人口，即非首都功能疏散的目标人口，如企业、高校、院所等机构的创新人才；②在北京市难以落户的青年人才，他们目前仍然很难享受到与北京市户籍人口一致的社会经济福利；③在北京市定居成本较高的青年人才，他们目前在北京市无房或者供房贷压力较大。京津冀三地之间人口迁移非常频繁。其中，北京市到河北省的人口迁移联系最为紧密。截至2015年，河北省在北京市的流动人口182.38万人，占河北省总流出人口的43.24%，占北京市总流入人口的23.73%。可见，北京市的主要人口来源地是河北省，同时河北省主要的人口流出地是北京市。雄安新区作为河北省新的人口集聚区，分散河北省到北京市的大规模流动人口潜力较大。根据2010年人口普查资料，在京津冀地区，北京市、天津市、石家庄市具有绝对的人口净迁入优势，北京市的辐射影响范围最大，天津市的辐射影响范围主要集中在沿海轴带，石家庄市的辐射影响范围主要集中在周边地区，河北省中部缺乏有力的人口集聚支撑点。

三、人口集聚建议

1. 根据不同发展阶段有序推进人口集聚

雄安新区主要包括三类人口：北京疏散人口、本地户籍人口、外来流入人口。借鉴国内外新城新区的建设经验，与雄安新区功能定位相匹配的人口集聚发展阶段包括：种子人口迁入阶段、人口融合发展阶段、人口反磁力集聚阶段。在种子人口迁入阶段，重点推进北京疏散人口向雄安新区转移集聚，将政策转移的目标人口转化为带动雄安新区生根发芽的种子人口；在人口融合发展阶段，重点推进北京疏散人口与本地户籍人口的社会融合，提升北京疏散人口对雄安新区的归属感和本地户籍人口对新移民的认同感；在人口反磁力集聚阶段，重点推进新区内外人口的自由流动，雄安新区不仅仅是北京疏散人口和本地户籍人口的二元结构体，同时还能够主动吸引外来人口流入，形成疏散北京、天津等城市人口过度集聚的反磁力中心。

2. 科学制定北京疏散人口的筛选方案

北京疏散到雄安新区的目标人口既要符合北京非首都功能的要求，也要符合雄安新区未来的功能定位，应当满足以下几个基本筛选条件：①对首都职能的依赖度低，不符合北京市“政治中心、文化中心、国际交往中心、科技创新中心”的发展定位；②创新创业能力突出，产业化潜力较大；③资源环境消耗度低。需要注意协调雄安新区创新驱动的功能定位与北京科技创新中心定位，建议北京侧重尖端研发，雄安新区侧重科技产业化。鼓励北京的高校院所、企业集团、中关村国家自主创新示范区等在雄安新区率先建立分部，包括科技孵化园区、科技产业园区、继续教育学院、技能培训中心等。

3. 积极促进新移民与本地户籍人口的市民化融合

雄安新区的第一批新移民是北京疏散人口，成熟发展后还将主动吸引其他地区外来流入的新移民，需要正确处理新移民与本地户籍人口的关系。①构建多层次的就业体系，既有吸引北京疏解人口和本地创新创业人才的高端高新产业，也有拓展本地就业机会和照顾随迁家属就业的社会服务业，积极展开职业技能培训；②制定分阶段的户籍政策，雄安新区建设初期全面放开北京疏散人口在雄安新区的落户要求，适当控制其他地区外来人口变更为雄安新区的户籍人口，初期建设完成后再逐步放开其他地区外来人口的落户；③全面推进人口市民化融合，新移民与本地户籍人口享受平等一致的子女教育、医疗保障和社会福利等政策。

第四节　现代产业体系构建的思考

当前，雄安新区的支柱产业是有色金属压延加工、纺织服装鞋帽、农产品加工等，尚处于工业化的初期阶段，与建立高端高新产业体系存在较大的产业梯度差。因此，重构雄安新区现代产业体系不可能一蹴而就，必须保持历史耐心，把握开发节奏，既不能急于求成，又不能半途而废。雄安新区主要依托北京非首都功能疏解，这与深圳经济特区依托于邻近香港的区位优势以及中国改革开放初期短缺市场经济条件下的“三来一补”和“前店后厂”的时代背景和发展模式有所不同，与浦东新区依托上海国际科技创新中心和长三角雄厚的腹地市场以及完善的加工配套体系也有所不同，应该充分认识雄安新区产业定位和规划建设的复杂性、艰巨性和局限性，既要承接北京非首都功能疏解，又要向全国和全球开放；既要打造全球科技创新高地，又要打造全球要素成本洼地。通过集聚全球智慧，提升政府服务和治理能力，补齐区域发展短板，提供支撑高端高新产业发展的科技供给。

一、产业现状

根据第三次全国经济普查数据（2013 年），收集整理了雄安新区 5839 个企业的相关数据并通过百度地图后台进行了空间化（图 5-48）。

该数据库包含了企业名称、行业类型、企业地址、营业收入等字段，根据行业类型字段，结合《国民经济行业分类与代码》（GB/4754—2013），将 5839 个企业进行行业 2 位码分类，分类结果如表 5-9 所示。

二、雄安新区与京津的产业联系

课题组成员基于 2017 年京津冀地区调查数据，对北京、天津与雄安新区的行业数据开展了一些调查工作，发现 2017 年雄安新区由于一些产业并未完整发展起来，与京津联系较弱。其中，北京流向雄安新区的产品所属的产业部门主要是交通运输设备制造业和食品加工制造业，两者加起来占 85% 以上；雄安新区流向北京的产品所属的产业部门主要是化学工业和造纸业，两者加起来占 85% 以上。天津流向雄安新区的产品所属的产业部门主要包括有色金属压延业、交通运输设备制造业和化学工业，三者加起来占 2/3 以上；雄安

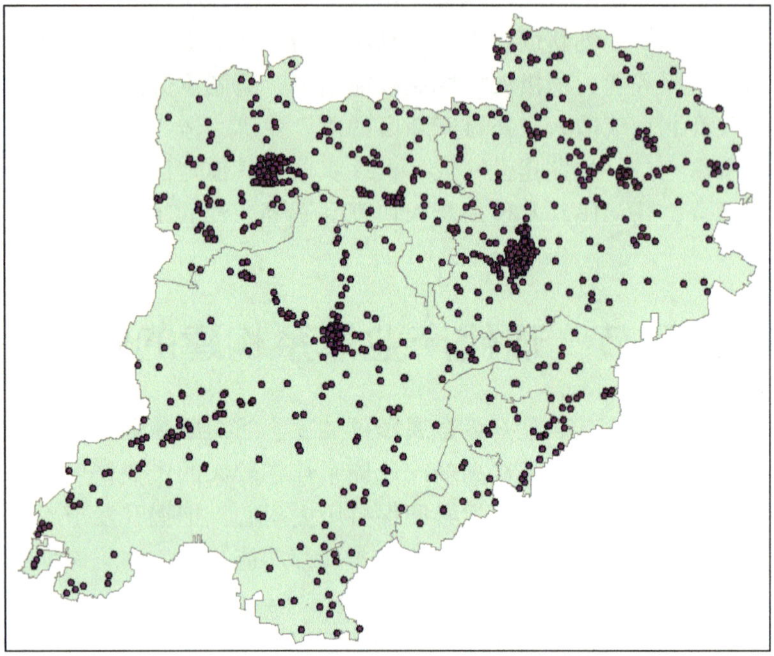

图 5-48　雄安新区企业分布图（2013 年）

新区流向天津的产品所属的产业部门主要是有色金属压延业、有色金属冶炼业和电气设备制造业，三者加起来占 2/3 以上。以上特征表明，北京和天津流向雄安新区的主要产品所属的产业部门均为自身的优势产业，而雄安新区流向北京和天津的主要产品所属的产业部门仍然结构偏重（化学工业、有色金属冶炼业、有色金属压延业、电气设备制造业）且具有较大污染性（造纸业），雄安新区的未来优势产业仍需要朝着轻型化、绿色化、高附加值化迈进。

表 5-9　雄安新区行业分类及企业数量（2013 年）

代码	行业	企业数量/个
01～05	农林牧渔业	217
06～12	采矿业	1
13～43	制造业	2642
44～46	电力、热力生产和供应业	18
47～50	建筑业	59
51～52	批发和零售业	922
53～60	交通运输、仓储和邮政业	65
61～62	住宿和餐饮业	39
63～65	信息传输、软件和信息技术服务业	7
66～69	金融业	24

续表

代码	行业	企业数量/个
70	房地产业	86
71 ~72	租赁和商务服务业	141
73 ~75	科学研究和技术服务业	73
76 ~78	水利、环境和公共设施管理业	23
79 ~81	居民服务、修理和其他服务业	33
82	教育	330
83 ~84	卫生和社会服务工作	72
85 ~89	文化、体育和娱乐业	88
90 ~95	公共管理、社会保障和社会组织	999
96	国际组织	0

京津冀地区与雄安新区规模以上企业产品贸易流与投入产出情况显示：北京销售到雄安新区的商品总额是北京从雄安新区购进的 12.3 倍，天津为 0.71 倍，表明雄安新区是北京的下游市场，而天津是雄安新区的上游市场（表 5-10）。

表 5-10　雄安新区初次销售到京津的产品比例以及雄安购进京津的产品比例（2017 年）

雄安新区初次销售到北京的产品占比/%		雄安新区购进北京的产品占比/%		雄安新区初次销售到天津的产品占比/%		雄安新区购进天津的产品占比/%	
农产品	0.00	煤炭开采和洗选产品	0.00	农产品	0.01	煤炭开采和洗选产品	0.00
蔬菜、水果、坚果和其他农副食品加工品	0.38	饲料加工品	0.08	林产品	0.06	开采辅助活动和其他采矿产品	2.79
调味品、发酵制品	0.62	方便食品	0.16	畜牧产品	0.13	饲料加工品	0.13
其他食品	0.13	调味品、发酵制品	0.09	谷物磨制品	0.12	蔬菜、水果、坚果和其他农副食品加工品	0.02
棉、化纤纺织及印染精加工品	0.01	其他食品	0.06	植物油加工品	0.06	方便食品	0.01
纺织制成品	0.67	饮料	5.11	屠宰及肉类加工品	0.10	其他食品	0.05
皮革、毛皮、羽毛及其制品	0.04	家具	0.84	蔬菜、水果、坚果和其他农副食品加工品	0.09	饮料	0.09
造纸和纸制品	36.94	印刷和记录媒介复制品	0.01	乳制品	0.10	木材加工和木、竹、藤、棕、草制品	0.84

续表

雄安新区初次销售到北京的产品占比/%		雄安新区购进北京的产品占比/%		雄安新区初次销售到天津的产品占比/%		雄安新区购进天津的产品占比/%	
印刷和记录媒介复制品	0.64	文教、体育和娱乐用品	0.13	调味品、发酵制品	1.74	造纸和纸制品	3.78
文教、体育和娱乐用品	0.36	精炼石油和核燃料加工品	2.77	其他食品	0.15	工艺美术品	0.03
合成材料	1.96	基础化学原料	0.99	棉、化纤纺织及印染精加工品	0.10	合成材料	3.62
化学纤维制品	0.36	合成材料	1.82	麻、丝绢纺织及加工品	0.02	专用化学产品和炸药、火工、焰火产品	16.09
橡胶制品	1.12	专用化学产品和炸药、火工、焰火产品	0.06	纺织制成品	0.02	医药制品	3.63
塑料制品	52.10	医药制品	0.42	皮革、毛皮、羽毛及其制品	0.39	塑料制品	1.71
钢压延产品	0.06	塑料制品	0.30	造纸和纸制品	0.85	有色金属压延加工品	38.43
有色金属压延加工品	2.76	水泥、石灰和石膏	3.87	印刷和记录媒介复制品	0.01	金属制品	1.02
金属制品	1.46	耐火材料制品	0.33	精炼石油和核燃料加工品	0.02	其他专用设备	0.03
泵、阀门、压缩机及类似机械	0.02	金属制品	0.68	基础化学原料	0.17	汽车零部件及配件	18.84
其他通用设备	0.13	泵、阀门、压缩机及类似机械	0.04	涂料、油墨、颜料及类似产品	0.04	电线、电缆、光缆及电工器材	8.65
其他电气机械和器材	0.01	采矿、冶金、建筑专用设备	0.03	合成材料	1.12	计算机	0.23
通信设备	0.10	其他专用设备	0.05	专用化学产品和炸药、火工、焰火产品	0.08	仪器仪表	0.01
电子元器件	0.13	汽车整车	81.09	医药制品	0.17		
		汽车零部件及配件	0.19	橡胶制品	0.07		
		电机	0.20	塑料制品	2.07		
		废弃资源和废旧材料回收加工品	0.68	玻璃和玻璃制品	0.03		
				石墨及其他非金属矿物制品	0.01		
				有色金属及其合金	27.24		

续表

雄安新区初次销售到北京的产品占比/%		雄安新区购进北京的产品占比/%		雄安新区初次销售到天津的产品占比/%		雄安新区购进天津的产品占比/%	
				有色金属压延加工品	47.34		
				金属制品	2.39		
				锅炉及原动设备	0.02		
				泵、阀门、压缩机及类似机械	0.04		
				铁路运输和城市轨道交通设备	0.02		
				电线、电缆、光缆及电工器材	15.16		
				计算机	0.06		

三、存在的问题

根据《河北雄安新区规划纲要》，雄安新区应通过承接符合新区定位的北京非首都功能疏解，积极吸纳和集聚创新要素资源，高起点布局高端高新产业，重点承接软件和信息服务、设计、创意、咨询等高端服务业，以及新一代信息技术、生物医药和生命健康、节能环保、高端新材料等高技术产业。然而，这一产业定位与疏解北京非首都功能之间存在两个错位。

一是雄安新区承接产业目录中列出的产业门类与北京市确定的非首都功能疏解对象之间存在错位。根据北京市发展和改革委员会的解读，非首都功能主要包括一般性制造业、区域性物流基地和批发市场、部分教育医疗等公共服务功能，以及部分行政性和事业性机构，而承接产业目录中列出的新一代信息技术产业、现代生命科学和生物技术产业、金融服务等高端现代服务业等并不属于非首都功能，恰恰是北京鼓励发展、体现北京核心功能的优势产业门类。

二是疏解非首都功能与解决北京“大城市病”之间存在错位。北京人口和经济过度集聚是由核心功能带来的，根据计算，1978~2016年北京第一、第二产业从业人员年末人数减少61.2万人，但第三产业从业人员年末人数增加837.2万人，2001~2016年第三产业贡献率达到82.4%。因此，除了疏解一般性制造业、医疗、教育、行政事业等单位外，有序疏解北京核心功能才是解决北京“大城市病”的根本。

四、对策建议

理论研究和国内外的实证分析均表明，随着交通和通信成本的大幅度下降，越来越多的企业开始将价值链中不同类型的功能区块分割开来，并分散布局在具有不同比较优势的城市。价值链的生产分割正在深刻改变着城市分工的空间格局，建立在价值链分工基础上的城市功能专业化正在成为新时期城市体系经济景观的重要特征。根据中国上市公司500强的企业网络和16611个功能区块的研究，公司总部、商务服务、研发设计等产业链高端环节向800万以上人口的特大城市集聚，传统制造、物流仓储、批发零售等产业链中低端环节向中、小城市集聚（表5-11），这主要是受到市场潜力、关键资源、区位条件、营商环境等因素影响。根据中心地理论，人口规模或密度反映了中心地（城市）等级。等级越高，人口规模越大，功能越复合，辐射范围越广。

表5-11　功能区块数量和区位商在不同城市规模分组的统计特征

人口规模/万人	公司总部	商务服务	研究开发	传统制造	现代制造	物流仓储	批发零售
组内功能区块总数/个							
>800	241	1709	553	370	354	205	982
500～800	62	712	298	314	312	88	646
300～500	86	1872	427	484	402	134	731
80～300	90	974	246	1159	523	165	857
<80	21	377	67	665	160	56	269
组内区位商均值							
>800	10.830	2.298	2.100	1.000	1.420	2.245	1.889
500～800	1.124	1.212	1.772	1.000	1.736	1.621	1.927
300～500	0.843	1.234	1.156	1.000	1.340	0.903	1.161
80～300	0.400	0.485	0.408	1.000	0.899	0.658	0.652
<80	0.194	0.397	0.176	1.000	0.490	0.501	0.559

注：城市人口规模为2016年城市市辖区年末平均人口。

资料来源：2017年《中国城市统计年鉴》。

因此，围绕《河北雄安新区规划纲要》的产业定位、人口规模和城市功能演化规律，我们建议：

（1）综合考虑新型冠状病毒感染发生后逆全球化影响、制造业回流美国和转移到东南亚、新一轮科技革命和产业变革深入发展等新的不确定不稳定因素，补充开展雄安新区产业专题研究，根据城市人口规模合理确定产业定位、分阶段目标和实施路线图，“十四五”时期应率先从先进制造、物流仓储、批发零售等中低端产业做起，逐步提升产业规模和层次，保持历史耐心，把握开发节奏。

（2）完善科技、政策、人才等关键要素的制度创新，优化营商环境，促进人才、信息、技术等高端生产要素集聚，逐步提高城市承担高等级和多样化城市功能的能力。

（3）统筹与北京、天津、河北及其他地市的产业分工与合作，突出有限目标，在设计、创意、咨询，以及信息技术、生物医药、节能环保、新材料等个别行业、细分市场、关键环节打造高端高新产业链条，构建错位发展的区域产业链。

（4）与正在开展的五级三类国土空间规划相衔接，统筹划定产业增长边界，建立分区管控与产业准入清单相结合的空间管控体系，提高产业发展水平。同时，引导产业向产业增长核心区集聚，避免遍地开花［新增注册企业主要集聚在三县（雄安县、安新县、容城县）城关镇］，提高土地利用效率和产业竞争力。

（5）建立价格传导机制，通过土地出让价格引导产业合理布局，逐步形成中心城区以现代服务业为主，中心镇以先进制造业为主，乡村以农业、特色手工业、旅游休闲产业为主的分工格局。

第六章 一般性制造业疏解与北京再工业化路径

北京是中国制造业的主要集聚区域，在汽车、电子信息、装备制造、生物医药等行业具有显著优势，其产业发展对于区域、国家都具有重要意义。为推动京津冀协同发展，北京实行非首都功能疏解，而制造业是疏解的重要对象之一。本章利用 DO 指数等方法定量识别疏解工作实施前北京制造业的集聚形态及其变化，研究发现在疏解战略实施前，北京制造业出现了平均集聚范围扩大的趋势，从 2004 年 18. 0km 增加至 2013 年 23. 7km，说明有向外转移的趋势。在此基础上，梳理了北京制造业疏解的现状和问题，通过借鉴国外大城市再工业化的经验，提出北京再工业化的产业方向。

第一节 疏解前北京制造业集聚形态与演化

产业集聚是经济活动最突出的地理特征之一，它是由一群具有分工性质的企业为了完成某种产品的生产而组成的群体。19 世纪末 20 世纪初，马歇尔就开始关注产业集聚这一经济现象，并提出了产业区和外部经济的概念，将其形成机制概括为中间投入共享、劳动力蓄水池和知识技术溢出。尽管大量学者已经详细阐述了产业集聚的巨大优势，但近年来集聚引发的不经济，如公共成本增加等也逐渐受到重视。产业发展不是一味集聚要素，需要根据地区和时间进行动态调整。因而北京制造业集聚形态变化研究有利于制定符合当时当地经济发展规律的疏解对策。

一、数据与方法

1. 数据来源与处理

企业微观数据来源于全国三次经济普查，2004 年、2008 年和 2013 年北京市制造业企业数量分别为 2. 4 万家、2. 9 万家和 3. 3 万家。其中，金属制品业、非金属矿物制品业、化学原料和化学制品制造业、通用设备制造业、专用设备制造业、纺织服装服饰业企业数量居多，2013 年上述六大行业的企业数量占比达 48%。该数据包含企业地址、所属行业、组织机构代码、营业收入和从业人员等信息（图 6-1）。

数据预处理有三步：

第一步，根据企业组织机构代码清洗数据，删除代码重复和缺失的企业。组织机构代码作为国家颁发给依法注册和登记的企事业单位的唯一、不变的代码标识，能够有效区分

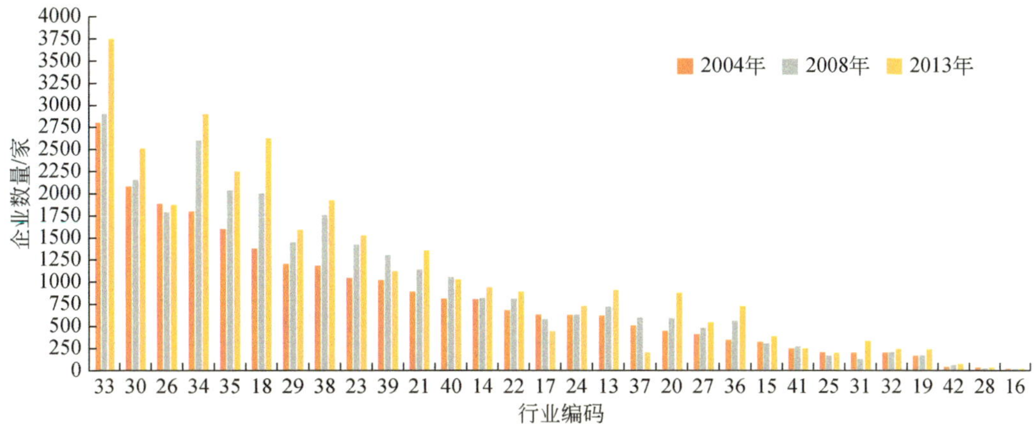

图 6-1 各年各行业北京市制造业企业数量

行业编码与名称对应如下，金属制品业（33），非金属矿物制品业（30），化学原料和化学制品制造业（26），通用设备制造业（34），专用设备制造业（35），纺织服装服饰业（18），橡胶塑料制品业（29），电气机械和器材制造业（38），印刷和记录媒介复制业（23），计算机、通信和其他电子设备制造业（39），家具制造业（21），仪器仪表制造业（40），食品制造业（14），造纸和纸制品业（22），纺织业（17），文教工美体育娱乐用品制造业（24），农副食品加工业（13），铁路、船舶、航空航天和其他运输设备制造业（37），木材加工业（20），医药制造业（27），汽车制造业（36），饮料制品业（15），其他制造业（41），石油炼焦和核燃料加工业（25），黑色金属冶炼和压延加工业（31），有色金属冶炼和压延加工业（32），皮革、毛皮、羽毛及其制品和制鞋业（19），废弃资源综合利用业（42），化学纤维制造业（28），烟草制品业（16）

企业。

第二步，利用百度地图开放平台（http://lbsyun. baidu. com/）提供的地理编码和地点检索服务，获取企业的经纬度坐标。地理编码的准确性依赖于给定地址的规范程度和详细程度，对于准确性过低的地址通过地点检索服务获取坐标。地点检索能够较好地处理规范性差的地址，但也有小概率出现较大偏误。因此，获取坐标以地理编码为主，地点检索为辅。一般而言，乡村企业能精确到村庄，城市企业能精确到街道号牌。

第三步，利用 ArcGIS 软件实现经纬度坐标的可视化，并根据城市行政边界再次筛选，删除在区域之外的企业点。

经过上述预处理，误差范围大于 5km 的企业点控制在 5% 以下，从而保证后续分析的准确性。

2004 ~ 2013 年《国民经济行业分类》从 2002 版本调整为 2011 版本，因而经济普查数据存在行业分类差异。为了保证结果可比，本节统一采用 2011 版本，即《国民经济行业分类》（GB/T 4574—2011）。因为研究行业精度为大类代码（由两位数字标识），故转换主要针对三位数字及以上精度的行业，具体转换见表 6-1。

另外，烟草制造业由于企业数量过少，予以剔除处理。因而，本节制造业二位数行业共有 29 个。

表 6-1　2002 年和 2011 年《国民经济行业分类》标准统一结果

转换方式	GB/T 4574—2002	GB/T 4574—2011
行业合并与拆分	橡胶制品业（29）	橡胶和塑料制品业（29）
	塑料制品业（30）	
	交通运输设备制造业（36）	汽车制造业（36）
		铁路、船舶、航空航天和其他运输设备制造业（37）
内部调整	工艺品制造（421）	工艺美术品制造（243）
	文化、办公用机械制造业（415）	文化、办公用机械制造业（347）
剔除	—	金属制品、机械和设备修理业（43）
	烟草制造业（16）	烟草制造业（16）

注：括号内数字为行业对应标准分类码，两位数字为大类代码，三位数字为中类顺序码，下同。

2. 研究方法

本节主要使用 DO 指数和核密度估计方法。DO 指数用于测度产业集聚，是一种连续空间下的距离指数法，侧重描述集聚的空间范围。该方法的优势在于控制产业分布的影响，能够比较多个尺度的产业集聚，并且给出显著性检验结果。核密度估计方法用于描述产业集聚的空间位置，直观清晰。

1）DO 指数

DO 指数模型核心思想是比较某一行业中企业双边距离分布与随机抽样下的企业样本双边距离的差异，从而判断企业分布是呈现集聚形态还是分散形态。该方法主要有三个计算步骤：

第一步，构建核密度估计函数，计算现实情况下的企业空间分布曲线。行业 A 共有 n 家企业，任意企业 i 与企业 j 的欧氏距离为 d_{ij}，采用高斯核函数 f 计算密度，带宽 h 设置参考 Silverman（1986）的研究方法。核密度估计函数公式为

$$\hat{K}_A(d) = \frac{1}{n(n-1)h}\sum_{i=1}^{n-1}\sum_{j=i+1}^{n} f\left(\frac{d-d_{ij}}{h}\right) \tag{6.1}$$

第二步，通过随机抽样技术实现企业随机分布的情形模拟。受自然条件和土地利用的影响，企业在空间上并非完全随机，本书需要控制因制造业影响所产生的区位选择。因此，将所有企业位置构成一个集合，每一次模拟随机抽取相同数量的企业点，并按照第一步计算模拟的现实情况下的企业空间分布曲线，重复该过程 500 次。

第三步，构建全局置信区间，计算集聚指数。全局置信区间是多个距离上局部极值的联合估计。具体而言，将任意距离 500 次模拟结果的 5% 和 95% 分位数上的数值作为局部置信区间的上限和下限，全局置信区间基于多个距离上局部极值的插值获得，置信水平控制为 95%。由于所有距离上的核密度值总和为 1，如果行业 A 在短距离集聚，在长距离则会表现为分散。因此，只需要考虑行业短距离的空间分布状态。短距离的界定将显著影响空间分布特征的识别，本节采用研究区域直径的 1/4（52km）作为最大边界。

假设全局置信区间的上、下限分别为 $\widetilde{K}_A(d)$ 和 $\underset{\sim}{K}_A(d)$，若行业 A 在 $d \in [0, 52]$ 存

在 $\hat{K}_A(d)>\widetilde{K}_A(d)$，则认为行业 A 在 95% 置信水平呈现集聚特征；若行业 A 在 $d\in[0, 52]$ 不存在 $\hat{K}_A(d)>\widetilde{K}_A(d)$，但存在 $\hat{K}_A(d)<\underset{\sim}{K}(d)$，则认为行业 A 呈现分散特征；其他情况，认为行业 A 呈现随机分布。

全局集聚指数 $\Gamma_A(d)$ 和分散指数 $\Psi_A(d)$ 的计算公式分别为

$$\Gamma_A(d) \equiv \max(\hat{K}_A(d) - \widetilde{K}_A(d), 0) \tag{6.2}$$

$$\Psi_A(d) \equiv \begin{cases} \max(\underset{\sim}{K}_A(d) - \hat{K}_A(d), 0), & \sum_{d=0}^{52}\Gamma_A(d) = 0 \\ 0 & ,\text{其他} \end{cases} \tag{6.3}$$

在上述 DO 指数的基础上，为了比较不同行业空间集聚强度的差异，每一行业分别累加所有距离上的指数［即 $\Gamma_A = \sum_{d=0}^{52}\Gamma_A(d)$ 或 $\Psi_A = \sum_{d=0}^{52}\Psi_A(d)$］，用于表征 0~52km 上的集聚/分散强度。为了比较不同空间尺度的指数差异，每一观测距离分别累加所有行业的指数［即 $\Gamma(d_k) = \sum \Gamma_A(d_k)$ 或 $\Psi(d_k) = \sum \Psi_A(d_k)$］，用于表征各空间尺度下制造业的集聚/分散指数。

本书运用 R 语言 dbmss 程序包计算 DO 指数，相关命令将全局距离均分为 512 份，返回每一份距离上的核密度值。为简化计算，本节基于 512 个离散距离上的结果开展研究。

2）核密度估计

核密度估计方法是空间分析中具有代表性的一种非参数估计方法，通过计算要素在领域中的密度实现空间上的平滑，得到要素的空间分布状况，进而识别要素的集聚区域。以企业作为数据点，利用核密度方法计算空间集聚密度，考察北京市制造业的空间布局。参考 Silverma（1986）设定的四次核函数，假设待估点 p 处密度为 $\lambda_h(p)$，则估计值 $\hat{\lambda}_h(p)$ 的函数形式为

$$\hat{\lambda}_h(p) = \frac{1}{h^2}\sum_{i=1}^{n}\left[\frac{3}{\pi}w_i\left(1 - \frac{(p-p_i)^2}{h^2}\right)^2\right] \tag{6.4}$$

式中，p_i 为落在以 p 点为圆心，h 为半径的圆形区域内的第 i 个制造业企业的位置；n 为圆形区域内点的总数；w_i 为每个点的权重值，本节均设为 1。

二、研究结果

本节从强度、范围、空间分布三个层面解析北京市制造业的集聚特征，比较 2004 年、2008 年、2013 年三个时间节点上的情形，探讨北京市制造业集聚的演化特征。

1. 总体演化特征

根据 DO 指数模型，表 6-2 展示了 2004 年、2008 年、2013 年北京市制造业在 0~52km 范围内呈现集聚、分散、随机分布的行业数量和占比（95% 置信水平）。

表 6-2　2004 年、2008 年、2013 年北京市制造业行业中集聚、分散、随机分布的数量和占比

年份	集聚		分散		随机	
	数量	占比/%	数量	占比/%	数量	占比/%
2004	19	65.5	2	6.9	8	27.6
2008	20	69.0	5	17.2	4	13.8
2013	15	51.7	11	37.9	3	10.3

在 29 个二位数制造业行业中，约有 62% 的行业呈现集聚，21% 的行业呈现分散，17% 的行业既不集聚也不分散（随机）。2004 ~ 2013 年，集聚行业数量在减少，分散行业数量在增加，随机行业数量在减少。特别是 2013 年，集聚行业占比仅为 51.7%，而分散行业占比高达 37.9%，制造业分布从集聚向分散转变的趋势明显。具体来看，农副食品加工、造纸和纸制品业、化学原料和化学制品制造业、橡胶和塑料制品业、非金属矿物制品业、汽车制造业从集聚转变为分散，木材加工业、黑色金属加工业从随机转变为集聚。

相比其他研究结果，2013 年北京市制造业集聚比例与英国（52%）（Duranton and Overman，2005）、加拿大（52%）（Behrens and Bougna，2015）、日本（50%）（Nakajima et al.，2012）接近，低于德国（71%）（Koh and Riedel，2014）和陈柯等（2018）和 Brakman 等（2017）对中国的研究结果，分别为 63.7% 和 77%，而高于袁海红等（2014）对北京的研究结果（40%）。造成上述差异的原因可能是判定行业空间分布形态的门槛值选取不同，门槛值设定越高，行业越倾向于集聚。比如，袁海红等（2014）设定的门槛值为 35km，而本节设定的门槛值为 52km。

制造业集聚与分散在不同距离上有差异。在 0 ~ 52km 上北京市制造业集聚行业数量变化呈 U 形，而分散行业数量变化呈倒 U 形（图 6-2）。

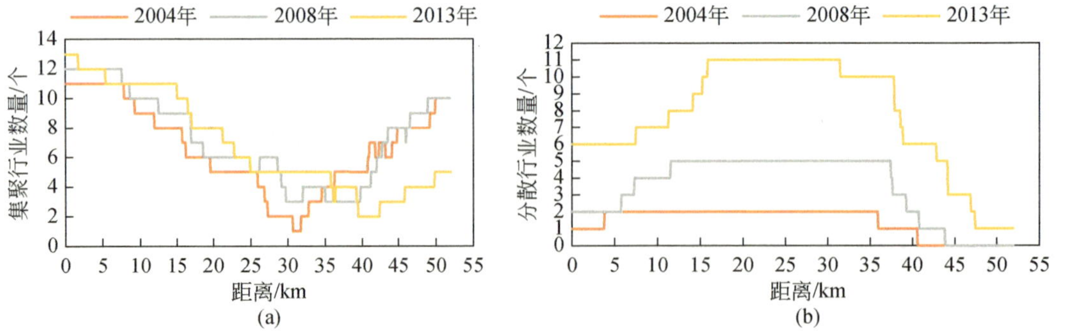

图 6-2　2004 年、2008 年、2013 年北京市制造业不同距离上具有集聚（a）/分散（b）特征行业数量

U 形曲线的前半段（0 ~ 30km）表明产业集聚效益与企业联系随着距离的增加而迅速衰减，U 形曲线的后半段（30 ~ 52km）表明存在多个集聚中心，若干集聚中心的存在可能表明有更广泛的产业联系。2004 ~ 2013 年，U 形曲线的前半段（0 ~ 30km）集聚行业数量增多，而后半段（30 ~ 52km）集聚行业数量减少，表明随着制造业集聚范围的扩大，多个集聚中心之间的联系在增强，相互的边界变得模糊。

2. 各行业集聚强度的演化特征

集聚强度反映了制造业对于集聚优势的依赖程度，不同行业的集聚强度差异较大。以2013年为例，计算机、通信和其他电子设备制造业，仪器仪表制造业，纺织服装服饰业，印刷和记录媒介复制业，铁路、船舶、航空航天和其他运输设备制造业的集聚强度较高，而饮料制造业、非金属矿物制品业、农副食品加工业、橡胶和塑料制品业的分散强度较高（表6-3）。

表6-3　2013年北京市制造业各行业全局集聚/分散强度

集聚级别	全局集聚行业	Γ
高集聚强度	计算机、通信和其他电子设备制造业（39）	2.013
	仪器仪表制造业（40）	1.931
	纺织服装服饰业（18）	1.425
中集聚强度	印刷和记录媒介复制业（23）	0.759
	铁路、船舶、航空航天和其他运输设备制造业（37）	0.702
	家具制造业（21）	0.666
	专用设备制造业（35）	0.499
	木材加工业（20）	0.465
	石油炼焦和核燃料加工业（25）	0.403
	皮革、毛皮、羽毛及其制品和制鞋业（19）	0.375
低集聚强度	黑色金属冶炼和压延加工业（31）	0.075
	金属制品业（33）	0.069
	有色金属冶炼和压延加工业（32）	0.039
	电气机械和器材制造业（38）	0.032
	医药制品业（27）	0.023
分散级别	全局分散行业	Ψ
高分散强度	饮料制造业（15）	1.185
	非金属矿物制品业（30）	0.645
	农副食品加工业（13）	0.624
	橡胶和塑料制品业（29）	0.598
中分散强度	其他制造业（41）	0.470
	化学原料和化学制品制造业（26）	0.259
	造纸和纸制品业（22）	0.171
	汽车制造业（36）	0.166
低分散强度	食品制造业（14）	0.080
	纺织业（17）	0.046
	通用设备制造业（34）	0.031

其中，技术密集型和劳动密集型制造业一般具有较高的集聚水平，而自然资源依赖型和与食品相关的行业倾向于分散。这四种类型的典型行业的空间分布形态也支撑上述观点（图 6-3）。

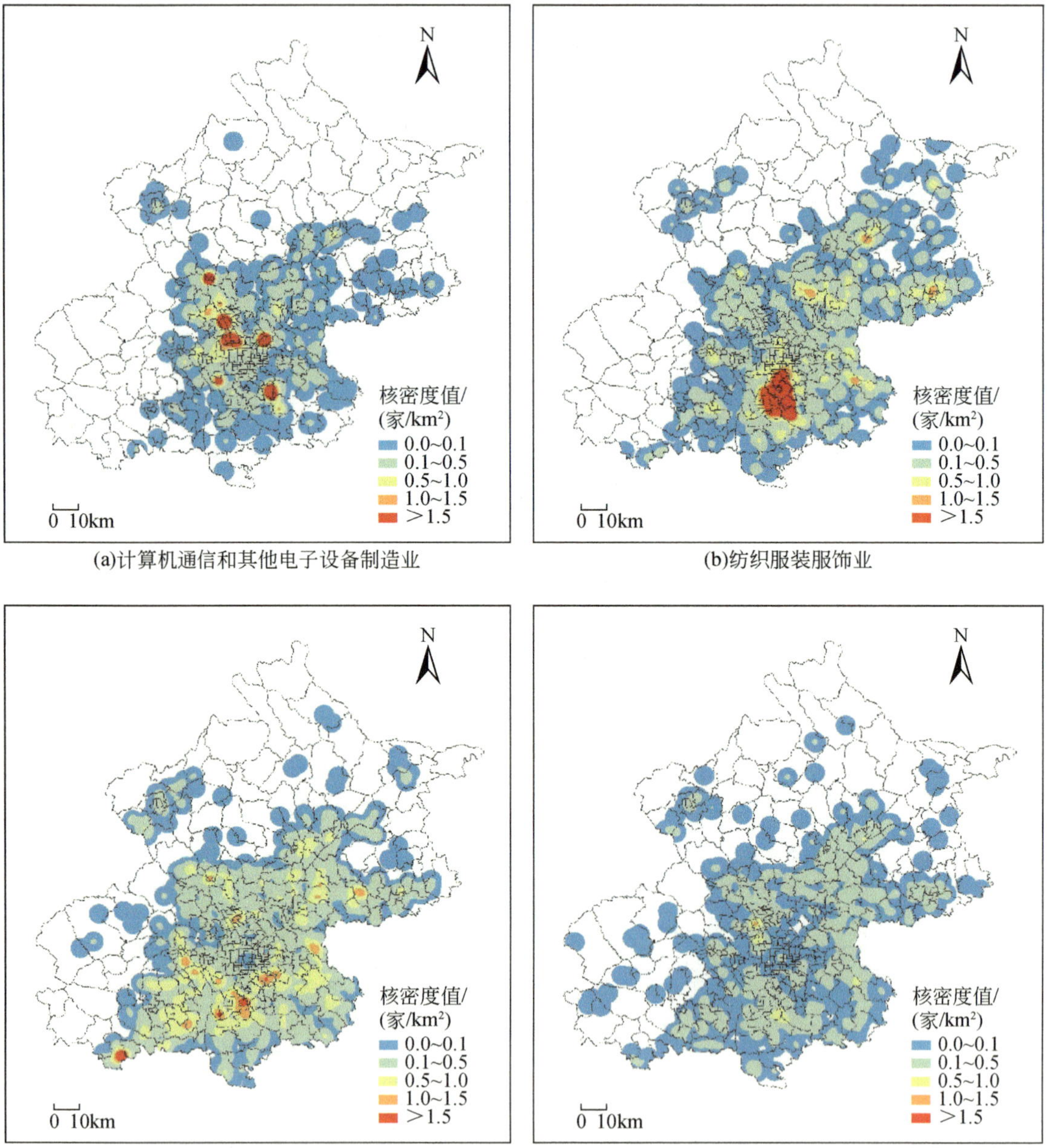

(a)计算机通信和其他电子设备制造业

(b)纺织服装服饰业

(c)非金属矿物制品业

(d)农副食品加工业

图 6-3　2013 年北京市四种类型（技术密集型、劳动密集型、自然资源依赖型、与食品相关）典型行业的空间分布图

根据马歇尔的外部性理论，产业集聚有利于企业之间共享丰富的劳动力市场、中间商品以及技术知识，这对于技术密集型和劳动密集型的制造业至关重要。后两种类型的产业

受资源和市场的影响更明显，分散的自然资源以及众多的大小市场容易使其空间分布倾向于分散。

从演化角度看，2004～2013 年北京市制造业集聚强度在下降，这不仅体现在上文提到的 6 大行业（农副食品加工、造纸和纸制品业、化学原料和化学制品制造业、橡胶和塑料制品业、非金属矿物制品业、汽车制造业）从集聚转变为分散，还体现在大部分行业集聚强度均减小。比如，计算机、通信和其他电子设备制造业集聚强度从 2.998 减小为 2.013，仪器仪表制造业从 2.876 减小为 1.931，专用设备制造业从 1.213 减少为 0.499。如果将 29 个行业集聚强度平均（分散或随机行业集聚强度设为 0），则 2004 年、2008 年、2013 年的平均集聚强度分别为 0.391、0.413、0.327。2004～2013 年集聚强度下降约 16.4%，尽管 2004～2008 年集聚强度上升了 5.6%，但 2008～2013 年下降了 20.8%。另外，也有少部分行业集聚强度提升，如印刷和记录媒介复制业，铁路、船舶、航空航天和其他运输设备制造业，纺织服装服饰业，石油炼焦和核燃料加工业（表 6-4）。

表 6-4　2004 年、2008 年、2013 年集聚强度变化

2004 年		2008 年		2013 年	
全局集聚行业	Γ	全局集聚行业	Γ	全局集聚行业	Γ
计算机、通信和其他电子设备制造业（39）	2.998	计算机、通信和其他电子设备制造业（39）	2.847	计算机、通信和其他电子设备制造业（39）	2.013
仪器仪表制造业（40）	2.876	仪器仪表制造业（40）	2.389	仪器仪表制造业（40）	1.931
专用设备制造业（35）	1.213	皮革毛皮羽毛及其制品和制鞋业（19）	1.721	纺织服装服饰业（18）	1.425
纺织服装服饰业（18）	1.109	纺织服装服饰业（18）	1.542	印刷和记录媒介复制业（23）	0.759
家具制造业（21）	0.655	家具制造业（21）	0.697	铁路、船舶、航空航天和其他运输设备制造业（37）	0.702
电气机械和器材制造业（38）	0.576	专用设备制造业（35）	0.609	家具制造业（21）	0.666
皮革、毛皮、羽毛及其制品和制鞋业（19）	0.569	石油炼焦和核燃料加工业（25）	0.493	专用设备制造业（35）	0.499
医药制品业（27）	0.368	印刷和记录媒介复制业（23）	0.377	木材加工业（20）	0.465
石油炼焦和核燃料加工业（25）	0.250	木材加工业（20）	0.319	石油炼焦和核燃料加工业（25）	0.403
化学原料和化学制品（26）	0.120	金属制品业（33）	0.147	皮革、毛皮、羽毛及其制品和制鞋业（19）	0.375
非金属矿物制品业（30）	0.103	黑色金属冶炼和压延加工业（31）	0.134	黑色金属冶炼和压延加工业（31）	0.075
金属制品业（33）	0.098	医药制品业（27）	0.115	金属制品业（33）	0.069
造纸和纸制品业（22）	0.070	电气机械和器材制造业（38）	0.114	有色金属冶炼和压延加工业（32）	0.039
印刷和记录媒介复制业（23）	0.061	汽车制造业（36）	0.113	电气机械和器材制造业（38）	0.032
橡胶和塑料制品业（29）	0.056	非金属矿物制品业（30）	0.085	医药制品业（27）	0.023

续表

2004 年		2008 年		2013 年	
有色金属冶炼和压延加工业（32）	0.053	化学原料和化学制品制造业（26）	0.077		
汽车制造业（36）	0.053	农副食品加工业（13）	0.071		
铁路、船舶、航空航天和其他运输设备制造业（37）	0.051	橡胶和塑料制品业（29）	0.054		
农副食品加工业（13）	0.047	铁路、船舶、航空航天和其他运输设备制造业（37）	0.050		
		有色金属冶炼和压延加工业（32）	0.033		

与行业数量变化相类似，制造业集聚/分散强度在不同距离上也有差异。集聚强度随距离增加呈现衰减趋势，而分散强度呈倒 U 形曲线（图 6-4）。

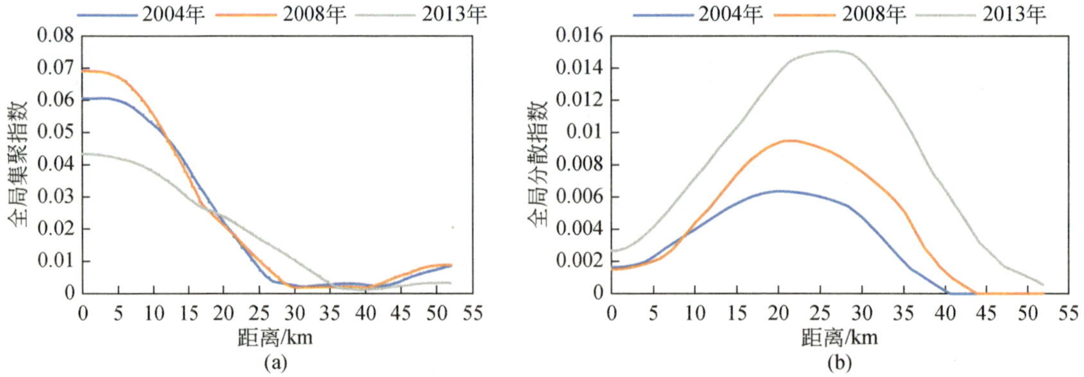

图 6-4　2004 年、2008 年、2013 年北京市制造业不同距离上全局集聚指数 Γ（a）/全局分散指数 Ψ（b）

0～30km 制造业集聚强度迅速衰减，该范围可能是北京市制造业发挥集聚经济的最大范围，30～52km 集聚强度保持在较低水平。分散强度约在 25km 取得最大值。同时，与 2013 年相比，2004 和 2008 年集聚强度随距离衰减速度明显放缓，不同距离上的集聚强度差异缩小。这些都暗示着北京市制造业正在从中心区向边缘区蔓延，产业集聚范围逐渐扩大。

3. 各行业集聚范围演化特征

集聚范围作为经济活动在空间上能够产生相互作用的区间，是产业性质在空间上的映射，其边界与大小是产业集聚区别于随机分布的关键参数，对产业布局有重要意义。集聚指数极大值发生的空间尺度是另一个重要指标，能够反映产业集聚的最适宜空间尺度。不同制造业行业一般都具有各自的集聚范围和适宜的空间尺度。

整体来看，2004～2013 年北京市制造业集聚范围在增大，从 2004 年 18.0km 增加至

2013 年 23.7km，也就是说制造业有向外蔓延的趋势，这与前面的结论一致。但集聚指数极大值的空间尺度从 2004 年 25.1km 减小至 2013 年 16.7km，即产业集聚最适宜的空间尺度在缩小，企业在更短的距离产生更强的联系，这可能表明北京市制造业分布呈精细化和专业化趋势。

具体来看，多数行业在 0～30km 范围内发生集聚，少部分自然资源依赖强或与食品相关的行业集聚范围在 40～52km，它们一般集聚范围较小，并且集聚强度较低（表 6-5）。

表 6-5　2004 年、2008 年、2013 年北京市制造业集聚范围与集聚指数极大值发生的空间尺度

集聚行业	集聚范围/km	集聚范围大小/km	集聚指数极大值发生的空间尺度/km
2013 年			
纺织服装服饰业（18）**	0.0～17.0	17.0	0.0
皮革、毛皮、羽毛及其制品和制鞋业（19）	0.0～14.9	14.9	1.2
木材加工业（20）	0.0～22.7	22.7	7.3
家具制造业（21）	0.0～51.9	51.9	12.3
印刷和记录媒介复制业（23）	0.0～39.1	39.1	14.9
石油炼焦和核燃料加工业（25）	0.0～16.5	16.5	3.7
医药制品业（27）*	0.0～5.3	5.3	0.0
黑色金属冶炼和压延加工业（31）*	42.4～51.9	9.5	49.6
有色金属冶炼和压延加工业（32）*	45.8～51.9	6.1	51.9
金属制品业（33）*	36.4～51.9	15.5	45.9
专用设备制造业（35）	0.0～39.3	39.3	23.0
铁路、船舶、航空航天和其他运输设备制造业（37）	0.0～24.8	24.8	0.0
电气机械和器材制造业（38）*	0.0～21.1	21.1	5.6
计算机、通信和其他电子设备制造业（39）**	0.0～35.7	35.7	18.1
仪器仪表制造业（40）**	0.0～36.0	36.0	16.8
平均值		23.7	16.7
2008 年			
农副食品加工（13）*	42.1～51.9	9.9	51.9
纺织服装服饰业（18）**	0.0～17.0	17.0	0.0
皮革、毛皮、羽毛及其制品和制鞋业（19）**	0.0～16.9	16.9	0.9
木材加工业（20）	0.0～18.6	18.6	6.6
家具制造业（21）	0.0～45.9	45.9	10.9
印刷和记录媒介复制业（23）	0.0～24.8	24.8	10.6
石油炼焦和核燃料加工业（25）	0.0～12.4	12.4	0.1
化学原料和化学制品制造业（26）*	40.1～51.9	11.8	51.9
医药制品业（27）	0.0～7.5/26.2～40.0	21.3	0.0

续表

集聚行业	集聚范围/km	集聚范围大小/km	集聚指数极大值发生的空间尺度/km
橡胶和塑料制品业（29）*	43.6~51.9	8.3	51.9
非金属矿物制品业（30）*	42.8~51.9	9.1	51.9
黑色金属冶炼和压延加工业（31）	39.8~51.9	12.1	46.5
有色金属冶炼和压延加工业（32）*	46.1~51.9	5.8	51.7
金属制品业（33）	32.1~51.9	19.8	42.8
专用设备制造业（35）	0.0~34.9	34.9	16.3
汽车制造业（36）	41.2~51.9	10.7	51.9
铁路、船舶、航空航天和其他运输设备制造业（37）*	0.0~8.5	8.5	0.0
电气机械和器材制造业（38）	0.0~29.1	29.1	20.6
计算机、通信和其他电子设备制造业（39）**	0.0~28.5	28.5	6.3
仪器仪表制造业（40）**	0.0~29.7	29.7	10.7
平均值		18.8	24.2
2004 年			
农副食品加工（13）*	44.1~51.9	7.8	51.9
纺织服装服饰业（18）**	0.0~19.5	19.5	0.0
皮革、毛皮、羽毛及其制品和制鞋业（19）	0.0~16.2	16.2	3.5
家具制造业（21）	0.0~41.6	41.6	29.2
造纸和纸制品业（22）*	40.9~51.9	11.0	50.7
印刷和记录媒介复制业（23）*	0.0~11.8	11.8	0.6
石油炼焦和核燃料加工业（25）	0.0~9.1/31.8~43.1	20.4	0.0
化学原料和化学制品制造业（26）	34.5~51.9	17.4	51.4
医药制品业（27）	0.0~15.6	15.6	0.0
橡胶和塑料制品业（29）*	40.7~51.9	11.2	51.9
非金属矿物制品业（30）	42.3~51.9	9.6	51.9
有色金属冶炼和压延加工业（32）*	36.3~51.9	15.6	49.2
金属制品业（33）*	32.8~51.9	19.1	45.4
专用设备制造业（35）**	0.0~30.6	30.6	12.1
汽车制造业（36）*	44.8~51.9	7.1	51.9
铁路、船舶、航空航天和其他运输设备制造业（37）*	0.0~7.7	7.7	0.1
电气机械和器材制造业（38）	0.0~27.1	27.1	11.9
计算机、通信和其他电子设备制造业（39）**	0.0~25.8	25.8	6.2
仪器仪表制造业（40）**	0.0~26.7	26.7	9.5
平均值		18.0	25.1

*和**分别表示行业为低集聚强度、高集聚强度；某些行业存在两个集聚范围。

2004～2013 年多数行业集聚范围在扩大，印刷和记录媒介复制业，铁路、船舶、航空航天和其他运输设备制造业，计算机、通信和其他电子设备制造业，仪器仪表制造业的集聚范围扩大比较明显。少数行业的集聚范围在缩小，尤其以医药制品业为代表。

4. 制造业集聚空间分布演化特征

空间分布表征产业集聚的具体位置，时间维度上的比较可以反映产业发展方向。北京市制造业主要集聚在海淀区东部（中关村街道、北下关街道、花园路街道、北太平庄街道、紫竹院街道、清河街道、上地街道）、大兴区北部（旧宫镇、西红门镇、观音寺街道、黄村镇、青云店镇、瀛海地区、荣华街道）、朝阳区中部和西南部（高碑店乡、小红门乡、十八里店乡）、丰台区中部和东部（丰台街道、卢沟桥街道、新村街道、南苑街道、南苑乡、东铁匠营街道）、昌平区中部（城北街道、城南街道、南邵镇）、通州区西部（马驹桥镇）。

2004～2013 年北京市制造业除在原有基础上向外蔓延外，主要向南发展，海淀区和朝阳区集聚中心地位下降明显，大兴区北部（观音寺街道、黄村镇、青云店镇、瀛海地区、荣华街道）和通州区西部（马驹桥镇）成为主要的集聚区域（图 6-5）。这与北京市建立通州城市副中心的发展规划紧密相关。

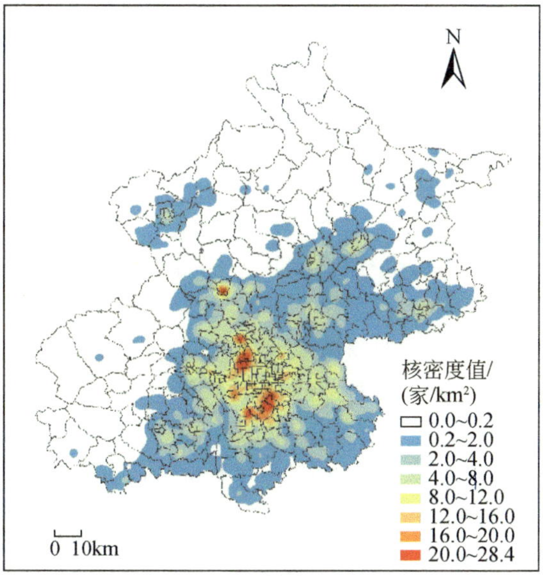

(a)2004年

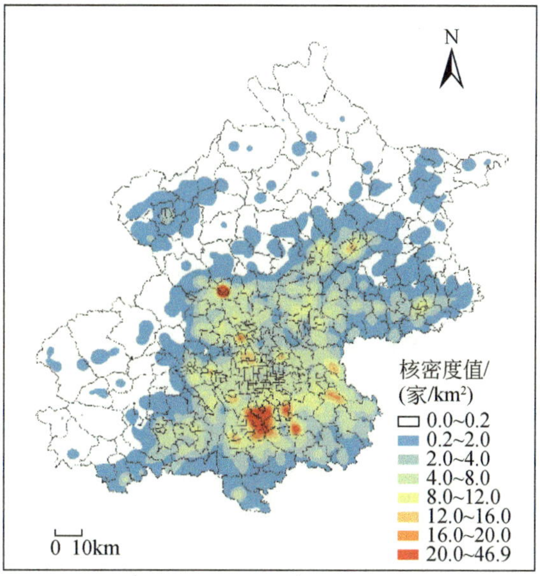

(b)2013年

图 6-5 2004 年、2013 年北京市制造业企业空间分布

三、研究结论

本节主要基于全国三次经济普查数据，通过 DO 指数和核密度估计方法分析了 2004～

2013 年北京市制造业集聚的时空演化特征，得出以下结论。

（1）2004 年、2013 年北京市制造业分别有 20 个、15 个二位数行业在 95% 置信水平呈现集聚分布，分别有 2 个、11 个行业呈现分散分布。2004 ~ 2013 年北京市制造业中集聚行业的比例从 65.5% 下降至 51.7%。

（2）2004 年、2013 年北京市所有制造业行业平均集聚强度分别为 0.391、0.327。2004 ~ 2013 年北京市制造业集聚强度下降约 16.4%。不同类型制造业的集聚强度差异很大。其中，技术密集型和劳动密集型制造业具有较高的集聚水平，自然资源依赖型和与食品相关的行业倾向于分散。

（3）2004 ~ 2013 年北京市制造业平均集聚范围在增大，从 2004 年 18.0km 增加至 2013 年 23.7km，并且多数行业集聚范围在扩大。同时，多数行业在 0 ~ 30km 范围内发生集聚，少部分自然资源依赖强或与食品相关的行业集聚范围在 40 ~ 52km，它们一般集聚范围区间较小，并且集聚强度较低。

（4）北京市制造业主要集聚在海淀区东部、大兴区北部、朝阳区中部和西南部、丰台区中部和东部、昌平区中部、通州区西部。2004 ~ 2013 年北京市制造业在向外蔓延的基础上主要向南发展，大兴区北部（观音寺街道、黄村镇、青云店镇、瀛海地区、荣华街道）和通州区西部（马驹桥镇）成为新的集聚中心。

第二节　北京制造业疏解的现状与问题

一、北京工业发展历史

中华人民共和国成立前，北京是一个经济落后的消费型城市。1949 年第二产业占地区生产总值的比重仅有 36.8%，低于第三产业的比重。

北京工业的发展起步于中华人民共和国成立之后，通过优先发展重工业为特征的社会主义工业化启动国民经济恢复重建，北京吸引了一大批工业企业，工业投资不断上涨，总产值从 1949 年的 0.91 亿元提升到 1978 年的 77.43 亿元，第二产业占比达到 71.1%。至此，北京成为全国重要的工业城市之一。但是，大力发展工业带来了严重的环境污染问题。改革开放之后，政府对于北京的发展定位出现变化。1983 年国务院批复的《北京城市建设总体规划方案》将北京定位为“北京是伟大社会主义中国的首都，是全国的政治中心和文化中心，是世界著名的古都和现代化国际城市”，而工业不再是北京重点发展的领域。因此，改革开放之后的 30 年，也是北京工业走向搬迁、调整和更新的 30 年。2008 年北京第二产业占地区生产总值的比重下降至 25.7%，第三产业比重达到 73.2%，经过 30 年的发展，北京已经转型成为典型的服务型城市（图 6-6）。

但是，改革开放后的 30 年，北京工业的搬迁、调整和更新主要聚焦于污染严重和扰民企业，且重点关注城市中心地区企业的搬迁（表 6-6）。例如，2006 年发布的《北京市“十一五”时期工业发展规划》提出“北京工业将进一步完成从城区向郊区的转移，加大

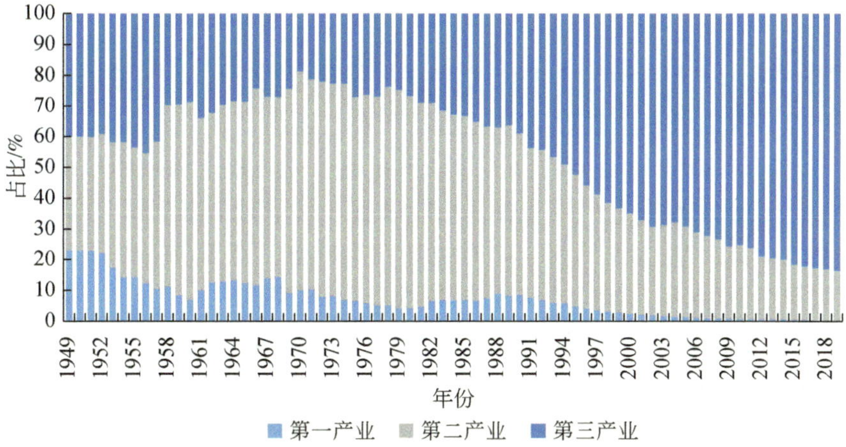

图 6-6 北京市 1949 ~ 2018 年三次产业结构变化

资料来源：《新中国六十年统计资料汇编》

环城高新技术产业带和远郊现代制造业产业带的建设”。总体上，这一时期搬迁企业数量较少，搬迁距离较近。

表 6-6 1980 ~ 2007 年北京市工业调整政策

年份	政策
1984 年	《关于对污染扰民企业搬迁实行优惠政策的通知》
1995 年	《北京市实施污染扰民企业搬迁办法》
1999 年	《北京市推进污染扰民企业搬迁加快产业结构调整实施办法》
2000 年	《北京工业布局调整规划》
2000 年	《北京三四环路内工业企业搬迁实施方案》
2006 年	《北京市“十一五”时期工业发展规划》
2007 年	《关于规范污染扰民企业搬迁工作有关事宜的通知》
2010 年	《部分工业行业淘汰落后生产工艺装备和产品指导目录（2010 年本）》

二、制造业疏解的政策措施

2014 年习近平总书记在北京市考察工作时提出，北京“要明确城市战略定位，坚持和强化首都全国政治中心、文化中心、国际交往中心、科技创新中心的核心功能”，并提出“要调整疏解非首都核心功能”。同年，京津冀协同发展上升为国家战略，有序疏解北京非首都功能成为这一战略的核心。疏解对象在第二产业内重点是一般性制造业，特别是高消耗产业。2017 年国务院批复的《北京城市总体规划（2016 年—2035 年）》明确提出“坚决退出一般性产业，严禁再发展高端制造业的生产加工环节”。北京市制造业企业数量多、规模大，制造业疏解成为非首都功能疏解的重点。为贯彻落实非首都功能疏解，北京市充分运用行政手段和经济手段，多举措推动企业疏解转移。

1. 政策引导

北京市政府多次出台相关政策文件对新增产业、退出产业及相关管理办法做出规定。例如，北京市政府于2014年制定出台《北京市新增产业的禁止和限制目录（2014年版）》（以下简称目录），以从源头上严控非首都功能增量。目录对全市范围内的建材、造纸、纺织等一般性制造业做出禁止或限制，同时包括四类功能区各自要限制的功能和产业。之后，北京市政府于2015年、2018年对目录持续进行修订完善。

目录（2015年版）中的禁限措施更为严格，全市性禁限的新增产业占全部国民经济行业分类的比例由32%提高到了55%，城六区则达到79%，在一般性制造业领域新增了166个禁限小类，高端制造业中比较优势不突出的生产加工环节新增了8个禁限小类。

目录（2018年版）中，对符合首都功能定位的高精尖产业和环节予以细分支持。例如，在全市范围（除东城区、西城区外）对制造业中的研发、中试、设计、技术服务等非生产制造环节细分支持，对新能源汽车、新材料、航空航天等战略性新兴产业不予禁限。

目录实施后，不予办理的工商登记业务累计达4.8万件（2015年1.3万件，2016年1.64万件，2017年1.86万件）。目录的实施以严控增量式有序疏解了一批北京非首都功能及相关产业，对北京非首都功能疏解、治理“大城市病”和改善生态环境发挥了重要作用。

此外，为疏解存量，北京市政府制定《北京市工业污染行业、生产工艺调整退出及设备淘汰目录（2014年版）》，淘汰污染较大、耗能较高的行业和生产工艺以及国家明令淘汰的落后设备。该文件涉及行业及生产工艺包括钢铁、有色金属、建材、化工、纺织印染、人造板及家具、医药、机械、印刷、造纸等11大类行业，共计155项。2017年北京市政府制定新一版《北京市工业污染行业、生产工艺调整退出及设备淘汰目录（2017年版）》，加大了化工、家具、印刷等领域的调整退出力度，同时增加了部分国家明令淘汰的落后设备，如部分电动机等。相比2014年版，2017年版中涉及调整退出和淘汰的行业和设备增至172项。同时，加强了对环保不达标、无证无照、违规经营和存在安全隐患的一般性制造业和低端服务业的清理整治。截至2016年3月，北京市经济和信息化委员会同环境保护局（现生态环境局）摸底排查出5000余家企业，其中制造业企业2600余家。在此基础上，市政府于2016年4月审议通过《北京市清理整治涉及违法违规“小散乱污”企业工作实施方案》并于2016年完成南部四区（通州区、大兴区、房山区、丰台区）70%的清理任务，2017年底前清理整治5000家“小散乱污”企业。2017年“小散乱污”企业清理整治工作被纳入“疏解整治促提升”专项行动（2017—2020年），提出确保东城区、西城区完全退出制造业生产环节，中心城区“散乱污”企业得到明显整治。

2. 经济调节

市政府通过制定奖金激励、税收减免等政策鼓励符合关停条件的企业主动退出（表6-7），而对违法、违规、超标排放的污染企业制定更为严格的行业排放标准，执行污染行业和污染企业差别电价、差别水价、加大对污染企业排污费征收力度等经济手段刺激工业企业疏解转移。例如，为调动企业积极性，引导企业主动退出，2014 年市政府发布实施《工业污染企业调整退出奖励资金管理办法》，对符合条件的关停企业给予 1.95 亿元资金奖励，加大了奖励支持力度。北京市地税局联合北京市国税局于 2016 年 4 月发布《疏解非首都功能产业的税收支持政策（试行)》，按照低端市场类、关停类、迁出类对相关企业使用的税收政策进行归集，涉及增值税、营业税、企业所得税等 11 种税费，并特别明确提出企业因疏解转让房地产，可免征房产税和土地增值税等优惠政策。《疏解非首都功能产业的税收支持政策（试行)》是疏解非首都功能工作中力度最大、服务最专项的税收支持政策。此外，为推动京津冀协同发展，促进资源要素合理流动，京津冀三地配合财政部、国家税务总局于 2015 年 6 月制定出台《京津冀协同发展产业转移对接企业税收收入分享办法》，以推动迁出地与迁入地之间建立财政利益共享机制，促进区域间产业合理流动和布局。

表 6-7　北京市制造业疏解相关政策

类别	年份	政策名称
政策引导	2014、2015、2018、2022	《北京市新增产业的禁止和限制目录》
	2014、2017、2022	《北京市工业污染行业、生产工艺调整退出及设备淘汰目录》
	2016	《北京市清理整治涉及违法违规“小散乱污”企业工作实施方案》
	2015	《关于落实清洁空气行动计划进一步规范污染扰民企业搬迁政策有关事项的通知》
经济调节	2014	《工业企业调整退出奖励资金管理办法》
	2015	《京津冀协同发展产业转移对接企业税收收入分享办法》
	2016	《疏解非首都功能产业的税收支持政策（试行)》

3. 共建产业园

除了通过行政手段和经济手段推动制造业疏解以外，京津冀共建产业园区也成为北京制造业疏解和产业转移的实践平台。三地通过创新税收共享机制，共建了一批产业园区。

2014 年北京与河北签署《共同打造曹妃甸协同发展示范区框架协议》，共建北京（曹妃甸）现代产业发展试验区，总占地面积 $100km^2$。根据 2015 年 9 月发布的《北京（曹妃甸）现代产业发展试验区产业发展规划》，试验区主要发展以钢铁、化工企业为产业链源头，延伸发展下游产业，重点发展汽车及零部件、海工装备、新能源、节能环保、通用航空等产业；推进北京高端装备、新材料、海水淡化等领域的重大科技创新成果转化。2014 ~2020 年，曹妃甸全区累计签约北京项目 389 个，总投资额达 4064.6 亿元，首钢京唐钢铁联合有限责任公司、华润电力曹妃甸电厂二期工程、华电重型装备制造等一批重大项目建成投产。

2015 年 1 月，北京与河北两地签订《京冀医药产业协同发展框架合作协议》，共建北京·沧州渤海新区生物医药产业园。北京市政府对北京医药企业组团进入医药园区的项目提供优惠政策，批准新厂区生产的药品继续使用“京字号”药品批准文号，促进了企业落户投产，成为全国唯一一家北京转移医药企业由北京市延伸监管的园区。截至 2019 年，95 家北京药企集中签约落户北京·沧州渤海新区生物医药产业园，包括北京协和药厂、北京斯利安药业有限公司、北京春风药业有限公司在内的 14 家北京药企已经投产，该产业园成为北京医药企业的集中承接地。

随着京津冀协同发展和北京非首都功能疏解工作的深入推进，京津冀三地深入合作共同建成多个特色合作产业园区，包括滨海-中关村科技园、滦南（北京）大健康国际产业园、武清京津产业新城、河北深州家居产业园、河北京车造车基地等。这些产业园区不仅为北京产业疏解提供了承接地，还成为京津冀产业协作的试验田和首都科技创新辐射的主阵地。

三、疏解效果

为了有序疏解一般性制造业，北京市综合运用行政和经济手段，严控增量、疏解存量，通过奖金激励和税收优惠等多项鼓励政策调动企业疏解积极性，通过与津冀两地合作，共建产业园为转移企业提供了承接地。与以往相比，京津冀协同发展和非首都功能疏解背景下的产业疏解迁移力度大、范围广、距离远、成本高和补偿难。2014 年以来，北京市制造业疏解成果显著，根据 2015 ~ 2020 年北京市《政府工作报告》统计显示，2014 ~ 2019 年全市累计疏解退出一般制造业企业 4780 家（图 6-7），退出企业主要集中在建材、机械制造与加工、家具和木制品加工等行业。

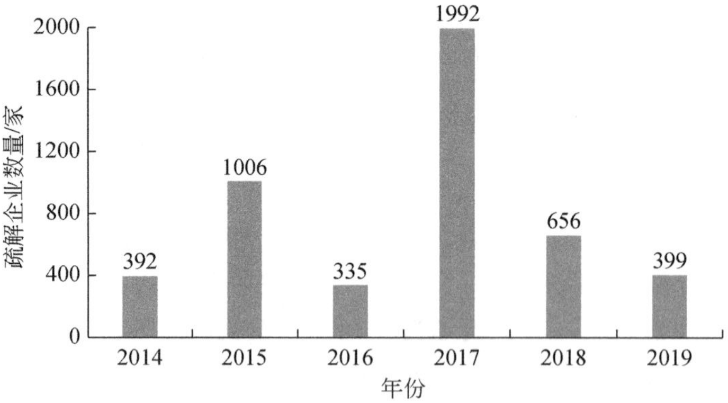

图 6-7　2014 ~ 2019 年北京市疏解的一般性制造业和污染企业数

第二产业占比由 2013 年的 19.7% 下降至 2019 年的 16.2%。一方面，随着一般性制造业企业的转移疏解，北京市生态环境明显改善，主要污染物年均浓度显著下降，2013 ~ 2019 年 SO_2、$PM_{2.5}$、PM_{10}、NO_2分别下降 85%、53%、37%、34%（图 6-8）。

2019 年空气质量优良天数为 240 天，较 2013 年多了 64 天；重度污染天数从 2013 年的 58 天下降至 2019 年的 4 天（图 6-9）。

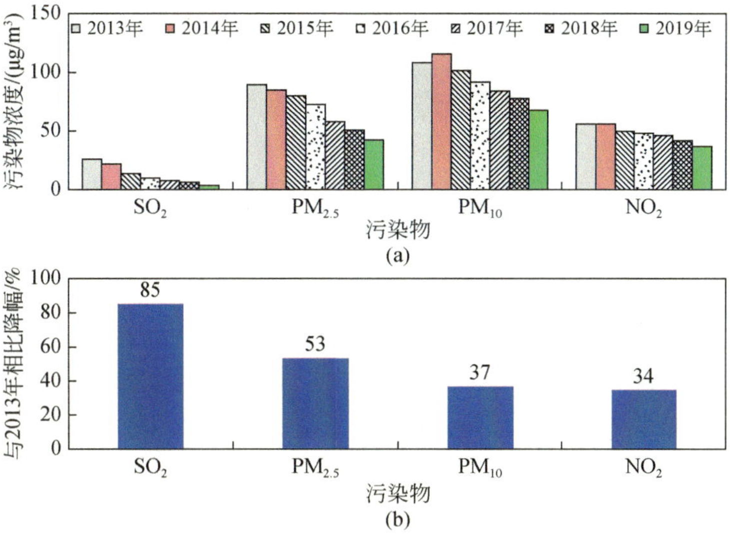

图 6-8 2013～2019 年各项污染物年均浓度变化

资料来源：北京市生态环境局网站

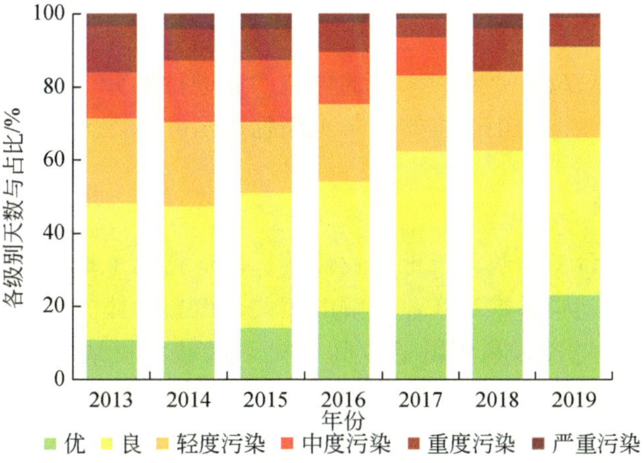

图 6-9 2013～2019 年空气质量各级别天数分布

另一方面，有序疏解制造业为下一步发展高精尖产业腾出了宝贵空间。2021 年 5 月，北京市发展和改革委员会发布《关于加强腾退空间和低效楼宇改造利用促进高精尖产业发展的工作方案（试行）》提出制造业腾退空间优先引入高精尖产业项目，优先发展为科技创新提供支撑的高端制造业。例如，过去为“京西十大厂”之一的北京金龙泉泵业公司 2019 年被列入疏解名单，企业疏解后的厂区被改造成中关村（京西）人工智能科技园，具有孵化、研发、办公及其他产业服务等综合功能；北京金隅集团股份有限公司下属企业——北京兴发水泥厂有限公司位于北京市怀柔区，为加快推动非首都功能疏解，2015 年 6 月北京金隅集团股份有限公司主动将其关停，停产后的厂区被改造为北京雁栖湖应用数学研究院，由国际数学大师丘成桐领衔筹建，是北京布局世界一流新型研发机构、支撑全国科技创新中心建设的重大战略安排。

四、存在的问题

当前，在疏解一般性制造业过程中，还存在一些亟待解决的问题。

1. 疏解行业分类简单且缺少细则

2014～2015 年北京市疏解一般性制造业和污染企业近 5000 家，疏解力度前所未有。但是，由于制定疏解行业的分类简单，缺少细则，导致一般性制造业中的部分高端业态和传统“老字号”也面临被疏解的风险。例如，《北京市工业污染行业、生产工艺调整退出及设备淘汰目录》的政策指向模糊，是淘汰某类行业还是某个产业链环节，是某个设备还是某种工艺，或是关停一家企业，缺少明细的名录规定或细则，导致一些企业因为存在部分一般制造环节而面临被整体疏解的风险。另外，学界目前尚无对高端制造业的统一界定。高端制造业不仅包括像航空航天、无人机这类高端产品的制造，还包括一般性制造业通过某个生产环节的技术创新实现高端化。同时，互联网、大数据、人工智能等向传统产业的渗透，传统产业与高技术产业的深入融合，新技术嫁接传统技术等都能够弥补传统产业创新链条的断裂环节。在产业疏解过程中，对高端制造业界定不明晰，导致相关部门只能依据简单的行业分类对疏解产业和未来的再造产业进行划分，使得部分适宜在北京发展的高端制造业和一般性制造业中的高端环节也面临被疏解的压力。

2. 配套政策不完善

虽然北京市已经出台多项政策推进产业疏解，但在腾退土地的再利用、搬迁资金落地和人员安置等方面存在问题，缺乏产业疏解的相关政策与法律的配套支持。例如，在腾退空间再利用方面，各部门各区利用腾退空间补充了区域内短缺和急需的功能，如体育场所、文化空间、公园绿地等。但是，对于腾退空间再利用模式与类型无权威和统一的标准。《北京城市总体规划（2016 年—2035 年）》中指出“疏解腾退空间优先用于保障中央政务功能，预留重要国事活动空间，用于发展文化与科技创新功能，用于增加绿地和公共空间，用于补充公共服务设施、增加公共租赁住房、改善居民生活条件，用于完善交通市政基础设施，保障城市安全高效运行”。但在疏解过程中，针对腾退空间再利用的详细政策的出台明显未能赶上疏解任务的紧迫性。据北京市 2016 年 8 月举行的“以功能疏解促创新发展”发布会透露，北京市两部门正在研究制定疏解腾退空间管理和使用意见，2018 年的北京市十五届人大代表第一次会议上北京市代市长陈吉宁表示要编制统筹腾退空间再利用规划，但相关再利用政策尚未公开发布。仅有部分针对老旧厂房和腾退地下空间再利用的指导意见，如 2017 年 12 月印发的《关于保护利用老旧厂房拓展文化空间的指导意见》、2021 年 12 月针对《腾退地下空间管理和使用指导意见（征求意见稿）》向社会征求意见，但对于腾退制造业企业空间、写字楼等的再利用尚无统一标准，未明确腾退土地的规划用途和土地使用政策。因此，需要通过制定具体的政策措施，对腾退空间再利用进行统筹调配，使腾退空间的再利用与城市发展的需求相匹配。

3. 产业疏解过度依靠行政手段，缺乏市场机制

当前，北京市制造业疏解主要通过行政手段和经济调节来推动。但产业转移升级并非单纯的政府行为，要遵循市场规律，应在市场规律的主导下对产业进行合理疏解。

在中心城区，落后产业数量少，而在中心城区以外的地区，落后产业自然会在市场机制的作用下，由于地租上涨等因素被市场淘汰。对于这类产业，政府不需要花费大量的人力物力进行疏解，而对于其他不符合首都功能定位的高附加值产业，则可以借鉴发达国家疏解产业中采取的市场化手段，如降低注销成本、完善破产程序、建立资本多渠道退出机制等，鼓励企业自行调整退出。同时，在产业疏解过程中，高昂的迁移成本使部分企业迁移动力不足。企业迁移带来的损失不仅包括失去完善的基础设施和集聚经济带来的正外部性，还包括企业在长期的生产过程中形成的社会关系网络。因此，产业疏解过程中不能仅仅通过行政手段逼迫企业退出，应确保产业疏解的体制机制设计以企业迁移成本最小化为目标，使企业迁移对其经营绩效的影响降到最低限度。

此外，在市场机制下，企业迁移的目的是寻求更低的生产成本，而不是迁移到成本更高的地区。因此，北京疏解出去的企业很难直接迁移至与北京经济社会发展水平差距较大的周边地区，反而为了追求经济效益将在全国范围内重新选择区位。这不仅会使北京失去对其经济发展至关重要的制造业企业，同时也无法达到津冀承接北京疏解产业的目的，使北京失去带动周边地区发展的能力。

在非首都功能疏解的初期，政府主导成为疏解的主要手段。但从中远期来看，政府主导应该为市场机制的主导创造条件，即未来政府应逐渐从“主导”向“引导”产业疏解进行转变，让市场机制在疏解非首都功能中发挥决定性作用。政府应着力于破解制约市场要素自由流动的各类障碍，如缩小周边区域与北京之间的经济社会发展差距，打造一体化的京津冀要素市场，使各类要素在市场机制的作用下在北京与周边地区间自由流动，使非首都功能疏解的效果达到最优。

疏解非首都功能是推进京津冀协同发展的核心，因此，非首都功能疏解工作取得良好的成果不仅能为北京未来的发展腾出宝贵空间，还能促进京津冀三地产业协同发展。但是，制造业不仅是经济发展的重要引擎，还是创造就业和科技创新的桥梁。在产业疏解过程中，如果不顾北京未来的经济发展，盲目疏解制造业，将会破坏北京经济发展的根基，还会影响对周边腹地的辐射带动。

第三节　国外城市再工业化经验借鉴

北京的城市定位为政治中心、文化中心、国际交往中心、科技创新中心。因此，其发展过程应对标纽约、伦敦、东京等国际大都市和世界城市。尽管这些国际大都市和世界城市通常都以高端的金融和贸易闻名，但制造业仍是其经济结构中不可或缺的一部分，甚至

对城市发展起着关键的作用。

一、纽约

纽约市位于美国纽约州东南部大西洋沿岸，下辖曼哈顿区、皇后区、布鲁克林区、布朗克斯区、斯塔滕岛区，总面积 1214.4km²，2017 年人口约 862.3 万。纽约都市圈包括纽约市、长岛和纽约州的哈德孙河谷的中部和南部、新泽西州北部六大城市、康涅狄格州六个城市及其附近地区，总面积 17314km²，2017 年人口约 2030 万人，是世界十大都市圈之一（图 6-10）。

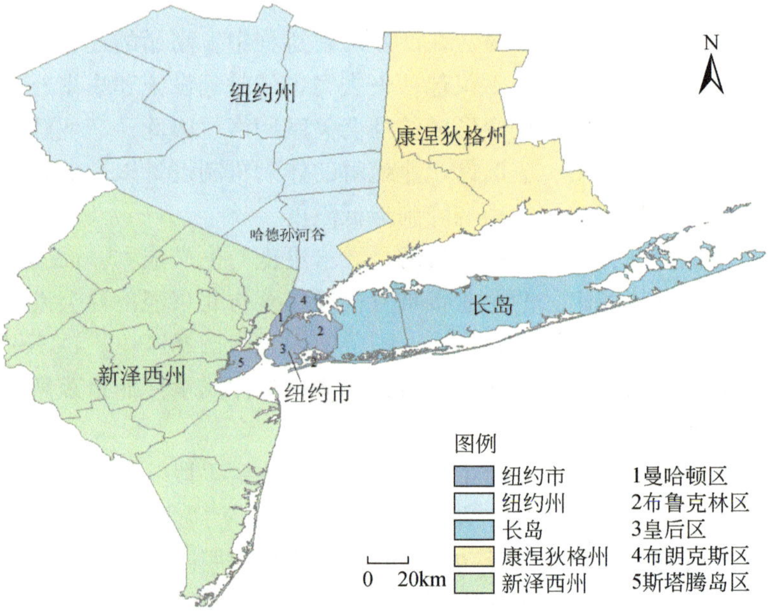

图 6-10 纽约都市区示意图

资料来源：第四次纽约都市区规划

20 世纪 60 年代，由于受美国产业结构调整和全球周期性经济危机的影响，纽约市制造业开始外迁，制造业比重不断降低，取而代之的是强大的第三产业，特别是以金融、保险、专业服务业和文化娱乐业为主的生产性服务业快速增长，2018 年服务业占比达到 94.9%，但是纽约市选择性地保留了部分制造业。2009 年纽约市政府发布《多元化城市：纽约经济多样化项目》报告，提出重点发展生物技术、信息通信技术等高科技产业，将时装产业、制造与分销业等产业作为纽约市政府重点关注的对象。2010～2019 年纽约市制造业就业人数常年保持在 7 万人左右（图 6-11），中心城区形成了以食品制造、服装制造、金属制品制造、印刷出版、家具制造为主的都市型工业。

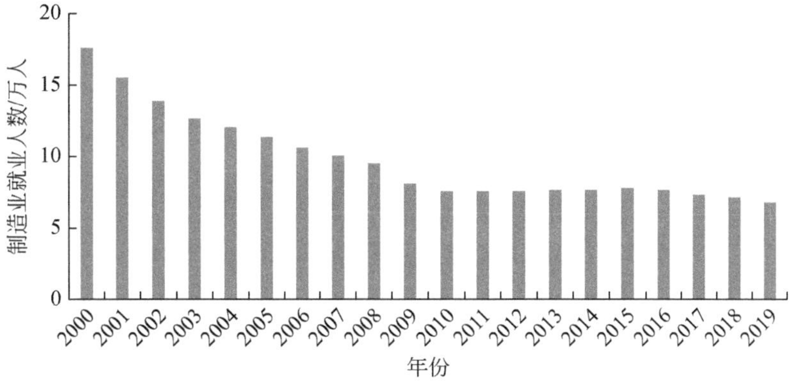

图 6-11　各年份纽约市制造业就业人数

资料来源：美国联邦储备经济数据库

纽约市的都市型工业以小型创业公司为主，为个人消费者和企业生产特色产品，以小批量生产、短时间周转、投资新技术为主要特点，利用与城市蓬勃发展的创意产业，如设计和时尚、电影等的联系，以及强大的人口、经济、消费趋势推动纽约市的工业增长。其中，食品制造业是纽约市最大的制造业，就业率在 2011 ~ 2014 年增加了 13.6%，2014 年占全市制造业岗位的 21.6%，在美国最大的 20 个城市中位列第三；其次是服装制造业，占全市制造业就业岗位的 20.7%，大部分企业位于城市核心的曼哈顿区。作为领导世界时装潮流的大都市，服装制造业在纽约市制造业发展中具有举足轻重的作用。此外，3D 打印产业是纽约最具竞争优势的制造业行业。知名 3D 打印平台 3D Hubs2016 年 7 月报告称纽约市为“世界 3D 打印之都”，作为 3D 打印先驱 MakerBot 和 Shapeways 的大本营，截至 2016 年 7 月，纽约市拥有 3739 家 3D 打印制造商，远远领先于第二名洛杉矶和第三名伦敦。

位于纽约都市圈的哈德孙河谷地区、康涅狄格州西南地区、新泽西州北部地区和长岛区域最早开始接受纽约市制造业外迁，形成了各具特色的制造业产业结构。2008 年国际金融危机使许多以服务业为主导产业的国家和地区认识到过度依赖金融等服务型经济的弊端，重新转向发展制造业。以美国为首的多数西方国家提出以高端制造业发展为主的“再工业化”战略，并取得了显著的成就。

在这一轮“再工业化”过程中，纽约都市圈周边各地也通过产业逐步升级实现了产业向高新技术的转化。纽约市发达的生产性服务业和优异的人才储备，为纽约都市圈内各地先进制造业的发展提供了良好支撑，超大核心城市辐射周边地区的效果显著。接近纽约市的哈德孙河谷地区以计算机硬件、纳米技术、集成电路、生物科技为主导产业，是计算机巨头国际商业机器公司（IBM）和生物医药龙头企业美国再生元制药公司（Regeneron）的总部所在地；康涅狄格州作为传统的制造业中心，重点生产航空航天及其他运输设备，占该州所有出口额的 41%（2016 年），聚集了通用动力公司、西科斯基飞行器公司、普拉特·惠特尼集团公司等企业；新泽西州北部地区主要承接纽约制药产业溢出，形成了以生物医药为主导的产业结构；长岛地区在 20 世纪 90 年代被认为是航空制造中心之一，但之后随着产业结构调整，制造业开始衰落，逐渐成为企业总部集聚地，并形成了强大的生物研发能力，聚集了如布鲁克海文国家实验室、冷泉港实验室、普拉姆岛动物疾病中心等众多生物技术公司及研发机构。

作为国际大都市和世界城市，纽约市进入后工业化时期传统制造业向周边地区疏解，但中心城区没有完全放弃制造业，形成了以金属制品制造、印刷出版、服装制造为主的都市型工业。后期，中心城区则以高度发达的生产性服务业和人才储备为周边地区的制造业转型升级提供重要支撑，实现了传统制造业向高新技术产业的升级。

二、伦敦

伦敦市位于大伦敦都会区中心，总面积 2.9km^2，2017 年人口约 7654 人。大伦敦都会区包括伦敦市和周围的 32 个自治市，被划分为伦敦城、西伦敦、东伦敦和南伦敦四个区域，又可被划分为内伦敦和外伦敦，总面积为 1569km^2，2017 年人口约 882.5 万人（图 6-12）。

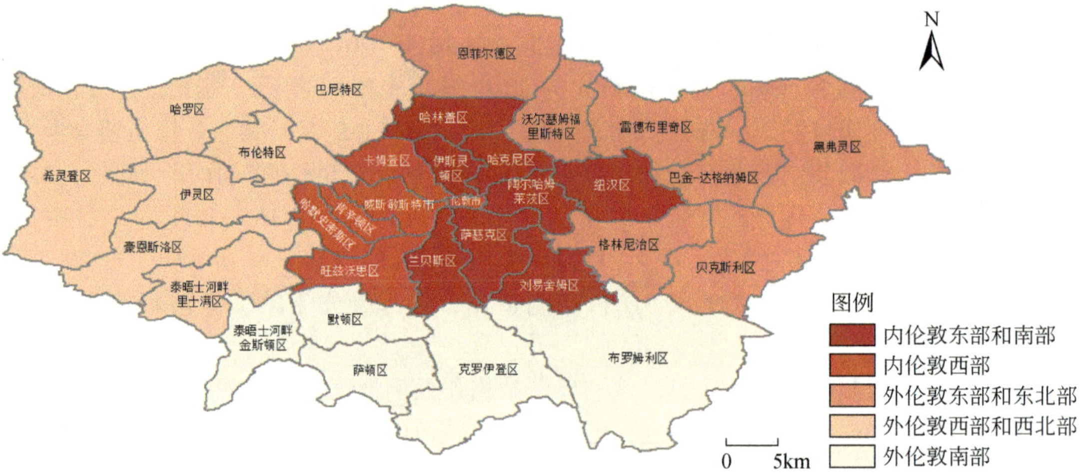

图 6-12 大伦敦区划示意图

20 世纪 60 年代开始，伦敦进入后工业化阶段，由于国际竞争等外部因素和城市空间约束等城市内部原因，制造业开始衰退，以金融为代表的生产性服务业快速发展。20 世纪 80 年代末伦敦成为全球最大的国际金融中心。此后，文化与创意产业开始为伦敦注入新的动力，成为仅次于金融服务业的第二大支柱产业。

与纽约类似，伦敦并没有完全放弃制造业，而是在制造业领域形成了以食品制造、印刷及相关产业、基础金属制造、化工工业、药物及实际产品为主的都市型工业，还保留了部分高新技术产业和通信产业。2009 年伦敦制造业占城市 GDP 的比重为 2.9%，就业人数历经多年的持续下降在 2011 年之后趋于稳定，保持在 12 万人左右（图 6-13），占总就业人数的 2.8%。

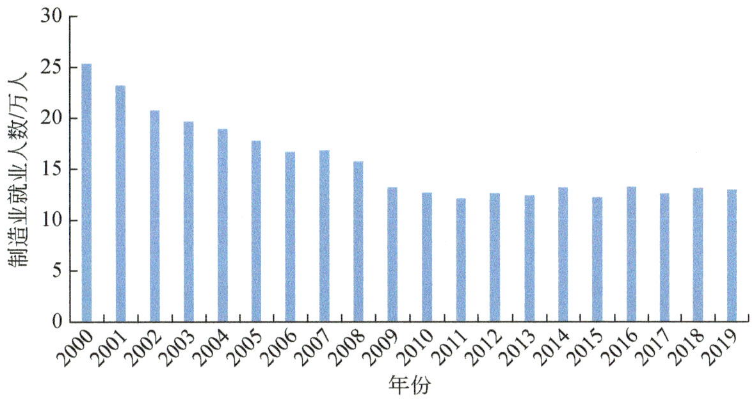

图 6-13　各年份伦敦市制造业就业人数

资料来源：英国国家统计局网站（https://www.ons.gov.uk/）

2008 年以来，在国际金融危机和欧洲债务危机的双重打击下，作为国际金融中心的伦敦受到严重冲击，经济增速放缓、失业率上升。面对危机，伦敦市政府同样将发展高端制造业作为走出经济困境的最佳途径，开始尝试通过对初创企业提供税收和财产激励等优惠政策吸引高科技制造业，抢占科技创新和高端制造业的制高点，最终目标是将高端制造业融入到金融行业。伦敦的“再工业化”道路主要以从事研发、设计、销售和售后服务等配套工作为主。2011 年起，伦敦市政府开始大力推进东伦敦科技城（east london tech city）发展（图 6-14）。

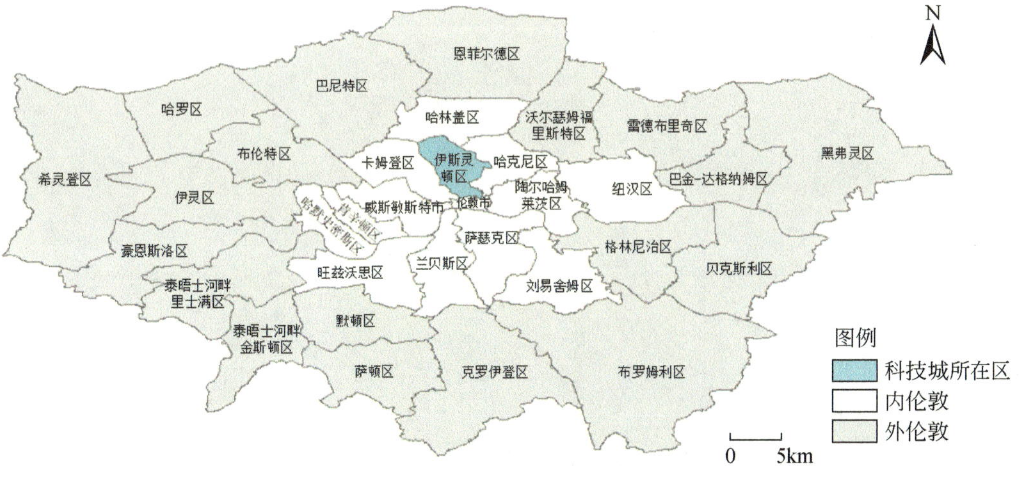

图 6-14　东伦敦科技城地理位置

东伦敦科技城起源于 20 世纪 90 年代末，一批新锐设计师看重该区域便利的交通和低廉的租金开始在此聚集。2010 年英国时任首相卡梅伦和伦敦市长约翰逊共同启动了科技城项目，提出将东伦敦建造成高科技产业中心。

东伦敦科技城聚合了众多的优质稀缺资源，为其快速发展提供了有力支撑。一方面，市政府制定如创业企业家签证、创业贷款计划等优惠政策并投入4亿英镑的资金支持。另一方面，科技城周边区域有牛津大学、剑桥大学、伦敦大学、帝国理工学院等顶尖大学为其提供人才。截至2019年，已有苹果公司、微软公司、谷歌公司、亚马逊公司等科技巨头相继在这里设立总部，共计超过1600家企业入驻，成为集科技、数字、创意于一体的企业集群。伦敦成为仅次于旧金山和纽约的世界第三大科技集群。

东伦敦科技城是借助伦敦国际金融中心的优势，为企业提供资金支持和融资工具，吸引企业落地发展的典型案例。根据Tech Nation的数据，截至2019年，将总部设在英国的独角兽公司高达77家，是德国的2倍，法国的3倍，而伦敦地区就有至少45家，占据了总数的一半以上。

此外，伦敦还发挥了以超大城市为核心推动城市群产业协同发展的重要作用。以伦敦市区（金融和文化创意产业为发展重点）为核心，辐射内外伦敦地区的城市群，形成以钢铁、汽车等现代制造业为发展重点的伯明翰、以船舶和旅游业为发展重点的利物浦、以电子、化工、印刷为发展重点的曼彻斯特等城市（图6-15），成为英国具有雄厚全球产业链控制力的区域。

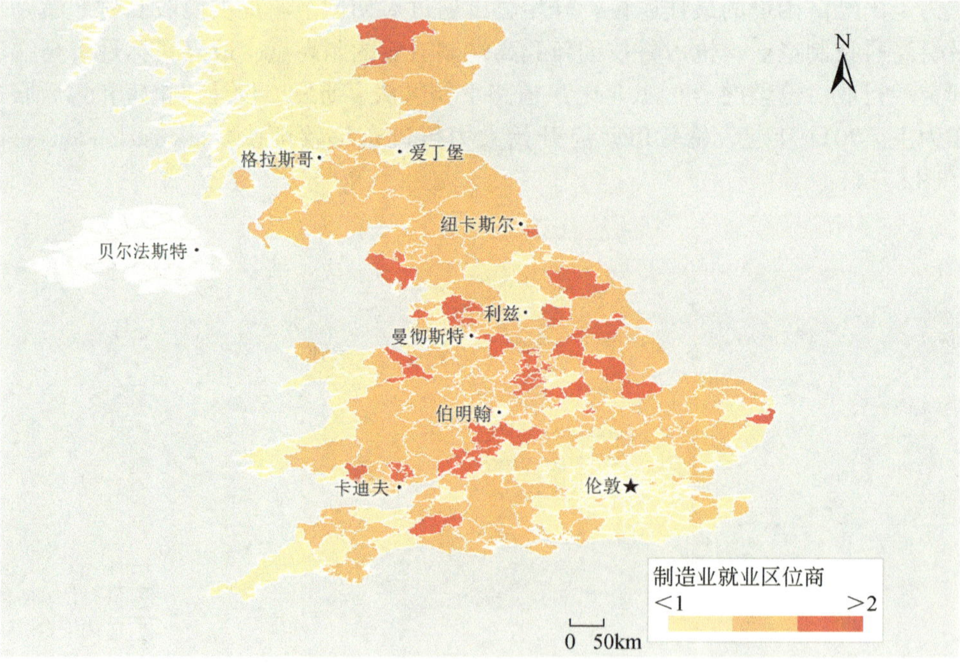

图6-15　英国制造业就业分布图

资料来源：https://citiesofmaking.com，https://www.ons.gov.uk

三、东京都市圈

东京都是东京都市圈的中心，由东京都区部（东京23区）、多摩地区、东京都岛屿部组成，2018 年人口 1378.4 万人，面积 2194km²。东京都市圈是日本三大都市圈之一，以首都东京为中心，是日本太平洋沿岸城市群的组成部分，包括东京都、神奈川县、千叶县、埼玉县，又称为一都三县（图 6-16），2017 年人口 3739.7 万人，面积为 1.3 万 km²。

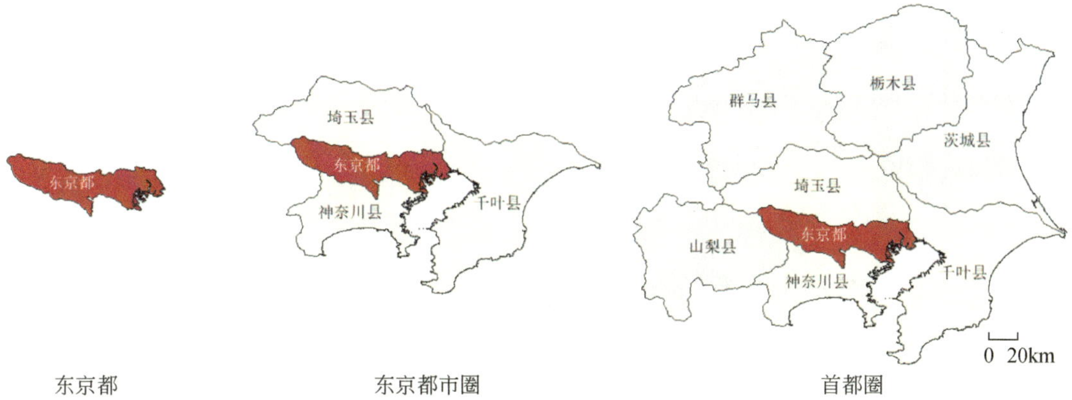

图 6-16　东京都、东京都市圈、首都圈示意图

资料来源：华夏幸福产业研究院

由于 20 世纪 70 年代的两次石油危机和 20 世纪 90 年代初日本泡沫经济破裂，日本经济出现大衰退，生产成本不断上升，倒逼政府调整产业结构。从此，日本第三产业突飞猛进，主导了日本经济发展，而第二产业占比不断下降。东京都第二产业占比由 1990 年的 19.0% 下降至 2008 年的 9.2%。但相比纽约市和伦敦市，东京都保留的制造业比重相当高，2008 年以来东京都制造业比重长期保持在 9% 左右（图 6-17）。东京都的制造业产业类型众多，包括印刷及相关行业、金属制品制造、生产设备制造、纺织品制造等。据东京都产业劳动局 2015 年的统计数据显示，印刷及相关行业的企业数量在东京都位居第一、金属制品制造产业企业数位居第二、生产设备制造业位居第三；而在进出口货物金额方面，运输设备制造业位居第一，其次为印刷及相关行业、电气机械设备制造业和食品制造业（图 6-18）。

从东京都制造业企业布局上看，印刷及相关行业主要分布于东京 23 区中心区和城东地区，金属制品制造业和生产设备制造业企业分布于城东地区、城南地区和多摩地区（图 6-19）。

东京都以多样化的产业结构、充裕的高素质人才和活跃的经济辐射周边的神奈川县、千叶县和埼玉县等地。这些地区是早期承接东京都重工业疏解的地区，是东京都市圈重要的工业基地，2016 年第二产业占比为 15.9%。随着制造业升级，东京都市圈已实现向高技术、高附加值、低能耗产业的转型。其中，千叶县实现钢铁、化工、石油、煤炭制品的深加工化和精细化；神奈川县和埼玉县在继续发展传统工业的同时，业务用机械制造、电气机械、信息通信机械制造等高端机械制造产业发展迅速。

此外，东京都市圈为摆脱经济长期低迷，决策者决定通过科学技术政策代替传统产业政策，以制造技术创新推动经济发展。2001 年日本推出产业集群政策，在全国设立了 18

个产业集群（表6-8）。

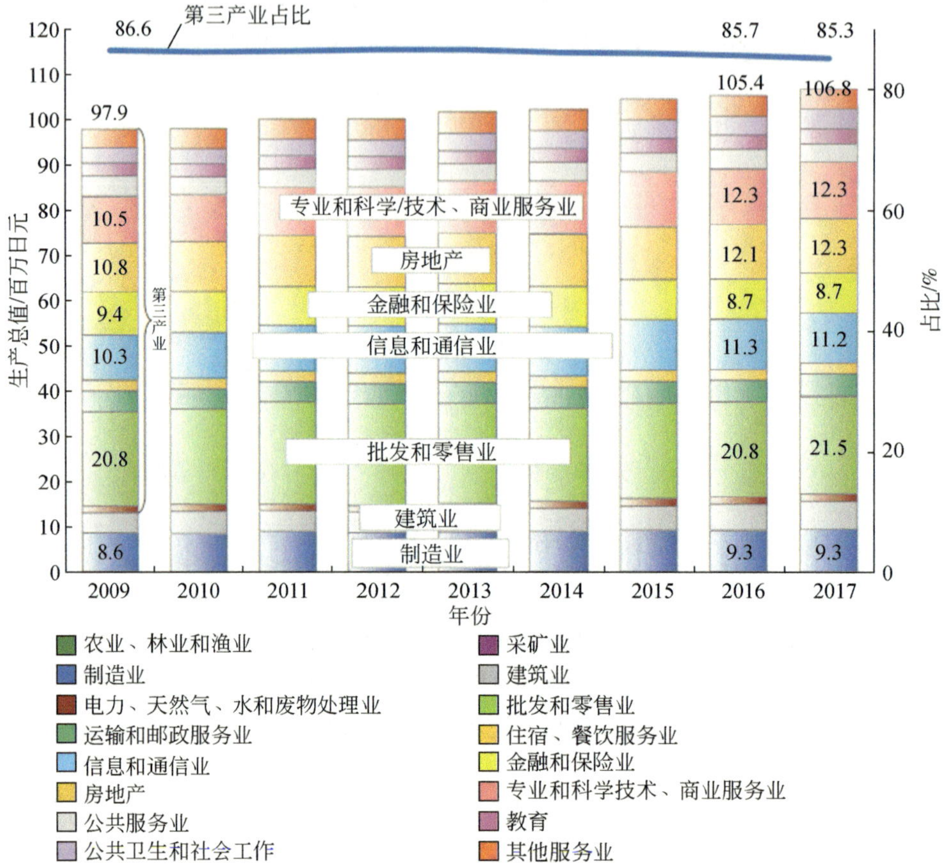

图6-17　各产业按经济活动计算的国内生产总值及第三产业占比（2015年）

资料来源：东京都产业劳动局，Industry and Employment in Tokyo 2018

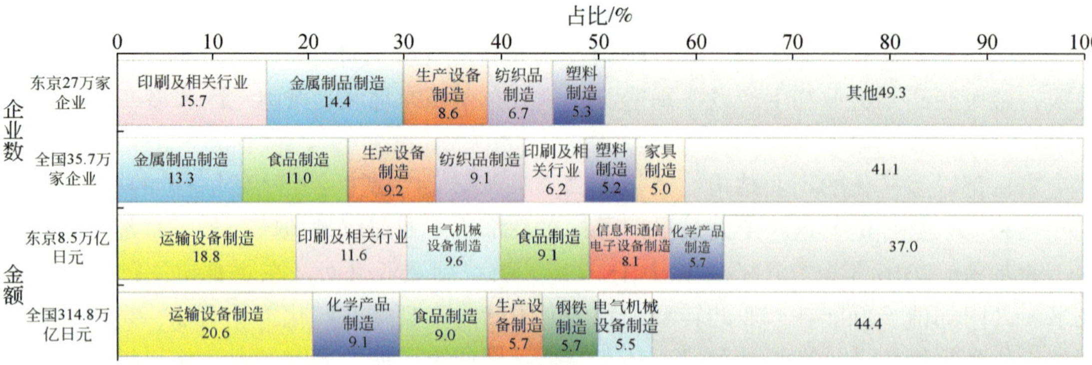

图6-18　企业数与进出口货物金额占比超过5%的主要行业类型（2015年）

资料来源：东京都产业劳动局，Industry and Employment in Tokyo 2018

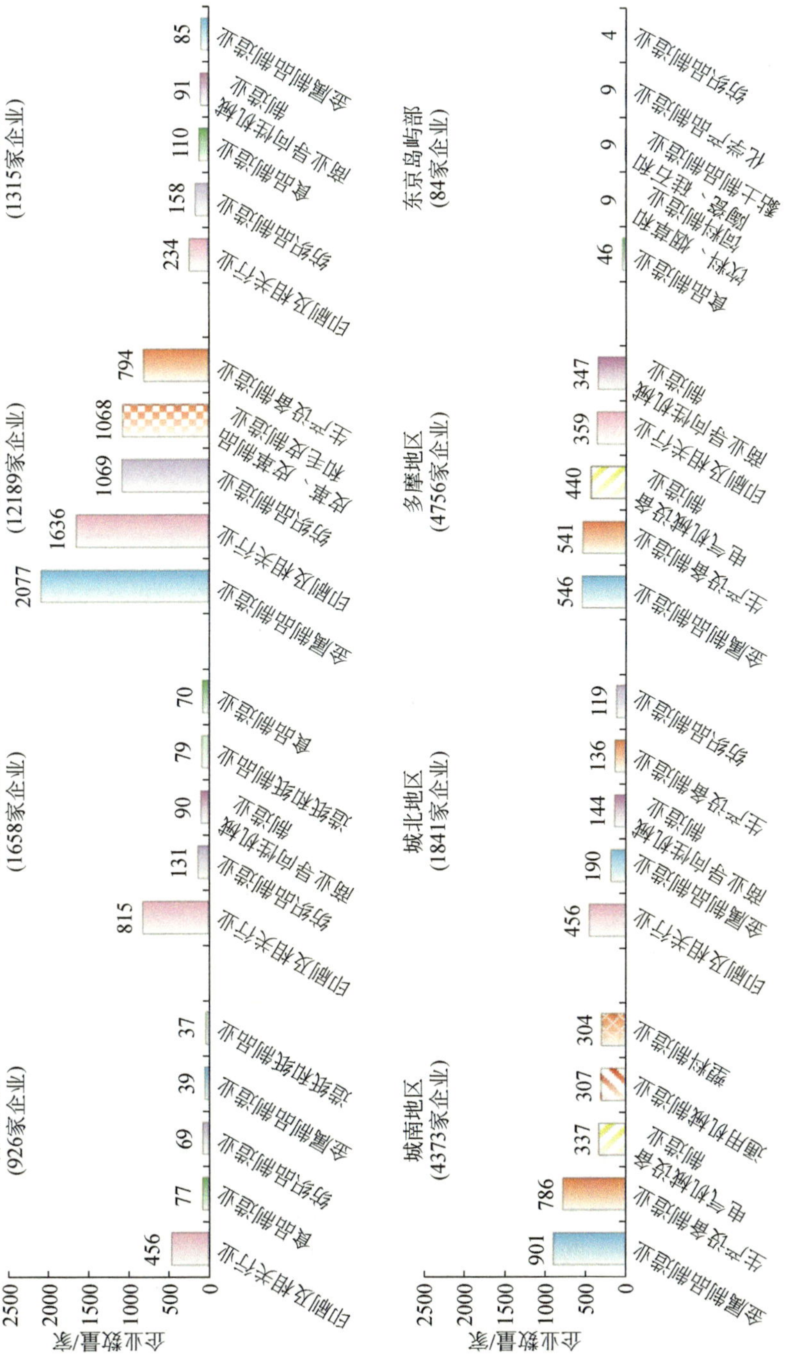

图 6-19 东京都各区域的制造业行业类型及其企业数量（2015年）

资料来源：东京都产业劳动局, Industry and Employment in Tokyo 2018

表 6-8　日本 18 个产业集群项目

地区	项目	领域
北海道	北海道 IT 创新战略	IT 领域：约 340 家企业和 3 所大学
	北海道生物技术产业发展战略	生物技术领域：约 160 家企业和 26 所大学
东北	东北制造业走廊	制造业领域：约 780 家企业和 48 所大学
关西	关西领跑者项目–新兴产业集群	制造业和 IT 领域：约 1200 家企业和 60 所大学
	关西生物产业集群项目–生物产业集群	生物技术领域：约 340 家企业和 52 所大学
	关西环境产业集群项目–绿色产业集群	环境领域：约 140 家企业和 20 所大学
九州	九州环境友好和循环产业联盟	环境领域：约 540 家企业和 21 所大学
	九州硅产业集群项目	半导体领域：约 270 家企业和 22 所大学
	九州生物产业集群项目	生物技术领域：约 40 家企业和 6 所大学
冲绳	冲绳产业振兴项目	IT、健康、环境、加工贸易领域：约 120 家企业和 7 所大学
关东	区域工业振兴项目	制造业领域：约 2210 家企业和 134 所大学 ［东京都西部地区、中央高速公路沿线地区、筑波快线（TX 线）沿线地区、三远南信地区、东京都北部地区、京滨地区］
	生物风险投资培育项目	生物技术领域：约 580 家企业和 11 所大学
	信息技术风险投资发展项目	IT 领域
中部	东海地区制造业振兴项目	制造业领域：约 1720 家企业和 28 所大学
	东海生物工厂项目	生物技术领域：约 130 家企业和 52 所大学
	北陆地区制造业振兴项目	制造业领域：约 410 家企业和 18 所大学
中国	打造新一代重点产业项目	制造业、生物技术、IT 领域：约 430 家企业和 26 所大学
	循环型环境友好型社会建设项目	环境领域：约 290 家企业和 22 所大学
四国	四国科技桥计划	制造业、健康和生物技术领域：约 500 家企业和 10 所大学

该项目通过在企业、大学、政府之间建立协作关系，加强企业同行业和跨行业的网络联系，并通过知识产权等资源共享效应催生新兴产业。其中，有 4 个产业集群项目涉及东京都市圈，包括关东地区区域产业振兴项目中涉及的东京都西部地区和东京都北部地区、生物风险投资培育项目、信息技术风险投资发展项目。可见，这 4 个产业集群项目均涉及了工业和高端信息技术领域，其中东京都市圈西部工业振兴项目重点发展工业机器制造、电子设备、通信设备及其配件等，而生物企业培育项目重点发展医药、工业用微生物、生物信息与设备等领域。财富中文网 2019 年世界 500 强排名显示，东京都市圈拥有 38 家世界 500 强企业总部，是日本三大汽车公司（丰田汽车公司、本田科研工业股份有限公司、日产汽车公司）和日本电子巨头（索尼集团公司、日立公司、佳能股份有限公司）等世界 500 强制造业企业的总部所在地，是名副其实的国际制造业中心。

制造业已成为东京都市圈发展的一大亮点，因为在其发展过程中，政府始终以制造业和制造技术创新作为主要的经济增长战略，而没有像美国、英国一样过度追求虚拟经济，并且充分利用了东京这个超大核心城市的辐射作用，以健全的产业体系和产业链辐射带动了周边地区的发展。

四、经验总结

纽约、伦敦、东京等世界城市的制造业发展现状表明，随着城市经济发展和产业结构的转型升级，制造业在城市产业中的比重将下降，但制造业并不会完全退出城市，而是以都市型工业、高科技产业等形式成为现代化大都市的重要组成部分。对三大城市的再工业化历程的分析发现，政策激励、区域协调、重视产业联动、高质量人才等在城市制造业的发展过程中发挥了重要作用。

1. 政策激励

无论是纽约的都市型工业，还是伦敦的高科技产业，其形成和发展始终离不开政府的政策激励。为吸引服装制造企业入驻“纽约制造园区”（made in NY campus），纽约市政府对入驻企业收取低廉的租金并对周边地区出租房屋的业主进行税收抵免，同时特别许可以限制该地区酒店业发展。此外，为支持小型企业发展，纽约市政府于 2010 年提出 Excelsior Jobs 计划以支持制造业、医药、生物技术和清洁技术等领域的高增长企业，该计划要求企业可以通过至少创造 5 ~ 100 个就业岗位或进行重大金融投资来享受税收抵免政策。同样，伦敦对初创企业提供低廉的租金和税收优惠等各项政策吸引高科技制造业入驻科技城或进行投资。伦敦市政府则通过制定如创业企业家签证、创业贷款计划等优惠政策吸引高科技领域的初创企业入驻科技城。

2. 区域协调

以拥有活跃的经济和丰富的高素质人才的超大城市为核心，辐射周边地区，带动都市区产业经济发展是纽约、伦敦和东京等世界城市的共同特色。在纽约产业疏解过程中，位于都市区的哈德孙河谷地区、康涅狄格州西南、新泽西州北部地区和长岛区域最早开始接受纽约制造业外迁，形成了各具特色的制造业产业结构。金融和文化创意产业高度发达的伦敦市区，不仅辐射内外伦敦地区的城市群，形成东伦敦重点发展高科技产业、南伦敦发展物流业、西伦敦重点布局文化创意产业的分工格局，还带动伯明翰、利物浦、曼彻斯特等城市的现代制造业发展，形成英国具有雄厚全球产业链控制力的区域。东京都同样以活跃的经济和高度密集的人口带动了都市圈产业经济的快速发展，由于人口不断聚集，辐射范围不断扩大，形成了全球最大、人口最多的都市圈。

3. 重视产业联动

虽然纽约第三产业占比高、发展速度快、对城市经济贡献大，但其第二产业，特别是都市型工业仍然是城市重要的产业部门。伦敦有着高度发达的金融和文化创意产业，但面对金融危机的强烈冲击，伦敦市政府选择通过推动高科技产业发展来带动经济活力，使高科技产业与金融、文化创意产业融合发展。随着城市发展，工业在城市中的比重不断降低，但并没有完全退出城市，而是以清洁、高效的形式继续对城市经济贡献着不可或缺的力量。都市型工业有助于城市形成合理的产业层次，增强中小企业科技创新活力。同时，工业与城市高度发达的第三产业部门的融合与联动，不断创造新的增长点，提升城市产业结构的多样性。例如，纽约的3D打印产业和高端服装制造业，伦敦的金融和文化创意产业与高科技产业的融合带动了城市经济发展和竞争力的提升。

4. 高质量人才

伦敦拥有英国三分之一的高等院校和科研院所，受高等教育的人口占伦敦总人口的四分之一，东京拥有日本三分之一的高等学校和全国二分之一的大学生。伦敦和东京努力打造“学校-产业-研究所”创新平台，推动产学研充分合作，形成有助于科技创新的生态圈。纽约市移民状况报告（2019年）显示，2018年纽约拥有310万移民，占全市人口的37.1%和劳动人口的44%。纽约市移民每年为城市GDP贡献2280亿美元，超过纽约市GDP的四分之一。此外，纽约市25岁及以上移民中约有一半移民拥有高等教育学历。高质量人才和高等院校为城市高科技产业的发展提供丰富的人才，对城市产业发展和经济活力提升起至关重要的作用。

第四节　北京再工业化的产业方向

对纽约、伦敦、东京等国际大都市的工业发展历程的分析表明，随着城市迈入后工业化时期，产业持续衰退，以小批量生产型的都市型工业和高科技产业将成为大都市的两大主导产业部门。如纽约、伦敦等大都市在保留金属制品、印刷、服装等部分都市型工业的同时发展了高科技产业，以占领高端制造业的制高点。东京还保留了相当多的制造环节，并始终将制造业作为主要的经济增长战略。

相比纽约、伦敦和东京，北京仍然处于体量较小的后工业化阶段，不仅整体经济规模与世界城市有较大差距，人均经济指标也不能与之相提并论。2018年北京人均GDP约为2.2万美元，分别占纽约和伦敦的30%、46%。作为未来的国际交流中心和科技创新中心，北京的经济规模和国际竞争力还有待提升。有关研究和国外大都市发展的经验充分表明，制造业不仅是经济发展的重要引擎，还在提供就业岗位、科技创新和服务业发展等方面起着至关重要的作用。北京作为京津冀地区的核心城市，还担负了辐射带动周边区域经济发展的重要任务。盲目疏解转移制造业，忽视制造业在经济发展中的主体地位，将对服务业及其他产业的发展造成影响，弱化城市竞争力和城市韧性。因此，北京仍需大力发展高端制造业，包括高端装备制造业，适度保留生产效率较高的部分都市型工业，提高制造业规模和水平，这既是建设国家科技创新中心的需要，也是辐射带动周边地区发展的需要。2019年北京工业占比已经下降到16.2%，低于上海13.8个百分点。为确保北京经济平稳运行，在未来一段时期工业占比应保持在发达国家都市圈的平均水平之上，即15%以上是较为合理的水平。

北京工业应坚持高端引领、高度融合、高效升级的发展方向，通过腾笼换鸟实现生产要素配置由劳动密集型产业占优势向资本密集型、技术密集型产业占优势跃升；由制造初级产品的产业占优势向制造中间产品、最终产品的产业占优势跃升；从高消耗、高污染产业占优势向低消耗、低污染产业占优势跃升；从低增加值率、低利润率的产业占优势向高增加值率、高利润率的产业占优势跃升，实现工业发展的高端化、绿色化、轻型化、融合化。

一、都市型工业

都市型工业是适宜在都市中心区域生存和发展，以满足都市日常生产、生活（衣、食、住、用、文化消费等）需求为目标的产业，具有轻量型、清洁型、低消耗（能耗）的特点，技术含量和附加值也相对较高。发展都市型工业是满足城市功能的内在要求，符合国际大都市产业结构演变的规律。例如，纽约的服装、出版印刷、食品，巴黎的服装、化妆品，东京的出版印刷，中国香港的服装、珠宝首饰、印刷、电子、钟表和玩具，这些都市型工业在城市经济中占有相当比重且发挥着重要作用。由于产品的经济运输半径、保质期、及时响应市场需求等方面的要求，现代化大都市一般仍会保留以食品、服装、出版印刷、家具等为代表的产业，这些都市型工业主要以三类形式为主：一是作坊式的加工企业，如个性化服装的定制；二是进行样品试制的微工厂、中试基地以及其他小批量产品生产的企业；三是紧跟市场及时需要的产品生产的企业，如包装印刷业、食品等。

此外，需要高度重视母工厂建设。所谓母工厂，是指拥有最先进的生产设备、高技能的工人和精细现场管理的工厂。母工厂是日本精细化制造的“种子”和“实验室”，他们将生产管理的最佳实践应用到这里并通过母工厂的形式不断完善其工艺和生产管理方法，然后将这些最佳实践传播到集团内的其他工厂和生产基地。基于先进制造的母工厂不仅是北京做大做精制造业的基础，而且还能够通过对科研院所、联合实验室等创新载体在中试等环节的产业化支撑，与北京市既有的科研院所、中央企业、中央研究院、跨国公司研究中心、企业技术中心等创新主体共同构成完整的工业创新体系。

二、先进/高端制造业

先进制造业是一系列活动的集合：①依赖于信息、自动化、计算、软件、传感和网络的使用和协调；②使用物理和生物科学形成的前沿材料和新兴能力，如纳米技术、化学和生物学。它既包括制造现有产品的新方法，也包括新的先进技术带来的新产品制造。

纵观当前发达国家与国际大都市，发展先进制造业几乎成为共同的选择，如东京的精密仪器制造、旧金山的 IT 产业、波士顿的生物医药制造业、慕尼黑的汽车及关键零部件制造等。技术、知识、人才是先进制造业的核心生产要素，能够有效消化或转嫁高企的生产经营成本。一般而言，先进制造业的生产规模不大，业态创新，具有轻资产性质，对土地、交通和资源的依赖程度低、环境友好、低消耗、低排放，对原材料价格不敏感且基本处于供方市场。

北京是产学研资源最为集中的地区，是我国技术创新和产品创新的最前沿地区，发展高端制造业也是北京有效利用具有竞争优势的资源禀赋的理想选择。发展高端制造业，要着力发展有一定基础、产业辐射广、带动性强、具有广阔远景的重点项目，着力打造新一代信息技术产业、医药健康产业、新能源智能网联汽车产业、智慧能源产业等。

三、战略性新兴产业

战略性新兴产业以新的重大市场需求为导向，以重大技术创新为引擎，代表未来产业发展方向，能够对地区甚至国家未来的经济社会可持续发展发挥重大引领和带动作用，是资源消耗少、环境污染小、知识技术密集、综合效益好、发展潜力大的产业。根据《北京市国民经济和社会发展第十四个五年规划和二〇三五年远景目标纲要》，战略性新兴产业包括量子信息、新材料、人工智能、机器人等产业。大力发展战略性新兴产业有助于北京实现产业转型升级，减缓甚至消除当前北京人口资源环境对经济增长造成的压力，提升地区产业国际竞争力和可持续发展能力。

由于战略性新兴产业以技术创新为支持，可以充分利用北京的科技资源，将科技优势转化为制造业的产业优势，有利于掌握产业发展的制高点。一方面，在科技资源的有效利用中，北京创新能力将得到大幅度提升，可以实现全国创新驱动发展策源地的目标，而创新驱动是未来经济可持续发展的重要方向。另一方面，北京要实现建成国际大都市的目标，必然要求其掌握战略性的产业资源，而战略性新兴产业的发展是实现这一目标的有效途径。此外，由于战略性新兴产业具有产业链条长、辐射面广、发展潜力大等特点，大力发展战略性新兴产业有利于北京带动周边地区发展，改变当前首都圈经济联系不甚紧密的现状，这种带动作用将会通过正反馈作用进一步促进北京经济的健康持续发展。

四、工业研发设计

国际大都市制造业升级的重要方向是从产业链的低附加值、低技术含量的组装制造环节向高技术含量、高附加值的研发、设计、市场营销、品牌控制等环节攀升，即从“微笑曲线”的中间位置向两端扩展。通过推进以研发、设计、创新、互联网、生产服务为代表的轻资产产业的发展，使北京的发展减少对资源的依赖，将发展的基础转移到高端要素上来。

工业的研发设计具有资本密集、智力密集、高附加值、资产轻型化等特征，符合国际大都市要素成本增加但资金、人才丰富的要素禀赋特征，因此工业研发设计在经济发展的高水平阶段会大量向大都市集中。同时，工业的研发设计也是产业链的关键生产环节，能够创造出更高的附加值。

北京不仅要大力发展研发制造业，还要把研发做长，充分发挥北京科技资源集中的优势，促进实验室中的研发成果向产业化环节延伸，大力发展研发设计、中试和母工厂，使智力和创新资源在北京落地并创造价值。

北京服务业比重高，可以通过把服务业做实带动工业发展，将文化创意、工业设计等虚拟的创意落实到具体的产品上，开发文化衍生品、工业设计原型等。

第七章　北京服装鞋帽批发市场的发展历程与疏解机制

改革开放以来，在市场经济的作用下，北京各大服装鞋帽批发市场从最初的地摊经济和马路市场逐渐形成规模较大的专业批发市场群。非首都功能疏解战略提出之前，已经形成了动物园、大红门、雅宝路三大批发市场群，国内国际影响力日益提升，市场品牌效应逐渐形成。本章首先分析了北京批发市场的发展历程、阶段和特点，其次利用核密度估计法和 Ripley's *K* 函数等方法分析了北京批发业企业的空间格局与演化趋势，然后归纳了北京区域性批发市场疏解的措施和进展，最后通过问卷调查获取第一手资料和数据，利用地理探测器和条件 logit 模型等方法定量分析了北京批发市场区位选择的影响因素。

第一节　北京批发市场的发展历程

北京市的批发产业历史悠久。早在元代，依靠京杭大运河和发达的水陆交通，各地商货可以直达大都（现北京）城内，商业活动热闹纷繁，各种专门的集市有 30 余处。在此基础上，各种专业市场经历了一系列的发展演变，逐步形成了今日北京市场分布的基本格局。

在疏解工作开始前，北京的批发市场，尤其是服装鞋帽批发市场比较成熟，“动批”“大红门”“雅宝路”等市场在国内外已颇具知名度。非首都功能疏解提出后，区域性批发市场首当其冲，各类批发市场都在紧张有序地开展疏解工作。与建材市场、农产品市场相比，服装鞋帽批发市场位置更靠近市中心、市场内人口密度大、疏解难度相对较小，疏解程度最大，在非首都功能疏解中具有典型性，本书以服装鞋帽批发业为对象进行研究。

北京的服装鞋帽批发市场在京津冀范围内数量多、规模大、知名度广，而且并不是某一个市场“一家独大”，而是集聚成为市场群，使北京的服装鞋帽批发业在京津冀地区乃至中国北方地区都具有举足轻重的地位，这也决定了其区域性批发市场的性质。

本节首先从北京动物园、大红门、雅宝路等典型服装鞋帽批发市场发展壮大的成因入手，其次对北京服装鞋帽批发市场的特点进行汇总，最后对近年来北京市商品交易市场和服装鞋帽批发市场的数量、经营面积、经济总量等情况进行分析（图 7-1），以期对北京批发业的发展情况有一个总体的认知。

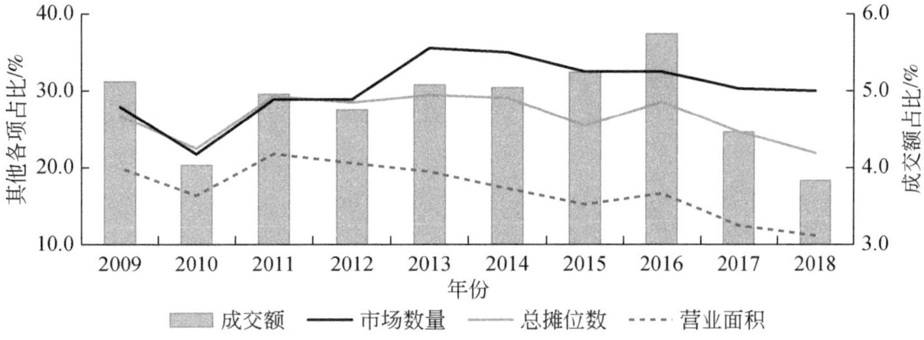

图 7-1　北京纺织服装鞋帽市场在京津冀地区的占比

资料来源：《中国商品交易市场统计年鉴》(2010～2019 年)①

一、北京服装鞋帽批发市场的形成

北京的服装鞋帽批发市场与长期发展形成的路径依赖有很大的关系。20 世纪 80 年代中期开始，“动批”从最初卖牛仔裤、裙子、丝袜等服饰的路边摊起步，经过 30 多年的发展，从“马路经济”逐渐成为中国北方最大的服装鞋帽批发集散地之一。

20 世纪 80 年代中期，温州等地区开始有不少商人来京从事服装、纺织等加工销售活动，他们的集聚处主要位于大红门地区，甚至有“浙江村”的称号。1993 年京温轻工业品批发市场建成，标志着大红门地区的集贸市场开始走上规模化经营的道路。2003 年丰台区政府在城区规划中提出“建设北京服装商业核心区”（clothing business center，CBC），同年举办了首届北京大红门国际服装节，在丰台区政府的支持下大红门地区的服装贸易进入正轨。大红门地区从一开始的“浙江村”逐步发展成为批发市场群。

20 世纪 80 年代末期，因毗邻俄罗斯及其他东欧国家使馆的区位优势，雅宝路吸引了大批中国商人蜂拥至此。当时，上述国家对于轻工纺织品的需求量较大，雅宝路地区的中国商人开始大量经营服装、皮草等，此地逐渐成为中国最大的民间涉外批发交易市场，“雅宝路”也成为中国对外贸易的一张名片。

虽然这些批发市场的区位选择一开始具有一定的偶然性，但是他们能发展成为中国北方最大的服装鞋帽批发市场，离不开以下几个原因。

1）品牌效应

20 世纪 80 年代起北京大红门、动物园、雅宝路三大服装鞋帽批发市场群就开始逐渐形成各自的品牌效应。例如，大红门商圈从一开始依靠民间的商业信用，到形成规模后的协会式保障，再到 2000 年后政府日益明显的支持态度，“大红门”的品牌效应逐渐加强，成为北京南城的一张产业名片。这些市场为服装分销商提供了一个成本低廉但却相对可靠

① 服装鞋帽批发市场数据来自《中国商品交易市场统计年鉴》中对应的“纺织服装鞋帽市场”数据。

的产品品质和信用保证。

2）集聚效应

北京的服装鞋帽批发市场在不同的历史事件（history-dependent）和路径依赖（path-dependent）的作用下，完成了集聚“向心力”的初始积累，经过几十年的演变，经营规模不断扩大，销售渠道逐渐成熟，产业链条日益完整，经营主体逐步形成利益最大化的有机共生体，集聚效应、规模效应、外溢效应进一步凸显。

3）极化效应

过去几十年，凭借北京优越的交通区位条件，各大服装鞋帽批发市场的虹吸效应日益凸显，产生了强大的极化效应。集聚带来的正面效应不断吸引着新的人员和资本流入，并逐渐得到地方政府的倾斜与政策支持，企业经营成本进一步降低，从而不断循环往复，极化效应日益加强。同时，我国北方其他地区没有形成同一体量、具有足够竞争力的批发市场，北京逐渐形成了辐射整个北方地区、具有较大全国影响力的服装鞋帽批发市场。

二、北京服装鞋帽批发市场的特点

在疏解工作开始前，北京市的批发市场尤其是服装鞋帽批发市场大体属于批零兼营的集散地型批发市场，批发和零售业态兼具，市场集散功能明显，在城市规划的概念中属于典型的二级服装鞋帽批发市场。

从产销关系来看，北京本地基本没有大规模的服装生产（图7-2），商品供应主要来自外地，销售地也以外地为主，是连接生产地与销售地的中转站，对交通便利性的需求远大于对靠近供应商的需求，对物流条件依赖程度高，通常分布在城市对外交通出入口附近。

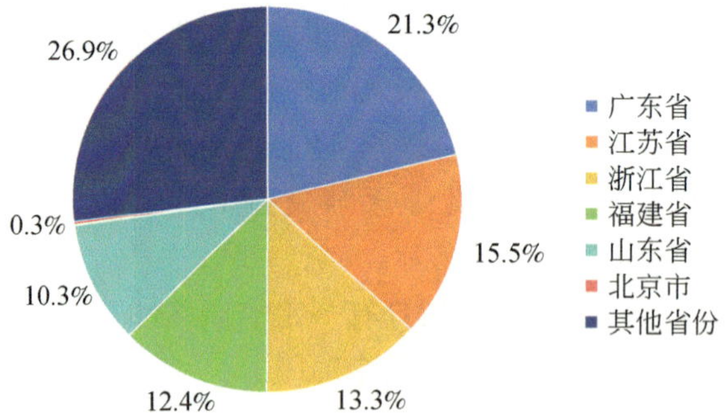

图7-2　2014年全国服装生产前五名省份及北京产量比例

资料来源：国家统计局

从交易形态来看，这些市场属于零售兼批发性质，这就意味着其所在城市或区域拥有大量的零售需求，即拥有数量庞大的消费群体。北京的服装鞋帽批发市场主要包含以下几个特点。

1）南北服装流通的中介和纽带

在商品供应方面，布料、辅料、成品服装等主要来自浙江、江苏、广东、福建等地，大红门周边地区也有一些生产廉价服装的手工作坊式无证无照小工厂，也是北京服装产业链条中的一环。

在商品销售方面，动物园、大红门地区经营的各类产品以销往我国东北、华北、华东和西北等地区为主；雅宝路的皮草、服装产品绝大部分以外贸的形式销往东欧、中亚、东南亚等国家和地区。

2）零售比例较高

相较于一级批发市场，北京市本身就是一个庞大的消费市场，各大服装鞋帽批发市场的零售比例均相对较高，于是大部分商户采用批零兼顾的经营模式，晨间主要经营批发业务，其他时段尤其是非工作日以零售为主。零售额占批零总额的10%左右，考虑到批发与零售之间销售量的悬殊，零售额的比重是比较高的。

3）经营产品档次较高

北京服装鞋帽批发市场已经突破传统的“低成本–低价格–低质量”的经营模式，紧跟社会经济发展潮流，契合人们消费理念的更新，众多市场开始走“精品”之路，打造“品牌化经营，专业化管理”的发展理念，尤其是动物园服装批发市场的服饰商品主要面向年轻人，更加追求相对高档和质量。

综上所述，北京的服装鞋帽批发市场大多属于典型的二级批发市场，市场的集散功能显著，是南北服装流通的中介和纽带，经营内容更为综合，产品档次相对较高，盈利模式相比一级批发市场更为复杂多样。

三、北京批发市场近年发展情况

2009年以来，北京商品交易市场总体呈现萎缩的态势。根据相关数据指标情况，北京商品交易市场的发展大致可以划分为3个阶段：

一是快速增长阶段（2009～2012年）。这期间北京商品交易市场的摊位数和成交总额都在稳步增长，成交额的年均增长率达到16.0%，市场数量和营业面积基本保持平稳。

二是缓慢下滑阶段（2013～2014年）。从2013年开始，北京商品交易市场总体规模开始降低，成交额增速明显放缓，市场发展动力不足的问题浮出水面。

三是明显萎缩阶段（2015～2018年）。市场数量、摊位数与营业面积在2015年以后出现了明显下滑，成交总额在2016年以后大幅降低。与此对应，全国商品交易市场则是稳步发展，营业面积与成交额指标更是节节攀升。北京的商品交易市场呈现与全国总体情况大体相悖的发展态势，这是区域性批发市场疏解背景下的必然结果（图7-3、图7-4）。

对于服装鞋帽批发市场来说，2009年以来北京服装鞋帽批发市场的发展举步维艰。根据近10年来各项指标的情况，北京服装鞋帽批发市场的发展也可以划分为3个阶段（图7-5）：

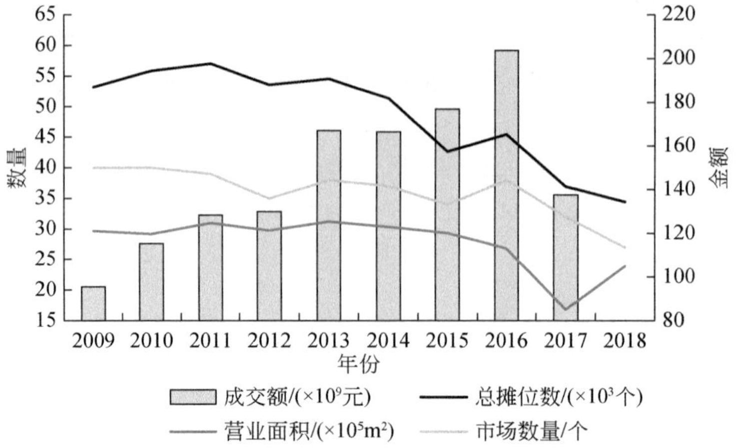

图 7-3　北京商品交易市场情况

资料来源：《中国商品交易市场统计年鉴》（2010～2019 年）

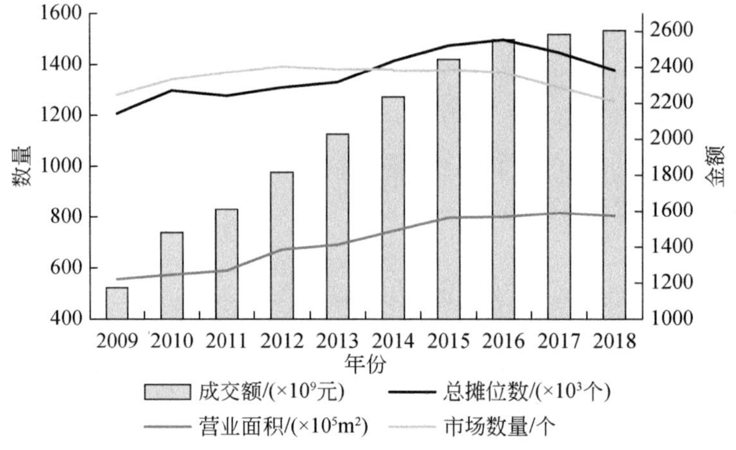

图 7-4　全国商品交易市场情况

资料来源：《中国商品交易市场统计年鉴》（2010～2019 年）

一是逐渐增长阶段（2009～2013 年）。与 2009 年相比，2010 年北京服装鞋帽批发市场各项指标均有明显降低，2010～2013 年保持了良好的发展势头，成交额年均增长率达 13.7%。

二是发展疲软阶段（2014～2017 年）。2014 年以后开始面临产业动力不足，各项指标下滑的问题。

三是骤然萎缩阶段（2017～2018 年）。2016 年以后，北京服装鞋帽批发市场在疏解政策影响下呈现断崖式下降，市场数量、总摊位数、营业面积、成交额均出现骤减。

与此对应的是，全国服装鞋帽批发市场一直维持成交额上涨与营业面积增加的趋势。同时应注意到，市场数量与总摊位数在 2015 年左右开始呈下降趋势，曲线呈现倒 U 形，这也符合服装鞋帽的批发与零售产业向大规模和大店面发展的一般规律，是一种自我更新与淘汰的市场发展机制（图 7-6）。

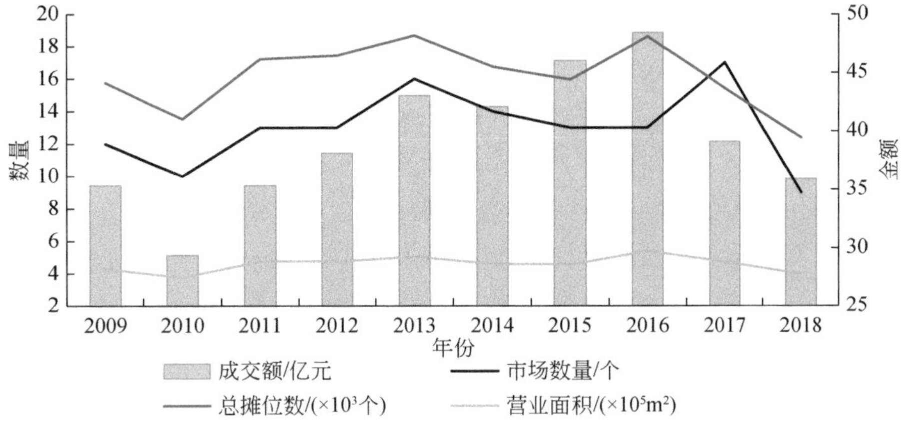

图 7-5　北京商品交易市场情况（纺织服装鞋帽市场）

资料来源：《中国商品交易市场统计年鉴》（2010～2019 年）

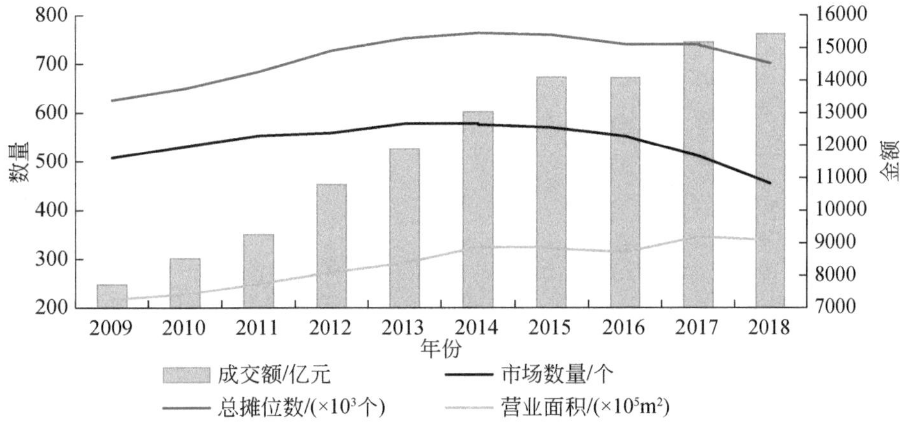

图 7-6　全国商品交易市场情况（纺织服装鞋帽市场）

资料来源：《中国商品交易市场统计年鉴》（2010～2019 年）

第二节　北京批发市场的空间演化

本节利用第二次全国经济普查和第三次全国经济普查数据，对北京批发业企业的空间分布格局及其演化过程进行了分析，研究结果表明，2013 年批发业企业的空间集聚态势更为明显，在朝外街道、永定门外—大红门街道形成了两个相对稳定且密度较大的集聚区，在展览路街道形成了一个次级核心。二环内集聚密度明显降低，集聚区向外围，尤其是丰台区和朝阳区拓展，具有明显的向东和向南发展的趋势。

一、数据来源

由于区域性批发市场的疏解主要针对北京城市功能的核心区，所以选择北京城六区作为案例地区。企业数据来源于北京市第二次、第三次全国经济普查数据，每条企业数据包括企业名称、所属区县、成立时间、营业状态、注册类型、营业收入（千元）、资产总计（千元）、员工数（人）等属性。

筛选全国经济普查中国民经济行业分类为服装批发和鞋帽批发的企业，其中第二次全国经济普查中使用的是《国民经济行业分类》GB/T 4754—2002）版行业分类代码，服装批发和鞋帽批发对应的代码分别为6332和6333；第三次全国经济普查中使用的是《国民经济行业分类》（GB/T 4754—2011）版行业分类代码，服装批发和鞋帽批发对应的代码分别为5132和5133。通过整理并汇总得到2008年北京城六区803个批发业企业数据和2013年2176个批发业企业数据。其中，第二次全国经济普查的标准时点为2008年12月31日，第三次全国经济普查的标准时点为2013年12月31日，考虑到非首都功能疏解提出的时间是2014年，所以采用第二次全国经济普查和第三次全国经济普查数据探究疏解前北京市批发业企业的数量、空间分布和发展趋势是比较合适的。

筛选出服装鞋帽批发业企业数据后，利用大批量地址经纬度解析转换处理软件XGeocoding将企业的地址信息转换为坐标 X/Y 数据，并导入ArcGIS软件中转换为空间点数据，实现数据的可视化，构建企业的空间数据库，样本分布如图7-7和图7-8所示。

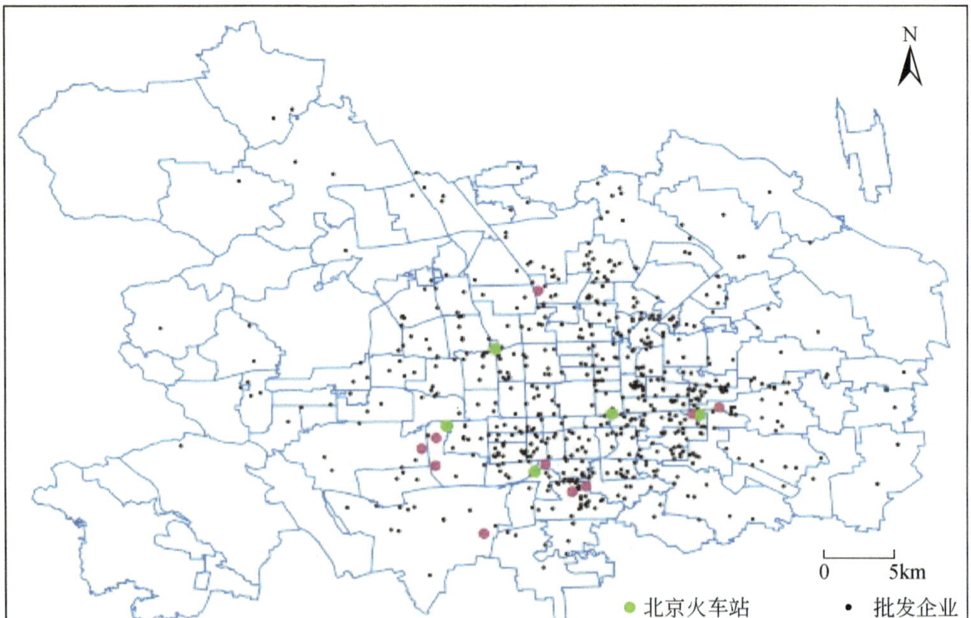

图7-7　2008年北京批发业企业空间分布

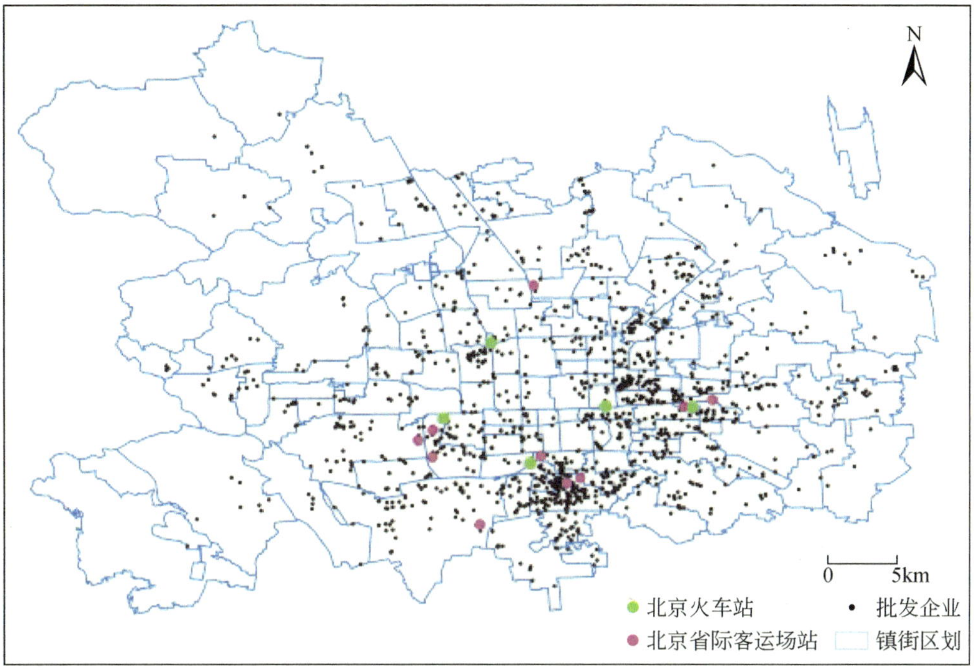

图 7-8　2013 年北京批发业企业空间分布

二、研究方法

参考已有的研究方法，以及研究本身的需要，这里主要使用了核密度估计法和 Ripley's K 函数等方法。

1. 核密度估计法

在 GIS 空间分析中，核密度估计法是最常见的一种非参数估计法，通过计算现有离散点在区域内的密度分布，以点密度的空间变化来估计点的分布特征，从而对研究对象在连续空间内的概率密度函数进行估算。假设点 x 处的密度为$\lambda_h(x)$，则其核密度估计值$\widehat{\lambda_h}(x)$的表达式为

$$\widehat{\lambda_h}(x) = \sum_{i=1}^{n} \frac{3}{\pi h^4}\left(1 - \frac{(x - x_i)^2}{h^2}\right)^2 \tag{7.1}$$

式中，x_i为落在以点 x 为圆心，h 为半径的圆内，第 i 个企业点的位置；h 是一个平滑参数，称为带宽（bandwidth），即以 x 为原点的曲面在空间上延展的宽度。

2. Ripley's K 函数

1977 年由 Ripley 提出的 Ripley's K 函数是一种基于距离的点模式分析方法，可以用来刻画任意尺度下的空间集聚现象。设定搜索半径后，该函数通过分析区域内点数据的空间

分布特征，统计搜索范围内点的数量，计算点密度距离函数。计算公式为

$$K(t) = A\sum_{i=1}^{n}\sum_{j=1}^{n}\frac{w_{ij}(t)}{n^2} \tag{7.2}$$

式中，i，$j=1$，2，…，n；$i\neq j$，n 为研究区域内某一范围点的数量；t 为搜索半径；$w_{ij}(t)$ 为 t 搜索范围内 i 点与 j 点之间的距离；A 为研究区面积。

$K(t)$ 函数可以构造判断观测点分布状况的 $L(t)$ 指标，即

$$L(t) = \sqrt{\frac{K(t)}{\pi}} - t \tag{7.3}$$

$L(t)>0$ 表示空间点呈现集聚分布态势；$L(t)=0$ 表示空间点呈随机分布态势；$L(t)<0$ 表示空间点呈扩散分布态势。当 $L(t)>0$ 即空间点呈集聚分布态势时，集聚强度可以用 $L(t)$ 函数图的第一个峰值，即偏离置信区间的最大值来度量，集聚半径可以用 $L(t)$ 第一个峰值对应的 t 值进行度量。

三、空间格局演化

本书在 ArcGIS 10.3 中将批发业企业作为空间点，运用核密度估计法进行批发业企业空间分布密度的计算，并用自然断点分级法分成 5 级进行展示，对批发业企业的空间分布格局和集聚状况进行分析。研究结果表明，北京批发业企业的分布呈现明显的集聚特征，但不同时期集聚区的位置有所改变（图 7-9 和图 7-10）。

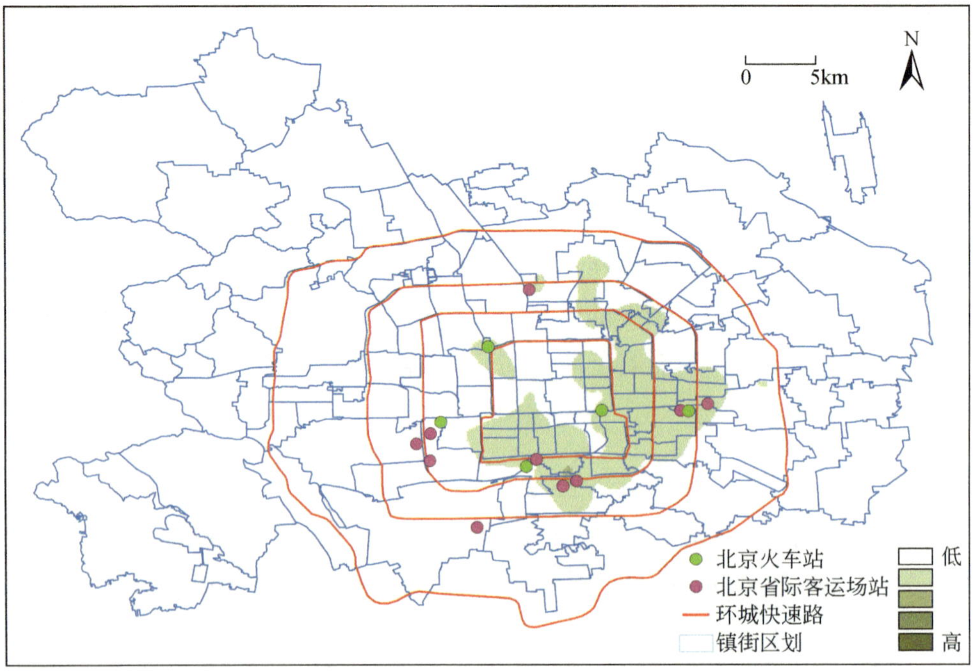

图 7-9　2008 年北京市城六区批发业企业空间核密度分布

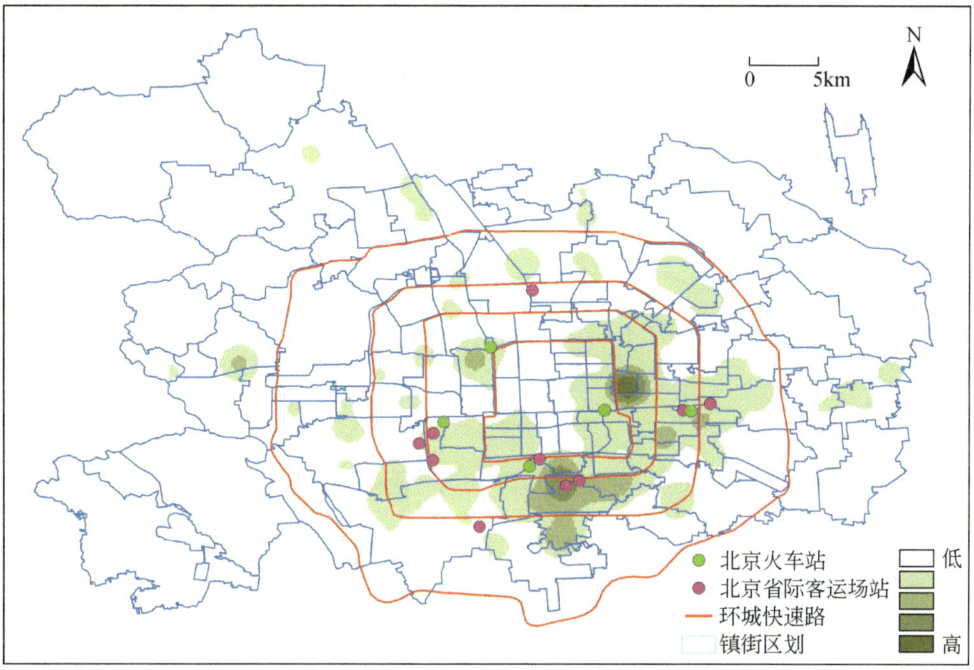

图 7-10　2013 年北京市城六区批发业企业空间核密度分布

1. 核心集聚区识别

2008 年批发业企业的核心集聚区主要分布在八里庄街道、朝外街道、永定门外街道和大红门街道等地区，呈现多核心分布格局，涵盖了雅宝路外贸服装批发市场、百荣世贸商城、大红门服装批发市场等北京市内几个体量较大的服装鞋帽批发市场。次级核心集聚区主要延展到亚运村、大屯街道、左家庄街道、东四、高碑店乡、劲松街道、方庄地区、展览路—新街口街道、陶然亭—牛街街道、广安门外街道等地，天兰天尾货市场、动物园服装批发市场等服装鞋帽批发市场均在上述区域内。

2013 年与前一阶段相比具有以下两个明显特征：一是批发业企业的空间集聚态势更为明显，在朝外街道、永定门外—大红门街道形成了两个相对稳定且密度较大的集聚区。其中，朝外街道的企业点分布密度最高，南二环—南四环的永定门外—大红门—和义街道与前一阶段相比出现明显的连片扩张趋势。此外，在展览路街道形成了一个次级核心。二是二环内集聚密度明显降低，集聚区向外围，尤其是向丰台区和朝阳区拓展，具有明显的向东和向南发展的趋势。这与 2008 年举办奥运会、北京实施“退二进三”政策、相关服务业在内城随之向外扩展有关。

2. 集聚程度分析

Ripley's *K* 函数和 Ripley's *L* 函数可以用来计算空间中点的集聚规模和集聚强度。本书使用 CrimeStat 3.0 软件进行 Ripley's *K* 函数和 Ripley's *L* 函数的计算，考虑到软件运行速度问题，调用 Monte Carlo 模拟法进行 99 次统计学模拟检验，设置单位为 km，分别生成 2008 年和 2013 年 $L(t)$ 的最大值 $L(t)$max 和最小值 $L(t)$min 曲线。由 Ripley's L 函数图可见（图 7-11 和图 7-12），各时段的 $L(t)$ 指数均大于 0，并且显著高于随机分布模拟的最大值 $L(t)$max，通过显著性检验。

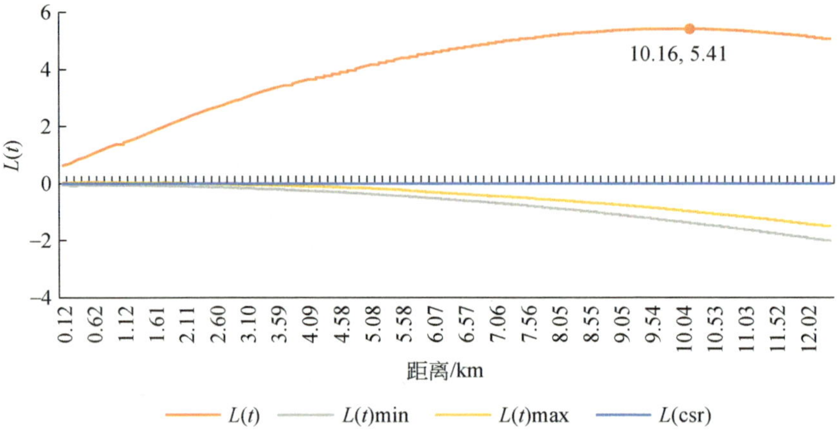

图 7-11　北京市 2008 年批发业企业 Ripley's L 函数分析

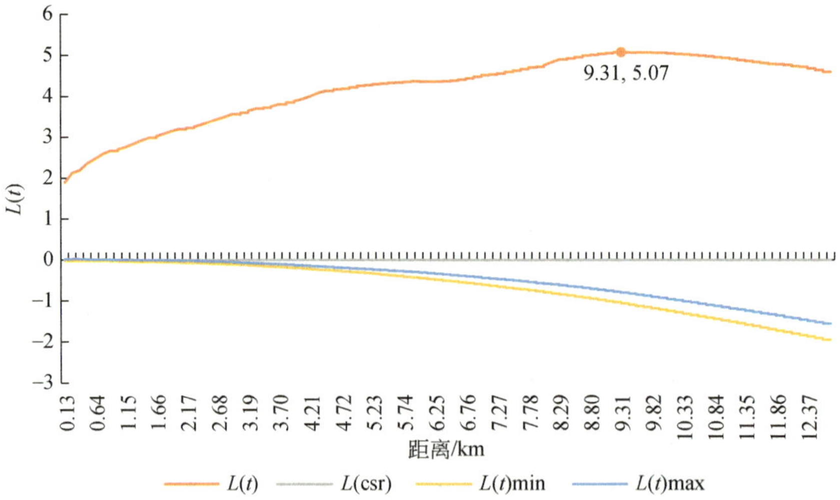

图 7-12　北京市 2013 年批发业企业 Ripley's L 函数分析

北京市城六区内的批发业企业在 0 ~ 13km 范围内显著集聚。从 2008 年和 2013 年两个时间节点的对比看，批发业企业在各时间切片内的 $L(t)$ 曲线走势基本相似，并且均呈现先增后降的倒“U”形。2008 年达到集聚峰值的距离为 10.16km，对应的集聚强度为 5.41；2013 年达到集聚峰值的距离为 9.31km，对应的集聚强度为 5.07。2008 ~ 2013 年 $L(t)$峰值基本不变，集聚峰值出现的距离 t 从 2008 年的 10.16km 缩小到 2013 年的 9.31km，向内收缩约 1km，服装鞋帽批发业企业呈现短距离集聚的趋势。由此可见，2008 ~ 2013 年北京市服装鞋帽批发业企业的集聚程度进一步加强。

同时，为了更好地体现北京市服装鞋帽批发业企业的集聚程度演变特征和企业进行区位选择时的分布特征，本书分别提取第三次全国经济普查数据中 2009～2013 年每年新成立的批发业企业点，观察其 Ripley's L 函数，从新成立企业选址的分布情况，探究服装鞋帽批发业企业的集聚态势。

从不同年份新成立的批发业企业的 Ripley's L 函数图上看（图 7-13），各时段的 $L(t)$ 指数均大于 0，显著高于随机分布模拟的最大值 $L(t)$max，故全部通过显著性检验，2009～2013 年北京市城六区新成立的批发业企业在 0～12km 范围内显著集聚。

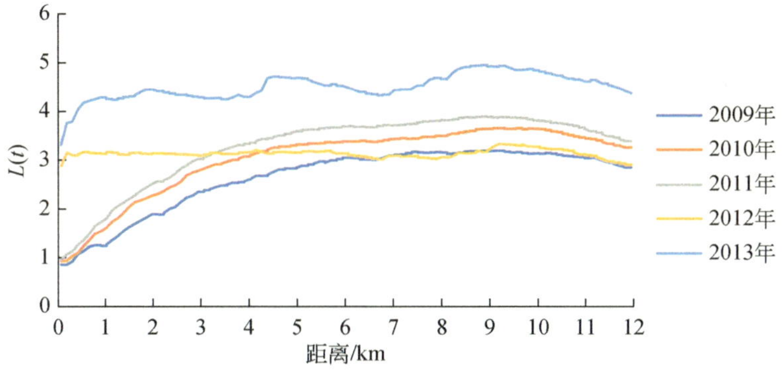

图 7-13　北京不同年份新成立批发业企业 Ripley's L 函数对比

从时间跨度上看，2009～2011 年 Ripley's L 函数呈现较为典型的先增后降倒 U 形曲线，批发业企业在各时间段内的 $L(t)$ 曲线变化趋势相似；2012 年和 2013 年 $L(t)$ 曲线呈现多个先增后降的倒 U 形趋势，导致这种现象的原因可能是企业分布点存在多丛聚模式，即有多个集聚峰值。5 年间新成立的批发业企业的集聚半径，即集聚峰值出现的距离 t 基本稳定在 9km 左右，而 $L(t)$ 指数峰值则呈现明显的上升趋势（表 7-1）。

表 7-1　2009～2013 年新成立批发业企业 Ripley's L 函数峰值特征

年份	峰值距离/km	$L(t)$ 峰值
2009	8.73	3.19
2010	9.36	3.65
2011	8.70	3.89
2012	9.11	3.33
2013	9.20	4.94

由此可见，新企业在选址时具有越来越明显的集聚倾向，极化效应日渐凸显。

第三节　区域性批发市场疏解的措施与进展

通过新闻资讯和相关网页信息的搜索与汇总，以及作者通过实地访谈了解到的情况，本节梳理了北京市各大服装鞋帽批发市场疏解的基本流程、采取的措施，以及疏解进展与现状。

一、疏解措施

区域性批发市场疏解工作在2015年启动，消息传出后，河北、天津各地的服装鞋帽商城就与北京各批发市场所在政府洽谈合作项目，力图承接部分疏解出来的批发业（图7-14）。同时，北京各地方疏解办公室开始和动物园服装批发市场、大红门服装批发市场等各个服装鞋帽批发市场的商户和管理人员进行沟通与协调。承接地商城也与商户针对租金、优惠政策等问题进行了多方位的交流（图7-15、图7-16）。疏解市场、承接市场、疏解地政府、承接地政府围绕区域性批发市场疏解工作展开了大量沟通与交流，针对达成的共识、同意疏解的商城发布闭市信息，预留1～3个月的清仓甩货时间，在闭市时间到后即关闭市场，完成疏解工作。一开始，疏解工作难度较大，商户抵抗情绪较重，疏解过程中也有一些强制性、半强制性的措施与手段出现。2017年商户抵抗情绪逐渐降低，开始积极寻找承接市场，疏解工作步入正轨。

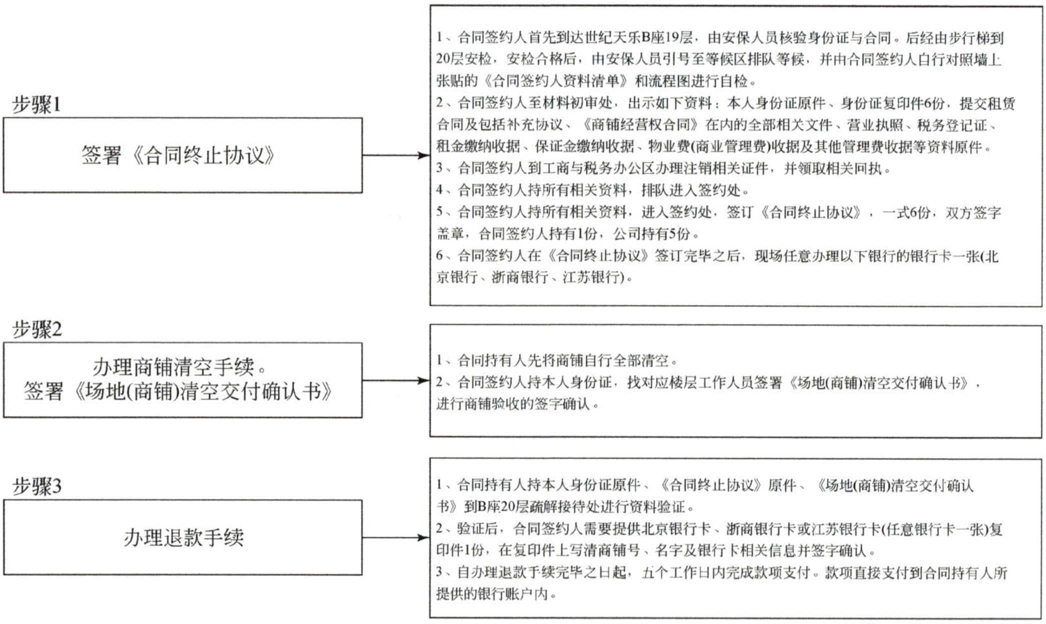

图7-14　世纪天乐国际服装市场疏解签约流程图

图7-15　万通商城清仓现场图

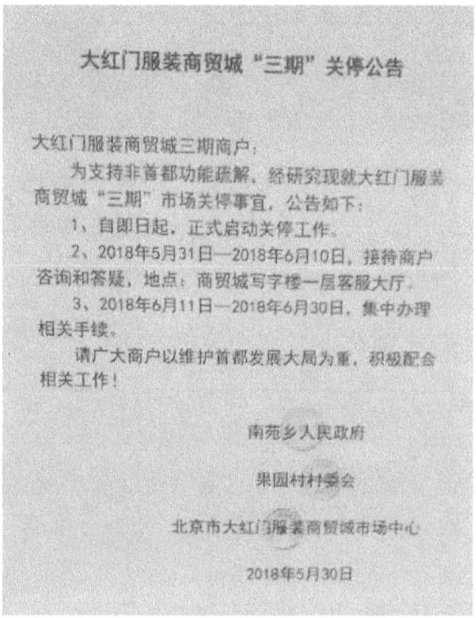

大红门服装商贸城“三期”关停公告

大红门服装商贸城三期商户：

为支持非首都功能疏解，经研究现就大红门服装商贸城“三期”市场关停事宜，公告如下：

1、自即日起，正式启动关停工作。

2、2018年5月31日—2018年6月10日，接待商户咨询和答疑，地点：商贸城写字楼一层客服大厅。

3、2018年6月11日—2018年6月30日，集中办理相关手续。

请广大商户以维护首都发展大局为重，积极配合相关工作！

南苑乡人民政府

果园村村委会

北京市大红门服装商贸城市场中心

2018年5月30日

图 7-16 大红门服装商贸城“三期”关停公告

二、进展与现状

在北京市人民政府网站的疏解非首都功能专题①及各类新闻报道中，对疏解进展、主要承接市场等问题进行信息收集与汇总，了解到动物园服装批发市场群和大红门服装批发市场群是北京市服装鞋帽批发市场疏解工作开展较为广泛的典型区域，是非首都功能疏解的标志性项目。

1. 动物园服装批发市场群

2017 年 12 月之前已完成全部批发市场（12 家）的疏解工作，形成了较为完整的从疏解地到承接地（承接市场）的工作闭环（表 7-2）。

表 7-2 动物园批发市场群闭市时间汇总表

市场名称	闭市时间
天皓成服装商品批发市场	2015 年 1 月 11 日
时尚天丽服装批发市场	2015 年 6 月 30 日
特别特鞋城	2015 年 10 月 9 日
信德时代商城	2015 年 10 月 30 日
惠通永源市场	2015 年 12 月 30 日
聚龙外贸服装商城	2015 年 12 月 31 日

① http://www.beijing.gov.cn/ywdt/zwzt/sjfsdgn/。

续表

市场名称	闭市时间
金开利德国际服装批发市场	2016年2月4日
万容天地市场	2017年6月27日
众合服装批发市场	2017年7月30日
世纪天乐国际服装批发市场	2017年10月6日
天和白马服装商城	2017年11月13日
东鼎服装商品批发市场	2017年11月30日

疏解前，动物园服装批发市场群日均客流量6万~7万人，节假日达15万人，市场的建筑面积约35万 m^2，摊位数约1.3万个，从业人员4万余人。

2. 大红门服装批发市场群

该批发市场群共有45家批发市场，涉及商户约2.8万户。根据北京市人民政府网站——“首都之窗”的报道，截至2018年6月，45家批发市场中已有43家完成疏解，累计涉及商户1.77万户，其中2014年完成疏解5家，2015年完成疏解13家，2016年完成疏解16家，2017年完成疏解9家。2021年10月底，大红门服装批发市场关停。

在进行实地调研时发现，大红门服装批发市场群内仅大红门服装城尚未完全疏解。在疏解过程中百荣世贸商城、天雅女装大厦、新世纪服装大厦等几家老牌市场就地转型升级，告别批发业态，转型为服务本地居民的北京服装行业新地标。绝大部分疏解工作已经完成，既有拆除关停，又有转型升级，形式多样。

3. 雅宝路服装批发市场群

2015年雅宝路服装批发市场群启动了疏解工作，截至2017年7月已经疏解10处楼宇式市场，包括威格德纳体育大世界、雅宝红城、奥特利玛、国星银座、雅宝城、东方圣元、老番街、雅宝日月等。雅宝路服装批发市场群是中国面向东欧出口的最大和最专业的服装市场，一度成为“东欧服装贸易”的代名词。雅宝路服装批发市场群共有15座楼宇，总建筑面积近50万 m^2，贸易伙伴来自东欧、中亚、东南亚等国家和地区，疏解前年出口额超过100亿美元。

截至2018年底，北京市服装鞋帽批发市场的疏解工作已经基本完成，包括动物园、大红门、雅宝路三大服装批发市场群，天兰天尾货市场、天意小商品批发市场、金五星百货批发市场等中小型批发市场在内的服装鞋帽批发市场都已完成疏解。与北京市疏解出去的各个区域性批发市场对接的天津、河北的服装鞋帽批发市场包括：燕郊东贸国际服装城、白沟和道国际箱包交易中心、白沟和道国际动批服饰广场、白沟国际商贸城、天津（王兰庄）温州国际商贸城、天津王顶堤万隆大胡同商城、天津卓尔国际商贸城、沧州明珠商贸城、永清·北京鑫海鞋城、石家庄乐城国际贸易城、乌兰察布中国·新雅宝路商城等（图7-17）。

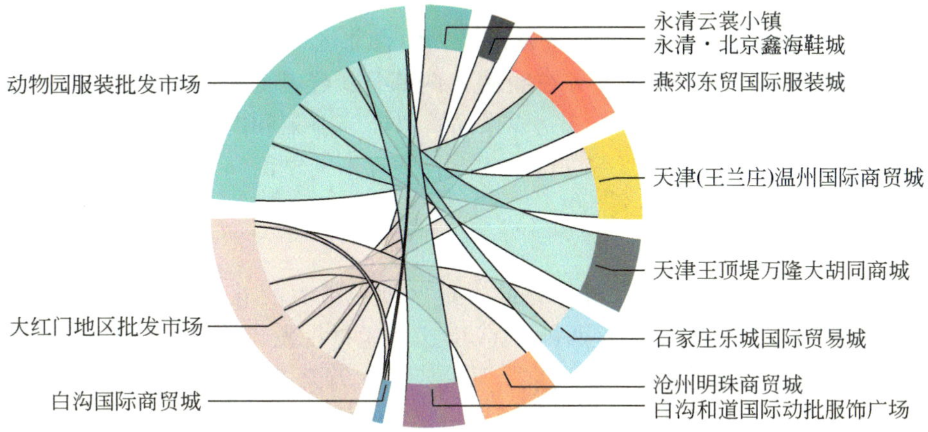

图 7-17　北京市部分区域性批发市场的搬迁“足迹”图

除了服装鞋帽批发市场之外，其他类型的市场还有官园商品批发市场、永外城文化用品批发市场、天意小商品批发市场、锦绣大地农副产品批发市场、玉泉营建材装饰市场等。北京市其他各类市场疏解进展情况大致如下。

1）天意小商品批发市场

北京规模最大的小商品批发兼零售市场，有“北京小义乌”之称。2017 年 9 月 16 日实现闭市，涉及摊位 4650 余个，商户约 1900 家、从业人员 1.4 万人，建筑面积约 4.14 万 m^2。

2）万通小商品批发市场

2017 年 8 月 31 日实现闭市，涉及摊位 1700 个、从业人员 5100 人。经营品类涵盖流行饰物、时尚服装、家具用品、办公文体、儿童玩具、工艺礼品、通信器材、家电音响等，营业面积近 3 万 m^2。与其他小商品批发市场不同，万通小商品批发市场既有个体商户，又有品牌专卖店等商业业态。

3）官园商品批发市场

2018 年 9 月 28 日闭市。该市场以服装、小商品、百货和文体用品为主。市场建筑面积约 2.4 万 m^2，摊位数 1447 个，从业人员约 2900 人。

4）玉泉营建材装饰市场

25 家市场中累计完成 18 家市场疏解任务，如双马建材市场、居然之家玉泉营家居建材市场、顺达建材市场、玉泉营花卉市场、京古文化用品市场、玉泉营社科建材市场等，涉及建筑面积超 20 万 m^2，从业人员超 6000 人。

5）十里河小商品批发市场

目前已经完成天娇文化城、弘善旧货交易市场的疏解。

6）永外城文化用品批发市场

永外城文化用品批发市场于 2018 年 6 月 15 日关停闭市，百荣世贸商城已实现去批发化，向现代化购物中心转型。

7）锦绣大地农副产品批发市场

该市场是海淀区最大的农副产品批发市场，包含北区（果品、水产、蔬菜、肉类和粮油市场）和南区（包含物流港和商务在线楼）两部分，经营面积24万m^2，共有商户3520户，从业人员约1.5万人。2016年已完成果品、水产、蔬菜和肉类市场关停，涉及建筑面积8.6万m^2、商户1291家、从业人员6455人，并逐渐向电商转型，发展智慧仓储和智慧物流。

8）京开五金建材批发市场

2017年9月30日市场正式关停，是北方地区规模最大的五金机电建材批发市场，位于南三环和南四环之间，京开高速西侧。京开五金建材批发市场占地面积8.7万m^2，经营面积11.67万m^2，聚集商户1300余家，从业人员1万余人，市场内车流量日均达15000次以上。货物流通覆盖整个华北地区，辐射东北、西北和华中地区。

三、实地调研情况汇总

2018年4月上旬，作者前往大红门地区和动物园地区进行实地调研，对疏解现状和腾退空间的再利用情况等进行了考察，对相关批发市场的形成历史、经营情况、经营范围、疏解过程等问题进行了访谈调研（表7-3）。

表7-3　大红门地区主要批发市场现状

市场名称	是否营业	经营范围	去向	附近路况现状	附近路况前状	场所情况
大红门服装商贸城	是	服装	无	良	一般	良
京温服装市场	否	服装	不定	良	一般	一般
新世纪服装大厦	是	服装	无	良	一般	优
丹陛华小商品批发市场	是	玩具、箱包、布料、丝袜、各类小商品	无	一般	差	一般
环球众人众轻纺市场	否	各类布料	廊坊为主	一般	差	良
京都世纪轻纺城	否	各类布料	廊坊为主	一般	差	良

动物园地区所有市场均已停业，营业场所均已腾退出来。作者对各商城门口有关疏解的通知与招商信息进行了拍摄留存，同时与附近的安保人员、清洁人员和附近住户等进行了沟通和访谈，了解到动物园地区现在大部分商城处于封闭闲置状态，仅有一处建筑（北京市西城区西直门外大街132号北京东鼎服装商品批发市场）目前已有新的业态入驻。

大红门地区的商场疏解工作尚未完全结束，大红门商城一期、三期，丹陛华小商品批发市场等商城尚在营业中，界定为升级转型的新世纪商城中仍有一些批发业态存在，其他已完成疏解的商城、市场尚处在封闭闲置状态。

作者对尚未疏解的市场内的商户、商城周边的运输人员、附近村民等进行了访谈。经考察，此前大红门地区已经形成了较为完整的轻纺、服装产业链，包括布匹、纽扣、线、制衣、绣花、印花等成品或半成品加工，甚至还有小型服装厂，以及相关配套的餐饮、蔬菜、瓜果商户。目前原材料和半成品市场基本被疏解（环球众人众轻纺市场、京都世纪轻纱城等），可以直接面对消费者的成品市场，如各大服装市场、小商品市场还有不少保留，批发业态仍旧存在，面向外地的批发大为减少，面向本地的批发成为主流，零售业态变动不大（图 7-18）。

图 7-18　京都世纪轻纺城内部现状

第四节　北京批发市场的区位选择

改革开放以来，在市场经济体制的作用下，北京市核心区的各大服装鞋帽批发市场从最开始的地摊商业、马路经济逐渐形成规模较大的专业批发市场群，这是市场力量主导下批发企业的区位选择过程。本节结合问卷调查和客户访谈数据，采用地理探测器、条件 logit 模型等分析工具，分别对服装鞋帽批发业企业区位选择的影响因素及其作用机制进行深入剖析，更好地理解“区域性批发市场疏解受哪些因素影响”这一科学问题。

一、研究方法与数据来源

本节内容主要探究在市场机制作用下，非首都功能疏解工作开始前，北京市批发业企业区位选择的机制，以服装鞋帽批发业企业为例，对其选址的影响因素进行定量化分析。

1. 数据与指标

为了探讨北京市批发业企业区位选择的影响因素和作用机制，本节以 2008 年之后新建的服装鞋帽批发业企业为研究对象，主要考察批发业企业在进行区位选择时主要受哪些因素影响。批发业企业的区位选择是多种因素共同作用的结果，城市内部个体批发业企业在进行区位选择时通常涉及行业基础、交通条件、城市空间结构、土地资源、批发市场自身经营等因素。结合产业集聚理论，本书在研究批发业企业区位选择时主要考虑的因素见

表7-4。

表7-4　变量定义及预期影响

变量	变量定义	变量说明	预期影响
因变量			
企业分布量	企业数量（firm）	第三次全国经济普查中各街道服装鞋帽批发业企业数量/个	+
解释变量	—	—	
集聚经济	原有企业数量（pre）	第二次全国经济普查中各街道服装鞋帽批发业企业数量/个	+
	集聚效应（aggl）	各街道2009～2013年新成立批发业企业个数/个	+
城市化	城市化率（rate）	各街道的非农业人口占年末总人口比重/%	+
	人口密度（popu）	各街道单位面积人口/（人/km^2）	+
土地价格	商业基准地价（landprice）	各片区的商业基准地价数据/元	-
劳动力	就业适龄人口（working age population，WAP）	各街道内15～64岁就业适龄人口数/人	+
基础设施	路网密度（road）	各街道道路密度/（km/km^2）	+
空间可达性	距最近火车站、长途客运站距离（station）	各街道中心到最近火车站或长途客运站的直线距离/km	-
	距最近主干道路距离（trunk）	各街道中心到最近高速公路或环线的直线距离/km	-
	距最近地铁站距离（subway）	各街道中心到最近地铁站的直线距离/km	-

注："+"表示该变量对批发业企业区位选择有正向影响；"-"表示该变量对批发业企业区位选择有负向影响。

1）集聚经济

根据产业集聚理论，产业集聚可以产生规模效应，降低企业间的交流成本，提高企业收益，所以新企业在集聚向心力的作用下倾向于布局在靠近原有产业的区位，直至该产业的集聚程度超过最佳规模临界点，产生集聚不经济。新企业的选址会受到原有企业的规模和空间布局的影响，本节中以2008年第二次全国经济普查数据作为衡量原有企业基础的标准。借鉴韩会然等（2018）和Hong（2009）的研究，选取每个街道2008年前已有服装鞋帽批发业的企业数量（firm）表征该地区的产业基础，同时将每个街道2009～2013年新入驻的服装鞋帽批发业企业个数作为集聚效益（aggl）指标，二者结合来反映集聚经济的影响。通常情况下，特定地区的产业集聚会对企业具有正向吸引力，除非某产业已然发展到过度集聚的阶段，所以这两个集聚经济指标对企业区位选择的影响预计为正。

2）城市化

借鉴批发业布局影响因素的相关研究，本书将与城市经济社会发展有关的因素定义为城市化指标。选取街道尺度的城市化率（rate）和人口密度（popu）为衡量指标。一般情况下，城市化率越高，该区域基础设施越完善，经营场所的可达性越高；人口密度越大，未来潜在的消费市场越大，所以预期这两项城市化指标的影响也为正。这两项指标的数据均来源于北京市第六次人口普查年鉴。

3）土地价格和劳动力

批发业企业的经营成本受土地价格和劳动力成本影响较大。本书通过收集“北京市区片基准地价表”，计算不同街道的商业基准地价（landprice）来衡量企业的用地成本，预期该指标对企业区位选择的影响为负值。劳动力成本可以用人口普查数据中各街道15～64岁的就业适龄人口（working age population，WAP）进行衡量，劳动力数量越多，企业获得劳动力越容易，劳动力成本相对就会降低，该指标预期影响为正。

4）基础设施和空间可达性

良好的交通基础设施和空间可达性对批发业企业的区位选择产生积极影响。本书选取每个街道范围内的路网密度（road）作为交通基础设施评价指标，预期影响为正。空间可达性方面，本书选取到达各类交通设施的空间距离作为衡量空间可达性的指标。以各街道企业点分布的中心作为街道中心点，分别计算各街道中心点与最近火车站、长途客运站（station）、与最近主干道路（包括环线和高速公路）（trunk）、与最近地铁站（subway）的直线距离，以表征企业到达主要交通设施的可达性，反映不同区位的批发业企业进货和买方拿货的方便程度。距离越大，表明交通可达性越差。空间可达性的3个指标对企业区位选择的预期影响为负。

2. 模型选择

考虑到数据属性问题，以及为提高研究结论的可信度，这里选择了条件logit模型和地理探测器两种方法分别进行计算。

1）条件logit模型

企业区位选择是一个离散的事件，作为一种常用的离散选择模型，条件logit模型（conditional logit model）被广泛应用于产业区位选择研究的文献中，用来估计区域特性如何增加或降低和相对于其他区域被选中的概率。

在利益最大化的原则下，选择主体面对所有可供选择的离散区位，会选择使其利润最大化的区位进入。对于每一个新成立的批发业企业而言，企业会理性地选择能够使其获得最大利润的地区。假设π_{ij}为i企业选择在j地所获得的效用，即利润。π_{ij}包含企业利润的决定性因素和随机扰动项，其公式表示为

$$\pi_{ij} = V_{ij} + \varepsilon_{ij} \tag{7.4}$$

式中，V_{ij}为决定企业区位选择因素的函数；ε_{ij}为随机扰动项。企业i选择在j地布局需要满足的条件是

$$\begin{aligned} P_{ij} &= \text{prob}\{\pi_{ij} > \pi_{ik}\},\ k \neq j \\ &= \text{prob}\{V_{ij} + \varepsilon_{ij} > V_{ik} + \varepsilon_{ik}\},\ k \neq j \\ &= \text{prob}\{V_{ij} - V_{ik} > \varepsilon_{ik} - \varepsilon_{ij}\},\ k \neq j \end{aligned} \tag{7.5}$$

即当j地给i企业带来的利润大于其他地区($\pi_{ij}>\pi_{ik}$）时，则i企业选择j布局。如果ε_{ij}符合不相关选项独立性（independence from irrelevant alternatives，IIA）分布，即意味着任意两个备选地区的机会发生比率不受其他地区的影响，则i企业选择j地区的条件概率为

$$P_{ij} = \frac{\exp(\beta \times V_{ij})}{\sum_{j=1}^{n} \exp(\beta \times V_{ij})} \tag{7.6}$$

式中，n 为备选地区总数，有待估计的参数 β 将采用最大似然估计法得到。假设影响企业区位选择的因素 X_{ij} 有 m 个，则 V_{ij} 为

$$V_{ij} = \beta_1 X_{ij}^1 + \beta_2 X_{ij}^2 + \beta_3 X_{ij}^3 + \cdots + \beta_m X_{ij}^m \tag{7.7}$$

提取2013 年第三次全国经济普查数据中成立年份为2009 年、2010 年、2011 年、2012 年、2013 年的批发业企业点，共计 1802 个。根据北京市民政局提供的数据，将北京市所有街道作为企业点的备选街道，共计 130 个。在因变量中，企业选择的区位赋值为 1，企业拒绝的区位赋值为 0。由于企业选择的区位只能有一个，所以被拒绝的区位较多，参考赵浚竹等（2014）和王俊松（2011）、韩会然等（2018）的方法，在模型中随机选择 5 个拒绝的街道（随机选择可以降低对结果的影响），最后进入批发业企业区位选择模型的数据有 1802×（5+1）= 10812 个。

2）地理探测器

地理探测器是2010 年由中国科学院地理科学与资源研究所王劲峰团队在疾病风险的探测中提出的一种探寻地理空间分区因素对疾病风险影响机理的方法，可以用来探测空间分异性，并揭示其背后的驱动因子，包括因子探测、风险探测、生态探测、交互作用探测 4 个探测器。其中，因子探测用于识别因子 X 在多大程度上解释了属性 Y；风险探测主要用于判断两个子区域间的属性值分布的差异是否显著，即探索风险区域位置在哪里；生态探测用于比较两因子 X_1 和 X_2 对属性 Y 的空间分布的影响是否有显著的差异；交互作用探测用于评估风险因子 X_1 和 X_2 对因变量 Y 的影响是独立的，还是交互的，并可以判断共同作用时是增加还是削弱对因变量 Y 的解释力。

该方法具有以下三个优势：①不需要过多的假设条件；②兼容探测数值型数据和类型量数据；③可以探测两因子对因变量的交互作用。本节主要运用因子探测器和因子解释力的计算。因子解释力（power of determinant，PD）主要测度不同区位选择因素和个体因素对区位选择的解释程度，其计算公式为

$$P_{D,H} = 1 - \frac{1}{n\sigma^2} \sum_{h=1}^{L} n_h \sigma_h^2 \tag{7.8}$$

式中，$P_{D,H}$ 为影响因子 D 对企业区位选择 H 的解释力；n 和 σ^2 分别为样本量和方差；n_h 和 σ_h^2 为 h（h=1，2，…，L）层样本量和方差。$P_{D,H}$ 取值范围为［0，1］，数值越大表明分类因素对企业区位选择的解释力越强；数值为 0，说明分类因素与企业区位选择无关；数值为 1，说明分类因素可以完全解释企业区位选择的分布差异。

二、结果分析

以下将结合模型计算结果，对北京市服装鞋帽批发市场的区位选择因素进行分析，并与已有文献展开对话。

1. 各自变量相关性分析

对所有变量进行了多重共线性检验，计算了各自变量直接的相关系数（表7-5）。

表7-5　各自变量相关系数矩阵

	aggl	pre	rate	popu	landprice	WAP	road	station	subway	trunk
aggl	1.00									
pre	0.62	1.00								
rate	0.06	0.27	1.00							
popu	0.18	0.48	0.69	1.00						
landprice	0.15	0.55	0.50	0.75	1.00					
WAP	0.38	0.30	−0.08	0.25	−0.01	1.00				
road	0.38	0.55	0.45	0.72	0.69	0.19	1.00			
station	−0.43	−0.71	−0.39	−0.63	−0.58	−0.25	−0.59	1.00		
subway	−0.19	−0.41	−0.47	−0.61	−0.62	−0.14	−0.56	0.47	1.00	
trunk	−0.26	−0.32	−0.14	−0.20	−0.06	−0.08	−0.24	0.28	0.22	1.00

从上表可以看出，station与pre之间的相关系数的绝对值为0.71，road与popu之间的相关系数为0.72，略高于一般标准，但仍在能接受的范围内，其他自变量之间的相关系数均低于0.7，不存在严重的多重共线性，自变量之间较为独立，各自变量能够较好地反映特定的区位特征。总体来看，自变量的选取较为合理，可以进入条件logit模型。

2. 条件logit模型的计算结果

根据变量的特点，本书设定了3个模型，分别在stata 15中利用条件logit函数，采用最大似然法对各变量进行估计（表7-6），并加入选择项“or”来计算风险比率。在stata的条件logit模型中，某变量的风险比率具有如下数学含义：在给定其他变量的情况下，一个方案的该变量指标每增加1%，则选择此方案的概率将乘以该风险比率。

表7-6　全部企业条件逻辑模型计算结果

指标	预期影响	模型1	影响方向1	模型2	影响方向2	模型3	影响方向3
aggl	+	2.509*** (26.34)	+				
pre	+	1.103** (1.96)	+				
rate	+	1.312 (1.09)	+	1.128 (0.55)	+		
popu	+	0.978 (−0.27)	−	0.512*** (−9.52)	−	0.510*** (−12.38)	−

续表

指标	预期影响	模型 1	影响方向 1	模型 2	影响方向 2	模型 3	影响方向 3
landprice	–	0.863 (–0.99)	–	0.893 (–0.96)	–		
WAP	+	1.007 (0.1)	+	1.652*** (9.15)	+	1.670*** (11.09)	+
road	+	1.369*** (2.84)	+	3.849*** (13.39)	+	3.740*** (13.71)	+
station	–	1.082 (1.33)	+	0.538*** (–15.75)	–	0.540*** (–15.78)	–
subway	–	1.073 (1.67)*	+	1.127*** (3.12)	+	1.133*** (3.45)	+
trunk	–	1.045 (1.49)	+	0.887*** (–5.15)	–	0.883*** (–5.55)	–
Log-likelihood		–2121.82		–2807.13		–2807.84	
LRx^2		2213.86		843.24		841.83	
Pseudo R^2		0.3428		0.1306		0.1304	

注：Log-likelihood、LRx^2 和 Pseudo R^2 分别表示对数似然值、LR 卡方检验值和伪 R^2。在同为条件 logit 模型时，Log-likelihood 越小，表示模型拟合程度越好。变量系数下括号内数字为 z 统计量，在大样本统计量情况下（$n>30$），通常用 z 检验代替 t 检验；*、** 和 *** 分别表示在 10%、5% 和 1% 的置信度水平下显著。

1）模型 1 的计算结果

模型 1 包括表 7-4 提及的所有解释变量，并假设上述解释变量涵盖了所有可能影响批发业企业区位选择的因素。由计算结果可以看出，除了原有企业数量（pre）、集聚效应（aggl）、路网密度（road）和距最近地铁站距离（subway）外，大部分变量并不显著。故本书在进行条件 logit 模型计算后又利用地理探测器探究各区位选择因素的因子解释力。

近年来，地理探测器作为一种探测某种要素空间格局成因和机理的重要方法被逐渐应用于社会、经济、自然等相关问题的研究中，本书主要利用其中的因子探测器来检测这些区位选择指标对区位选择空间分布差异的解释程度。从因子解释力计算结果可以看出，原有企业数量（pre）因子和集聚效应（aggl）因子对企业区位选择的解释力分别达到 48.6% 和 98.3%，并且均在 1% 的置信度水平下显著。从表 7-7 中可以看出，pre 因子和 aggl 因子对企业区位选择的解释力远大于其他解释因子。pre 和 aggl 因子表征批发业企业的集聚效益，可知集聚经济对批发业企业的区位选择具有重要影响（表 7-7）。

表 7-7　各自变量因子解释力表

	aggl	pre	rate	popu	landprice	WAP	road	station	subway	trunk
q 统计量/%	98.3	48.6	6.2	3.1	4.4	4.7	6.1	7.8	1.7	2.9
p 值	0	0	0.121	0.44	0.244	0.349	0.165	0.044	0.706	0.451

注：q 统计量表征因子解释力；p 值可以反映显著性，p 值小于 0.05 表示该因子在 5% 的置信度水平下显著，小于 0.01 表示该因子在 1% 的置信度水平下显著。

批发是面向零售商的一种商业活动，批发业企业的消费者主要是各类零售商，北京市区域性批发市场中批发业企业的销售对象除了北京市内的一些中小型零售商外，还包括其他省份的零售者或者次一级的批发商。这些消费者对一次性购买所需商品的愿望非常强烈，所以服装鞋帽类商品的批发活动对款式新颖程度和种类多样性的要求比较高。服装鞋帽类商品在每个季节都拥有众多款式，如果将潮流款式作为一种信息的话，提高批发业企业的集聚度可以将这种款式信息在“生产者–批发商–零售商–个体消费者”之间建立良好的信息传递和反馈机制，从而促进企业的集聚。类似大红门服装批发市场、动物园服装批发市场的批发业企业集聚地在某种意义上对潮流发展趋势的解释通常具有一定的权威性，这些批发市场主打的商品可以作为当季潮流款式的标杆，尤其是在我国北方地区。同时，这类集聚了众多批发业企业的批发市场通常具有一定的发展历史，交通、物流都比较便捷，经营场所的相关设施也较为成熟。因此，批发业企业的集聚可以带来以下好处：①降低消费者的搜寻时间和成本，满足消费者一次性购买的愿望，节省时间和交通费用；②解决商品种类供不应求的供给矛盾；③便于企业间信息互通和对消费者的信息发布，提高商业地域的影响力和知名度；④提高批发业相关基础服务设施的使用率，如交通物流网络、经营场所等，降低批发业企业和社会的成本。因此，集聚经济是解释批发业企业区位选择的一个重要因素。

2）模型 2 的计算结果

考虑到 pre、aggl 因子和因变量企业数量（firm）都是从经济普查年鉴中整理出来的数据，在数据结构中具有较大的相似性，加之 pre 和 aggl 因子在地理探测器中计算出来的解释力过大，可能会掩盖其他因子对企业区位选择的解释力，故本书在模型 2 中去掉了 pre 和 aggl 因子，对剩余 8 个自变量进行计算。从模型 2 的回归结果（表 7-6）可以看出，除城市化率（rate）指标和商业基准地价（landprice）指标不显著外，其他指标均在1%的置信度水平下显著。其中，反映城市化的人口密度（popu）指标、反映空间可达性的距最近地铁站距离（subway）指标与预期相反。我们这里重点讨论人口密度因素和商业基准地价因素的影响。

人口密度（popu）可以反映本地消费市场的规模，所以上文预估人口密度对批发业企业区位选择有正向影响。但模型计算结果显示，随着人口密度的增加，批发业企业区位选择的概率降低。结合实地调研情况看，造成这种现象的原因可能是北京市批发业企业的“非本地化”特征。对北京市内的服装鞋帽批发业企业而言，大多具有以下两个“非本地化”特征：经营者非本地化和客户非本地化，这两个特征决定了其区域性批发市场的属性。

经营者即店面老板通常并不是北京本地人，而是来自江浙、东北三省或中国北方的其他省份，他们的主要客户并不是北京市内的零售商，而是外省份的次级批发商或是居住在北京的外籍人口，所以本地消费市场的大小并不会对北京市内这些批发业企业的区位选择产生明显影响。同时，北京市拥有众多高校、科研院所、企业总部、文化交流机构，人口密集区域通常都以专业化程度高的生产性服务业为主，对劳动密集型的批发业有排斥力，所以随着人口密度升高，批发业企业布局在此的概率会相应降低。这一研究结论与韩会然等（2018）的研究结论相近，即作为低端服务业，批发业企业的区位选择与知识密集型的高端服务业在区位选择时存在明显差异。在高端服务业相对集中的区位，不利于批发业企业的区位选择。另据曾佳琪（2019）的研究，人口密度对知识密集型服务业（knowledge intensive business service，KIBS）的集聚具有明显的促进作用，高端服务业更倾向于选择在人力资源有优势的地区。因此，这可以解释人口密度（popu）指标与批发业企业区位选择呈现负相关的原因。

商业基准地价（landprice）指标不显著则可能与批发业企业的营业收入有关。在与批发商户进行交流的过程中发现，由于营业收入较高，企业所能支付的租金额也较高，商户对店面租金的价格并没有想象中那么敏感。很多商户表示，市场的知名度和影响力及其所带来的营业规模和营业收入远比租金的高低更重要，落户在一个成熟的、有影响力的、需要承担高昂租金的市场要明显好于落户在一个规模小、客源不充分、不需要很多租金的市场。因此，对北京市内的服装鞋帽批发业企业来说，商业基准地价对其区位选择的影响并不显著。

3）模型 3 的计算结果

模型 3 在模型 2 的基础上，将影响不显著的商业基准地价因子和城市化率因子排除，对剩余的 6 个自变量进行计算。结果显示，模型 3 的所有指标均在 1% 的置信度水平下显著，且影响方向与模型 2 相同，影响系数与模型 2 的计算结果相差很小。其中，城市化、劳动力、空间可达性指标对批发业企业区位选择有显著影响，人口密度（popu），就业适龄人口（wap），路网密度（road），距最近火车站、长途客运站距离（station），距最近地铁站距离（subway），距最近主干道路距离（trunk）对批发业企业区位选择都具有较稳定的影响。

（1）城市化。人口密度对批发业企业的区位选择具有显著的负向影响。根据风险比率的概念，在其他条件不变的情况下，人口密度每提高 10%，批发业企业选择该区位的平均概率将减少 4.9%。

（2）劳动力。就业适龄人口越多的区位对批发业企业的吸引力越大，影响显著为正。以导购员为例，除部分导购员是经营者的家人或老乡外，大部分导购员都是从当地招聘的，较多的就业适龄人口为批发业的发展提供了较好的劳动力市场。在其他条件不变的情况下，就业适龄人口每提高 10%，批发业企业入驻该街道的平均概率将提高 6.7%。

（3）基础设施。路网密度对企业区位选择的影响显著为正，且影响系数较大。计算结果表明，在其他条件不变的情况下，路网密度每提高 10%，新批发业企业选址该区位的平均概率将增加 27.4%。

（4）在空间可达性方面，距火车站、长途客运站的距离对区位选择的影响显著为负。火车站、长途客运站的数量与距离通常可以表征人口在区域之间流动的便捷性。由于北京市的服装鞋帽批发业企业面对的大多是外地客户，所以与火车站、长途客运站的距离越近，交易越方便。火车站、长途客运站在大红门服装批发市场、动物园服装批发市场等批发市场形成的初期起到了重要作用。以大红门服装批发市场为例，其所在的大红门街道有两处长途客运站：木樨园长途汽车站和赵公口长途汽车站。其中，木樨园长途汽车站始建于 1977 年，车站长线多为浙江、福建、安徽方向的客车。改革开放后，浙江、福建等地的商人来北京做服装生意，在市场力量的引导下商户们在大红门地区迅速集聚起来，并形成了一定的路径依赖效应。计算表明，在其他条件不变的情况下，距火车站、长途客运站的距离每增加 10%，选择该区位的平均概率将减少 4.6%。随着社会经济的发展和北京市地下铁路网的建设，很多客户也会选择到达北京后乘坐地铁前来交易，所以批发业的区位选择与到达地铁站的便利程度有一定关系；但与预期相反，在其他条件不变的情况下，距最近地铁站的距离每增加 10%，选择该区位的平均概率增加 1.33%，这可能与地铁站周边的土地价格、用地类型以及服装鞋帽批发的物流方式有关。地铁站周边以居住和商务用地为主，并且通常地价/房价较高，用地集约度也高，选址在地铁站周边区域会大大增加经营成本。同时，由于区域性服装鞋帽批发业务主要依赖公路和铁路等远距离运输方式，对辐射北京市内的地铁出行依赖度较低。此外，到最近主干道的距离与批发业企业区位选择呈现明显的负相关，在其他条件不变的情况下，距主干道路距离每增加 10%，新批发业企业选址的平均概率将减少 1.2%，说明服装鞋帽批发业企业需要良好的交通条件进行物流配送。

第八章　批发市场疏解的区域效应与区位再选择

根据地理学第一定律，事物之间是相互联系的。北京疏解区域性批发市场无疑会给疏解地和承接地带来影响。究竟带来怎样的影响？本章主要从两个层面展开研究。第一，从宏观层面分析市场疏解给北京市产业增加值、就业、劳动者收入、税收等带来的影响，即社会经济效应分析，并进行了不同情况下的情景模拟；第二，从微观层面梳理对直接利益相关者，如被疏解商户造成的收入状况、家庭氛围、生活便利程度等的影响。

第一节　区域效应的分析方法

本节采用投入产出模型，从宏观层面分析区域性批发市场疏解对北京市产生的社会经济效应。

一、投入产出方法

20世纪30年代，美国经济学家列昂惕夫（Leontief）首次提出“投入产出”概念并在1941年出版的《美国经济结构：1919—1929》中详细介绍了“投入产出分析”的内容。该方法以投入产出表（图8-1）的编制为基础，以线性代数为主要工具，可以用来揭示国民经济各部门之间的内在联系，是目前比较成熟的综合性经济分析方法。投入产出方法综合考虑了国民经济各产业部门之间生产和分配的内在联系，将其作为一个系统去研究，而不是割裂地将产业看作是一对一的简单关系，能够考虑全局性影响，定量考查一个产业的最终需求变动对其他产业的影响，从而刻画对经济总量的影响程度。

投入产出表中，每一行的数据表示从生产的角度来看，该部门将自己的产品分配给各个部门的量；每一列的数据表示从消耗的角度来看，该部门在生产过程中消耗各个部门产品的量（各部门的总产出与总投入相等）。

从横向看，各产业部门的产品按照其使用去向分为中间需求和最终需求。中间需求是指本时期需要在本系统内进行进一步加工的产品，又称中间产品或中间使用；最终需求是指本时期在本系统内已经完成最终加工的产品，又称最终产品或最终使用。最终使用包括最终消费、资本形成、国外出口、国内调出四项。

从纵向看，生产各部门产品所需的投入主要分为中间投入和最初投入两部分。中间投入部分指各部门在生产活动中对原材料、服务等的消耗。最初投入部分又称增加值部分，主要包括劳动者报酬、生产税净额、固定资产折旧、营业盈余四项。根据研究侧重点的不

<table>
<tr><th colspan="2" rowspan="4">产出
投入</th><th colspan="4">中间使用</th><th colspan="10">最终使用</th><th rowspan="4">进口</th><th rowspan="4">其他</th><th rowspan="4">总产出</th></tr>
<tr><th rowspan="3">农业</th><th rowspan="3">……</th><th rowspan="3">公共管理和社会组织</th><th rowspan="3">中间使用合计</th><th colspan="5">最终消费支出</th><th colspan="3">资本形成总额</th><th rowspan="3">出口</th><th rowspan="3">最终使用合计</th></tr>
<tr><th colspan="3">居民消费支出</th><th rowspan="2">政府消费支出</th><th rowspan="2">合计</th><th rowspan="2">固定资本形成总额</th><th rowspan="2">存货增加</th><th rowspan="2">合计</th></tr>
<tr><th>农村居民</th><th>城镇居民</th><th>小计</th></tr>
<tr><td rowspan="4">中间投入</td><td>农业</td><td colspan="4" rowspan="4">第Ⅰ象限</td><td colspan="13" rowspan="4">第Ⅱ象限</td></tr>
<tr><td>……</td></tr>
<tr><td>公共管理和社会组织</td></tr>
<tr><td>中间投入合计</td></tr>
<tr><td rowspan="5">增加值</td><td>劳动者报酬</td><td colspan="4" rowspan="5">第Ⅲ象限</td><td colspan="13" rowspan="6"></td></tr>
<tr><td>生产税净额</td></tr>
<tr><td>固定资产折旧</td></tr>
<tr><td>营业盈余</td></tr>
<tr><td>增加值合计</td></tr>
<tr><td colspan="2">总投入</td><td colspan="4"></td></tr>
</table>

图 8-1　投入产出表的示意图

同，投入产出模型可以延伸出很多表征行业自身特征和行业之间关系的系数。

在北京市投入产出表中，国民经济行业被分为 42 个部门，其中涉及批发业的主要部门就是批发和零售业。文章采用北京市统计局提供的 2012 年竞争型静态价值型投入产出表，分别从产业关联和产业波及两个角度对批发和零售业在整个国民经济中具有的特征进行阐述，并对批发和零售业与其他行业之间的投入产出关系进行分析。需要说明的是，受到数据采集的限制，无法单独获取批发业的数据及其投入产出系数，本章只能以批发和零售业为对象进行社会经济效应的分析。

二、产业关联效应

现实生活中，各经济体之间的相互联系无处不在。各产业一般都需要使用其他产业提供的产品作为生产要素，同时本产业的产出也要提供给其他产业作为生产要素。这种产业层面上的经济联系即为产业关联，包括各产业间投入、产出、供给、需求的数量关系。本节主要根据直接消耗系数、完全消耗系数、中间投入率、中间需求率和分配系数等参数衡量北京市批发零售业与国民经济其他行业间的关联效应。

1. 直接消耗系数与完全消耗系数

直接消耗系数也称投入系数，表示 j 部门生产单位产品对 i 部门产品的直接消耗关系。计算公式为

$$a_{ij} = \frac{x_{ij}}{X_j}(i = 1,2,\cdots,n) \tag{8.1}$$

式中，x_{ij}为 j 部门对 i 部门产品的中间需求/i 部门对 j 部门的中间投入；X_j为 j 部门的总产出。

直接消耗系数可以反映各产业部门之间的直接关联程度。a_{ij}的值越大，表示 i 部门与 j 部门的关联度越高。

各产业部门的产品在生产过程中除了与相关产业有直接关联外，还有间接关联，完全消耗系数可以描述总的关联效果，用来表示直接消耗和全部间接消耗的总和，即某产业部门生产一单位产品需要消耗包括自己在内的所有产业部门的产品总量。完全消耗系数可以更全面地反映经济系统中各部门间的联系。设直接消耗系数矩阵为 A，完全消耗系数矩阵 B 为

$$B = (I - A)^{-1} - I \tag{8.2}$$

北京市批发和零售业直接消耗系数与完全消耗系数的计算结果见图 8-2。

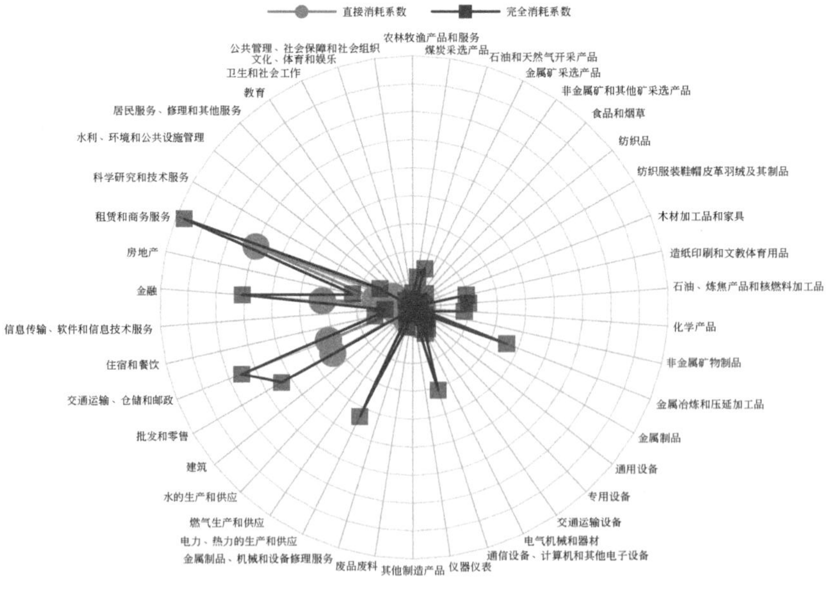

图 8-2　批发和零售业消耗其他行业的直接消耗系数和完全消耗系数

由此可见，批发和零售业与租赁和商务服务业的关联度最大，对金融业，交通运输、

仓储和邮政业及批发和零售业自身的直接消耗与完全消耗也比较大。批发零售业虽然对电力、热力的生产和供应业，通信设备、计算机和其他电子设备业，金属冶炼和压延加工品业的直接消耗小，但通过各种间接消耗，也和上述产业产生了较大的消耗关系，这一结论与实际也较吻合。在批发市场大规模疏解之后，除批发和零售业自身受到影响外，北京市各行业也都会受到不同程度的影响。例如，批发和零售业对金融业，交通运输、仓储和邮政业，电力、热力的生产和供应业，通信设备、计算机和其他电子设备业，金属冶炼和压延加工品业等的消耗量会减少，上述产业的产值与就业也会产生相应的降幅。

2. 中间需求率和中间投入率

中间需求率和中间投入率可以反映各部门用于生产资料和消费资料的分配比例，确定各产业部门是否属于基础产业，进而了解各部门在国民经济体系中的地位与作用。

中间需求率是指各行业部门对某行业产品的中间需求之和占整个国民经济对该部门产品的总需求的比例。计算公式为

$$F_i = \frac{\sum_{j=1}^{n} x_{ij}}{X_i} (i = 1, 2, \cdots, n) \tag{8.3}$$

式中，F_i为 i 部门的中间需求率；$\sum_{j=1}^{n} x_{ij}$ 为各产业对 i 部门产品的中间需求之和；X_i为 i 部门的总产出。

中间需求率指标反映了该部门生产的总产品中作为中间产品即原材料提供给其他产业部门的比例。中间需求率越低，最终需求率越高，该行业部门向本系统内其他行业提供的最终产品越多。

相应的，中间投入率是指该产业部门在一定时期内对其他产业部门中间投入的消耗量占产业总投入的比重。计算公式为

$$G_j = \frac{\sum_{i=1}^{n} x_{ij}}{X_j} (j = 1, 2, \cdots, n) \tag{8.4}$$

式中，G_j为 j 部门的中间投入率；$\sum_{i=1}^{n} x_{ij}$ 为各产业产品对 j 部门的中间投入之和；X_j为 j 部门的总产出。

中间投入率指标反映了各产业在自己的生产过程中，为生产单位产值的产品需要从其他产业购进的原料在其中所占的比重。并有“中间投入率+附加价值率=1”，即某行业部门的中间投入率越高，其附加价值率就越小。

北京市批发和零售业的中间需求率为 0.543，即北京市批发和零售业总产出中有约 54% 作为中间产品提供给国民经济各部门用作生产消费，剩余约 46% 作为最终产品提供给居民消费或出口。通常定义生产性服务业为中间需求率高于 0.5 的服务业，生活性服务业为中间需求率低于 0.5 的服务业。北京市批发和零售业作为生产性服务业，同时具有生产资料属性和生活消费资料属性，但更多面向生产性部门提供服务。

北京市批发和零售业的中间投入率为0.435，即北京市批发和零售业提供100单位产值的产品，需要从其他产业购入43.5单位的原料，产生的附加价值率约56.5%。通常认为，中间投入率在0.5以下的产业具有高附加值、低带动力的特点。由此可见，北京市批发和零售业的附加价值高，同时在产业链中往往是受其他产业影响的一方，在带动其他产业发展方面有欠缺。

钱纳里、渡边经彦等经济学家将各产业划分为四类：①最终需求型基础产业，中间需求率低，中间投入率低；②最终需求型制造业，中间需求率低，中间投入率高；③中间投入型制造业，中间需求率高，中间投入率高；④中间投入型基础产业，中间需求率高，中间投入率低（图8-3）。

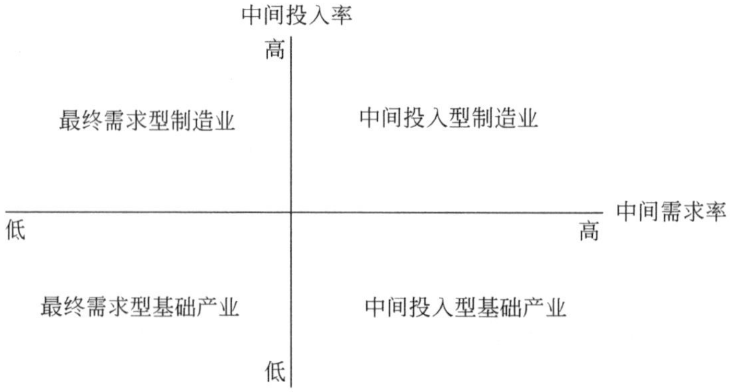

图8-3　基于中间投入率和中间需求率的产业门类划分

北京市批发和零售业的中间需求率为0.543、中间投入率为0.435，北京市各行业平均中间需求率为4.524、平均中间投入率为0.692。相较而言，北京市的批发零售业属于中间需求率低，中间投入率低的最终需求型基础产业。这也意味着：①与北京市其他产业相比，批发和零售业的产出主要用于消费与出口，销售市场以消费品市场为主；②批发和零售业对其他产业的中间投入需求较小，与后续产业的关联性较强，其他相关产业可以对批发和零售业产生拉动作用，而批发和零售业对其他产业的推动作用相对较小。

3. 分配系数

从横向观察直接消耗系数矩阵，行向量代表各产业部门产品的分配结构，也称销路结构，具体来说就是某一产业部门的产品销往各产业部门的比例。分配系数d_{ij}表示i部门对j部门的中间投入占i部门总产出的比重，计算公式为

$$d_{ij} = \frac{x_{ij}}{X_i}(i = 1,2,\cdots,n) \tag{8.5}$$

批发和零售业对某部门的分配系数表示批发和零售业销往该部门的产品占批发和零售业全部产品的比重。分配系数不仅可以衡量批发和零售业产品的流向及比重，而且可以反映批发和零售业的经营受其他产业影响的程度。北京市批发和零售业的分配系数见图8-4。

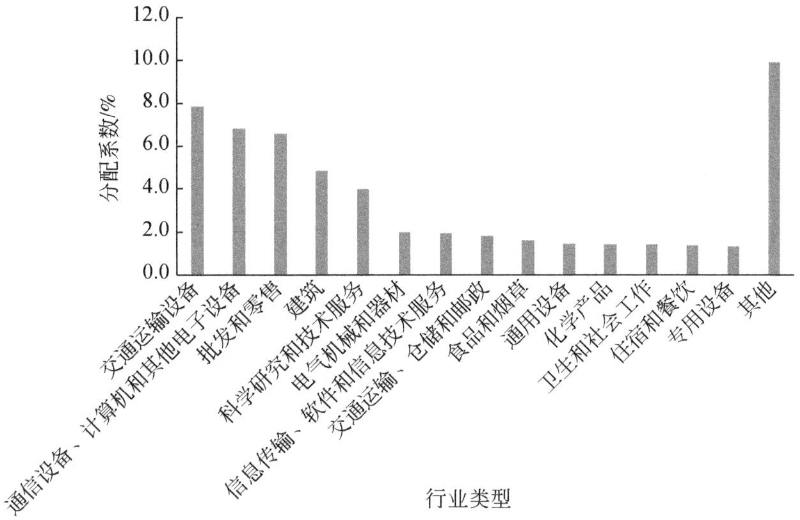

图 8-4　北京市批发和零售业的分配系数图

北京市批发和零售业对交通运输设备业，通信设备、计算机和其他电子设备制造业、批发和零售业，建筑业，科学研究和技术服务业等部门的分配系数较高。批发和零售业每增加 10000 元的总产出，上述部门将分别消费其中的 790 元、680 元、660 元、480 元和 400 元。交通运输设备业和批发和零售业的分配系数较高可以从侧面反映出北京市的批发和零售业具有较强的集散地性质。

批发市场疏解对上述产业的影响较大，可能会改变它们的原料供应结构，也可能对其产值带来比较直接的影响。

4. 产业波及效应

产业波及是指国民经济体系中，当某一产业部门发生变化，会引起与其前后向直接关联的行业部门发生变化，并且这些产业部门的变化又会导致与其直接相关的其他产业部门的变化，影响力依次传递，直至系统逐渐达到新的平衡。本节采用影响力系数和感应度系数来衡量北京市批发和零售业在国民经济体系中的波及效应。

影响力系数计算公式如下

$$\delta_j = \frac{\sum_{i=1}^{n} \overline{b_{ij}}}{\frac{1}{n}\sum_{i=1}^{n}\sum_{j=1}^{n} \overline{b_{ij}}} (j = 1,2,\cdots,n) \tag{8.6}$$

式中，$\sum_{i=1}^{n} \overline{b_{ij}}$ 为列昂惕夫逆矩阵的第 j 列之和；$\frac{1}{n}\sum_{i=1}^{n}\sum_{j=1}^{n} \overline{b_{ij}}$ 为列昂惕夫逆矩阵列和的平均值。

影响力系数可以反映系统内某一产业部门增加或减少一个单位的最终产品对其他各部门的生产需求的波及程度。$\delta_j = 1$ 时，部门 j 对系统的拉动作用等于各部门的平均水平；

$\delta_j<1$ 时，部门 j 对系统的拉动作用低于各部门的平均水平，产生的影响较小，拉动作用较弱；$\delta_j>1$ 时，部门 j 对系统的拉动作用高于各部门的平均水平，产生的影响较大，拉动作用较强。

类似地，定义感应度系数计算公式为

$$\theta_i = \frac{\sum_{j=1}^{n} \overline{b_{ij}}}{\frac{1}{n}\sum_{i=1}^{n}\sum_{j=1}^{n} \overline{b_{ij}}} (i = 1,2,\cdots,n) \tag{8.7}$$

式中，$\sum_{j=1}^{n} \overline{b_{ij}}$ 为列昂惕夫逆矩阵的第 i 行之和；$\frac{1}{n}\sum_{i=1}^{n}\sum_{j=1}^{n} \overline{b_{ij}}$ 为列昂惕夫逆矩阵列和的平均值。

感应度系数可以反映系统内各部门均增加或减少一个单位的最终产品，某一部门由此受到的需求感应程度。$\theta_i=1$ 时，部门 i 受到的需求感应程度等于各部门的平均水平；$\theta_i<1$ 时，部门 i 受到的需求感应程度低于各部门的平均水平；$\theta_i>1$ 时，部门 i 受到的需求感应程度高于各部门的平均水平。

批发和零售业是流通服务部门的重要组成部分，向上可以带动生产，促进国民经济增长，向下可以加速货物周转，使消费更加便捷，对促进生产要素的自由流动、优化资源配置、打破商品交易在时间和空间上的限制、促进区域经济协调发展等具有承上启下的作用。本书采用北京市投入产出表（2012 年）的数据进行计算，北京市批发和零售业的影响力系数为 0.594，在 42 个部门中排名第 38，仅高于房地产业、金融业、废品废料业、石油和天然气开采业；感应度系数为 1.948，在 42 个部门中排在第 6 位，仅次于金属冶炼和压延加工品业，电力、热力的生产和供应业，煤炭采选产品业，化学产品业，交通运输、仓储和邮政业（表 8-1）。由此可见，北京市批发和零售业对国民经济的影响程度低于各产业的平均水平，各部门的生产使批发和零售业受到的感应度高于国民经济发展受到的平均感应度，属于弱辐射、强制约型产业，即对其他行业部门的带动作用较小，但其他产业部门发展对其需求较大。

假设生产力水平不变，仅考虑各行业部门受到批发和零售业变动的波及影响。当北京市批发和零售业减少 1 个单位产值时，包含其自身在内的所有行业受到的波及效应系数的平均值为 0.029。批发和零售业的最终产业波及效应如图 8-5 所示。

批发和零售业减少 1 个单位产值时，自身在波及效应的影响下还会再额外减少 0.107 个单位的产值，其他受波及效应影响比较明显的行业还有：租赁和商务服务业（0.174），交通运输、仓储和邮政业（0.130），金融业（0.121），电力、热力的生产和供应业（0.087），金属冶炼和压延加工品业（0.071），通信设备、计算机和其他电子设备业（0.062）等。由此可见，北京市批发和零售业的列昂惕夫逆矩阵系数较大的行业大多是与之联系较紧密的流通行业，但波及效应普遍较小，批发市场的疏解对北京市的冲击弱于其他行业，不会使北京市国民经济体系和结构产生巨大变动。

表 8-1　北京市各行业部门影响力系数和感应度系数简表

排名	行业降序	影响力系数	行业降序	感应度系数
1			金属冶炼和压延加工品业	5.015
2			电力、热力的生产和供应业	3.152
3			煤炭采选业	2.772
4	……	……	化学产品业	2.628
5			交通运输、仓储和邮政业	1.955
6			批发和零售业	1.948
……				
38	批发和零售业	0.594		
39	房地产业	0.589		
40	金融业	0.541	……	……
41	废品废料业	0.528		
42	石油和天然气开采业	0.455		

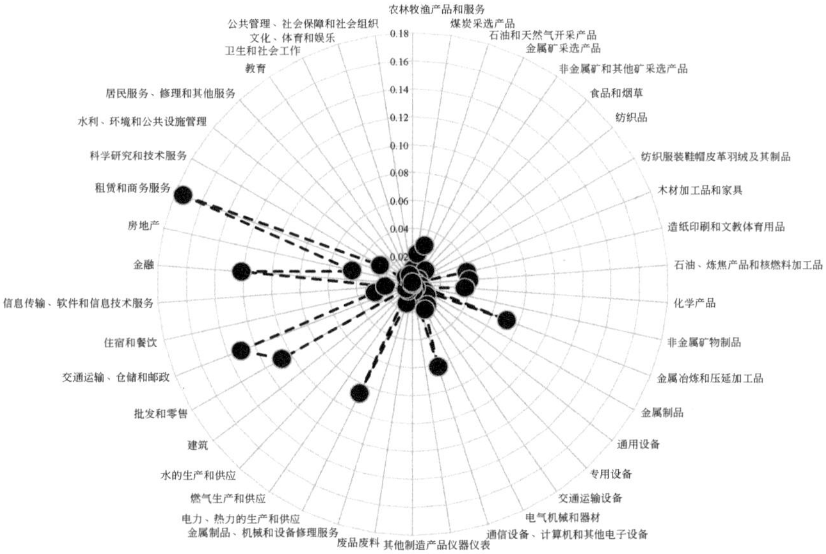

图 8-5　批发和零售业的产业波及效应图

第二节　疏解效应的情景模拟

区域性批发市场的疏解直接影响到最终使用中的最终消费、国外出口、国内调出等项，并带来最终使用量的变化。本节将模拟区域性批发市场疏解对本地经济和就业的影响。定义区域性批发市场对应的产业为区域性批发业（图 8-6）。利用 2012 年北京市价值型投入产出表，在假定其他行业部门各项数据不变的情况下，计算北京市区域性批发市场分别达到 50%、75%、100% 的疏解程度，即区域性批发业分别消减 50%、75%、100% 三个不同情景下，会对北京市产业增加值和就业人数产生的直接与间接影响，以及通过投入产出方法得到的放大效应。

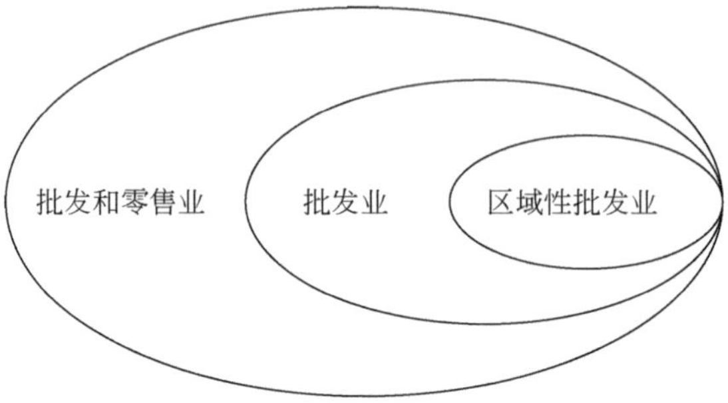

图 8-6　区域性批发业与批发和零售业、批发业的关系图

一、情景设定和计算方法

首先，计算批发业消减 50%、75%、100% 会对批发和零售业造成多大比例的影响。根据 2013 年《北京经济普查年鉴（2013）》提供的数据，分别将批发业和零售业的商品销售额与商品购进额相减，大致代替 2012 年北京市批发业和零售业的产值，计算得到北京市的批发与零售比例大致为 78 : 22，批发业占批发和零售业的 78% 左右。其次，根据 2013 年《北京统计年鉴（2013）》提供的数据，北京市市外批发额占批发额总量的 73%，即区域性批发业占批发业总体的 73% 左右，所以区域性批发业占批发和零售业的 73% × 78% =57% 左右，区域性批发业消减 50%、75%、100% 会相应地对批发和零售业产生 28.5%、42.8%、57.0% 的影响。

下面展示模型的计算过程。假设有 n 个部门，投入产出模型可以表示为

$$X = (I - A)^{-1} \cdot Y = (I + A + A^2 + \cdots) \cdot Y = L \cdot Y \tag{8.8}$$

$$A = \begin{bmatrix} A^{11} & \cdots & A^{1n} \\ \vdots & \ddots & \vdots \\ A^{n1} & \cdots & A^{nn} \end{bmatrix} \tag{8.9}$$

$$Y = \begin{bmatrix} Y^1 \\ \vdots \\ Y^n \end{bmatrix} \tag{8.10}$$

$$X = \begin{bmatrix} X^1 \\ \vdots \\ X^n \end{bmatrix} \tag{8.11}$$

$$L = (I - A)^{-1} = \begin{bmatrix} L^{11} & \cdots & L^{1n} \\ \vdots & \ddots & \vdots \\ L^{n1} & \cdots & L^{nn} \end{bmatrix} \quad (8.12)$$

式中，X 为 $n\times1$ 的列向量，代表各部门的总产出；I 为单位阵；A 为 $n\times n$ 的矩阵，代表各部门间的直接消耗系数；L 为 $n\times n$ 列昂惕夫逆矩阵；Y 为 $n\times1$ 最终使用列向量，即最终消费、固定资本形成、国外出口、国内调出四项最终使用数据。

根据完全消耗系数矩阵 B 以及 2012 年北京市各行业的产业增加值列向量 C 和从业人员数目列向量 D，引入增加值系数 V 和就业人口系数 E，即

$$V = B \times \frac{C_i}{X_i} \quad (8.13)$$

$$E = B \times \frac{D_i}{X_i} \quad (8.14)$$

类似地，根据投入产出表中的劳动者报酬 W 与生产税净额 P，定义收入系数 R 和税收系数 T 为

$$R = B \times \frac{W_i}{X_i} \quad (8.15)$$

$$T = B \times \frac{P_i}{X_i} \quad (8.16)$$

计算可得，批发和零售业的增加值系数 $V=1.54$，就业人口系数 $E=0.18$，收入系数 $R=0.87$，税收系数 $T=0.22$。

当某一产业总产量变化时，对北京产业增加值、就业人口、收入、税收产生的影响分别为 ΔC、ΔD、ΔW 和 ΔP，即

$$\Delta C = V \cdot \Delta X = V \cdot L \cdot \Delta Y \quad (8.17)$$

$$\Delta D = E \cdot \Delta X = E \cdot L \cdot \Delta Y \quad (8.18)$$

$$\Delta W = R \cdot \Delta X = R \cdot L \cdot \Delta Y \quad (8.19)$$

$$\Delta P = T \cdot \Delta X = T \cdot L \cdot \Delta Y \quad (8.20)$$

二、情景 1：区域性批发市场疏解 50%

区域性批发市场疏解 50% 时，会对北京市批发和零售业造成 28.5% 的影响。根据投入产出表可知：批发和零售业总产出 $X_{批发和零售}=3949$ 亿元；$\Delta X_{批发和零售}=28.5\%\times X_{批发和零售}=1125.5$ 万元；对北京市产业增加值、就业人口、收入、税收产生的影响分别为 $\Delta C=V\cdot\Delta X=1732.4$ 亿元、$\Delta D=E\cdot\Delta X=207.5$ 万人、$\Delta W=R\cdot\Delta X=979.9$ 亿元、$\Delta P=T\cdot\Delta X=250.3$ 亿元。

当区域性批发市场疏解程度为 50% 时，考虑到国民经济体系中各部门之间的联系，北京市产业增加值预计降低 1732.4 亿元，就业人口降低 207.5 万人，劳动者收入减少 979.9 亿元，税收减少 250.3 亿元。

三、情景2：区域性批发市场疏解75%

区域性批发市场疏解75%时，会对北京市批发和零售业造成42.8%的影响。根据投入产出表可知：批发和零售业总产出$X_{批发和零售}=3949$亿元；$\Delta X_{批发和零售}=42.8\%\times X_{批发和零售}=1690.2$亿元；对北京产业增加值、就业人口、收入、税收产生的影响分别为$\Delta C=V\cdot\Delta X=2601.8$万元、$\Delta D=E\cdot\Delta X=311.7$万人、$\Delta W=R\cdot\Delta X=1471.5$亿元、$\Delta P=T\cdot\Delta X=375.9$亿元。

当区域性批发市场疏解程度达到75%时，考虑到国民经济体系中各部门之间的完全联系，北京产业增加值预计降低2601.8亿元，就业人口降低311.7万人，劳动者收入减少1471.5亿元，税收减少375.9亿元。

四、情景3：区域性批发市场疏解100%

区域性批发市场疏解100%时，会对北京市批发和零售业造成57.0%的影响。根据投入产出表可知：批发和零售业总产出$X_{批发和零售}=3949$亿元；$\Delta X_{批发和零售}=57.0\%\times X_{批发和零售}=2250.9$亿元；对北京产业增加值、就业人口、收入、税收产生的影响分别为$\Delta C=V\cdot\Delta X=3464.8$万元、$\Delta D=E\cdot\Delta X=415.1$万人、$\Delta W=R\cdot\Delta X=1959.7$亿元、$\Delta P=T\cdot\Delta X=500.6$亿元。

当区域性批发市场疏解程度达到100%时，考虑到国民经济体系中各部门之间的完全联系，北京产业增加值预计降低3464.8亿元，就业人口降低415.1万人，劳动者收入减少1959.7亿元，税收减少500.6亿元。

第三节　非首都功能疏解对商户的影响

受影响较大的直接利益相关者主要包括被疏解商户、市场周边居民、北京及周边省市零售商、北京及周边省市次一级批发商、国外采购商等。本节主要通过问卷调查和深入访谈等方法采集数据，考虑到数据的可获取性，主要从对被疏解商户的影响展开探讨。

一、对被疏解商户的收入及经营情况的影响

作为一个理性“经济人”，营业收入是商户最关心的问题，也是批发市场疏解影响最大的问题。调查问卷结果显示，69%的受访商户选择了“营业收入变少”，其中选择“明显变少”的商户占39%，是本问题的最高占比选项，仅有9%的商户认为“收入变多”。由此可见批发市场疏解后，商户的营业收入普遍降低。

对于现阶段商户营业额和客流量的变化程度，“减少2/3以上”选项的比重是最高的，表示营业额和客流量减少1/2及以上的商户占所有调研商户的74%和69%（图8-7）。批

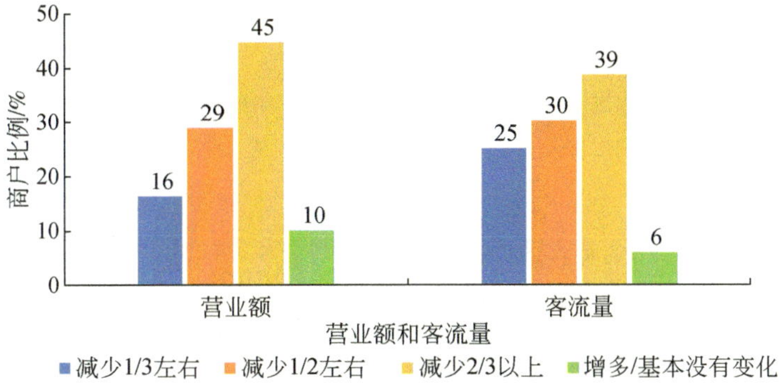

图 8-7 市场疏解对商户营业额和客流量的影响

发市场的疏解给商户的经营活动带来很大打击。批发业盈利的关键在于销售量的多少，客流量的显著下降直接导致了销售量的降低，从而使得营业收入和盈利变少（图 8-7）。

疏解之后，商户的经营对象也发生了变化。疏解前，商户的经营对象由北京市外的次一级批发商和北京市内的批发/零售商组成。疏解之后，商户的经营对象既有原先来自北京或北京周边省市的老客户，也有在承接地发展的当地新客户。问卷结果显示，57% 的商户仍以面向老客户为主，新客户数量多于老客户的商户仅占 20%。由于批发市场承接地的当地人口规模小于北京市，所以发展当地商户的进程比较缓慢（表 8-2）。

表 8-2 疏解商户的现状经营对象统计

新、老客户对比	数量/个	占比/%
老客户<新客户	70	20
老客户=新客户	78	23
老客户>新客户	194	57

疏解批发市场也使得商户的经营方式发生很大变化（图 8-8）。服装鞋帽类商品由于纺织、印染、裁剪等工艺的纷繁复杂，材质、版型等细节往往需要当面感受才可以确定，所以疏解前商户经营方式以客户来店当面交易为主（59%），一些双方信任度较高或对业务较为精通的客户可以通过微信、QQ 等社交软件与商户进行沟通，进而得以进行线上交易。疏解前，这种通过社交软件进行线上交易的经营方式占 36%。疏解后，商户的经营方式变成老客户通过社交软件进行线上交易（48%）与新老客户来店当面交易（47%）并重。与疏解前市场区位相比，新商城的交通便利程度大幅降低，老客户交通成本变得较高，老客户来店交易的比例明显减少。

批发市场从北京市中心城区疏解出去之后，被疏解商户的经营状况和营业收入遭受到一定程度的打击，经营方式也发生了很大改变。疏解前，北京服装鞋帽批发市场主要辐射范围集中在中国北方地区，除北京外，太原、沈阳、郑州等城市也形成了拥有一定体量的服装鞋帽批发市场，如沈阳的五爱市场服装城、石家庄的新华集贸中心市场和天成商港品

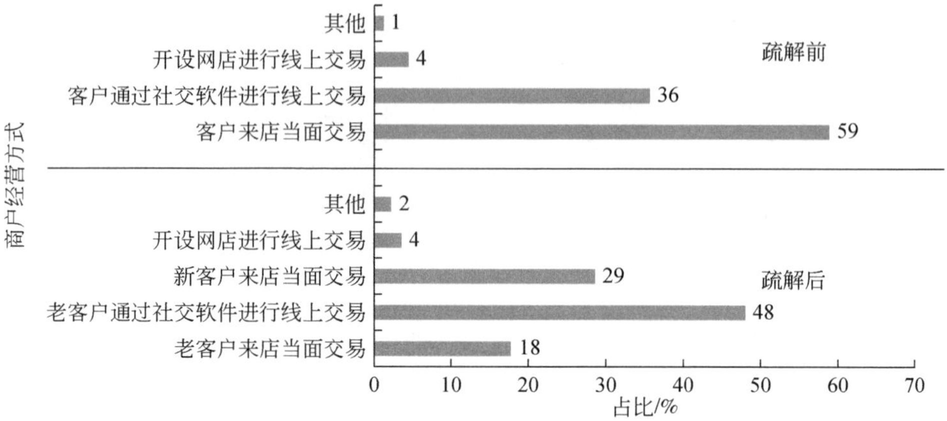

图 8-8　市场疏解对商户经营方式的影响

牌服装批发市场、郑州的银基商贸城等。我国南方一些城市，如广州、杭州等的服装鞋帽批发市场因为规模大、靠近生产地和产品种类多，也具有较强的竞争力。

在中国北部地区，服装鞋帽商品需求量没有较大变动的情况下，北京市批发市场的原有经营秩序被打散，各批发市场产生空间上的分裂，交通成本增加，特别是时间成本增加，消费者搜寻成本也会大幅提高，原本生产者–批发商–零售商之间的信息传递机制也因此被阻隔，且各个承接商城的规模不够，无法快速形成明显的集聚经济效应。在这种情况下，北京市批发市场的市场份额很容易被其他竞争市场所替代，各零售商转而投向其他地区的批发市场，承接商城内各批发商户营业额降低、客流量骤减的情况自然也无法避免。

承接商城未来发展如何尚未可知，但不论这些承接地/承接商城未来是一枝独秀，还是多点开花，要发展到一个相对稳定的状态至少需要 3 年左右的时间（根据商户的经验）。对被疏解的商户来说，虽然可以根据自己的情况选择入驻不同的商城，但要重新建立自己的销售网络，这 3 年左右的时间是他们必须要面对的艰难重建期。同时，是否能恢复原有的经营水平和营业收入犹未可知。至少持续 3 年的低潮期和无法确定的未来发展前景是对商户造成的最直接影响。有 40% 的商户从事批发行业 10 年以上，这么多年积累下来的人脉、经验等有很大一部分要付之东流。调研过程中也了解到有相当一部分商户就此转行，不再从事批发行业。对京津冀地区的批发业来说，这也是一次大规模从业人员的流失。

二、对疏解商户家庭和生活的影响

除不愿回答该问题的商户外，有 48% 的商户表示家庭氛围在区域性批发市场疏解前后变化不大，41% 的商户认为家庭氛围变差，因为市场疏解无法与自己的配偶或（和）孩子或（和）父母生活在一起。由此可知，在区域性批发市场疏解过程中，商户尽力保持家庭这一基本社会单元的完整性和稳定性不受影响，但仍有部分商户的家庭氛围受到疏解工作的负面影响，存在因为疏解而无法与某些家庭成员一起生活的情况（图 8-9）。

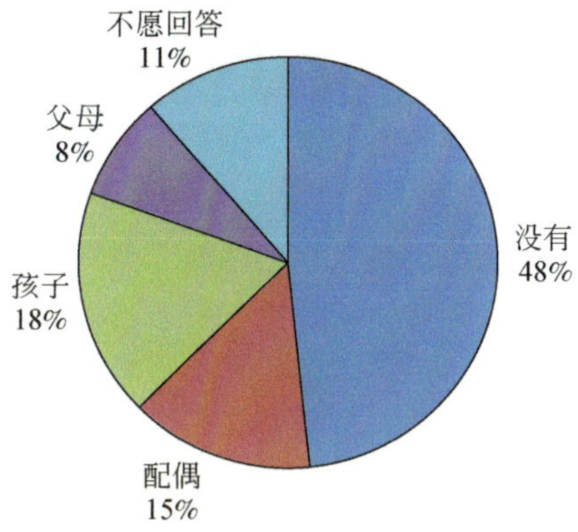

图 8-9　市场疏解对商户家庭状况的影响

问题：您的家人有因为市场疏解而无法和您继续一起生活的吗？

从问卷调研的结果看，有 53% 的商户表示周围人际关系在区域性批发市场疏解前后变化不大，24% 的商户认为周围人际关系变好，22% 的商户认为周围人际关系明显变差。由此可知商户的周围人际关系受非首都功能疏解的影响较小（图 8-10）。

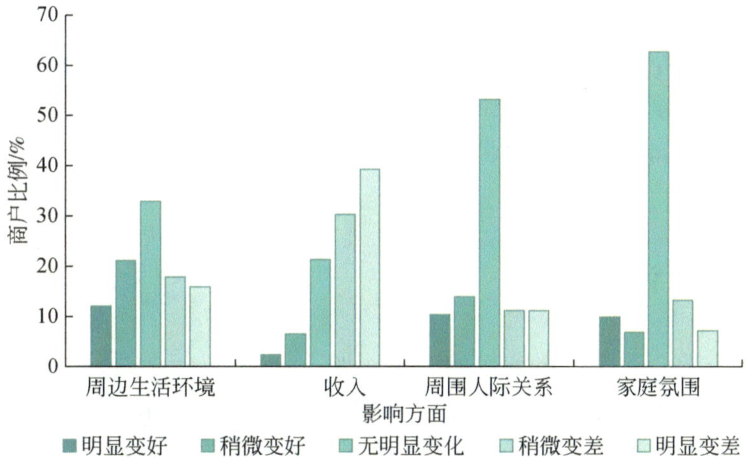

图 8-10　市场疏解对商户的影响

在调研中发现，商户对周边生活环境的在意程度并不高，商户对周边生活环境变化的感受因人而异，认为周边生活环境变好、变差、无明显变化的商户基本各占 1/3。

生活成本方面，有 33% 的商户认为生活成本和疏解之前相比变化不大，有 54% 的商户认为生活成本比在北京要低，主要是房租支出比在北京生活时减少（图 8-11）。

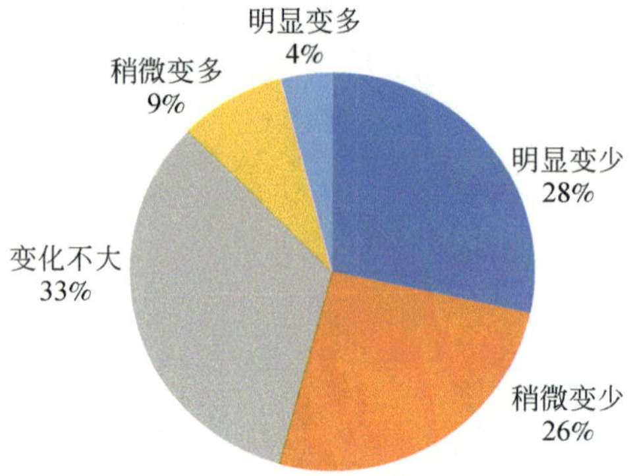

图 8-11　市场疏解对商户生活成本的影响

第四节　批发业企业区位再选择分析

非首都功能疏解提出后，根据《京津冀协同发展规划纲要》对北京市的功能定位和对非首都功能疏解工作的指导意见，各区域性批发市场并不是由北京市的核心区迁往近郊区或远郊区，而是直接迁出北京市。在针对北京市服装鞋帽批发市场疏解前后的典型调研中，政府并没有指定承接地和承接商城，周边包括燕郊、天津、白沟、石家庄、沈阳等地在内的各个商场都有招徕被疏解出来的北京市批发业企业的意向并配有相应的优惠措施。因此，这些无法在北京市继续从事经营活动的批发业企业面临着何去何从、如何选择新址的问题。那么疏解出去的批发业企业区位再选择中主要考虑哪些因素？这是本节要回答的问题。

一、调研问卷设计与发放

为了回答批发业企业区位再选择的因素问题，于 2018 年 7 月对天津、保定、廊坊等市的主要承接地进行了实地调研，并在各承接地对北京疏解出来的商户进行了深度访谈和问卷调查。由于市场实地调研数据是本书写作的重要基础，现就调研问卷设计和实地调研方案进行介绍。

1. 调研问卷设计

调研问卷结合实际研究需要和调研目标，主要设计了基本情况、疏解机制、疏解效应三个部分，调研对象是被疏解商户，调研地点是承接商城，问卷具体内容见附录。

首先是基本情况部分。其主要目的是调查被访商户的人口统计学特征和与被访者经营商铺相关的特征，包括从业时间、营业规模、未来是否在本地定居等，以分析不同类型的批发业企业/批发从业者面对原有市场疏解这一重大变动时是否会有不同的反应与对策。被访者基本情况见表 8-3。

表 8-3　被访者基本情况统计表

项目	分类	样本数/个	占比/%	项目	分类	样本数/个	占比/%
籍贯（省级）	河北省	68	18.5	年龄	20 岁及以下	10	2.7
	安徽省	57	15.5		21～30 岁	106	28.9
	浙江省	48	13.1		31～40 岁	117	31.9
	黑龙江省	31	8.4		41～50 岁	99	27.0
	河南省	26	7.1		51～60 岁	27	7.4
	辽宁省	26	7.1		60 岁以上	7	1.9
	湖北省	22	6.0	受教育程度	初中及以下	128	34.9
	山东省	21	5.7		高中	180	49.0
	吉林省	13	3.5		大学	49	13.4
	北京市	12	3.3		大学以上	7	1.9
籍贯（市级）	合肥市	36	9.8	从业时间	1 年以下	22	6.0
	保定市	26	7.1		1～5 年	102	27.8
	温州市	26	7.1		5～10 年	95	25.9
	哈尔滨市	14	3.8		10 年以上	148	40.3
	北京市	12	3.3	是否打算定居	是	134	36.5
	信阳市	11	3.0		否	218	59.4
	承德市	11	3.0		不确定	15	4.1
				雇佣营业员情况	无	190	51.8
					有 1 个	86	23.4
					有 2 个及以上	91	24.8

注：根据问卷实际填写情况进行统计。

其次是疏解机制部分。主要考察迁出企业选择承接地时考虑的因素、对迁入商场的前景展望、疏解时曾考虑过的备选商城等，以期考察批发业企业疏解与进行区位再选择时的影响因素及其决策过程。在现代市场经济的发展中，市场对资源的配置是“看不见的手”，而政府的宏观调控和管理则是一只“看得见的手”，每个参与批发市场疏解的商户都可以看成是一个追求利益最大化的理性经济人，本书在综合考虑市场作用、政策作用、个体因素的前提下，结合预调研时与商城管理方、疏解商户的访谈了解到的情况，将影响北京市批发业企业疏解后区位再选择的因素按商场、地区、个人三个层面构建了相应的指标体系，分别汇总疏解地与承接地的推力与拉力，以及商户关于成本与收益的考虑，选取地理位置和交通物流条件、租金、发展前景、政府优惠政策、集聚效应等 17 项影响因素，考量批发市场的疏解机制（表 8-4）。

最后是疏解效应部分。主要从疏解后商户的周边环境、经营情况、周围人际关系、家庭氛围 4 个方面展开，直观反映疏解活动对调研对象即被疏解商户的实际影响。其中，经营情况是考察重点，主要包括疏解前与疏解后的经营方式、营业额、客户量及比例、营业面积和营业员雇佣情况等。

表 8-4　调研问卷中商户区位再选择因素的指标体系

层面	指标
商场层面	客流量
	发展前景
	地理位置和交通物流条件
	租金
	市场管理与招商活动
	与原有商户竞争小，可错位发展
地区层面	房价
	物价
	地价
	政府优惠政策（教育、医疗、住房等）
	上游产业
	本地人文和社会环境
	公共服务设施和生活配套设施
个人层面	集聚效应（跟随其他商户一起）
	有亲戚朋友在此
	家乡在此或对此地比较熟悉
	其他

2. 实地调研方案与问卷发放

经过前期信息汇总与收集，了解到与北京市疏解出去的各区域性批发市场对接的天津市和河北省的服装鞋帽批发市场主要有：燕郊东贸国际服装城、白沟和道国际动批服饰广场、白沟国际商贸城、天津（王兰庄）温州国际商贸城、天津王顶堤万隆大胡同商城、天津卓尔国际商贸城、永清·北京鑫海鞋城等。2018 年 5 月，对天津市西青区、廊坊市燕郊镇、保定市白沟新城进行预调研，与从北京疏解过来的商户进行了较深入的沟通，并与承接商城管理人员进行了联系，在向他们了解商城经营状况的同时，为后续正式调研做准备。

预调研过程中，也发现了一些正式调研中可能会出现的问题，如有些商城管理人员对调研活动比较冷淡、不愿配合，有的商城甚至比较排斥调研活动，应与商城充分沟通，灵活进行调研活动。商户对有关营业额、盈利情况、家庭情况等信息较为敏感，应在问卷中尽量避免直接询问营业额等问题。

2018 年 7 月，对天津市西青区、廊坊市燕郊镇、保定市白沟新城、廊坊市永清县等地进行问卷调研。结合预调研时考察到的各商城承接数量和商城对调研活动的支持程度，确定了以下 7 个调研地点：白沟国际商贸城、白沟和道国际动批服饰广场、天津王顶堤万隆大胡同商城、天津（王兰庄）温州国际商贸城、天津卓尔电商城、永清·北京鑫海鞋城、云裳小镇（永清国际商贸中心），见图 8-12 ~ 图 8-15。

图 8-12　保定白沟和道国际动批服饰广场

图 8-13　廊坊燕郊东贸国际服装城

考虑到商户的回避态度，为了保证问卷数量，在进行问卷发放时采用全覆盖方法，对所有从北京迁移过来的商户尽量全覆盖，请商户填写问卷的同时，辅以面对面访谈的形式进行深度调研，问卷当场回收。

两次调研共获取 377 份商户问卷数据，其中有效问卷 367 份，问卷有效率 97.3%，所有问卷均完成了电子化录入，各承接商城的问卷完成数量见表 8-5。

需要说明的是，燕郊东贸国际服装城是目前承接北京商户最多、最集中的商城，但由

图 8-14　天津（王兰庄）温州国际商贸城

图 8-15　承接商城内部景观

于当地政府希望燕郊未来向高精尖产业方向发展，纺织服装鞋帽的批发或生产属于限制类产业，所以该商城能否继续存在、能存在多久无法确定。加之各地承接商城之间竞争商户非常激烈，商城管理人员对功能疏解相关的调研活动非常敏感，所以仅在预调研时通过深度访谈了解到一些情况，没有问卷数据。

表 8-5　各承接商城的问卷完成数量情况

承接商城	有效问卷数量/份	占比/%
白沟国际商贸城	37	10.1
白沟和道国际动批服饰广场	52	14.2

续表

承接商城	有效问卷数量/份	占比/%
天津王顶堤万隆大胡同商城	77	21.0
天津（王兰庄）温州国际商贸城	100	27.2
天津卓尔电商城	31	8.4
永清·北京鑫海鞋城	29	7.9
云裳小镇（永清国际商贸中心）	41	11.2
总计	367	100

二、影响因素及机制分析

利用问卷调研数据可以对区域性批发市场疏解的影响因素与作用机制进行解释。问卷分析结果显示，商户选择疏解目的地时考虑最多的因素包括集聚效应、地理位置和交通物流条件、市场管理与招商活动、政府优惠政策、租金，这些因素对批发商户选择疏解目标时有显著的影响，见图8-16。通过对批发业疏解时的影响因素进行分析，可为促进北京市区域性批发市场疏解工作的顺利进行提供可行性建议。

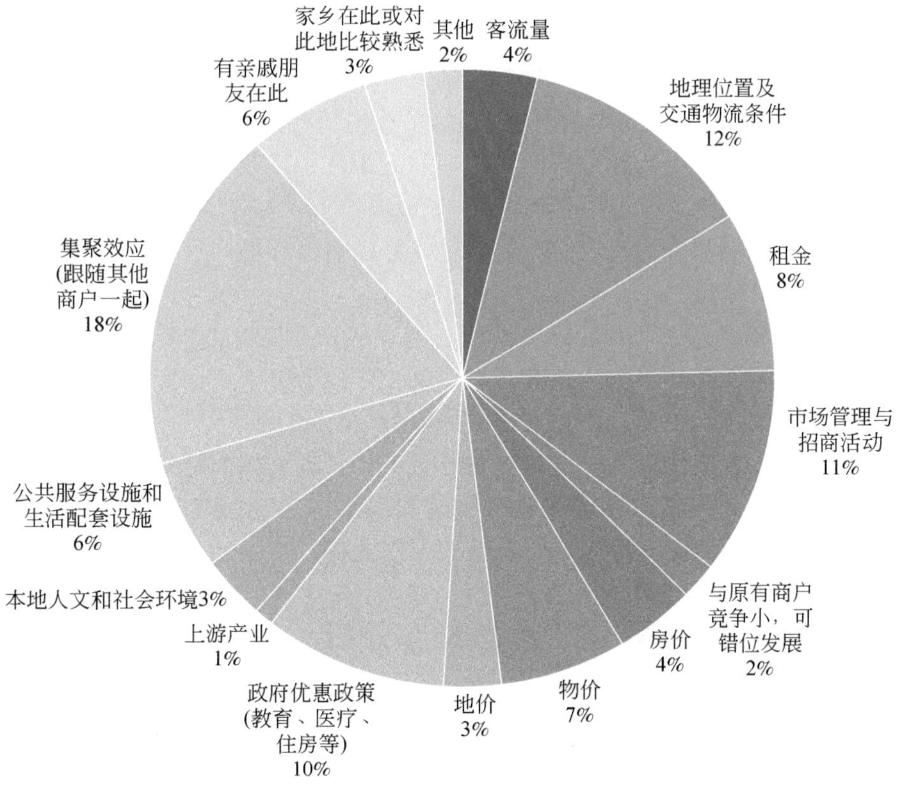

图8-16　商户选择承接地/承接商城时的考虑因素

1. 集聚效应

在一个竞争非常激烈的行业中，羊群效应往往会比较明显，即当该行业内有一个领先者（领头羊）占据了较大注意力时，整个羊群就会不断摹仿这个领头羊的一举一动，领头羊到哪里去吃草，其他的羊也去那里。羊群效应代表了一种从众心理，在商户选择疏解目的地时这种现象也特别常见。根据问卷调研的结果，商户在重新选择市场的时候，考虑最多的是要“跟随其他商户一起”，367 份有效问卷中有 200 个商户选择了该选项，占所有商户的 54.5%，在 16 个备选因素共出现的 1111 次中，体现集聚效应的选项“跟随其他商户一起”占 200 次，占所有选项频次的 18%，可见商户对集聚效应非常重视，在疏解时大部分商户还是希望能够“抱团取暖”，在市场机制作用下形成新的品牌效应。同时也发现，批发业在疏解过程中的区位再选择与已有文献中有关批发业区位选择的影响因素有很大差异。

2. 区位因素

商户最看重的是承接地和承接商城的地理位置和交通物流条件，占所有选项频次的 12%。交通条件是批发业区位选择的重要影响因素，在批发市场形成和发展过程中起着主导作用。

3. 政策因素

市场管理与招商活动在商户选择搬迁市场时也是一个重要的考虑因素，占所有选项频次的 11%。市场管理与招商活动是承接市场的一种主观行动，体现了承接地市场管理方对未来市场培育、发展的态度与能力。市场管理方组织宣传活动可以提高市场知名度，组织招商活动可以为商户拉拢客户，在管理上对本地商户和北京商户可能产生的矛盾积极协调、实施错位发展等也可以为商户们提供一个较好的营商环境，所以本项也是商户考虑的一个重要因素。

政府优惠政策和租金两个因素分别占所有选项频次的 9% 和 8%。由此可知，如果当地政府对承接北京批发产业呈支持态度，对疏解工作也会带来正面影响。承接商城对北京商户的租金优惠力度较大的话，也具有很大的吸引力。

上述集聚经济、地理位置和交通物流条件、市场管理与招商活动、政府优惠政策、租金 5 个选项的比重达到问卷所有选项总频次的 58%。其余比重较大的选项还有物价、房价、公共服务设施和生活配套设施、有亲戚朋友在此等。

三、区位选择与区位再选择的异同点分析

通过前面的分析，基本可以解释北京市服装鞋帽批发业企业进行区位选择与区位再选择时的主导因素的差异，这种差异是决定批发市场疏解效果的重要影响因素。

1. 共同点

（1）集聚效应。改革开放初期，大红门、动物园、雅宝路等地区产生商贸流通服务业均具有一定的历史偶然性。这三个地方在没有明显的政府规划支持，没有明显的交通优势，不是典型的人口集聚区的情况下，从商贸市场的雏形发展壮大起来，成为大型批发市场商圈，路径依赖的效应非常明显，集聚效应与品牌效应在其中起着重要作用，这也是北京市这一典型的集散地型服装鞋帽批发市场具有最大竞争力的原因所在。在区位选择时，集聚效应几乎掩盖了其他因素的作用。当批发市场将要疏散时，这些商户表现出强大的凝聚力，抱团取暖成为这些商户不被市场淘汰的最强大的“自卫武器”。对商户来说，保持集聚效应和品牌效应就可以保存一份生存的希望。

（2）交通可达性。北京市被疏解出去的服装鞋帽批发市场是典型的集散地型批发市场，是连接产地与销地的中转站，对空间可达性要求高是合理的。区位再选择时，商户在优先选择抱团取暖后，第二优先考虑的因素就是承接商城的交通便利程度，主要原因是疏解后商户的经营对象大部分还是之前的老客户，为了满足老客户来店进货、物流发货的交通便捷性，保证现阶段的盈利，商户对疏解后承接市场的地理位置和交通物流条件非常重视。

2. 不同点

区位选择与区位再选择的不同之处在于，区位选择中另一个比较重要的因素是劳动力因素，而区位再选择时则更关注承接地的承接条件，包括市场管理与招商活动、政府优惠政策和租金等。

（1）劳动力市场。20 世纪 80 ~90 年代大红门、雅宝路、动物园地区虽然都是在一定的历史偶然性下逐渐发展成为中国北方重要的服装鞋帽批发市场，但是一个批发市场要形成巨大规模，离不开劳动力市场的支持。适龄就业人口越多，从事服装鞋帽批发的人员就越多，商户老板雇佣营业员时的劳动力成本也会相应降低。对疏解之后的各承接地来说，首先大多数商户的营业额下降了 50% ~75%，市场冷淡，不需要太多营业员。其次承接市场当地往往具有比较充足的劳动力，疏解商户区位再选择时对劳动力市场的关注度不高。

（2）政策因素和租金。这是商户在追求利益最大化时考虑的直观因素。在疏解地北京具有无法抵抗的外推力时，哪个迁入地有更大的拉力，哪里被选择的几率就会更高。承接商城的友善度，政府提供的医疗、教育、租（住）房在内的各项优惠等就是对商户最直观的拉动力。租金即区位选择中的商业基准地价指标在区位选择时影响不显著，而在区位再选择时比较重要。因为疏解前的预期收益高，利润高，足够支撑相对其他地市高昂的地价。搬迁后，收入低、利润低，所以对地价趋于敏感。

由此可见，集聚效应和交通可达性往往体现了批发业企业区位选择的一般规律，而其他因素则会根据实际情况的变化而体现出不同的重要程度。对区位选择和区位再选择的异同点进行深入分析，有助于解决疏解过程中遇到的问题，对症下药，提供更具有吸引力的政策措施，促进疏解工作更高效地完成，使疏解具有更良好的社会经济效果。

第九章　疏解空间再利用的实证分析

促进疏解空间再利用不仅是推动北京非首都功能疏解的重要基础，而且是提升首都核心功能的重要空间支撑。本章首先以动物园服装批发市场等三个案例地区为对象开展了微观调研并获取了第一手资料，总结了案例地区空间再利用的类型、影响因素、转型效果与启示建议。其次，通过网络检索等办法获取了北京市164个疏解空间再利用的情况，并基于更新目标将其划分为促进经济增长型、保障基本生活型、提高生活品质型。最后，利用地理探测器等方法定量分析了疏解空间再利用类型的影响因素和作用机制，并据此提出了政策建议。需要说明的是，本章中的疏解空间再利用借鉴了城市更新的概念和内涵，两者之间并没有本质区别，只是从研究需要延续了非首都功能疏解的语义。同时考虑到研究尺度主要集中在区域或地点层面，聚焦到疏解空间再利用的类型划分和影响因素，并没有深入到每个案例地区转型或更新的微观机制研究上。

第一节　疏解空间再利用的典型案例

本节以动物园服装批发市场、南华里社区、黑桥仓储中心为对象，通过案例地区的微观调研，获取案例地区疏解空间再利用的典型做法及其影响因素，并为后续再利用类型的识别和机制分析奠定实证研究的基础。

一、动物园服装批发市场

动物园服装批发市场（以下简称“动批”）作为非首都功能疏解的重点对象，已经从服装批发市场转型为以金融、科技、办公等业态为主的高端产业空间，未来可能成为北京产业发展的新增长极，其再利用具有一定的典型性和研究价值。

1. 疏解背景和再利用

“动批”位于西城区西直门外大街，曾是中国北方最大的服装批发集散地。“动批”形成于20世纪80年代，为方便居民沿街购买，在道路周边自发形成“马路经济”，主要经营外贸和流行服装。20世纪90年代后，“动批”开始从道路周边搬入附近商场，规模进一步扩大，从此进入快速发展时期。凭借区位、集聚效应和品牌效应等优势，由世纪天乐国际服装批发市场、东鼎服装商品批发市场、众合服装批发市场、天皓成服装商品批发市场等12家服装市场组成的“动批”逐渐成为服务于北京及周边省份的区域性批发市场（图9-1）。

图 9-1　动物园服装批发市场的空间分布格局

随着“动批”不断发展，大规模的人流和物流导致的周边地区交通压力大、环境污染重和社会治安差等问题日益凸显。“动批”作为服装批发类市场的典型，率先被列为非首都功能疏解的重点对象，纳入首批调整和搬迁范围。从 2015 年 1 月 12 日天皓成服装商品批发市场闭市开始，到 2017 年 11 月 30 日东鼎服装商品批发市场闭市，历时近三年，由 12 家服装批发市场组成的“动批”正式告别历史舞台，共疏解建筑面积约 35 万 m^2、摊位数约 1.3 万个（表 9-1）。

表 9-1　动物园服装批发市场的组成及其概况

市场名称	成立时间	闭市时间	产权单位	建筑面积/万 m^2	摊位数/个
东鼎服装商品批发市场	1998 年	2017 年 11 月 30 日	北京京鼎大厦有限公司	1.80	480
众合服装批发市场	1999 年	2017 年 7 月 30 日	北京矿冶研究总院	0.88	630
天皓成服装商品批发市场	2001 年	2015 年 1 月 11 日	北京市公园管理中心	1.07	500
金开利德国际服装批发市场	2004 年	2016 年 2 月 4 日	北京公交集团	10.18	3500
时尚天丽服装批发市场	2004 年	2015 年 6 月 30 日			
特别特鞋城	2004 年	2015 年 10 月 9 日			
信德时代商城	2004 年	2015 年 10 月 30 日			
惠通永源市场	2004 年	2015 年 12 月 30 日			
世纪天乐国际服装批发市场	2005 年	2017 年 10 月 6 日	北京新湖阳光物业管理有限公司	8.44	3200
聚龙外贸服装商城	2007 年	2015 年 12 月 31 日	北京市公路联络线有限责任公司	4.18	860
万容天地市场	2013 年	2017 年 6 月 27 日	北京建筑大学	4.04	2000
天和白马服装商城	2013 年	2017 年 11 月 13 日	北京矿冶研究总院	4.02	1000

资料来源：根据网页（http://beijing.qianlong.com/2017/1114/2170369.shtml）资料进行删改和补充。

2018 年北京金融科技与专业服务创新示范区建设启动，“动批”区域作为该示范区核心区的一部分，陆续开展了楼宇升级改造工作（表 9-2）。目前，已完成部分楼宇更新、街区改造和品质提升工作。

表 9-2　动物园服装批发市场的再利用情况（2020 年）

原市场名称	再利用状态	现名称	现使用功能
东鼎服装商品批发市场	闲置	—	一层京东物流
众合服装批发市场	已转型	示范区中心花园［图 9-3（c）］	“城市客厅”
天皓成服装商品批发市场	已转型	宝蓝金融创新中心［图 9-2（a）］	金融、办公
金开利德国际服装批发市场	已转型	新动力金融科技中心［图 9-2（b）］	作为承载金融科技“国家队”“独角兽”“生力军”企业落地的重要载体
时尚天丽服装批发市场			
特别特鞋城			
信德时代商城			
惠通永源市场			
世纪天乐国际服装批发市场	（施工中）	北京金融科技中心	拟引入科技、金融、人工智能（AI）、智库等产业
聚龙外贸服装商城	（施工中）	“冰宝岛”冬季冰雪中心	公共文化活动
万容天地市场	已转型	奇安信总部大楼［图 9-3（a）］	奇安信科技集团股份有限公司
天和白马服装商城	已转型	北矿金融科技大厦［图 9-3（b）］	中铝资本控股有限公司
新大都饭店	已转型	首创·新大都金融科技创新服务示范园区	拟打造集办公、商务交往、休闲消费体验于一体的街区式广场

资料来源：根据网页（https://www.sohu.com/a/364865293_114988）资料进行删改和补充。

通过实地调研发现，原天皓成服装商品批发市场已经转型为宝蓝金融创新中心［图 9-2（a）］，一层被北京优刻得科技有限公司租用，准备办一个对公众开放的云计算服务体验中心；其他楼层还有你好现在（北京）科技股份有限公司、北京九盈信息科技有限公司等，多是关于无人机、VR、聚合支付、区块链等的金融创新型和科技创新型企业。此外，原万容天地市场已转型为奇安信总部大楼［图 9-3（a）］，原天和白马服装商城已转型为北矿金融科技大厦［图 9-3（b）］，2020 年中铝资本控股有限公司入驻。

总体来看，动物园地区疏解空间再利用的类型可以概括为促进经济增长型，具体而言，主要是再利用为金融、科技、办公等高端产业空间。

2. 影响因素和机制

通过实地考察发现，“动批”地区疏解空间再利用主要受到交通区位条件、成本效益、功能定位、政策支持等因素影响。

1）交通区位条件

“动批”地区位于北京市中心城区二环和三环之间，具有独特的交通区位优势（图 9-4）。

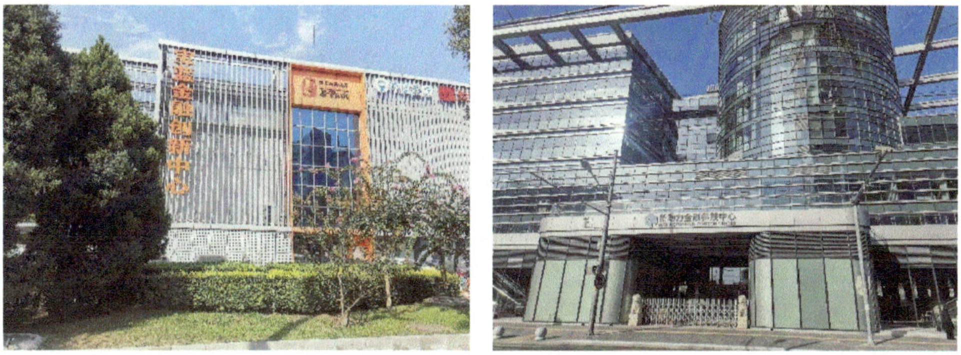

(a) (b)

图 9-2　原天皓成服装商品批发市场（a）和原四达大厦改造后外观（b）

资料来源：作者拍摄

(a) (b) (c)

图 9-3　原万容天地市场（a）、天和白马服装商城（b）、众合服装批发市场改造后外观（c）

资料来源：作者拍摄

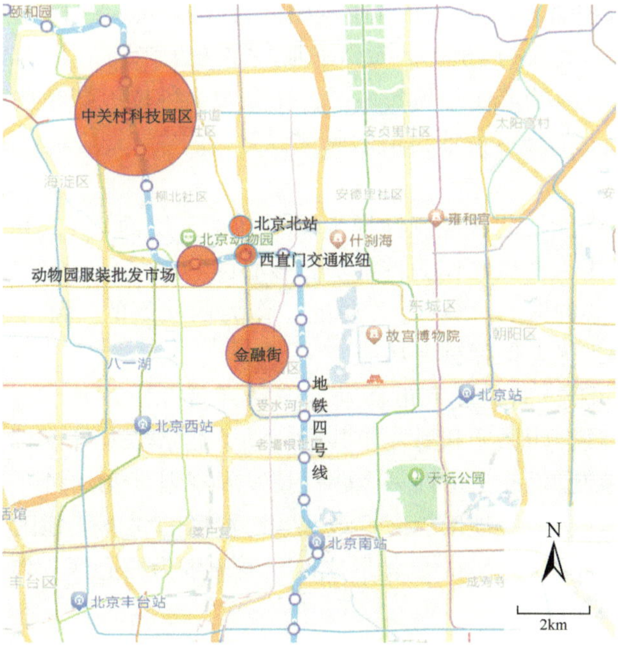

图 9-4　动物园服装批发市场的交通区位

首先，“动批”地区靠近北京北站、西直门交通枢纽，拥有动物园公交枢纽和地铁4号线等多条公共交通线路，城际铁路、城市地铁、公交等配套设施完善。一方面，便捷的交通设施能够有效降低“动批”再利用的前期成本、加快再利用的进程；另一方面，对改造后土地升值起着至关重要的作用。

其次，“动批”地区南邻金融街，北接中关村科技园，正好处于两大功能板块的连廊区域，具有天然的区位优势。金融街作为国家的金融管理中心，聚集了各类金融机构1900多家，业务范围覆盖银行、证券、保险、债券、基金、理财、信托及不良资产处置等全门类业务；中关村大街作为我国科技创新的源头，人工智能、大数据、区块链等金融科技底层技术企业数量位居全国前列。随着移动场景时代的大发展，金融科技底层技术发展进入关键期，国家金融安全体系建设、国际金融危机外溢、国内金融风险加大等都需要新的创新技术支撑。一方面，金融街的金融机构急需新的科技手段来创新金融服务，防范金融风险，规范金融服务行为；另一方面，中关村的科技实力为金融科技创新监管手段和跨行业跨市场交叉性金融风险甄别、防范等业务所需的大数据、人工智能、云计算等提供了技术支撑。

2）成本效益

原“动批”地区日均客流量超过10万人，主要是大量的批发商及散客，附近物流企业超过20家，每天有近千辆汽车出入，给“动批”地区及其周围区域增加了额外的交通压力。虽然原“动批”地区约2万多个服装批发商每年会给西城区带来约6000万元的收益，但是政府需支付的交通、环境等管理费用超过1亿元①。从成本和效益角度看，“动批”地区产生的成本高于其带来的效益。同时，低端批发市场的存在会对周边地区房价产生负外部性作用，降低周边区域的土地价值，造成城市资源的浪费。

与“动批”地区相隔不远的中关村西城园，其收益要远高于“动批”地区。2016年园区内高新技术企业总收入为1600亿元，平均每平方千米可产生160亿元的财富。在寸土寸金的核心区，只有高端产业的高效集聚，如金融、科技等高收益行业才能创造更高的价值，从而带来“动批”地区商业价值的整体提升。

3）功能定位

首先，在《首都功能核心区控制性详细规划（街区层面）（2018年—2035年）》（以下简称核心区控规）中，西城区作为首都功能核心区的一部分，定位是全国政治中心、文化中心、国际交往中心的核心承载区。“动批”作为西城区的一部分，其疏解空间再利用自然要符合上位规划，优先保障首都功能。

其次，2018年5月29日，北京市金融工作局（现北京市地方金融监督管理局）、中关村科技园区管理委员会西城园和海淀园共同启动了北京金融科技与专业服务创新示范区（简称“示范区”）建设。《北京市促进金融科技发展规划（2018年—2022年）》中明确示范区以西城区北展地区、德胜地区、广安地区和海淀区的北下关地区、中关村大街沿线区域为主体（图9-5），面积约15km^2，将形成以北展地区为核心区，以德胜地区和广安地区

① 2013-12-24.“动批”确定外迁：市郊河北备选. http://www.bjnews.com.cn/news/2013/12/24/298844.html.

为拓展区的空间格局。作为北京非首都功能疏解促进城市转型升级的代表区域，西城区北展地区约 60 万 m^2 的疏解空间和 80 万 m^2 的优质楼宇可直接用于金融科技发展①。

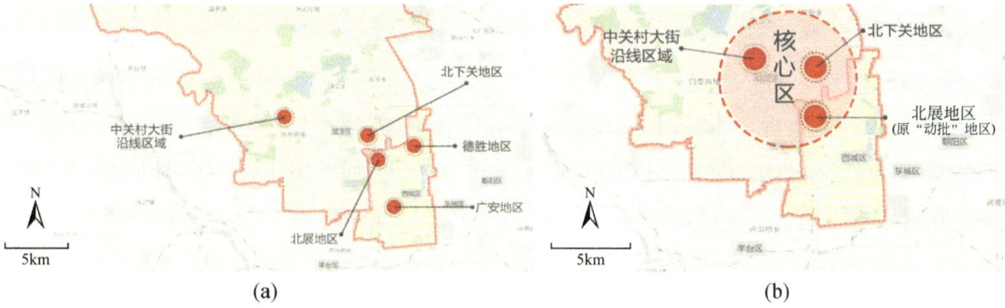

图 9-5　示范区（a）和核心区（b）示意图

资料来源：《北京市促进金融科技发展规划（2018 年—2022 年）》

因此，原“动批”约 30 万 m^2 的疏解空间将重点布局监管科技、金融科技、风险管理、金融安全和支撑金融科技的创新型专业服务，以四达大厦②为起步楼宇，形成由北京市金融工作局（现北京市地方金融监督管理局）统筹协调，西城区、海淀区、北京公共交通集团三方整体合作的模式。

4）政策支持

2017 年 12 月，西城区印发《北京市西城区关于财政支持疏解非首都功能构建高精尖经济结构的意见》，提出要“有效运用产业疏解腾退空间，优先用于发展金融、科技、文创等符合区域产业功能定位的高精尖产业，并可在建设改造和日常运营中按照相关产业政策给予适当资金补助”“对成功引进和培育高精尖企业的楼宇运营管理方或产权方给予政策奖励”等，积极为高精尖企业发展营造良好环境。

2019 年 1 月，根据《国务院关于全面推进北京服务业扩大开放综合试点工作方案的批复》，其强调西城区要着力强化国家金融管理和服务功能，明确提出建设国家级金融科技示范区，标志着“示范区”建设上升为国家战略。

自“示范区”建设启动以来，西城区发布《北京金融科技与专业服务创新示范区（西城区域）建设方案》（简称“建设方案”）和《关于支持北京金融科技与专业服务创新示范区（西城区域）建设若干措施》（简称“金科十条”），多措并举推进金融科技与专业服务创新示范区（简称“金科新区”）建设。其中，“金科十条”对入驻示范区西城区域的金融科技企业和专业服务机构，在金融监管科技、降低运营成本、提升创新能力、促进交流合作、搭建应用场景、服务优秀人才、拓宽融资渠道、汇聚高端要素、提升楼宇品

---

① 《西政发（2018）11 号　北京市西城区人民政府北京金融街服务局关于印发北京金融科技与专业服务创新示范区（西城区域）建设方案的通知》。

② 四达大厦内曾包括动物园服装批发市场中的金开利德国际服装批发市场、惠通永源市场、信德时代商城、特别特鞋城、时尚天丽服装批发市场等多个市场。

质、优化营商环境十个方面提供支持①。截至 2020 年 12 月，已实现 1 亿多元资金兑现，用于补贴企业房租，鼓励楼宇转型升级，支持金融科技机构发展等②。

3. 效果与启示

“动批”疏解后，原存在的人流量大、交通拥堵、环境污染等一系列问题得到极大改善。有研究显示，“动批”搬迁后，周边 2km 范围内拥堵下降了 5%（图 9-6）。“动批”周边最主要的西直门外大街主辅路的拥堵程度缓解明显，2017 年 6 月降幅最大，达到 14.07%（图 9-7）。

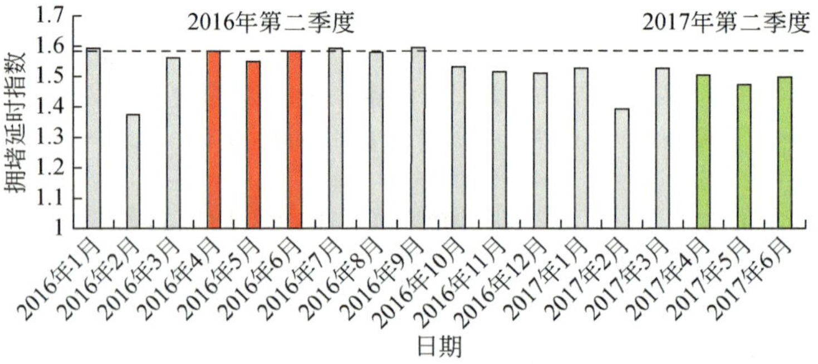

图 9-6 “动批”周边 2km 拥堵延时指数走势图

拥堵延时指数，即城市居民平均一次出行实际旅行时间与自由流状态下旅行时间的比值。16Q2 指 2016 年第二季度，17Q2 指 2017 年第二季度。虚线为 2016 年第二季度拥堵延时指数的最大值，为了便于和 2017 年第二季度拥堵延时指数对比

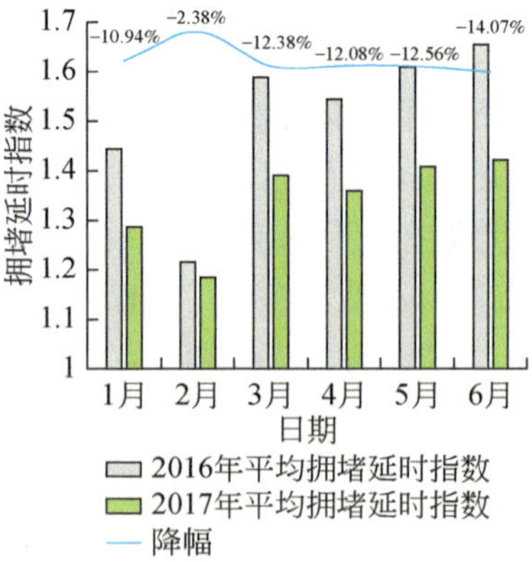

图 9-7 西直门外大街同比拥堵变化图

资料来源：《高德地图：2017Q2 中国主要城市交通分析报告》

① https://open.beijing.gov.cn/html/yqzc/2021/12/1638755026080.html.

② https://mp.weixin.qq.com/s/v8mfBFkOEVKv7IgsMTIxtA.

2018～2020年，“金科新区”建设取得明显成效，已有97家金融科技企业和专业服务机构落户西城区，注册资本近800亿元①。疏解后的“动批”地区作为“金科新区”核心区，其标志性建筑——新动力金融科技中心开始正式运营②。入驻宝蓝金融创新中心的高新企业中科技类企业建筑面积占总面积的60%以上，领域囊括金融技术、共享汽车技术、应用软件开发，从业人员由约1500人减至300余人，初步统计年营业收入达5亿元，实现利税近5000万元。也就是说，这里以原“动批”区域3%的建设用地面积产生的经济效益达到了原“动批”产生的经济效益③。

虽然“动批”地区的疏解与改造已基本完成，但是更引人关注的是后续的转型发展中的问题，即如何盘活该地区经济发展活力和潜能。“动批”转型面临的挑战可以大致总结为以下几点。

第一，做好商业配套。转型后“动批”地区在商业综合体配套方面，特别是在消费型购物场所方面略显薄弱。以“动批”地区为核心，周围1～2km范围内，只有西直门凯德MALL一家综合性购物场所，以南的三里河、月坛地区更是连酒店、饭馆都较少，商业氛围较淡，这与动物园商圈长期被服装批发业“独占”或“一业独大”有关③。因此，要做好转型后的“金科新区”周边零售商业设施的规划建设，合理布局便利店、超市等生活服务设施，确保居民生活秩序，提高城市品质。

第二，发挥独特优势。“动批”的地理位置既是优势（有助于与周边企业或机构的交流、合作），又是挑战，即是否能在众多金融、科技园区中形成独特的优势来吸引更多的优质资源集聚。通过实地调研发现，虽然部分楼宇已基本完成楼宇改造更新，并吸引了一些企业入驻，但是也存在不少办公空间仍处于闲置状态。

第三，避免原有问题。在产业转型升级过程中，要杜绝“穿新鞋，走老路”的情况，即如何在金融、科技产业等新功能的培育上避免原批发市场发展中存在的问题，如交通拥堵问题、环境污染问题等，是未来该区域发展中要始终关注和尽力避免的问题。

此外，企业如何扬长避短，利用产业优势促进区域发展也是未来“动批”转型需要思考的问题。

二、南华里社区地下空间

陶然亭街道南华里社区，又名畅柳园小区，在地下疏解空间再利用方面率先探索出多样化的形式，对本研究而言是个很好的案例。

1. 基本情况

南华里社区位于西城区二环内，接近西单商圈和王府井商圈，紧邻陶然亭地铁站，交

---

① 核心区“动批”区域年底将完成街区改造.2020-10-24.北京青年报.

② 殷勇.北京金科新区标志建筑新动力金融科技中心今年底正式开业.2020-10-23.新京报.

③ “动批”：疏整促下的腾笼换鸟.2019-8-6.北京商报.

通便利，是一个以回迁居民为主的大型住宅区，现有8700多人，2700多户，其中60岁以上人口占50%以上。

过去该社区的地下空间多为群租房，违法租住问题严重，流动人口多、环境脏乱差、治安消防安全隐患大，共涉及7栋楼、14处空间、1003间出租房、13910m^{2}面积，租户曾一度达1760人。在北京市“疏解整治促提升”专项行动中，陶然亭街道开展地下租住空间专项整治工作，2017年清退南华里社区内部7栋楼的地下空间，社区环境得以改善。2018年起，为彻底消除地下空间群租房反弹隐患，巩固疏解整治成效，陶然亭街道通过居民议事的形式进行民意征集，了解百姓实际需求，先后将南华里社区部分地下疏解空间改造成社区安全宣教中心、文体中心、百姓生活服务中心、非机动车存车处等场所（表9-3）。

表9-3 陶然亭街道南华里社区地下空间再利用类型

现名称	面积/m^2	位置	再利用类型	投入时间	备注
社区安全宣教中心	1100	1号楼B2	已转型	2019年4月	10:00～17:00开放；周二～周五团体预约参观；周六、周日对社区居民开放
陶然亭街道文体中心	1000	5号楼B2	已转型	2020年1月	9:30～19:00向社区居民开放；周二闭馆
百姓生活服务中心	1000	10号楼B1	已转型	2018年4月	6:00～13:00营业；便利超市、蔬菜零售
非机动车存车处	700	7号楼B1	已转型	2019年2月	居民自治管理
“数字非遗”特色文化空间	460	1号楼B1	已转型	2021年	—
“陶然亭记”展厅	—	8号楼	已转型	2020年	—
街道机关库房	950	1号楼B16号楼B1	在建	—	—

资料来源：根据网页（https://www.sohu.com/a/304160287_120025792;http://ishare.ifeng.com/c/s/7jKDWA3vTrT）资料进行删改和补充。

截至2020年1月，该社区83%的地下空间完成了再利用工作。根据调研，该社区地下空间的再利用是由陶然亭街道办事处和南华里社区居委会联合管理的，以街道办事处为主。例如，社区安全宣教中心是由街道办事处安全生产办公室主导改造、陶然亭街道文体中心由街道办事处文教科主导改造、非机动车存车处由社区居委会党委主导改造。

社区安全宣教中心面积1100m^2，设有居家安全、公共安全、自然灾害、职业安全4大主题体验区，根据每个区域的不同主题，开设知识性和互动性的体验项目（图9-8）。不同于以往以说教和宣讲为主的方式，在互动性项目中居民可以通过电梯安全VR体验、触电模拟体验、汽车模拟驾驶体验等多种互动模式学习安全常识，增强安全教育活动的生动性和趣味性。

百姓生活服务中心位于南华里社区10号楼地下一层，面积1000m^2，前身为乾坤元地下小旅馆，环境脏乱差存在安全隐患。征集居民意见后改造为百姓生活服务中心，2018年投入运营，具备便利超市、蔬菜零售等基本业态。

图 9-8　南华里社区（社区安全宣教中心）

该社区 5 号楼地下二层被改造为陶然亭街道文体中心，面积 1000m^2，分为文化生活区、体育运动区、老幼关爱区三大板块，2020 年 1 月进入试运营阶段。这里包含红色电影放映厅、健康驿站［图 9-9（a）］、悦动空间［图 9-9（b）］、美学课堂、棋牌室［图 9-9（c）］、台球室、阅读新空间、童乐堂、家庭汇客厅等 11 个活动空间［图 9-9（d）］。这些

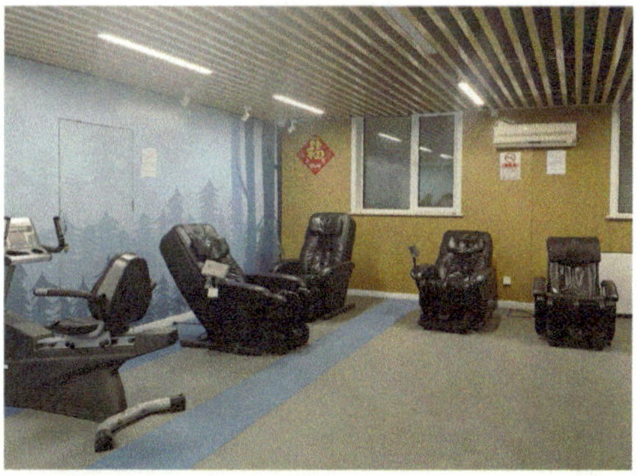

(a)

(b)

(c)

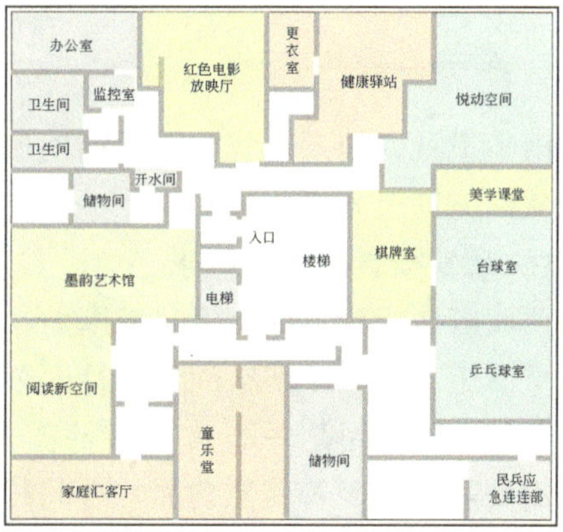

(d)

图 9-9　陶然亭街道文体中心

活动空间通过开展多元化的文体活动，如悦动空间开展健身操、瑜伽、太极拳等体育运动类活动；童乐堂开展儿童阅读、故事会、绘画、音乐会等以儿童为服务对象的活动，满足居民的多样化需求、激发居民参与社区活动的积极性，同时也促进邻里之间的交流。

非机动车存车处位于7号楼地下一层，面积约700m²，是由陶然亭街道南华里社区委员会负责督办和管理的，资金来源主要是社区党组织活动服务经费。据了解，南华里社区非机动车数量为3500～4000辆，在地下疏解空间再利用征集民意时，非机动车的停车需求是最大的。虽然地下空间被成功改造为非机动车存车处，但是只有300～400辆非机动车经常停在此处。主要原因在于：一是改造时没有设置电梯，该停车处的入口楼梯又十分陡峭，对于老年人特别不方便；二是考虑到安全问题，地下非机动车存车处也没有设置充电插口，对于电动车而言不是特别便利；三是距离停车处所在的7号楼较远的居民，如1号楼居民选择仍将车辆停放在自家楼前空地，而不愿停在地下非机动车存车处。考虑到楼前停车影响居民进出、私自拉线充电存在安全隐患等问题，居委会正在考虑在社区内设置非机动车充电桩（图9-10）。

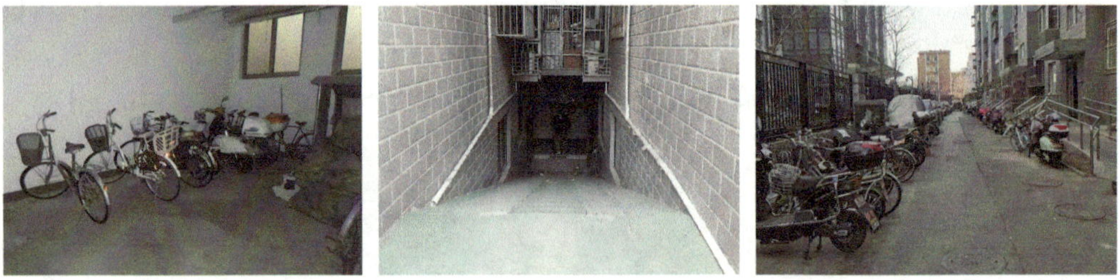

(a) (b) (c)

图9-10 地下非机动车存车处（a）、地下非机动车存车处入口（b）、1号楼前非机动车停放（c）

图片来源：作者拍摄

陶然亭街道利用南华里社区1号楼西侧地下一层的460m²空间，建设陶然亭街道“数字非遗”特色文化空间，分陈列展示区、互动体验区、文创交流区3个区域，让居民感受非物质文化遗产的魅力。

2. 影响因素和机制

南华里社区地下疏解空间再利用形式的多样性是受到多种因素共同影响的结果，具体可以从以下三个方面分析。

1）现实条件与居民需求

西城区属于建成区，人口密度大、可利用的闲置空间和建筑极少，早期社区配套设施又严重不足，利用疏解空间补充社区公共服务设施是个很好的选择。总体上看，西城区社区商业基本能满足居民日常生活的需求，但其业态配置尚不合理，其中，以餐饮业最集中，而交际、休闲等其他功能的空间相对较少。

随着生活水平的提高和生活品质的提升，居民对公共服务设施提出了新需求。有研究显示，首都功能核心区居民对文化设施的需求主要为阅览、书画、音乐活动功能，对体育设施的需求多为乒乓球、健身锻炼、棋牌娱乐、羽毛球功能，对老年活动站的需求多为书画、音乐舞蹈、运动健身功能，对其他服务型商业需求多为理发功能等。不同年龄段的居民需求也存在很大差异，如年轻人相对集中的社区对咖啡店、早教机构、健身房等时尚行业的需求较大，而老龄化程度较高的老旧社区对老年人餐饮、养老、休闲的需求较大。

南华里社区人口密度高且老龄化严重，社区的公共空间很少，仅有一个小广场。拥挤的人居环境和落后的服务设施满足不了居民对美好生活的向往。在土地资源紧缺的背景下，社区地下空间可以担负激活社区活力、增进邻里关系的社会责任。公共服务设施服务于民，配置与供给自然要与居民需求高度匹配。南华里社区地下疏解空间的再利用正是基于居民需求进行改造的，同时又能改善邻里关系。

2）地价因素

城市地下空间开发利用是城市经济高速发展和城市空间扩容的客观需要。这直接体现在人均地区生产总值和城市地价、房价的快速提升上。2019 年北京市人均地区生产总值达到 16.4 万元，远高于全国平均水平。随着经济的高速发展，大城市地价急剧上升。2019 年北京市平均地价约为全国平均地价的 4 倍，中心城区的地价更高。据北京市规划和自然资源委员会的官网资料，2017 年北京市东城区永定门外大街一处地块（二环附近）最终成交价为 38.4 亿元，成交楼面地价为 58080 元/m^2，是全国平均地价的 10 倍（表 9-4）。

表 9-4　2019 年全国和北京市商品房平均售价及平均地价

指标	全国	北京市
人均地区生产总值/万元	7.08	16.4
平均地价/（元/m^2）	5696	23138
商品房平均售价/（元/m^2）	9310	35905

资料来源：国家统计局和北京市统计局。

高昂的地价必然导致房价高涨，据房产中介“我爱我家”网站显示，位于西城区陶然亭街道的南华里社区的平均房价为 99068 元/m^2，而 2019 年北京市商品房平均售价为 23138 元/m^2。

北京市中心城区地价高昂使城市的改造与再开发利用变得十分困难。因此，向地下要空间成为城市发展的必然。位于中心城区的住宅小区房价远高于城市平均水平，当出现实际用地需求但地上空间不足或由于价格原因无法使用时，就需要合理开发利用地下空间，用以补充地面设施，便利居民生活，增进邻里关系。

3）政策因素

政策因素是影响南华里社区地下疏解空间再利用的一个重要因素。北京市地下空间整治工作历经了两个重要阶段。一是，清退存在散住、群租现象的地下空间，规范地下空间的使用行为。二是，积极引导清理腾退后的地下空间的再利用，主要用于织补城市功能，坚持以居民需求为导向，优先解决民生和配套服务，鼓励符合规划要求的地下空间用于车库、办公、便民仓储、文体活动、宣传教育等便民用途（表 9-5）。

表 9-5　2017～2019 年北京市地下空间整治的部分标准规范和政策文件

时间	单位	名称	主要内容
2017 年 2 月	北京市人民政府	《北京市人民政府关于组织开展“疏解整治促提升”专项行动（2017—2020 年）的实施意见》（京政发〔2017〕8 号）	加快推进中心城区老旧小区违法建设、群租房、地下空间、低端业态等综合整治工作。消除人防工程和普通地下室“散租住人”现象，加快推进地下空间集体宿舍、地下旅馆整治
2018 年 5 月	北京市商务委员会	《关于利用地下空间补充完善便民商业服务设施的指导意见》（京商务规字〔2018〕5 号）	提出对于城市建成区内地上设施无法满足当地社区居民要求的，以一事一议的方式，经区政府同意后，可使用地下空间补充完善便民商业服务设施
2018 年 8 月	北京市民防局	《北京市人民防空工程和普通地下室规划用途变更管理规定》（京民防发〔2018〕78 号）	适用于本市“疏解整治促提升”专项行动中腾退的地下空间变更规划使用用途的行为。提出变更后的使用功能应当优先用于补充城市居民基本生活服务设施，鼓励用于文化、体育、居民仓储、公共服务设施
2019 年 8 月	北京市住房城乡建设委员会	《北京市人民防空工程和普通地下室安全使用管理规范》	普通地下室规划的使用用途不得擅自改变，改变规划使用用途必须到有关部门办理相关手续。规划用途不是居住的普通地下室，不允许经营性住人。地下二层及以下，不允许用作自用性宿舍。擅自改变按规划用途使用的地下空间的，由规划部门依法处理
2019 年 11 月	北京市人民防空办公室	《北京市地下空间使用负面清单》（京人防发〔2019〕136 号）	用于北京市疏解整治后市属地下空间的再利用。该文件列出了涉及住宿、餐饮、教育、卫生等 13 类 24 项禁止项目

资料来源：北京市人民政府门户网站。

3. 效果与启示

南华里社区地下空间原来多利用为群租房，人流多、环境条件差、治安消防隐患大。地下疏解空间再利用为社区安全宣教中心、百姓生活服务中心、陶然亭街道文体中心不仅方便了社区居民的生活，而且社区环境得到较大改善，社区居民的获得感和幸福感显著提升。

但是，该社区地下疏解空间再利用还存在以下问题：

一是社区安全宣教中心没有电梯或无障碍设施，对想去此处的老年人并不方便。

二是非机动车存车处由于不能充电、进出不便等原因使用率不高。

三是由于物业在社区小广场摆摊卖菜的行为，可能会导致地下便民服务中心的超市和零售蔬菜出现后续经营不下去的情况。

南华里社区地下疏解空间再利用也为非首都功能疏解提供了一些启示。

一是加强安全管理。地下空间的湿度高，照明和空气质量较差，对防火要求高，再利用过程中需要进行严格安全检查。

二是保障可持续利用。南华里社区地下空间的再利用类型多为便民服务类，在没有营收的情况下，运营方无法维持其正常运营，如基本的水电热费用，投入的人力、物力等。因此，需要进一步研究既不使改造方和运营方逐利，又能维持便民服务类设施正常运营的可持续利用方案。

三是增进邻里关系。地下空间整治的意义除了改善、维持社区秩序，保障居民基本的居住条件，还可以协调社区内各方面的关系，化解不平衡、不和谐因素引发的矛盾，营造和谐的人文环境。因此，未来地下疏解空间再利用，如何从改善和保障居民基本的居住条件向激发社区活力、拉近邻里关系的方向转变是值得思考的问题。

四是再利用形式的动态调整。南华里社区在地下疏解空间再利用过程中会有持续的议事过程，根据居民反馈对地下疏解空间再利用进行调整。最典型的例子就是陶然亭街道文体中心起初只有两张乒乓球台，有居民反映乒乓球台不够用，居委会随后便在非机动车存车处寻找了合适的场地改建为乒乓球活动室。

三、黑桥仓储中心

“留白增绿”是落实减量发展的实践，也是建设国际一流和谐宜居之都的重要举措，更是优化城市空间布局、推动生态修复和城市修补的具体行动。其中，黑桥公园就是在此背景下建成的。

1. 基本情况

黑桥仓储中心位于北京市朝阳区崔各庄乡黑桥村，总面积 2.4 万 m^2，由 12 个大库组成。该仓储中心原来是堆放运输货物的大院，还有部分小汽修厂，周边环境脏乱差，安全隐患多。由于仓储中心未经消防验收擅自投入使用，仓库建筑材料耐火等级低，且消防设施不合规，电线乱接、杂物乱放，消防通道被堵塞，存在严重的消防隐患①，2016 年被处罚并责令停产停业。随后，黑桥仓储中心被列入朝阳区非首都功能疏解清单，在 2018 年启动的黑桥棚改腾退项目中，与其所在黑桥村一并被疏解腾退，为“留白增绿”腾挪空间，并于 2018 年底完成疏解腾退工作。

为深入推进“疏解整治促提升”专项行动、加强生态文明与城乡环境建设，朝阳区将黑桥仓储中心疏解后的土地用于还绿，成为黑桥公园的一部分。黑桥公园总面积 138 万 m^2，绿地面积达 96 万 m^2，设置了滨水区、生态保育区、林地体验区、耕读文化体验区、健身运动区、儿童活动区 6 个不同功能区，以更好地发挥公园的社会功能（图 9-11）。

黑桥公园不但是乡域生态规划中的重要节点，也是北京市第二道绿化隔离带的重要组成部分。公园一期占地 70 万 m^2，于 2019 年 8 月 8 日正式开园；二期占地 38.7 万 m^2，于 2020 年 10 月开园。黑桥公园建成后成为周边居民主要的活动休憩场所，为居民提供了自然、健康、和谐的休闲游憩空间。同时，有效提高了区域公园绿地 500m 服务半径覆盖率，

① 朝阳一2.4 万平方米仓储中心存隐患将年底拆除. 2016-07-31. 北京青年报.

图 9-11　黑桥公园导览图和公园一角

资料来源：作者拍摄

拓展了城市绿化隔离带功能。

2. 影响因素和机制

与前两个案例不同的是，黑桥仓储中心再利用为黑桥公园的主要原因是其位于绿化隔离带地区，受规划定位与政策因素影响较大，其次还有环境因素。

1）规划定位与政策因素

《北京城市总体规划（2016 年—2035 年）》明确了北京的城市战略定位和建设路线，生态环境建设和绿色发展贯穿始终，特别明确了森林城市的建设目标，提出构建“一屏、三环、五河、九楔”的市域绿色空间结构，并指出“重点实施平原地区植树造林，在生态廊道和重要生态节点集中布局，增加平原地区大型绿色斑块，让森林进入城市”。

在《北京城市总体规划（2016 年—2035 年）》的基础上，编制实施了《北京森林城市发展规划（2018 年—2035 年）》，提出“绿美京华，北京森林”的总体定位，确立了“北提、南增、东拓、西护、中优、内连、外合”的森林城市建设对策，要求“在核心区、中心城区和北京城市副中心开展城市修补、生态修复，充分利用闲置荒地、一道绿化隔离地区地块，以及拆违疏解腾退建绿、留白增绿、对原有小型公园绿地进行扩绿等方式，打造大尺度绿化的精品公园”（表 9-6）。

表 9-6　北京市核心区、中心城区和城市副中心城市森林建设重点任务表

行政区名称	重点建设地区
东城区	原有公园扩绿
西城区	
海淀区	留白增绿地块、一道绿化隔离地区、二道绿化隔离地区
朝阳区	
丰台区	
石景山区	留白增绿地块、一道绿化隔离地区

续表

行政区名称	重点建设地区
通州区	留白增绿地块、东部绿楔、潮白河绿带、北运河绿带

资料来源：《北京森林城市发展规划（2018 年—2035 年）》。

2020 年 9 月，北京市朝阳区人民政府发布了《北京市朝阳区国家森林城市建设总体规划（2019—2035 年）》，总体目标是构建“两环六楔、五河十园”的绿色空间结构（图 9-12），截至 2021 年底，实现全区林木覆盖率 31. 94%、城区绿化覆盖率 47. 96%，人均公园绿地面积 18. 54m^2 的目标。

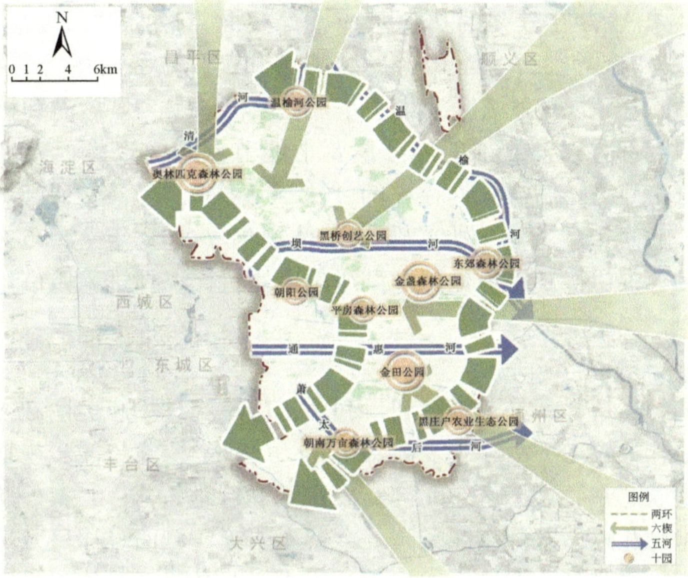

图 9-12　朝阳区“两环六楔、五河十园”的绿色空间结构

资料来源：《北京市朝阳区国家森林城市建设总体规划（2019—2035 年）》

《北京市朝阳区国家森林城市建设总体规划（2019—2035 年）》提出，朝阳区二道绿化隔离地区郊野公园环建设是以黑庄户乡、崔各庄乡、金盏乡、孙河乡为重点，以绿色空间、田园风光、留住乡愁为指导思想，打造都市田园。因此，黑桥仓储中心所在区域（崔各庄乡）作为“两环”中第二道绿化隔离地区的重要组成部分，按照国家森林城市和“城在绿中”的要求，被用于建设集中连片的大尺度森林景观、互联互通的绿色廊道和大规模的休闲公园。

2）环境因素

科学技术部发布的《全球生态环境遥感监测 2020 年度报告》显示，2020 年全球城市人均绿地空间面积为 40. 47m^2/人，我国城市人均绿地空间面积仅为 33. 74m^2/人，低于全球平均水平（表 9-7）。

表 9-7　2020 年不同国家城市人均绿地空间配置

国家	人均绿地空间面积/（m^2/人）	配置水平
美国	157.36	高
英国	55.48	高
法国	49.20	中
日本	41.01	中
中国	33.74	中

资料来源：http://www.chinageoss.cn/geoarc/2020/C/C2/C2_3/index.html。

2020 年北京市人均绿地空间面积 43.04 m^2，朝阳区 46.22 m^2，高于全球和全国人均绿地空间面积。但仍然存在较强的热岛效应，据《北京森林城市发展规划（2018 年—2035 年）》显示，2017 年北京市 93.63% 的强热岛和极强热岛集中分布在平原区。其中，占平原区总面积 16.47% 的中心城区聚集了平原区 34.25% 的强热岛和极强热岛。朝阳区东北部、南部、西南部，以及北部的部分重要功能节点同样聚集了大量强热岛和极强热岛。近年来，北京市致力于解决长期存在的“大城市病”，包括交通拥堵、环境污染、热岛效应等。为此，北京市政府在《北京城市总体规划（2016 年—2035 年）》中明确了森林城市的建设目标，提出增加平原地区大型绿色斑块，让森林进入城市。

3. 效果与启示

往日拥挤喧嚣的黑桥村，经过疏解和再利用，已经变身一座美丽花园。黑桥公园承载北小河蓄滞洪功能，设置 18hm^2 水面，蓄滞洪 21.6 万 m^3，并与同步规划建设的何里栖地公园、山水乃园串联起来，朝阳区东北部新增水面和湿地近 40 万 m^2。此外，黑桥公园与温榆河绿色生态走廊相连，服务京旺家园、金盏嘉园等数万回迁居民及周边市民。黑桥公园与大山子、望京一带高新产业园区相接，为周边企业员工打造休闲娱乐的“后花园”①。

需要特别关注的是，在疏解和再利用过程中还存在以下问题：

一是缺乏完善的保障机制。大尺度绿化涉及原村落的拆迁，而拆迁过程则涉及利益补充和分配问题。在此过程中，弱势群体很容易被不公平对待。因此，要关注拆迁过程中弱势群体的权益保护，完善相应工作实施的管控依据和建设标准，健全相关法律法规体系，使拆迁和再建工作全程有更充分的保障机制。

二是缺少文化保护和传承。与此案例相似的城市更新中难免会存在“推倒一切，另起灶炉”的现象，因此要做好当地文化的保护和传承。根据《北京市朝阳区国家森林城市建设总体规划（2019—2035 年）》，朝阳区第二道绿化隔离地区郊野公园环建设是以绿色空间、田园风光、留住乡愁为指导思想，那么在后续公园建设中如何体现“留得住乡愁”非常重要。城市更新不仅是物质实体表象的改变、居民生活水准的提高，还应该是文化的传承，使文化和城市共生发展。

① 黑桥公园二期计划今年开园．2020-1-3. https://baijiahao.baidu.com/s?id=1654692259497599008&wfr=spider&for=pc.

4. 小结

疏解空间的再利用虽然是一个个独立的项目，但是其再利用与城市未来发展密切相关，需要从区域层面上结合城市定位来综合考虑疏解空间再利用的类型，实现整体利益的最大化。因此，在上述三个典型案例中，尽管再利用的类型各不相同，但是它们均受到规划定位或政策因素的影响，可以说，规划定位或政策因素是影响疏解空间再利用的共性因素。

上述三个案例的影响因素也存在差异性，具体而言，“动批”疏解空间再利用类型主要受交通区位条件、成本效益的影响；南华里社区位于以居住功能为主的街区，其地下疏解空间再利用类型的影响因素主要是社区现实条件与居民需求，其次还受地价因素影响；黑桥仓储中心由于位于第二道绿化隔离地区，因此规划定位是影响其再利用类型的主要因素。

第二节　疏解空间再利用的分布与类型

疏解空间涉及一般性制造业、区域性市场、行政办公、公共服务以及地下空间等多个领域，各领域的责任主体、产权单位、利益关系等错综复杂，疏解空间再利用工作推动难度较大。2021 年之前，疏解空间再利用工作仍处于起步和探索阶段，其中进展较快的是区域性市场疏解空间和地下疏解空间，而一般性制造业疏解空间、行政办公与公共服务疏解空间尚未及时利用。

一、疏解空间再利用的分布

基于官方网站、新闻、报告、文献等，整理出 164 个疏解空间的（拟）再利用情况。这 164 个疏解空间再利用的案例中，区域性市场疏解空间和地下疏解空间分别有 92 个和 68 个，分别占案例总数的 56% 和 41%（图 9-13）。

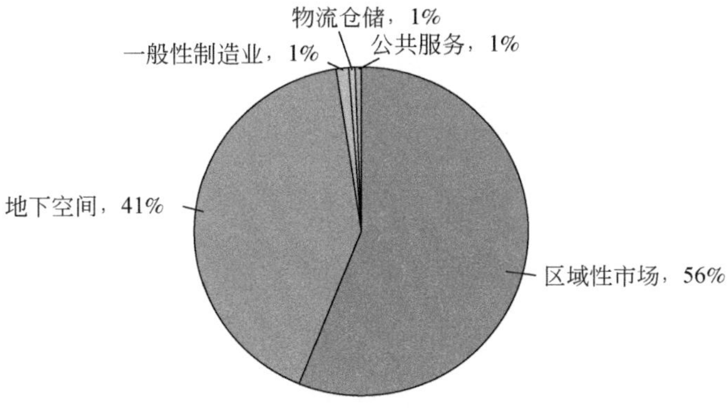

图 9-13　疏解空间再利用案例的疏解类型

从表9-8中可以看出，再利用的方式主要有便民服务中心、绿地或公园、停车位/场、文体活动中心、自助仓储间、便民菜站、办公/写字楼、高精尖产业、产业园、购物中心、文化艺术馆等。

表9-8　疏解空间再利用情况

再利用后功能		案例个数/个	再利用后功能	案例个数/个
便民服务中心		20	文化艺术馆	5
绿地或公园		16	安全宣教基地	4
停车位/场		15	教育培训	4
文体活动中心		14	市政道路	3
自助仓储间		14	冰雪体验中心	2
便民菜站		13	出租房	2
办公/写字楼		13	养老驿站	1
高精尖产业		12	养老配套设施	1
产业园	科技类	6	综合商务楼	2
	文化类	3	其他	8
购物中心	体验式	3		
	综合型	3		

从疏解空间再利用案例在中心城区的分布情况看，朝阳区、西城区、海淀区的再利用案例较多，分别有45个、38个、32个，占总数的27%、23%、20%（图9-14）。

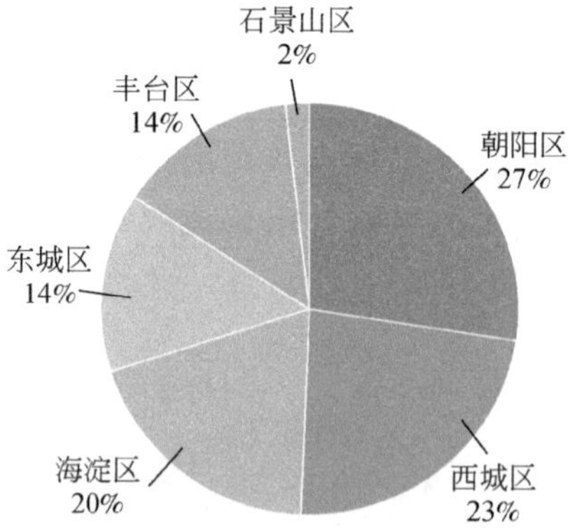

图9-14　疏解空间再利用案例在中心城区的分布情况

从街道层面来看，再利用案例主要集中在大红门街道、展览路街道、中关村街道、方庄地区、东升镇、陶然亭街道（图9-15）。

从上述两个图中可以发现，大红门街道、展览路街道曾是服装批发市场的集聚地，而中关村街道曾是电子市场的集聚地，这些区域是最早响应非首都功能疏解政策，也是执行力度最大的区域，在疏解空间再利用上也是率先完成转型的。

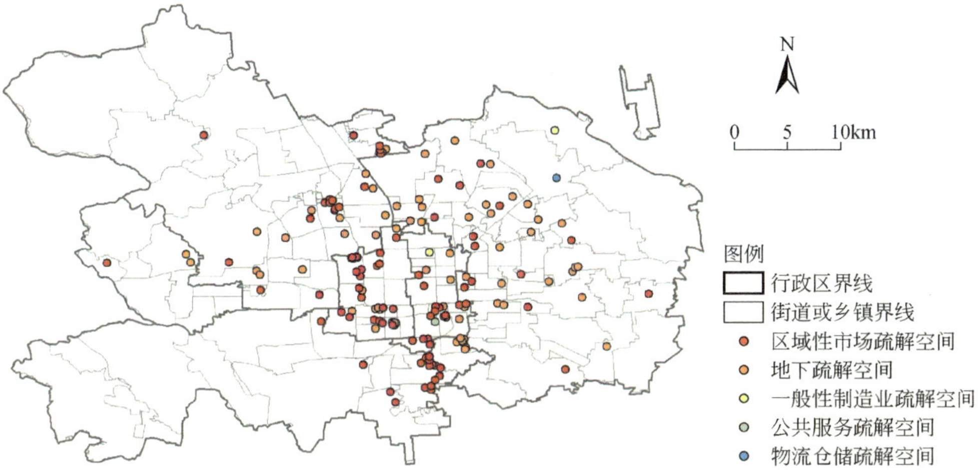

图 9-15 疏解空间再利用案例在中心城区各街道的分布情况

二、相关实践

1. 产业园

天鼎 218 文化金融园的前身是兵器 218 厂，市场疏解后该空间转型为文化金融园［图 9-16（a）］。该园区保留了原建筑厂房的空间结构，打造了 32 个玻璃结构 loft 办公区和两处共享空间等［图 9-16（b）、图 9-16（c）］，其中 loft 办公区为文化创意、文化金融、文化科技等企业入驻提供了舒适的办公环境；两处共享空间，一处主要用于承接艺术展览、影视发布会、车展等各类活动，另一处主要用于举办论坛、沙龙等小型活动①。

原东郊农副产品批发市场疏解后，建设成为国家广告产业园二期，命名为“北京锦绣湾”，占地面积 18 万 m^2，建筑面积 6 万 m^2，绿化面积 12 万 m^2。未来将打造文化金融港、光影传媒港、时尚体验中心、品牌发布中心和生态人文广场五大功能区，变成以广告产业

(a)

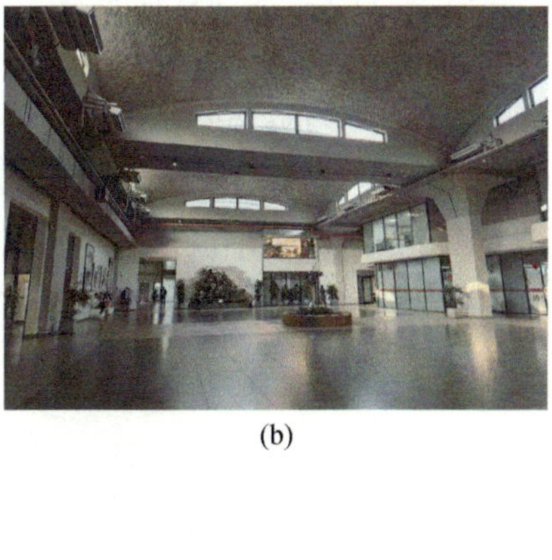
(b)

① http://tianding218.com/Info/ParkIntroduction.

(c)

图 9-16 天鼎 218 文化金融园

为主的综合文化创意产业集聚地。

2. 绿地或公园

在减量发展的大背景下，“留白增绿”也成为疏解空间再利用的选择，但再利用为绿地或公园的疏解空间主要是符合以下情形之一：一是位于绿化隔离带地区；二是在规划中是绿化用地或城市预留用地；三是拆除违建的边角地。

北京管庄东方建材批发市场位于朝阳路和京通快速路之间，主要经营建筑材料、装饰材料、五金交电、家具、百货等，总占地面积 3 万 m^2。随着城市的快速发展，尤其是城市副中心的建设，该地区（管庄）已经从位置偏僻的东郊变为通往北京城市副中心的交通廊道，而北京管庄东方建材批发市场所在的位置原本是城市预留地，市场疏解后将恢复为绿地，后续如何利用还需按照规划进行。

3. 文体活动中心

文体活动中心是将疏解空间改造利用为社区化的公共空间，为社区居民提供娱乐休闲和交往场所，激活社区活力、拉近邻里关系。

文体活动中心的相关实践最为知名的是“地瓜社区”。朝阳区有三处地下疏解空间改造再利用为“地瓜社区”，分别是地瓜社区一号安苑北里小区店［图 9-17（a）、图 9-17（b）］、地瓜社区二号甘露园店［图 9-17（c）、图 9-17（d）］、地瓜社区三号花家地北里店。每个“地瓜社区”的改造都是经过现状调研、集思广益、综合评估、人性化设计、共同参与施工等实现的①。但是，三个“地瓜社区”各有特色、功能不一（表 9-9）。

地瓜社区一号安苑北里小区店设有公共客厅、图书馆、会议室、共享玩具室、理发室、健身房、电影院、邻里茶吧等多个共享空间。

① https://mp.weixin.qq.com/s/qInE-yIav33gvNm2APe4TQ。

(a)

(b)

(c)

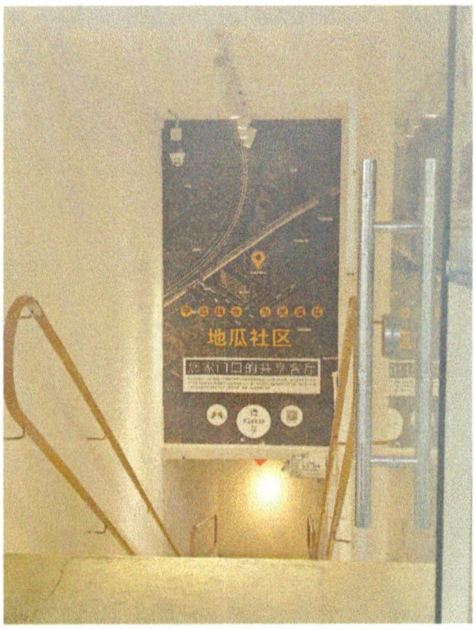

(d)

图 9-17　地瓜社区

表 9-9　“地瓜社区”的基本情况

地瓜社区	地点	建筑面积	功能
地瓜社区一号安苑北里小区店	北京市朝阳区亚运村安苑北里 19 号楼	约 560m^2	公共客厅、图书馆、会议室、共享玩具室、理发室、健身房、电影院、邻里茶吧、3D 打印体验等
地瓜社区二号甘露园店	北京市朝阳区八里庄街道甘露西园社区 2 号楼	约 1500m^2	民防阅读角、阶梯演讲厅、共享图书馆、社区大学等
地瓜社区三号花家地北里店	北京市朝阳区花家地北里 13 号楼	约 450m^2	博物馆、画廊、放映厅、儿童教室、阅读室、桌球厅、社区展示角等

资料来源：根据网页（https://mp. weixin. qq. com/s/qInE-yIav33gvNm2APe4TQ）资料整理。

地瓜社区二号甘露园店的核心部分是民防阅读角，还设置了阶梯演讲厅、共享图书馆和社区大学等 30 多个功能区域，为社区居民提供文化交流空间。

地瓜社区三号花家地北里店除了设有儿童教室、阅读室、桌球厅等学习娱乐空间外，还设置有博物馆、画廊、放映厅等文艺场所，是集娱乐与艺术于一体的“共享艺术客厅”。

4. 文化艺术馆

文化艺术馆的相关实践主要包括安贞灯彩展陈室、崇外非遗博物馆等（图 9-18）。其中，安贞灯彩展陈室缘起于安贞社区灯会，2005 年以来安贞社区灯会已连续举办了十九届，灯会上展出的花灯全部是社区居民利用废旧材料和闲置物品手工制作而成。灯会后这些花灯分散存放在居民家中，给居民造成了“甜蜜的负担”。基于此，安贞街道将原本的地下群租房改建成安贞灯彩展陈室［图 9-18（a）］，总面积 282m^2，收集了 30 多个主题的花灯，为安贞地区居民提供了一个赏花灯、品文化的平台。

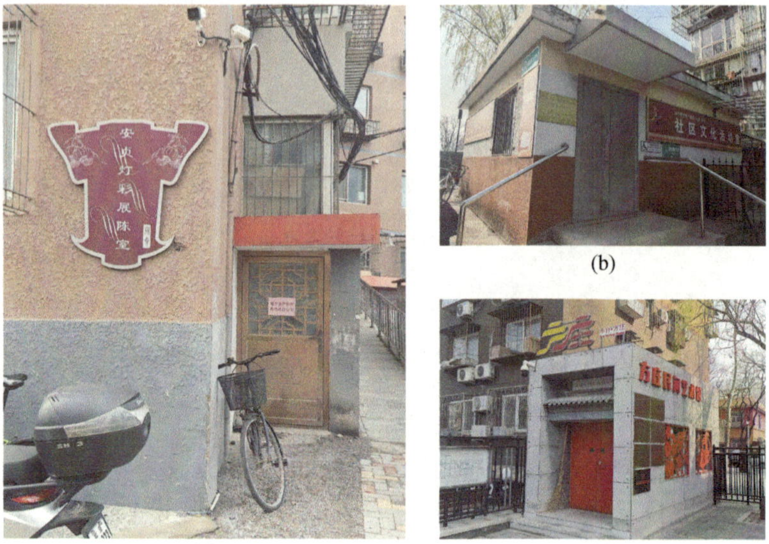

(a)　(b)　(c)

图 9-18　安贞灯彩展陈室（a）、崇外非遗博物馆（b）、方庄民间艺术馆（c）

崇外非遗博物馆位于东城区崇文门外街道都市馨园社区［图 9-18（b）］，面积 200m^2，展示介绍辖区内的厨子舍、京秀、杠箱会、风筝、蒙镶制作技艺、元宵灯会等 14 个非遗项目传承人与非遗展品，是集展示、收藏、研究、传承、教育和文化活动于一体的综合性博物馆。

方庄民间艺术馆［图 9-18（c）］面积 488m^2，内部设有剪纸、书画、布艺、绢花、编织、风筝、泥塑等多个主题区域，集文化交流、教育教学等功能于一体。

5. 自助仓储间

自助仓储间源于美国，随后在欧洲国家逐渐普及，自助仓储间在世界范围内属于成熟的行业，但在中国还是一个新兴事物。伴随房价飙升、居住空间局促，北京、上海、广州和深圳等城市开始逐渐使用自助式仓储服务。基于成本的考量，地下疏解空间成为自助仓储间是较为合适的选择。

朝阳区南十里居48号院燕莎后小区2号楼地下约600m^2的人防空间被改建为自助仓储间——“美家美库”，为社区居民提供尺寸多样的仓储空间。

位于西城区广安门内街道相来家园地下二层的“智能方”有0.6m^2的迷你仓、10m^2左右的家庭仓、大于30m^2的大型仓等148组大小不同的仓储空间，升级版的“智能方”在提供仓储空间的基础上，还设立了便民中心、邻里驿站、共享书吧、老年活动中心等多个生活服务板块，解决社区居民的基本生活需求（图9-19）。

位于方庄地区芳城园三区15号楼的地下空间，面积约444m^2，被改造为24个2～10m^3不等的自助仓储间，以满足社区居民多样化的仓储需求。

图9-19　相来家园“智能方”

6. 安全宣教基地

新安守护之盾体验馆位于北新桥街道民安小区东杨威3号楼（图9-20），设有模拟灭火训练、居家火灾隐患排查、火灾隐患查询、醉酒安全体验、触电救助、模拟烟雾逃生六

图9-20　位于双榆树东里的安全宣教基地

大区域，该体验面向辖区的居民、中小学生、社工、企业等免费开放，通过讲解和模拟体验等开展安全宣传教育活动。

坐落于海淀区双榆树东里20号院的安全宣教基地于2019年5月免费向社会开放，6个月左右就已接待参观人数2000多，该安全宣教基地包含了安全科技（VR体验）、安全标志认知、火灾扑救、地震体验、交通驾驶等多个展区。

7. 其他

除了上述再利用的相关实践，还有很多其他的再利用实践，详见表9-10。

表9-10　再利用相关实践

<table>
<tr><th>再利用实践</th><th>原功能</th><th>现功能</th><th>详细情况</th></tr>
<tr><td rowspan="2">便民服务中心</td><td>原金泰长安菜市场</td><td>百姓生活服务中心</td><td>一层除销售果蔬、生鲜和粮油副食外，还引入了稻香村、全聚德、护国寺小吃等老字号产品，二层汇集洗衣、维修、理发、代收发快递等多种业态的便民服务</td></tr>
<tr><td>原广云顺达电子音响市场</td><td>金瀛百姓生活服务中心</td><td>不仅涵盖蔬菜水果、百货鱼肉等日常必需品，还增加家纺、维修、快剪等便民服务项目</td></tr>
<tr><td rowspan="2">便民菜站</td><td>原华大椿树园菜市场中心</td><td>便民菜站</td><td rowspan="2">在原菜市场/农贸市场疏解后的空间上进行改造提升，转型为布局合理、整洁有序、管理规范的“超市化”菜站</td></tr>
<tr><td>原天陶广安菜市场</td><td>便民菜站</td></tr>
<tr><td rowspan="2">高精尖产业</td><td>原北京锦绣大地农副产品批发市场</td><td>高精尖产业</td><td>以锦绣大地商务在线电子商务平台为核心，引导商户逐步进行上线交易；同时，线下升级为农副产品的体验中心、展示中心、电子商务操作中心和互联网金融中心</td></tr>
<tr><td>海龙电子城</td><td>智能硬件创新中心</td><td>改造升级为创业孵化、智能硬件、互联网+等新经济、新模式的创客中心和共享经济中心</td></tr>
<tr><td rowspan="2">办公/写字楼</td><td>雅宝红城</td><td>写字楼</td><td>雅宝红城入驻企业主要从事互联网行业</td></tr>
<tr><td>国星大厦</td><td>写字楼</td><td>E园EPARK（雅宝路店）设有725个独立工位，18个会议室、2个活动场地，打造智能化、人性化新型办公社区</td></tr>
<tr><td rowspan="2">停车场</td><td>地下空间</td><td>停车场</td><td>龙潭街道安化北里18号院上舍小区将原被用于出租的1500m² 地下空间改建为53个停车位</td></tr>
<tr><td>地下空间</td><td>停车场</td><td>景山街道美术馆后街12号将原被用于出租的地下空间改建成停车场</td></tr>
<tr><td rowspan="3">购物中心</td><td>百荣世贸商城</td><td>购物中心</td><td>改造为现代化的购物中心，与原本的批发和零售等业态相比，购物中心的业态更加多样化</td></tr>
<tr><td>原天雅国际服装城</td><td>合生广场购物中心</td><td>转型后业态升级，包括服装、餐饮、超市、休闲娱乐等功能，成为大红门地区第一家综合购物广场</td></tr>
<tr><td>原中联华都红门鞋城市场</td><td>红门国际购物中心</td><td>打造成为集鞋业品牌展示交易中心、营销推广发布中心、文化创意孵化中心、餐饮休闲娱乐中心于一体的中国鞋履文化体验式主题MALL</td></tr>
</table>

续表

再利用实践	原功能	现功能	详细情况
市政道路	原红桥天乐玩具市场	市政道路	原红桥天乐玩具市场疏解拆除后用于市政道路建设，打通“断头路”红桥南路，连通天坛东路和体育馆西路，缓解和导流红桥周边的拥堵交通，打通交通“微循环”

三、类型识别

所有的城市更新地区都是特殊的，即有现状、有居民、有各类社会关系相交织，任何的更新措施都与特定的物质空间、经济、社区组织关联。当然，每个更新项目都会采用不同的策略和手段，大多是“一事一议”的。但是，若单个、逐一地研究其更新（再利用）的影响因素和作用机制过于繁杂，而且借鉴意义不大。因此，必须考虑归纳和分类问题。本研究从更新目标、功能变换、参与主体三个维度出发，总结疏解空间再利用的项目特性，以为后续研究奠定基础。

1. 基于更新目标的划分

经过几十年的探索和实践，城市更新不再是单一针对物质环境的更新了，而是逐渐发展成为对经济、社会、文化、环境等多目标综合性的更新。在非首都功能疏解的大背景下，疏解空间的再利用将聚焦于强化首都功能定位和补充功能短板[①]。但是，具体到每个疏解空间的再利用情况则一定是经过综合考量的。

针对上述已有的164个疏解空间再利用案例，根据其更新（再利用）目标可将这些疏解空间的再利用类型划分为三类，即促进经济增长型、保障基本生活型、提高生活品质型（表9-11）。

表9-11　疏解空间再利用后使用功能统计表

再利用方向	更新（再利用）目标		
	促进经济增长型	保障基本生活型	提高生活品质型
便民服务中心		√	
绿地或公园			√
停车位/场		√	
文体活动中心			√
自助仓储间			√

① 根据《北京市城市总体规划（2016年—2035年）》，中心城区的疏解腾退空间优先用于保障中央政务功能，预留重要国事活动空间，用于发展文化与科技创新功能，用于增加绿地和公共空间，用于补充公共服务设施、增加公共租赁住房、改善居民生活条件，用于完善交通市政基础设施，保障城市安全高效运行。

续表

再利用方向	更新（再利用）目标		
	促进经济增长型	保障基本生活型	提高生活品质型
便民菜站		√	
办公/写字楼	√		
高精尖产业	√		
科技类产业园	√		
文化类产业园	√		
体验式购物中心	√		
综合型购物中心	√		
文化艺术馆			√
安全宣教基地			√
教育培训			√
市政道路		√	
冰雪体验中心			√
出租房		√	
养老驿站		√	
养老配套设施		√	
综合商务楼	√		
其他	—	—	—

根据统计，促进经济增长型、保障基本生活型、提高生活品质型的疏解空间再利用案例个数分别是43个、57个、64个，占总数的26%、35%、39%。接下来，本书将对三种再利用类型的特点进行总结和概括，以对北京市其他类似疏解空间再利用起到借鉴作用。

1）促进经济增长型

促进经济增长型主要是指疏解空间再利用为办公/写字楼、购物中心、高精尖产业或产业园等，本质目标是促进城市经济平稳上升。根据现有案例分析可以发现，这种再利用类型的特点主要体现在：

一是规模体量较大。例如，再利用为国家广告产业园二期（北京锦绣湾）的原东郊农副产品批发市场总占地面积18万m^2，再利用为金融、科技、办公等高端产业空间的原动物园服装批发市场总建筑面积约35万m^2。

二是独立且完好的楼宇。这是能够得到及时利用的基础，一旦涉及到再利用为产业空间，几乎是对整栋楼宇进行内部、外部全方位的改造，独立且完好的楼宇被及时再利用的可能性更大。

三是区位条件良好。例如，转型为写字楼的雅宝红城和瑞丰裘聚服装市场，位于朝阳区朝外街道，紧邻中央商务区和使馆区；转型为科技金融创新中心的中关村e世界、转型为中发智造的中发电子市场、转型为鼎好DH3（国际科创生态交互平台）的鼎好电子商城等均位于中关村科学城。

2）保障基本生活型

保障基本生活型主要是指疏解空间再利用为停车场、便民菜站、养老、居住、交通等基本功能，保障与改善居民生活条件。该再利用类型的特点主要体现在：

一是规模体量较小。规模一般在 1 万 m^2 以下。

二是再利用类型多由菜市场/农贸市场疏解空间、地下疏解空间改造而来。菜市场/农贸市场在原有基础上改造提升为居民不可或缺的“菜篮子”或者引入家政、洗衣改衣、配钥匙等便民服务功能形成便民服务中心；地下疏解空间则是结合社区居民需求改建为停车设施、便民菜站或便民服务中心等。

3）提高生活品质型

提高生活品质类型主要是指疏解空间再利用为绿化留白、社区活动场所等，增加绿地、完善社区服务、提升居民生活品质。该再利用类型的特点主要体现在：规模大小不一，如既有将占地 100 亩的黑桥仓储中心拆除后改建为黑桥公园的，也有将 200 余平方米地下群租房改建为安贞灯彩展陈室的。

2. 基于功能变换的划分

基于疏解空间原使用功能和现使用功能的联系与变化，可以将疏解空间再利用分为功能延续型、功能置换型、功能混合型三种类型。其中，功能延续是指新植入的功能延续了原有功能或在原有功能基础上进行改造提升；功能置换是指植入的新功能完全不同于原功能；功能混合则是功能延续和功能置换的一种综合，也即疏解空间局部功能的置换。

据统计，功能延续型、功能置换型、功能混合型的再利用案例个数分别为 27 个、136 个和 1 个。一般而言，功能延续型多出现在历史建筑、工业遗迹和院落等空间/建筑再利用中，因为要避免过度开发、延续使用功能，提高保护的活力和可实施性。但是，就北京非首都功能疏解空间而言，功能延续型和功能混合型占比不高，分别是 16% 和 1%，原因是疏解空间的形成本身就源于非首都功能疏解政策的实施，再利用方面自然不会延续原有功能，否则就疏解“失败”了。

1）功能延续型

延续原有功能的主要是菜市场/农贸市场，在原空间的基础上进行改造，一方面提升整体环境质量，保障居民的“菜篮子”，另一方面引进诸多便民服务业态，满足居民基本生活需求（表 9-12）。

表 9-12　再利用前后使用功能统计表

原功能	现功能	个数/个
菜市场/农贸市场	便民菜站	11
菜市场/农贸市场	便民服务中心	12
服装鞋帽市场	体验式购物中心	3
图书批发交易市场	图书文化港	1

大红门地区曾是北京市同类市场中业态最集中、体量最大的服装批发市场，2017 年底 45 家市场全部疏解完毕。疏解空间的再利用方面，三处疏解空间在原有功能的基础上进行创意提升，改造为体验式购物中心。例如，中联华都红门鞋城市场转型为红门国际购物中心，打造中国鞋履文化体验式主题 MALL；天雅女装大厦由批发转为“零售+电子商务”，打造五方天雅互联网+女装体验中心；新世纪服装大厦转型为新世纪创意大厦，打造以设计师原创品牌为特色的体验式购物中心。

“北京阅”甜水园图书文化港是在北京图书批发交易市场的基础上转型升级而来，运用“互联网+文化”概念将原来图书批发“现场售卖”的经营方式向“线下+线上”相结合的方式过渡，改造为以图书为基础，融合图书售卖、图书阅读、文化体验、健康餐饮、金融机构和教育培训等生活服务业态于一体的文化交流综合性服务平台（图 9-21）。

图 9-21　“北京阅”甜水园图书文化港

2）功能置换型

功能置换型的再利用案例约占总数的 83%，新植入的功能呈现多元化特征（表 9-13）。

首先，市场疏解空间置换后以产业类功能居多。例如，办公/写字楼、高精尖产业、产业园、购物中心、综合商务楼、冰雪体验中心等，约占总数的 24%。

其次，置换为公益类项目较多，如绿地或公园、市政道路、养老驿站、停车位/场、公共服务设施等，约占总数的 12%。

最后，置换为文化艺术馆、出租房各 1 处。

地下疏解空间置换后多以补充小范围内功能短板为主，主要体现在公共服务设施和便民利民空间上。例如，停车位/场、文体活动中心、自助仓储间、安全宣教基地、便民菜站等。

表 9-13　再利用前后使用功能统计表（部分）

原功能	现功能	个数/个	原功能	现功能	个数/个
区域性市场	办公/写字楼	13	地下空间	文体活动中心	14
	绿地或公园	13		停车位/场	14
	高精尖产业	12		自助仓储间	14
	产业园	8		文化艺术馆	4
	市政道路	3		安全宣教基地	4
	购物中心	3		教育培训	3
	综合商务楼	2		便民菜站	2
	文化艺术馆	1		冰雪体验中心	1
	养老驿站	1		养老驿站	1
	出租房	1	一般性制造业	出租房	1
	停车位/场	1		绿地或公园	1
	冰雪体验中心	1	公共服务	绿地或公园	1
	公共服务设施	1	物流仓储	绿地或公园	1

需要说明的是，功能置换通常需要涉及规划许可变更、规划调整或规划编制等手续，这是值得进一步研究的内容，此处不作展开。

3）功能混合型

功能混合型的再利用案例目前仅有 1 处，就是原城外诚家居广场（图 9-22）。城外诚家居广场位于朝阳区南四环路与成寿寺路的交会处，占地面积约 25 万 m^2，是一家超大规模的综合性家居广场，涉及家具、建材、装饰、装修、灯饰、布艺等 5 万种家居产品。转型升级后，城外诚家居广场主楼家居馆在原来的基础上，吸引了一批电商、互联网、金融等高端企业，打造线上线下一体化、智慧化运营、智慧化服务于一体的新零售家居广场。

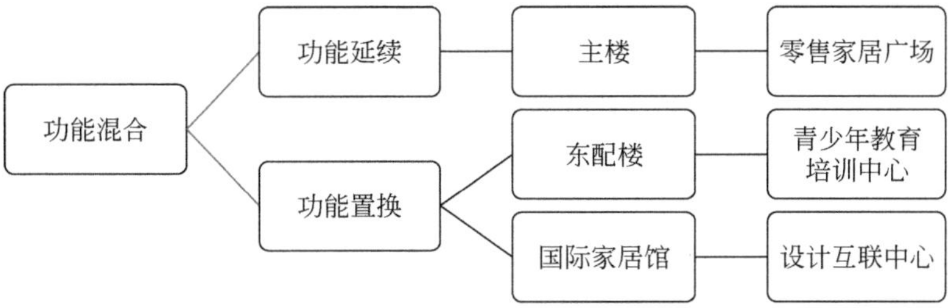

图 9-22　功能混合型的组成

2 万余平方米东配楼（原是家居卖场）转型升级为朝阳区社区青少年教育培训中心，涵盖模拟雪场、软陶、街舞、击剑、围棋、英语等从婴幼儿到青少年的培训课程，转型打造青少年教育培训“大本营”。

国际家居馆4层曾作为城外诚DXD北京设计互联中心——2017北京国际设计周的分会场使用，随后城外诚家居广场成为北京国际设计周首个常态化运营的分会场，这些契机使得2018年城外诚家居广场投入改造5万m^2的国际家居馆，由传统家居卖场改造为国际化的设计互联中心。同时，明确将40万m^2建筑面积整体升级为“北京设计中心”的长期发展规划，致力于打造成集聚国内外知名企业办公、一流设计品牌旗舰店、交流设计与文化创意产业资源、展出全球高端设计品等大型生活设计创意文化产业综合体。

3. 基于参与主体的划分

城市更新（再利用）往往需要政府、投资开发商、产权所有人、社会团体（公众）等多方主体共同推动，城市更新最早是由政府主导逐渐转向以市场为主导的公私伙伴关系，再转向公-私-社区三方伙伴关系（多方参与）。有研究发现，现有的城市更新研究逐渐将注意力从权力（政府）和资本（市场）的供给端转向民生的需求端，主要体现在：

（1）城市更新中的环境问题，生态和社会环境是民生价值的重要体现。

（2）城市更新中的参与问题，公众的有效参与能真正反映用户需求和用户体验。

（3）城市更新中的文化问题，注重城市文脉、街区肌理、社会网络等。

总之，城市更新的最终落脚点是公民的需求是否得到满足、民生状况是否得到改善。既然如此，在疏解空间优先聚焦于强化首都功能定位和补充功能短板的背景下，公众参与可以说是疏解空间再利用中的重要环节。按照参与程度可以将公众参与划分为无参与、象征性参与、实质性参与三个层次，这类似于一个梯子，是一个参与度不断增加的过程。基于参与主体和公众参与程度的差异性，将疏解空间再利用划分为政府主导型、市场主导型、多方参与型三种类型。

1）政府主导型

例如，动物园服装批发市场、大红门服装批发市场等。一般是大型重点项目，政府在实际操作过程中统筹、调动资源能力强，效率高，但是力量有限，无法推动整个行动的蓬勃发展。

2）市场主导型

市场主导型的再利用案例不多，由权属方自行改造的项目在实施过程中相比政府面临更大的问题，包括升级改造可能涉及补地价，大部分的实践基本上处于没有土地证的非法状态，合法成本很高，社会资本无利可图。

3）多方参与型

多方参与型的再利用案例一般是小规模的建筑空间改造，针对性强。例如，地下空间改造为“地瓜社区”、文体活动中心等，多是街道等基层管理机构主导，公众参与度较高，对提升居民生活水平有重要意义。但是，渠道不完全畅通，规划变更、消防审批等并没有便捷通道。

疏解空间再利用按照不同的分类标准，可以提炼出不同的特性（表9-14）。

表 9-14　分类方式与类型小结

分类方式	更新目标	功能变换	参与主体
类型 1	促进经济增长型	功能延续型	政府主导型
类型 2	保障基本生活型	功能置换型	市场主导型
类型 3	提高生活品质型	功能混合型	多方参与型

另外，还存在以下分类方式：按照产权主体不同，可以分为单一产权主体、复杂产权主体、连片产权主体；按照规模大小不同，可以分为小规模、中等规模、大规模；按照改造程度不同，可以分为建筑活化、局部改建、拆除重建；按照土地变动不同，可以分为征地、租地、协议出让、存量补价等。

在实际的研究和应用中，并没有统一的分类方式，也难以通过类型或特性区分或限定更新项目的范畴。综合考虑更新目标、功能变换、参与主体三种分类方式，同时为了后续研究的需要，本书选择基于更新目标的分类方式用于后续研究。

四、空间分布

本节利用数理统计和 GIS 空间分析方法对北京市疏解空间再利用类型的分布特征进行分析。

1. 再利用类型在中心城区的分布情况

东城区和西城区疏解空间再利用类型最多的是保障基本生活型，分别占东城区和西城区的 52% 和 47%（图 9-23）。

东城区和西城区作为首都功能核心区，公共服务设施的服务水平较好，但在均衡性方面存在一定问题。一方面，教育、医疗的占比较高，而养老、体育设施不足；另一方面，高等级设施较多，但基层设施短板较大，生活圈有缺口。基于此，疏解空间多被再利用为保障基本生活型。但是，这两个区的再利用类型细分又有所不同，西城区疏解空间再利用为保障基本生活型主要包括便民服务中心和便民菜站，形式较为单一；东城区的保障基本生活型包括停车场、市政道路、便民服务中心、养老驿站、出租房等多种形式。

朝阳区疏解空间再利用的类型主要是提升生活品质型和保障基本生活型，分别约占全区的 49%、42%，促进经济增长型的较少，仅占 9% 左右。分析其原因：一是可能与地下疏解空间（28 个）、区域性市场疏解空间（15 个）、一般性制造业疏解空间（1 个）、物流仓储疏解空间（1 个）等的数量不均衡有关，原疏解空间的自身条件会限制再利用类型的选择；二是有些疏解空间位于第一道绿化隔离地区或第二道绿化隔离地区，多被再利用为绿地或公园，即提升生活品质型。例如，位于崔各庄乡的黑桥仓储中心被再利用为黑桥公园。

海淀区疏解空间再利用的三种类型相对较为均衡。其中促进经济增长型约占 44%，主要集中在中关村街道和东升镇，中关村原电子市场被疏解后纷纷转型发展高精尖产业，而

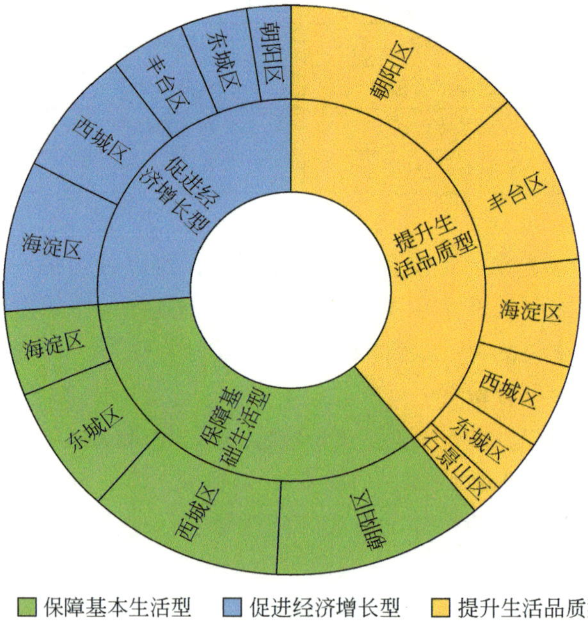

图 9-23　再利用类型在中心城区的分布情况

位于东升镇的万家灯火家具装饰市场疏解后纳入中关村东升科技园三期。

丰台区的疏解空间主要是再利用为提升生活品质型和促进经济增长型，分别占 70% 和 30%，没有再利用为保障基本生活型的。其中，提升生活品质型主要集中在方庄地区、和义街道、南苑街道；促进经济增长型主要集中在大红门街道。

石景山区的 3 处疏解空间均是再利用为提升生活品质型。

2. 再利用类型的空间分布特征

从疏解空间再利用的三种类型在空间上的分布来看，促进经济增长型在空间上有集聚的态势，主要集中在海淀区的中关村街道、西城区的展览路街道、丰台区的大红门街道等（图 9-24），分析其原因：一是集聚可以产生规模效应，有效降低企业间的交流成本，提高企业收益。二是规划和政策引导，中关村大街高端创新要素集聚发展走廊以中关村大街为中心，形成知识创新、技术创新到产业培育的创新链条；展览路街道重点布局监管科技、金融科技、风险管理、金融安全和支撑金融科技的创新型专业服务；大红门地区位于首都商务新区，在转型升级过程中优先承接文化交流、艺术博物馆等文化中心功能，植入国际文化组织、国际总部办公等高端商务功能。

保障基本生活型和提升生活品质型在空间上相对比较均衡。

总体而言，核心区（东城区、西城区）以保障基本生活型为主，外围四区以提升生活品质型为主。

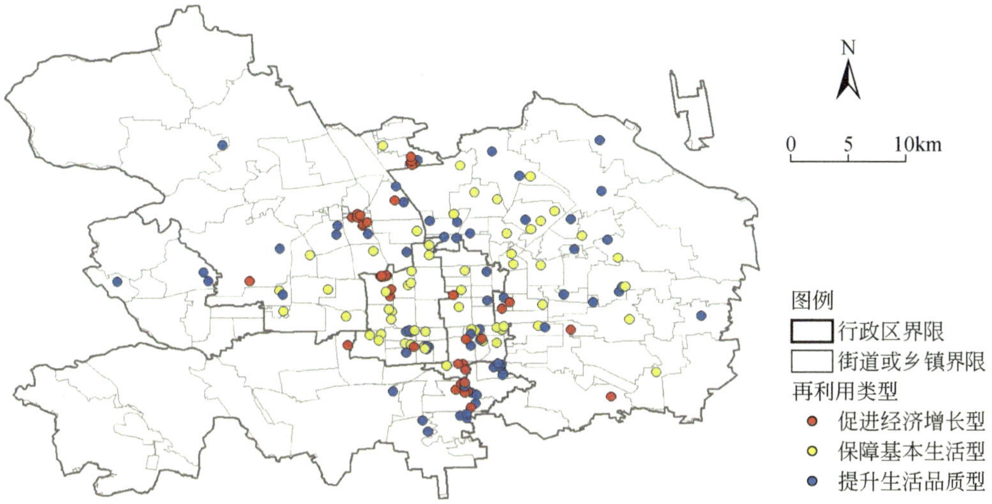

图 9-24　不同再利用类型的空间分布

第三节　疏解空间再利用的驱动机制

城市更新是物质环境层次和非物质层次的重构过程，城市区域的所有要素都参与并影响城市更新的过程。根据前文的案例研究可以发现，再利用类型的选择也是多种因素共同作用的结果，如规划与政策引导、交通区位条件、地价因素、居民需求等。因此，本章在指标的选择上，一方面，结合典型案例性质研究中的影响因素确定，如功能定位、交通区位条件、地价因素直接来自于案例研究；人口密度和基础设施/公共服务设施水平则间接反映案例研究中的现实条件和居民需求因素。另一方面，借鉴国内外相关研究，补充反映地块自身条件的因素，如地块规模、更新对象等。

一、指标选取与赋值

1. 规划与政策引导

规划与政策引导直接决定了非首都功能疏解空间再利用的方向。《北京市城市总体规划（2016 年—2035 年）》《朝阳分区规划（国土空间规划）（2017 年—2035 年）》《海淀分区规划（国土空间规划）（2017 年—2035 年）》《丰台分区规划（国土空间规划）（2017 年—2035 年）》《石景山分区规划（国土空间规划）（2017 年—2035 年）》等分区规划（国土空间规划）都涉及疏解空间再利用的内容，西城区还出台了《西城区疏解腾退空间资源再利用指导意见》。总体而言，关于非首都功能疏解空间再利用的方向可以概括为两大类，一类是强化核心功能，另一类是补充功能短板。各区结合自身的区域定位，在强化首都功能、补充功能短板方面又有差异。

北京疏解空间再利用首先需要符合城市总体规划、分区规划等上位规划的要求，且与城市功能定位保持高度协调。因此，规划和政策引导可能是影响疏解空间再利用类型的重要影响因素，基于此，本书将用地功能规划这一指标纳入后续研究中。

2. 交通区位条件

良好的城市区位、优越的地理环境和便捷的交通条件，一方面直接影响了更新地块的土地级差效益，另一方面可以有效降低更新的前期成本，影响更新的必要性和政府的决心、支持和参与。关于北京疏解空间再利用方面，《朝阳分区规划（国土空间规划）(2017 年—2035 年)》指出位于第一道绿化隔离地区和第二道绿化隔离地区的疏解空间以绿色空间建设为主。位于产居融合发展区域的疏解空间，一方面要重点发展文化创意、高新技术、金融服务等产业，另一方面要完善基础设施、补充公共服务短板。

鉴于此，本书选择距最近火车站或长途客运站距离、距最近主干道距离、距最近地铁站距离等指标表征交通区位因素。

3. 地价因素

根据阿隆索提出的城市土地竞租理论，当土地的使用用途有多种选择时，城市中各类活动的区位取决于它们所愿意或所能支付地租的能力。对地租所能支付能力的不同，从而出现城市土地使用功能的空间置换。同理，在市场趋利的情况下，位于好地段的疏解空间，其投资者需要支付更高的地租，也必将取得的疏解空间用于更高收益的经济活动。

因此，疏解空间再利用的类型与其所在区域的土地价格或地租密不可分。例如，需要支付更高地租的原动物园服装批发市场疏解空间再利用为金融、科技、办公等高收益的高端产业空间；需要支付较少地租或零地租的地下疏解空间多被再利用为文体娱乐场所、便民商业、非机动车存车处等具有公共服务性质的功能。

鉴于此，本书研究选取商业基准地价和住房价格这两个指标分别表征产业用地和居住用地的地价因素。

4. 人口密度

人口密度高的地区可能会存在更严重的“大城市病”问题，如交通拥挤、停车难、环境恶化、社区配套设施或休闲娱乐设施不足等，同时，人口密度高的地区其居民需求或许更加多样化，这些都可能会影响疏解空间再利用的类型。

鉴于此，本书选择将人口密度作为一个指标用于后续模型计算。

5. 基础设施/公共服务设施水平

城市更新地区普遍存在建筑密度过大、开发强度偏高、配套设施不足、建筑隐患较多和人居环境较差等问题。例如，南华里社区是一个以回迁居民为主的大型住宅区，人口密度高且 60 岁以上老年人口占 50% 以上，公共活动空间极少，只有一个小广场。在高人口密度和低公共服务设施水平的情况下，南华里社区的疏解空间多用于非机动存车处、文体娱乐中心等便民空间。

鉴于此，本书选取路网密度和停车场数量两个指标来表征基础设施和公共服务设施水平，并将其纳入后续研究。

6. 地块规模

规模属性是城市更新项目非常显著的属性，从小规模的单一建筑，到中等规模的一般地块，再到大规模的连片项目。小、中、大等各种规模地块虽然同属于城市更新，但是在再利用的过程中是存在很大不同的。一方面，地块规模越大的更新项目其开发价值相对越高，越容易吸引政府或开发商的关注，从而更快实现更新改造；另一方面，地块规模越大的更新项目往往涉及的产权主体也相对较为复杂，常伴有不可控的因素和风险，利益协调难度大。

对于再利用类型来说，地块规模也直接限制着地块的发展方向。一般而言，较大规模的疏解空间适合用于发展高新技术、金融、商务服务、文化创意等产业或商务办公功能，而较小规模的疏解空间适合用于完善街道或街区范围内的公共服务功能，如停车设施、文化体育设施、便民商业等。

鉴于此，有必要将地块规模这一指标纳入后续研究。

7. 更新对象

对于不同的更新对象，如旧工业区、旧商业区、旧住宅区、城中村等，基于不同利益主体的目标需求，一般会采取不同的更新方式，如综合整治、功能升级、拆除重建等。同时，不同的更新对象也决定着再利用的类型。例如，《朝阳分区规划（国土空间规划）(2017 年—2035 年)》指出，疏解腾退的一般制造业空间，主要用于发展高新技术产业、商业服务业、金融业、文化创意等产业；疏解腾退的区域性专业市场，优先用于完善便民服务、停车设施、文化体育设施等民生保障功能，有条件可结合所在区域功能定位适度安排商务办公功能；疏解腾退的教育培训机构等公共服务功能，优先填补基础教育等基层公共服务设施；地下空间恢复原有规划功能，鼓励利用地下空间补充完善停车，便民商业、社区文体教育等公共服务功能。

鉴于此，本书将更新对象作为一个指标待后续用模型进行验证。

考虑到数据的科学性和可获取性，初步选取表 9-15 所示的 11 个自变量进行后续分析。

表 9-15　变量选取及变量说明

指标类型	自变量	变量说明	变量类型
规划与政策引导	用地功能规划（X_1）	所在地块的用地功能规划	分类变量
地块自身因素	地块规模（X_2）	地块的建筑面积或占地面积大小/m^2	分类变量
	更新对象（X_3）	地块的原使用功能	分类变量
人口因素	人口密度（X_4）	所在街道的单位面积人口/（人/km^2）	连续变量

续表

指标类型	自变量	变量说明	变量类型
地价因素	商业基准地价（X_5）	所在街道的商业基准地价数据/元	连续变量
	住房价格（X_6）	所在街道住房平均价格/元	连续变量
交通区位条件	距最近火车站或长途客运站距离（X_7）	所在街道中心到最近火车站或长途客运站的直线距离/km	连续变量
	距最近主干道距离（X_8）	所在街道中心到最近高速公路或环线的直线距离/km	连续变量
	距最近地铁站距离（X_9）	所在街道中心到最近地铁站的直线距离/km	连续变量
基础设施/公共服务设施水平	路网密度（X_{10}）	所在街道道路密度/（km/km^2）	连续变量
	停车场数量（X_{11}）	所在街道停车场数量/个	连续变量

二、变量赋值

用地功能规划（X_1）、地块规模（X_2）、更新对象（X_3）3 个因素为分类变量，采用引入虚拟变量的方法将分类变量转换为定量变量（表 9-16）。

表 9-16　变量赋值规则

变量		赋值规则
因变量	疏解空间再利用类型 Y	1＝促进经济增长型 2＝保障基本生活型 3＝提升生活品质型
解释变量	用地功能规划（X_1）	1＝居住及配套服务用地 2＝就业及综合服务用地 3＝绿化隔离地区或郊野公园 4＝其他
	地块规模（X_2）	1＝“<1 万 m^2” 2＝“≥1 万 m^2”
	更新对象（X_3）	1＝地上疏解空间 2＝地下疏解空间
	人口密度（X_4）	取对数
	商业基准地价（X_5）	取对数
	住房价格（X_6）	取对数
	距最近火车站或长途客运站距离（X_7）	取对数
	距最近主干道距离（X_8）	取对数
	距最近地铁站距离（X_9）	取对数
	路网密度（X_{10}）	取对数
	停车场数量（X_{11}）	取对数

人口密度（X_4）、商业基准地价（X_5）、住房价格（X_6）、距最近火车站或长途客运站距离（X_7）、距最近主干道距离（X_8）、距最近地铁站距离（X_9）、路网密度（X_{10}）、停车场数量（X_{11}）8 个因素为连续变量，由于各影响因素的数值差别较大，因此需要先进行自然对数标准化处理，再进入逻辑回归模型。

第一，《北京城市总体规划（2016 年—2035 年）》市域用地功能规划图中包括居住及配套服务用地、就业及综合服务用地、基础设施用地、绿化隔离地区、郊野公园、平原地区、山区、水域、道路 9 大功能。结合本书中疏解空间再利用的数据情况，将用地功能规划划分为 4 类，其赋值情况如下：居住及配套服务用地赋值为 1、就业及综合服务用地赋值为 2、绿化隔离地区或郊野公园赋值为 3、其他赋值为 4。

第二，已有研究中，将城市更新项目的地块规模划分为小、中、大：地块规模小于 1 万 m^2 的更新项目为小规模；地块规模 1 万 m^2 ~ 100 万 m^2 的更新项目为中等规模；地块规模大于 100 万 m^2 的更新项目为大规模。由于本书中地块规模大于 100 万 m^2 的再利用项目只有 1 个，不具备比较价值，因此，本书中地块规模（X_2）的赋值情况为：小于 1 万 m^2 的再利用项目其地块规模赋值为 1，大于等于 1 万 m^2 的再利用项目其地块规模赋值为 2。

第三，在本书提到的 164 个疏解空间再利用案例中，区域性市场疏解空间和地下疏解空间分别有 92 个和 68 个，分别占案例总数的 56% 和 41%，一般性制造业、物流仓储和公共服务疏解空间仅有 4 个，考虑到各类疏解空间的数值差距太大，因此在纳入模型分析时，更新对象（X_3）不再按照细分分类，而是归纳为地上疏解空间（区域性市场、一般性制造业、物流仓储和公共服务等）和地下疏解空间。其中，地上疏解空间赋值为 1，地下疏解空间赋值为 2。

三、模型选择与构建

疏解空间再利用是多个利益主体共同参与博弈的过程，其再利用类型也是多种因素共同作用的结果。首先，为了探讨各因子对因变量的解释程度及各因子间的交互作用，本书引入了地理探测器。同时，在复杂的社会经济体系中，城市发展的影响因素往往不具备常规假设前提，相比其他回归模型，逻辑回归模型在探索城市发展的影响因素与机制的研究中更具优越性。因此，又引入多元逻辑回归模型，以此来剖析各再利用类型影响因素的差异性。

1. 地理探测器

本书主要借助因子探测和交互探测揭示疏解空间再利用类型的驱动因子和交互作用。因子探测主要测度各驱动因子对再利用类型的解释程度，其计算公式如下：

$$q_{D,H} = 1 - \frac{1}{n\sigma^2}\sum_{h=1}^{m} n_h\sigma_h^2$$

式中，$q_{D,H}$为影响因子 D 对再利用类型 H 的解释程度；n 和σ^2分别为样本量和方差；n_h和σ_h^2分别为 h（$h=1, 2, \cdots, m$）层样本量和方差。$q_{D,H}$的取值范围为［0，1］，$q_{D,H}$数值越

大表明影响因子对再利用类型的解释力越强。$q_{D,H}=0$ 时，表明影响因子对再利用类型选择没有解释力，即影响因子与再利用类型选择完全无关；$q_{D,H}=1$ 时，表明影响因子可以完全解释再利用类型选择的差异。

2. 多元逻辑回归模型

逻辑回归模型是一种概率型非线性回归模型，用来解释影响因子对分类结果的影响，表明分类结果发生的可能性大小，要求结果发生的变量取值为二分变量或多分变量。逻辑回归模型包括二项逻辑回归模型、无序多分类逻辑回归模型（也称为多元逻辑回归模型）、有序多分类逻辑回归模型。鉴于本书的解释变量（再利用类型）是多分类变量且各分类之间不存在内在的顺序关系，因此，采用多元逻辑回归模型进行数据分析。多元逻辑回归模型如下：

$$\ln\left(\frac{P_j}{P_J}\right)=\beta_0+\sum_{i=1}^{k}\beta_i x_i$$

式中，P_j为被解释变量的第 j 类的概率（$j=1$，2，3）；P_J为被解释变量的第 J 类的概率（$j\neq J$），且第 J 类为参照类；x_i为第 i 个影响疏解空间再利用类型的自变量（$i=1$，2，…，k）；β_i为自变量回归系数向量；β_0 为截距。

在多元逻辑回归模型中，自变量可以有连续变量和分类变量两种。连续变量可以直接放入式中，回归分析后得到偏回归系数 β_i，其意义是自变量连续变化对 P_j 大小的影响程度；分类变量，首先要根据数值情况进行分类，分类后赋予相应的数值，代入式中，所得到的 β_i 的意义是：与参考类因子相比，该类因子对事件的发生是否存在显著差异，如果存在，则说明该因子对因变量有影响。

四、结果分析

地理探测器结果和多元逻辑回归结果是两个独立的结果，但是可以互相补充，共同解释疏解空间再利用类型选择的影响因素和作用机制。

1. 地理探测器计算结果分析

由于地理探测器中的自变量必须是分类变量，用地功能规划 X_1、地块规模 X_2和更新对象 X_3已符合要求，其他自变量（连续变量）采用分位数法分为 3 ~ 5 个级别，转化成为分类变量，然后利用地理探测器进行计算，得到各因子对疏解空间再利用类型的影响强度和交互作用结果。

因子探测结果反映各因子对北京疏解空间再利用类型的解释力大小，如表 9-17 所示：11 个自变量都通过了 5% 的显著性检验，说明上述影响因子对疏解空间再利用类型具有较显著的影响。其中，用地功能规划 X_1（0.464）、地块规模 X_2（0.274）和更新对象 X_3（0.267）对再利用类型的影响最大；路网密度 X_{10}（0.172）、距最近主干道距离 X_8（0.164）、停车场数量 X_{11}（0.115）和住房价格 X_6（0.107）的影响次之；人口密度 X_4

(0.095)、距最近地铁站距离 X_9 (0.087)、距最近火车站或长途客运站距离 X_7 (0.078)、商业基准地价 X_5 (0.078) 等对再利用类型有一定影响（表 9-17）。

表 9-17　疏解空间再利用类型驱动力因子探测结果

驱动力因子	用地功能规划	地块规模	更新对象	人口密度	商业基准地价	住房价格	距最近火车站或长途客运站距离	距最近主干道距离	距最近地铁站距离	路网密度	停车场数量
	X_1	X_2	X_3	X_4	X_5	X_6	X_7	X_8	X_9	X_{10}	X_{11}
q 统计量	0.464	0.274	0.267	0.095	0.078	0.107	0.078	0.164	0.087	0.172	0.115
p 值	0.000	0.000	0.000	0.000	0.009	0.000	0.003	0.000	0.004	0.000	0.000

注：q 统计量表示因子解释力，p 值反映显著性，p 值小于 0.05 表示该因子在 5% 的置信度水平下显著。

交互探测体现了两个因子的共同作用相对于单个因子作用时对北京疏解空间再利用类型的影响差异。表 9-18 显示了各因子之间的交互作用均是增强关系，表现为非线性增强和双因子增强，不存在相互独立或减弱的情况①，说明两两因子交互作用的解释力均大于单个因子对疏解空间再利用类型的解释力。

表 9-18　疏解空间再利用类型驱动力因子交互探测结果

	X_1	X_2	X_3	X_4	X_5	X_6	X_7	X_8	X_9	X_{10}	X_{11}
X_1	0.464										
X_2	0.637	0.274									
X_3	0.603	0.364	0.267								
X_4	0.500	0.401	0.347	0.095							
X_5	0.498	0.403	0.348	0.202	0.078						
X_6	0.546	0.409	0.372	0.260	0.244	0.107					
X_7	0.519	0.358	0.327	0.197	0.199	0.285	0.078				
X_8	0.580	0.372	0.383	0.349	0.259	0.333	0.276	0.164			
X_9	0.496	0.330	0.306	0.279	0.266	0.193	0.235	0.294	0.087		
X_{10}	0.578	0.408	0.399	0.263	0.269	0.439	0.336	0.353	0.305	0.172	
X_{11}	0.489	0.390	0.375	0.213	0.214	0.304	0.196	0.329	0.242	0.333	0.115

注：灰色底纹表示单因子作用；橙色底纹表示交互作用类型为双因子增强，即 $q(X_m \cap X_n) > \max(q(X_m), q(X_n))$；蓝色底纹表示交互作用类型为非线性增强，即 $q(X_m \cap X_n) > q(X_m) + q(X_n)$。

① $q(X_m \cap X_n) < \min(q(X_m), q(X_n))$ 表示交互作用类型为非线性减弱；$\min(q(X_m), q(X_n)) < q(X_m \cap X_n) < \max(q(X_m), q(X_n))$ 表示交互作用类型为单因子非线性减弱；$q(X_m \cap X_n) = q(X_m) + q(X_n)$ 表示交互作用类型为独立。

由此可见，疏解空间再利用类型是多因子相互协调、共同影响作用的结果。其中，用地功能规划 X_1 与任一因子的 q 值都比较高，与地块规模 X_2、更新对象 X_3 交互后的 q 值最大，分别是 0.637、0.603。

住房价格 $X_6 \cap$ 路网密度 X_{10}、地块规模 $X_2 \cap$ 人口密度 X_4、地块规模 $X_2 \cap$ 商业基准地价 X_5、地块规模 $X_2 \cap$ 住房价格 X_6 等交互作用较强，q 值分别达 0.439、0.401、0.403、0.409，产生“1+1>2”的效果。

此外，商业基准地价 X_5 虽然对北京疏解空间再利用类型的单因子影响力较弱，但是其与任一因子（X_1 除外）交互后的 q 值都明显高于两因子单独作用的 q 值之和，说明土地价格在疏解空间再利用过程中扮演着重要角色。

2. 多元逻辑回归模型结果

需要说明的是，地理探测器的计算结果显示用地功能规划 X_1 对疏解空间再利用类型 Y 的解释力高达 0.464，而且与其他因子的交互作用较强。那么，在多元逻辑回归模型中用地功能规划 X_1 可能会掩盖其他因子对疏解空间再利用类型 Y 的解释力。同时，在案例研究中也显示规划或政策引导是影响疏解空间再利用类型的共性因素，无需定量验证也是不争的事实。因此，本研究在多元逻辑回归模型中去掉了用地功能规划 X_1 这一指标。

由表 9-19 可知，在置信度为 0.05 的情况下，显著性是 0.000，小于 0.05（视为小概率事件），即模型的拟合是显著的。其中，截距表示模型引入或剔除影响因子后似然比卡方值的变化情况。

表 9-19　模型拟合信息

模型	模型拟合标准	似然比检验		
	−2 对数似然	似然比卡方值	自由度	显著性
截距	326.050			
最终	160.853	165.197	22	0.000

同时，表 9-20 列出了两种参数的模型拟合优度，显著性水平越接近 1，拟合度越高。表 9-21 采用三种计算方式对回归模型的拟合优度进行检验，模型拟合优度的三个指标考克斯–斯奈尔、内戈尔科、麦克法登的取值均符合拟合条件，也说明模拟的拟合优度较理想。

表 9-20　拟合优度

参数	似然比卡方值	自由度	显著性
皮尔逊	160.329	164	0.566
偏差	141.338	164	0.899

表 9-21　拟合优度指标

计算方式	伪 R^2
考克斯-斯奈尔	0.635
内戈尔科	0.717
麦克法登	0.464

从表 9-22 可以发现，住房价格、停车场数量、地块规模、更新对象的显著性水平小于 0.05，说明在 5% 水平上具有显著性，这四个因素是对再利用类型影响显著的因素，其他因素对再利用类型的影响不显著。

表 9-22　似然比检验

效应	模型拟合条件	似然比检验		
	简化模型的-2 对数似然	似然比卡方值	自由度	显著性
截距	160.853[a]	0.000	0	0.000
人口密度	161.761	0.908	2	0.635
商业基准地价	163.797	2.944	2	0.229
住房价格	168.073	7.220	2	0.027
距最近火车站或长途客运站距离	162.353	1.500	2	0.472
距最近主干道距离	161.713	0.859	2	0.651
距最近地铁站距离	162.410	1.557	2	0.459
路网密度	166.526	5.673	2	0.059
停车场数量	168.590	7.737	2	0.021
地块规模	198.803	37.950	2	0.000
更新对象	182.179	21.326	2	0.000

注：简化模型是通过在最终模型中省略某个效应而形成的，原假设是：该效应的所有参数均为 0。a 表示因为省略此效应并不会增加自由度，所以此简化模型相当于最终模型。

需要补充说明的是，在多元逻辑回归模型中未通过显著性检验的因子，如商业基准地价、人口密度、路网密度等在地理探测器中的表现却是显著的。这一现象说明了疏解空间再利用类型的差异性是多因子相互作用、共同影响的结果，并非某个单因子起决定性作用。

3. 异质性分析

如前文所述，本书中的因变量有促进经济增长型、保障基本生活型、提升生活品质型 3 种，多元逻辑回归模型中需要设置的参考对象可以是其中任意一种，对表 9-19、表 9-20、表 9-21、表 9-22 的信息并不会产生影响，但是模型的参数估计结果是不同的。因此，本研究构建了 2 个模型：模型 1 以促进经济增长型为参考对象，模型 2 以提升生活品质型为参考对象，更全面地探讨自变量对 3 个因变量的影响程度。具体结果如下。

1）模型 1：以促进经济增长型为参考对象

就保障基本生活型而言，停车场数量、地块规模、更新对象 3 个变量的显著性小于 0.05，通过了显著性检验（表 9-23）。

表 9-23　模型参数估计结果（参考类别：促进经济增长型）

类型[a]		β	自由度	显著性	Exp（β）
保障基本生活型	截距	50. 167	1	0. 101	—
	人口密度	−0. 795	1	0. 561	0. 452
	商业基准地价	2. 306	1	0. 362	10. 034
	住房价格	−5. 729	1	0. 136	0. 003
	距最近火车站或长途客运站距离	0. 718	1	0. 292	2. 051
	距最近主干道距离	0. 311	1	0. 409	1. 364
	距最近地铁站距离	−0. 101	1	0. 891	0. 904
	路网密度	3. 697	1	0. 057	40. 342
	停车场数量	−1. 402	1	0. 010	0. 246
	[地块规模=1]	5. 133	1	0. 000	169. 471
	[地块规模=2]	0. 000[b]	0	—	—
	[更新对象=1]	−19. 146	1	0. 000	4.844×10^{-9}
	[更新对象=2]	0. 000[b]	0	—	—
提升生活品质型	截距	109. 695	1	0. 000	—
	人口密度	−0. 296	1	0. 832	0. 744
	商业基准地价	0. 056	1	0. 983	1. 057
	住房价格	−8. 731	1	0. 027	0. 000
	距最近火车站或长途客运站距离	0. 477	1	0. 477	1. 611
	距最近主干道距离	0. 193	1	0. 611	1. 213
	距最近地铁站距离	−0. 522	1	0. 476	0. 593
	路网密度	2. 623	1	0. 189	13. 781
	停车场数量	−1. 306	1	0. 022	0. 271
	[地块规模=1]	4. 812	1	0. 000	122. 922
	[地块规模=2]	0. 000[b]	0	—	—
	[更新对象=1]	−20. 687	1	0. 000	1.036×10^{-9}
	[更新对象=2]	0. 000[b]	0	—	—

a 表示参考类别为 1，促进经济增长型；b 表示参数冗余，因此设置为零。

Exp(β) 优势比（简称 OR）是衡量自变量对因变量影响程度的重要指标，若 Exp(β)

小于 1，说明是负向影响；若 Exp(β) 大于 1，说明是正向影响。Exp(β) 还可以用来表示自变量每变化 1 个单位，引起事件（疏解空间再利用类型）发生概率相应变化的比例，Exp(β) 距离 1 越大，说明该因子的影响程度越大。因此，停车场数量与保障基本生活型的选择呈负相关，停车场数量越多，疏解空间再利用为保障基本生活型的可能性越低。具体而言，停车场数量每增加 1 个单位，再利用为保障基本生活型的概率将减少为原来的 0.246 倍。与地块规模≥1 万 m^2（即地块规模=2）相比，地块规模<1 万 m^2（即地块规模=1）会增加疏解空间再利用为保障基本生活型的可能性。与更新对象为地下疏解空间（即更新对象=2）相比，更新对象为地上疏解空间（即更新对象=1）会减少疏解空间再利用为保障基本生活型的可能性。

就提升生活品质型而言，住房价格、停车场数量、地块规模、更新对象 4 个变量的显著性小于 0.05，通过了显著性检验。住房价格越高、停车场数量越多，疏解空间再利用为提升生活品质型的可能性越低。同时，地块规模<1 万 m^2，疏解空间再利用为提升生活品质类型的可能性越高。

2）模型 2：以提升生活品质型为参考对象

就促进经济增长型而言，同样是住房价格、停车场数量、地块规模、更新对象 4 个变量通过了显著性检验（表 9-24）。与上文中以促进经济增长型为参考对象中提升生活品质型的模型参数估计结果相似，主要是数值一致，影响方向（正向或负向）相反，此处不再赘述。

表 9-24 模型参数估计结果（参考类别：提升生活品质型）

类型[a]		β	自由度	显著性	Exp（β）
促进经济增长型	截距	−109.695	1	0.000	—
	人口密度	0.296	1	0.832	1.345
	商业基准地价	−0.056	1	0.983	0.946
	住房价格	8.731	1	0.027	6190.780
	距最近火车站或长途客运站距离	−0.477	1	0.477	0.621
	距最近主干道距离	−0.193	1	0.611	0.824
	距最近地铁站距离	0.522	1	0.476	1.686
	路网密度	−2.623	1	0.189	0.073
	停车场数量	1.306	1	0.022	3.691
	[地块规模=1]	−4.812	1	0.000	0.008
	[地块规模=2]	0.000[b]	0	—	—
	[更新对象=1]	20.687	1	0.000	964805813.215
	[更新对象=2]	0.000[b]	0	—	—

续表

类型[a]		β	自由度	显著性	Exp（β）
保障基本生活型	截距	−59.528	1	0.000	—
	人口密度	−0.498	1	0.406	0.607
	商业基准地价	2.250	1	0.112	9.489
	住房价格	3.002	1	0.093	20.131
	距最近火车站或长途客运站距离	0.242	1	0.416	1.273
	距最近主干道距离	0.117	1	0.548	1.125
	距最近地铁站距离	0.422	1	0.253	1.525
	路网密度	1.074	1	0.173	2.927
	停车场数量	−0.096	1	0.770	0.908
	[地块规模=1]	0.321	1	0.656	1.379
	[地块规模=2]	0.000[b]	0	—	—
	[更新对象=1]	1.542	1	0.002	4.673
	[更新对象=2]	0.000[b]	0	—	—

a 表示参考类别为 3，提升生活品质型；b 表示参数冗余，因此设置为零。

就保障基本生活型而言，只有更新对象 1 个变量通过了显著性检验，其他变量对疏解空间再利用为提升生活品质型或保障基本生活型并无太大影响。与更新对象为地下疏解空间相比，更新对象为地上疏解空间会增加疏解空间再利用为保障基本生活型的可能性。

五、结论与讨论

基于地理探测器结果和多元逻辑回归模型结果，本书对影响北京疏解空间再利用类型的主导因素、重要因素、基础因素等进行了归纳总结，并对疏解空间再利用类型的影响机制进行深入探讨（图 9-25）。

1. 机制解析

(1) 用地功能规划、地块规模、更新对象是影响北京疏解空间再利用类型的主导因素。

首先，疏解空间再利用类型要符合城市总体规划、分区规划等上位规划的要求并与城市用地功能定位保持高度协调。因此，用地功能规划是影响疏解空间再利用类型的主导因素之一。

其次，疏解空间的本体条件是影响其再利用类型的关键因素。研究表明，地块规模≥1 万 m^2 的疏解空间或地上疏解空间更有可能再利用为促进经济增长型，而地块规模<1 万 m^2 的疏解空间或地下疏解空间更倾向于再利用为保障基本生活型和提升生活品质型。此外，疏解空间的本体条件还包括楼宇的层高和空间结构等，充分挖掘并利用原有空间的特点和潜力，有助于为其找到合理可行的新用途。有研究表明，建筑高度、建筑面积等会影响旧

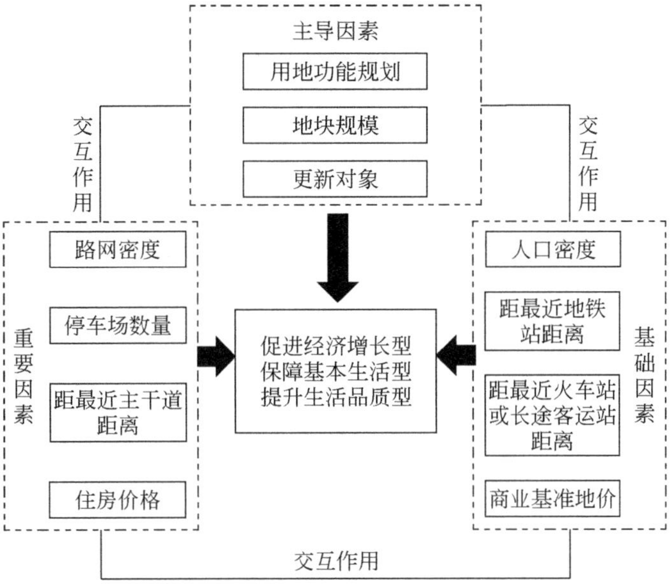

图 9-25　疏解空间再利用类型的影响机制

建筑改造后的呈现形式。例如，层高较高的厂房可以改造为艺术馆、会场等对空间要求较高的形式，层数较多的建筑可以改造为民宿、酒店等需要功能分区的形式。

最后，地下空间由于封闭感强、通透性差、潮气重等特点，在开发和再利用的过程中需要充分考虑到功能的合理性，最大程度上保障项目使用的舒适性与科学性，功能合理性的保障需要注意采光、通风、除湿等方面。

（2）路网密度、停车场数量、距最近主干道距离、住房价格是影响北京疏解空间再利用类型的重要因素。

路网密度和停车场数量代表着基础设施或公共服务设施水平，距最近主干道距离代表交通区位条件，住房价格代表着土地价格。

首先，本书的研究结果表明：停车场数量越多的疏解空间再利用为促进经济增长型的可能性越大，再利用为保障基本生活型和提升生活品质型的可能性越小。在一定程度上说明基础设施或公共服务设施差的区域，其疏解空间更倾向于再利用为保障基本生活型或提升生活品质型。

其次，疏解空间所处的交通区位条件及其土地价格在很大程度上对其经济价值、改建投资利润等起着决定性的作用，并对其再利用类型产生很大影响。有研究表明，城市更新地块在城市中的区域位置、与邻近城市功能的关系，是影响再利用的开发模式和改造类型的重要因素，如位于城市中心区的工业遗迹，除了改造成为商业、办公、居住功能外，还可以改造成创意产业园；位于郊区的工业遗迹往往改造为工业博物馆，而不适合改造为购物中心；位于城市边缘地带、农村等的工业遗迹，除了改造为商业、办公、居住功能外，还往往改造为会展、绿地等功能。

最后，再利用还需考虑所在地区的功能需求及周边配套功能等，综合各种因素最后决定最经济的再利用方式。以我国一线、二线城市为例，对于交通区位条件优异、周边生活配套设施完整的闲置工业建筑，以商业、居住、办公为常见的再利用类型，功能置换后单位面积收益明显提高，可以与其高租金相匹配；城郊的大片工业厂区具有容积率低、区域广的特点，但是交通便利不佳，常见的再利用类型有产业园区、展览、旅游开发等。

（3）人口密度、距最近地铁站距离、距最近火车站或长途客运站距离、商业基准地价因素是影响北京疏解空间再利用类型的基础因素。

距最近地铁站距离、距最近火车站或长途客运站距离均表示交通区位条件，商业基准地价表示土地价格，这两者的影响机制已在上一段详细论述，此处不再另行解释。人口密度对疏解空间再利用类型产生影响，主要在于：

首先，人口密度越高的地区往往土地的需求和竞争越激烈，同时市场规模越大、优势人才越集中，土地价格也越高。前文多元逻辑回归模型结果显示住房价格越高，疏解空间越趋向于再利用为促进经济增长型，而非提升生活品质型。

其次，对北京中心城区而言，尤其是核心区，城区内多是建成区，可利用的用地和建筑较少，伴随着建筑条件退化、公共空间品质降低、休闲娱乐设施不足以及老龄化等问题，人口密度高的地区居民需求往往更加强烈，且更加多样化。因此，以居住为主的街区内疏解空间更倾向于再利用为便民服务设施或社区公共活动空间。

需要注意的是，高人口密度为城市更新提供了基础，而城市更新后人口密度可能会变得更高，因此在减量发展的背景下，有必要采取一些措施避免人口增长。

2. 对策与建议

根据研究，本书绘制了疏解空间再利用类型选择的框架体系（图 9-26），并在此基础上结合北京减量发展和高质量发展的现实需求提出以下对策与建议：

（1）地块规模较大、交通区位条件较好的地上疏解空间可以优先选择再利用为促进经济增长型，如高精尖产业、购物中心、写字楼等；交通区位条件相对偏远的、规划用于就业及综合服务的地上疏解空间可考虑再利用为产业园等。

（2）地块规模较大、基础/公共服务设施完善的地上疏解空间（尤其是集体土地）可以优先考虑再利用为出租房等；基础/公共服务设施不太完善的、规划用于居住及配套服务的地上疏解空间可以优先考虑再利用为养老及其配套设施、便民商业服务设施等保障基本生活型。

（3）地块规模较大的地下疏解空间可以再利用为停车场、自助仓储间等；地块规模较小的地下疏解空间可以优先考虑再利用为文体活动、安全宣教等公共活动空间。

（4）位于绿化隔离地区或郊野公园的疏解空间以及边角地等可以优先选择留白增绿、见缝插绿，提高居民生活品质。

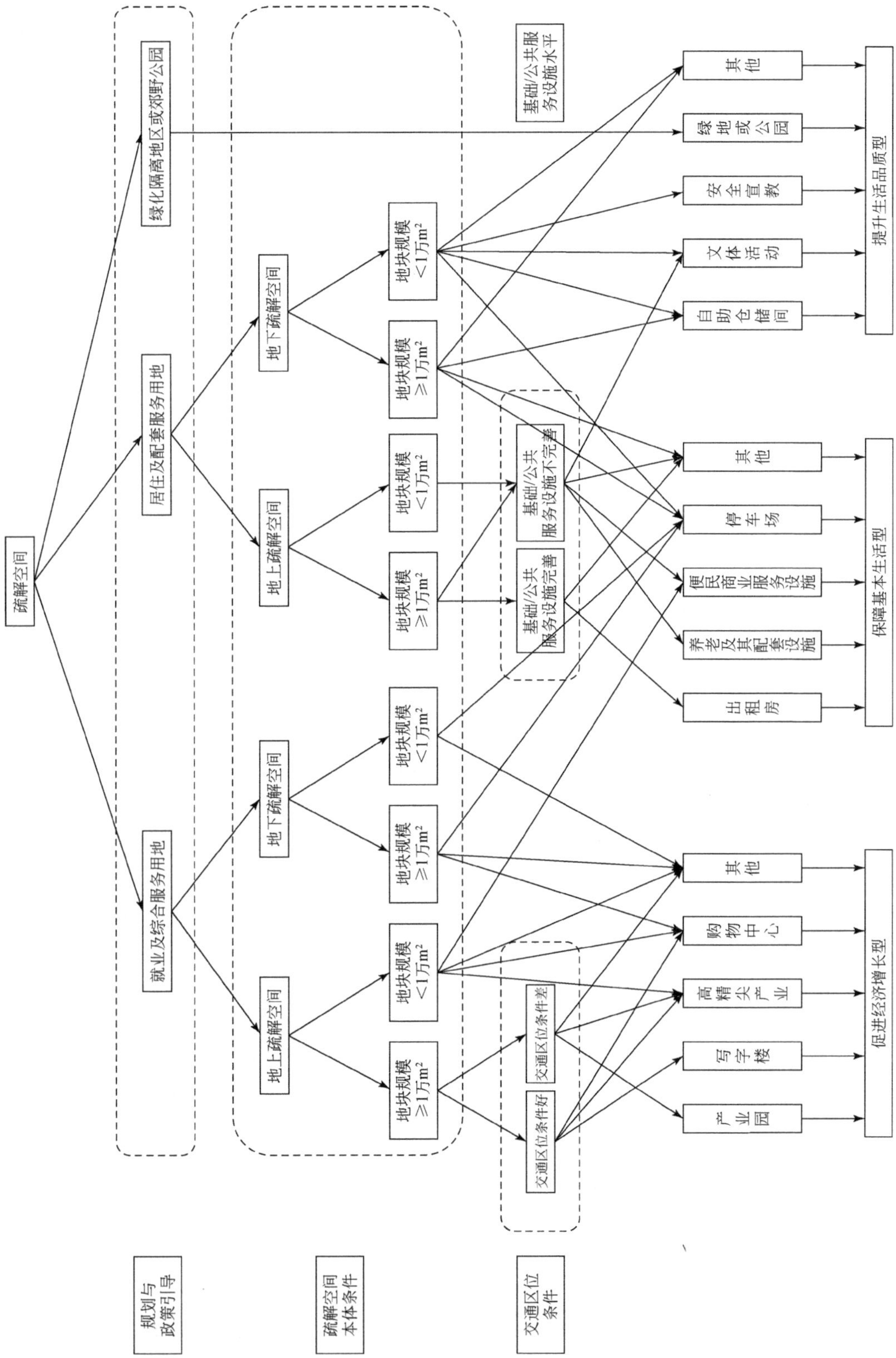

图9-26　疏解空间再利用类型选择的框架体系

第十章　非首都功能疏解的政策建议

中华人民共和国成立以后，在国家宏观调控政策、市场自发调节，以及循环累积和路径依赖等机制的作用下，北京的经济集聚能力和控制能力不断增强，经济和人口规模迅速扩张。随着城市功能不断集聚，规模不断扩张，集聚不经济以及交通拥堵、环境恶化、职住失衡等“大城市病”日益突出，核心城市与周围腹地的发展差距不断扩大，城市问题进一步演化为区域问题。本章利用技术经济关联、固定效应模型等定量化方法对非首都功能疏解的驱动机制、北京核心功能培育——高精尖产业发展、非首都功能疏解集中承接地——雄安新区高质量发展等提出政策建议。

第一节　功能疏解的影响因素研究

非首都功能疏解受到哪些因素影响？围绕这一问题，国内外学者开展了大量研究，概括起来有以下主要观点：

一是发展卫星城，建立反磁力中心，完善多核心的空间结构。

二是促进产业疏解，实现“以业控人、人随业走”。

三是引导教育、医疗、卫生等公共服务资源向郊区、周边地区配置。

四是建设高效快捷的交通网络，扩大人口分布和职业通勤范围。

五是出台严格的城乡规划和区域政策，并为其提供法律和制度保障。

六是搬迁部分行政功能和城市功能再定位。

这些观点无疑对城市非首都功能疏解具有重要的指导意义。但是，这些观点大多是基于经验判断和对国外经验的借鉴，如首尔、东京、巴黎、伦敦等大城市的人口和产业疏解，没有将这些观点或者影响因素定量化并纳入统一的计量模型进行实证研究，忽视了影响因素的阶段性和差异性，弱化了政策建议的针对性。基于此，本书以京津冀地区和长江三角洲地区为对象，利用2007～2018年的地级市数据，采用面板回归模型实证研究了两个城市群核心城市功能疏解的影响因素，并对比分析了两者之间的差异性。

一、研究方法和数据来源

1. 变量选择

在研究方法中，我们需要解决两个核心问题：一是用什么指标表征城市功能？二是城市功能疏解受到哪些因素影响，以及如何将这些因素定量化并纳入统一的计量模型？

变量包括被解释变量和解释变量。我们将被解释变量设定为功能疏解程度，解释变量包括工资收入水平、政府调控能力、投资拉动能力、公共服务水平、教育发展水平、交通支撑能力 6 个变量。

1）被解释变量

功能疏解程度（y）。20 世纪初伴随城市问题的出现，西方国家开始功能疏解的相关研究。20 世纪 50 年代国内也开始了功能疏解的实践，但其研究主要始于 20 世纪 90 年代，在研究方法上以定量分析为主，但缺乏相关测度模型的构建。根据古典区位论，如果经济地域不是以面积，而是以人口密度为分析基础，即对区域进行标准化处理后，中心地理论完全有效。换句话说，人口密度反映了城市功能等级。Knudsen 等（2008）的研究表明，创新能力和创意活动发生在城市人口密集地区。高密度的人口有利于高端产业成长，世界高端商务中心同时也是创意中心和人口密集的城市繁华地段。在城市功能疏解的实证研究中，国外学者主要从人口数量和比重、人口迁移、人口密度变化、人口密度梯度、胡佛指数等方面对城市人口的集中或疏解进行分析。Otterstrom（2001）利用胡佛指数计算了美国县级尺度的人口集中度，揭示了 1790 ~ 1990 年美国人口从高密度的东部沿海地区向人口稀少的西部地区大迁移的分散效应。Fuguitt（1985）发现 1970 ~ 1980 年美国非都市区比都市区人口增长更快，更多的人口从都市区疏解到非都市区。Hudec 和 Tóth（2014）以斯洛伐克最大的四个城市为例，通过缓冲区分析将中心城市的腹地划分为同心圆环，利用人口密度梯度在不同圆环的变化来检测 1991 ~ 2010 年这四个城市的人口分散趋势。Long 和 DeAre（1988）通过胡佛指数反映人口分布的不均衡程度，研究表明 1980 年以前美国非都市区人口的增长速度快于都市区，人口有向外疏解的趋势，这一研究结果与 Fuguitt（1985）相同。Kaufmann 等（2016）分析了人口下降对瑞士首都伯尔尼城市定位（政治中心还是经济中心）的影响，以及人口郊区化和公共交通运输系统改善对人口下降的驱动力。

基于以上分析，研究团队使用人口密度表征城市功能等级。根据克里斯泰勒在中心地理论中提出的“货物范围”的概念，其含义是市场区维持某一特定活动（城市功能）所需要的最低消费者数量。在市场区面积不变（城市没有行政区划调整）的前提下，为了维持最低消费者数量，必须提高消费者分布的密度，在此背景下，城市功能就与人口密度建立了联系。克里斯泰勒又假设了一个聚落等级体系，使得每一个级别都包含某一个聚落定制 K。常数 K 进一步严格限制了市场区内存在的消费者数量。因此，人口密度越大，城市功能等级越高。在此前提下，不同城市之间人口密度的差距越大，城市功能等级的差距也越大。城市功能等级差距大，说明高等级的城市没有向低等级的城市疏解功能（特定活动），人口自然也没有从高等级的城市流向低等级的城市，城市功能疏解的程度也就相对较低。在京津冀地区和长江三角洲地区，北京和上海无疑是中心城市，是功能疏解的对象，因此以其与其他地级以上城市的人口密度差作为功能疏解程度。在人口密度计算上，使用全市常住人口除以行政区域土地面积表示。之所以使用常住人口是因为考虑到人口流动性和暂住人口比重较大的影响。例如，2018 年北京市常住人口为 2154.2 万人，其中外来人口 764.6 万人，占常住人口的 35.5%。

2）解释变量

根据文献综述和学者们的主要观点，选择工资收入水平、政府调控能力、投资拉动能力、公共服务水平、教育发展水平、交通支撑能力作为解释变量（表 10-1）。

表 10-1 变量选择与说明

城市变量	含义	选取指标	计算方法	单位
y	功能疏解程度	常住人口/行政区域土地面积	京（沪）分别与周边城市差值	人/km^2
x_1	工资收入水平	城镇在岗职工平均工资	京（沪）分别与周边城市差值	元
x_2	政府调控能力	地方政府财政收入	京（沪）分别与周边城市差值	万元
x_3	投资拉动能力	固定资产投资	京（沪）分别与周边城市差值	万元
x_4	公共服务水平	医院、卫生所床位数量	京（沪）分别与周边城市差值	个
x_5	教育发展水平	高等学校数量	京（沪）分别与周边城市差值	个
x_6	交通支撑能力	公路客运量	京（沪）分别与周边城市差值	人

工资收入水平（x_1）。蔡昉（1995）研究发现，改革开放以来扩大的城乡和地区收入差距为人口迁移提供了追加的动力。张耀军和岑俏（2021）研究发现，较高的职工工资是城市吸引省内和省外流动人口的重要因素。肖群鹰和刘慧君（2007）基于第五次人口普查数据和二次迭代分配算法的研究表明，省际间的预期收入差异对中国省际劳动力迁移有显著影响。因此，本书使用城镇在岗职工平均工资表征工资收入水平。

政府调控能力（x_2）。政府调控能力突出表现在各类宏观调控政策和财政资金上。自20 世纪 50 年代中期开始实行严格的户籍管理制度以来，制度一直是影响人口迁移量、迁移流向的重要因素。但随着我国经济社会发展水平逐渐提高，在以户籍为载体的各种利益关系逐步市场化的过程中，户籍的作用逐渐淡化。教育支出、社会保障支出、就业支出对人口净迁移率具有正向作用，一般公共服务支出、医疗卫生支出、农林水利事务支出对人口净迁移率具有负向影响。因此，本书使用地方政府财政收入表征政府调控能力。

投资拉动能力（x_3）。段成荣（2001）利用 1990 年人口普查数据研究发现，人均固定资产投资额显著影响由迁出省份迁往某一迁入省份的可能性。在对美国 1958～1975 年资本与移民关系进行分析之后，Clark 和 Gertler（1983）认为，资本增长导致移民向经济增长快的地区迁移。宋丽敏和田佳蔚（2021）研究发现，人均固定资产投资对东北地区人口流动决策具有显著影响，尤其对域外流出促进效应最大，且随着年龄的增加影响程度也不断增强。因此，本书使用固定资产投资表征投资拉动能力。

公共服务水平（x_4）。城市公共服务被认为是影响人口迁移的主要因素。赵秀池（2011）研究指出，人口迁移的一个重要因素是各种优质公共服务的吸引，北京的医疗卫生等优质公共服务在中心城区高度集聚是导致人口在中心城区集聚的一个重要原因。姚永玲和王帅（2014）的研究表明，优质公共服务对北京市人口空间分布起着举足轻重的作用。陈丙欣和叶裕民（2013）基于第六次全国人口普查数据的研究指出，应该以公共服务均等化为突破口，应对“移民时期”带来的挑战。方大春和杨义武（2013）基于 2004～

2010 年中国省级行政区的研究表明，城市医疗卫生供给对城乡人口迁移存在正向效应。因此，本书使用医院和卫生所的床位数表征公共服务水平。

教育发展水平（x_5）。谢童伟等（2011）的研究表明，一个地区教育水平越高，教育资源越丰富，对于人口迁入的影响越大。Sharp（1986）运用计量分析发现，美国城市居民在迁入地选择方面主要关注住房质量与价格、教育质量和相对税率因素。段成荣（2001）研究发现，潜在迁入省份的文化教育程度越高，其他省份的潜在迁入可能性越大。王璐玮等（2018）基于江苏省的研究表明，发展高等教育有利于提高本科生和研究生的人口基数，明显有助于江苏省的新迁移力的发育。林李月和朱宇（2016）对全国 276 个地级以上城市的流动人口户籍迁移意愿的研究表明，社会发展水平对流动人口户籍迁移意愿的影响最大，其次是经济发展水平。因此，本书使用高等学校数量表征教育发展水平。

交通支撑能力（x_6）。交通线提高了劳动力的流动，在规模经济下产生集聚，促进发达地区迁入人口和就业人口的增长。马伟等（2012）根据 1987 年、1995 年、2005 年三次全国 1% 抽样调查人口迁移数据的面板分析表明，火车交通时间提速 1% 将会促使跨省人口迁移增加约 0.8%。李涛等（2012）采用 GAM 模型定量分析了 1980～2009 年陆路交通网络与人口变化之间的关系，同样发现公路交通对人口变化的显著作用。朱杰（2009）的研究表明，区域快速交通体系布局对长江三角洲地区人口流动空间格局的形成起着重要的引导和支撑作用。鉴于公路运输在短距离运输中发挥的重要作用，本书使用公路客运量表征交通支撑能力。

以上数据均来自于相关年份的各省市统计年鉴和《中国城市统计年鉴》。由于被解释变量与解释变量均为相同年份下的地区差值，并不涉及不同年份的变量差值，故相关的解释变量均采用当年价。另外，由于部分解释变量只到 2018 年，为统一起见，在模型中运算的统计数据均为 2018 年。

2. 模型设定

本书采用北京与周边不同城市（地级以上城市）的人口密度差作为被解释变量，对应城市间的影响因素差异作为解释变量，构建如下计量模型：

$$Y_{it}=\beta_1 X_{1it}+\beta_2 X_{2it}+\beta_3 X_{3it}+\beta_4 X_{4it}+\beta_5 X_{5it}+\beta_6 X_{6it}+\beta_0+\mu \tag{10.1}$$

其中，被解释变量 Y_{it} 为第 t 年北京/上海与周边第 i 个城市人口密度差，该指标由前文计算得到，X_{kit} 表示第 t 期的第 k 个解释变量，即为等式右边的 $X_{1it}-X_{6it}$，β_0 表示常数项，μ 表示不能被模型解释的随机误差项。

人口集聚是一种空间自相关性，并且对于其的影响因素需要考虑空间交互效应。本书为了考察独立的影响因素，在解释变量中没有引入空间相关性。因此，本书没有采用空间面板数据回归，而是采用了面板数据回归。同时，考虑到各城市的工资存在个体差异和模型回归中的内生性问题，基于 Hausman 检验结果使用了固定效应模型，包括建立个体固定效应模型、时点固定效应模型、个体-时点双固定效应模型进行回归分析，还随机剔除了个别解释变量并对模型回归结果做了稳健性检验。

二、结果分析

1. 被解释变量的变化

为了说明京津冀地区和长三角人口密度差的变化趋势和分布状态，分别计算了两个城市群 2007～2018 年的变异系数和基尼系数（图 10-1）。

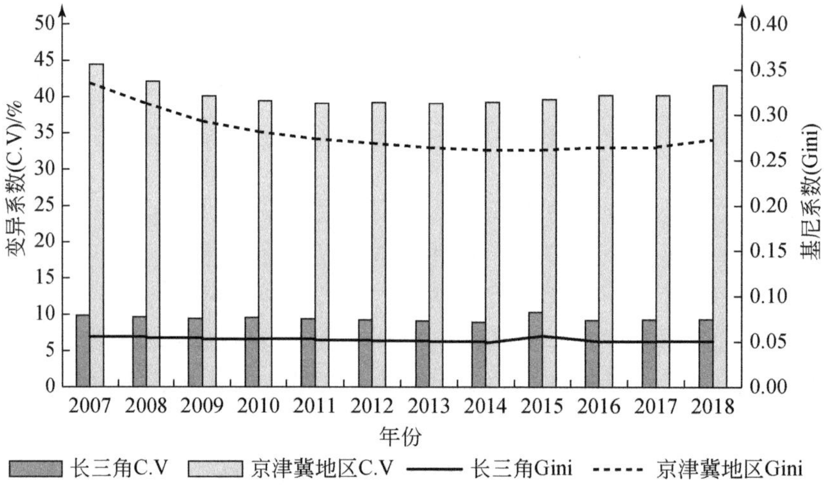

图 10-1　京津冀地区和长三角人口密度差的变化趋势和分布状态

根据变异系数的计算结果，京津冀表现出“先减小，后增大”的趋势，2013 年取得最小值（39.06%），之后逐步增大，说明北京市与京津冀地区其他城市人口密度差的分异程度“先收敛，后发散”，不同城市在承接核心城市功能疏解的过程中表现出很大的差异性。相对于京津冀地区，长三角的变异系数相对稳定。同时，京津冀地区人口密度差的变异系数更大，一般是长三角的 4 倍以上，说明京津冀地区城市功能等级的差异更大，疏解程度更小。基尼系数的计算结果与变异系数的计算结果一致，佐证了上述研究结论。

人口密度的变化主要与人口的机械增长、自然增长、区域面积的变化有关。由于行政区划调整和变动较小，因此影响可以暂不考虑。以京津冀地区为例，根据环亚经济数据有限公司（CEIC）的数据计算，北京市、天津市、河北省 2011～2018 年常住人口年平均自然增长率分别为 0.39%、0.19%、0.61%，且各年变化均低于 0.20%，根据郑鑫（2017）关于人口机械增长率的估计公式计算，2011～2015 年北京市常住人口年平均机械增长率为 2.22%，远高于人口年平均自然增长率。2015 年后机械增长率减小为负值，2016～2018 年机械增长率为-0.61%。北京市人口机械增长对于人口密度的贡献远高于自然增长，而河北省各城市人口自然增长贡献虽高于机械增长，但与北京市机械增长率和总量均相去甚远。因此，北京市与其他地级市人口密度差的年际变化主要来自北京市的人口机械增长，而非自然增长，这在一定程度上说明使用人口密度指标表征城市功能等级具有合理性。

2011 年以来北京市人口机械增长率不断降低，从 2011 年的 2.50% 降至 2015 年的 0.58%，2016 年开始北京市成为净迁出地，从 2016 年-0.32% 持续减至 2018 年-1.04%。2015 年之后随着功能疏解政策的逐渐实施，北京市人口向地理邻近的保定市、张家口市、承德市和廊坊市等地迁出。例如，2015 年北京市迁入保定市的人口有 30.85 万人，而保定市迁入北京市的人口仅为 1.57 万人。限于篇幅的原因，这里仅给出 2015 年京津冀地区和长三角各城市间人口迁移方向和迁移量（图 10-2）。

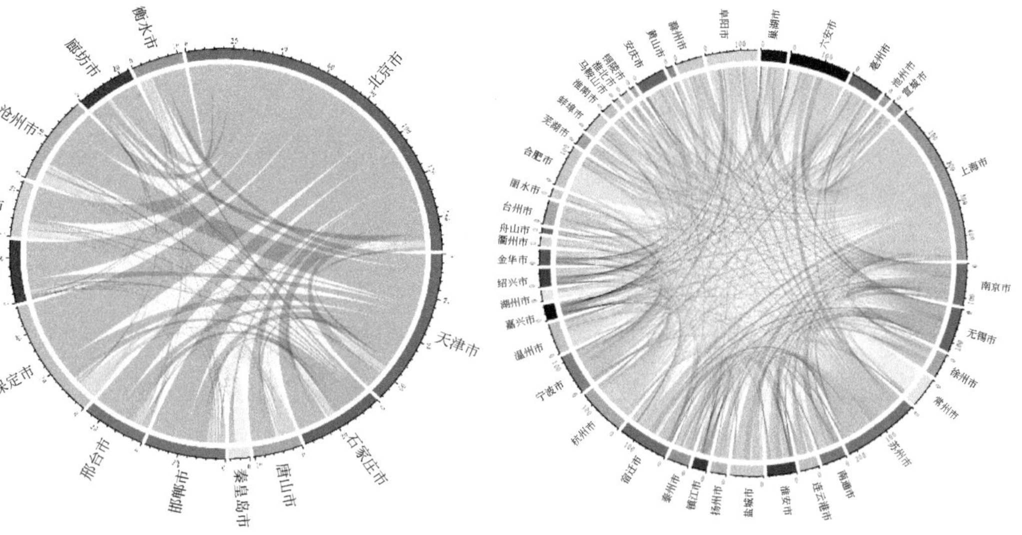

图 10-2　京津冀地区和长三角各城市之间人口迁移方向和迁移量（2015 年）

相对于京津冀地区，2015 年长三角各城市间的人口迁入量排前 5 位的城市分别是上海市、苏州市、杭州市、无锡市、南京市，数量分别为 454.1 万人、208.8 万人、116.5 万人、115.2 万人、102.4 万人；迁出量排前 5 位的城市分别是六安市、阜阳市、亳州市、盐城市、安庆市，数量分别为 172.1 万人、138.4 万人、96.7 万人、86.4 万人、77.8 万人。上海市作为长三角外来人口最多的城市，其迁入人口主要来源为安徽省的六安市（14.7%）、阜阳市（8.5%）、巢湖市（5.9%）和江苏省的盐城市（6.4%）、南通市（5.6%）。三省省会城市作为区域中心城市，迁入人口主要来源为周边城市，如南京市迁入人口中淮安市（9.6%）、徐州市（6.9%）、宿迁市（6.2%）、滁州市（6.2%）等比重较大。人口大量迁入中心城市，不利于城市功能疏解，拉大了中心城市与外围城市的功能等级差距。

2. 回归分析

在面板数据中，时点为 12 年的数据，无论是京津冀地区还是长三角的城市个体数量均大于时点数量，近似认为是短面板数据，无需做面板数据单位根检验。京津冀地区城市样本量采用方差膨胀因子检验，结果表明各解释变量的方差膨胀系数（VIF）值均小于 10，显示不存在严重的多重共线性。Hausman 检验表明，prob>chi2 = 0.0000（代表拒绝原假设所犯的弃真错误的概率，prob 为概率，chi2 为卡方统计量)，因此采用固定效应模型进行参数估计。根据 F 检验，最终采用个体-时点双固定效应（FE-TW）回归方法。同时，列出个体固定效应（FE-I）回归估计和时点固定效应（FE-T）回归估计两种方法的参数结果（表 10-2）。

表 10-2　京津冀地区的城市面板数据的回归结果

变量	个体-时点双固定效应（FE-TW）	个体固定效应（FE-I）	时点固定效应（FE-T）
工资收入水平	0.0014583 ***	0.0021298 ***	0.0063751 ***
政府调控能力	0.0000125 ***	0.0000024 ***	0.0000237 **
投资拉动能力	0.0000001	0.0000023 ***	-0.0000064 *
公共服务水平	0.0013010 ***	0.0012542 ***	0.0153406 ***
教育发展水平	0.1432620	-2.681531 **	-0.3494767
交通支撑能力	0.0015500 ***	0.0006882 ***	0.0129363 **
常数项	202.98466 ***	488.7087 ***	-1988.9 ***
R^2	0.9885	0.9156	0.6931
F	2445.56	450.88	3.00

*、**、*** 分别表示回归系数在 10%、5% 和 1% 的水平上显著。

交通支撑能力。交通支撑能力通过 1% 显著性检验且系数排名第一，说明北京市与京津冀地区其他地级以上城市在公路客运量方面的差距不断扩大，并对北京市城市功能疏解起到负向作用。研究佐证了李涛等（2012）、马伟等（2012）学者的观点，火车提速和快速交通体系布局将有助于人口流动和向中心城市集聚。

工资收入水平。工资收入水平通过了 1% 显著性检验，说明北京市与京津冀地区其他地级以上城市城镇在岗职工平均工资方面的差距不断扩大，并对北京市城市功能疏解起到负向作用。研究结果与蔡昉（1995）、张耀军和岑倩（2014）、肖群鹰和刘慧君（2017）等学者的观点一致。新古典主义经济学认为，移民取决于当事人对于付出与回报的估算，如果移民后的预期所得明显高于为移民而付出的代价，移民行为就会发生。由此推导，移民将往收入水平高的地方去，而移出地与移入地之间的收入差距将因移民行为而缩减直至弥合。当前，京津冀地区城镇在岗职工平均工资存在较大差距，2018 年北京市城镇在岗职工平均工资是石家庄市的 1.99 倍，是位居第二的天津市的 1.44 倍。

公共服务水平。公共服务水平通过了 1% 显著性检验，说明北京市与京津冀地区其他地级以上城市在医院、卫生所床位数方面的差距不断扩大，并对北京市城市功能疏解起到负向作用。研究结果支持了赵秀池（2011）、姚永玲和王帅（2014）等学者的观点。Charles Tiebout 提出了“用脚投票”的地方公共品支出理论，指出居民通过迁移来选择最优的地方公共品供给水平。由于北京市与周边地市在优质医疗卫生资源方面存在较大差距，每年吸引全国各地患者来京就诊，尤其是周边省市患者。根据北京市卫生健康委员会的数据，2019 年北京市医疗机构诊疗人数超过 2.6 亿人次，其中外地来京患者约占 1/3。

政府调控能力通过了 1% 显著性检验，说明北京市与京津冀地区其他地级以上城市在地方政府财政收入方面的差距不断扩大，并对北京市城市功能疏解起到负向作用。研究结果支持了何文举等（2018）的观点。

3. 差异性分析

为了研究各解释变量的作用方向是否存在差异性，又对长三角进行了实证研究。方差膨胀因子检验表明，各解释变量的 VIF 值均小于 10，不存在严重的多重共线性。Hausman 检验表明，prob>chi2 = 0.0001，因此采用固定效应模型进行参数估计。基于 2007 ~ 2018 年的长三角的城市面板数据，根据 Hausman 检验和 F 检验，最终采用个体-时点双固定效应（FE-TW）回归方法。同时，列出个体固定效应（FE-I）回归估计、时点固定效应（FE-T）回归估计两种方法的参数（表 10-3）。

表 10-3　长三角的城市面板数据的回归结果

变量	个体-时点双固定效应（FE-TW）	个体固定效应（FE-I）	时点固定效应（FE-T）
工资收入水平	0.0023078***	0.0043811***	0.0052196***
政府调控能力	0.0000170***	0.0000062***	0.0000047
投资拉动能力	-0.0000002	-0.0000074***	-0.0000160***
公共服务水平	-0.0027023*	0.0025538***	-0.0029683
教育发展水平	5.6310740*	38.64734***	-5.3025740***
交通支撑能力	-0.0000586	-0.0010082**	-0.0001745
常数项	2193.794***	493.2237***	2602.218***
R^2	0.9190	0.8462	0.3495
F	162.23	110.68	12.64

*、**、***分别表示回归系数在 10%、5%和 1%的水平上显著。

回归结果表明，2007 ~ 2018 年上海市与周边城市的工资收入水平、政府调控能力、教育发展水平的差异系数为正，表明这三个解释变量对于上海市城市功能疏解起着负向作用，而投资拉动能力、公共服务水平、交通支撑能力的差异系数为负，表明这三个解释变量对于上海市城市功能疏解起着正向作用，这与京津冀地区的研究结果不一致。

投资拉动能力。投资拉动能力的回归系数为负，说明缩小上海市与长三角其他地级以上城市在固定资产投资方面的差距，将有利于上海市城市功能疏解。这与京津冀地区城市间固定资产投资差距仍在扩大、城市功能进一步向北京市集聚形成反差，也说明长三角已经进入要素有序流动、配置逐步均衡化的阶段。

交通支撑能力。交通支撑能力的回归系数为负，说明上海市与长三角其他地级以上城市在公路客运量方面的差距不断缩小，并对上海市城市功能疏解起到了正向作用。与长三角密集的交通设施网络相比，京津冀地区，尤其是河北省与北京市、天津市的交通设施密度相差较大。京津冀地区资源配置依然持续向北京市集聚，城市间差距不断增大，公路客运量基尼系数从 2008 年的 0.24 增加到 2018 年的 0.61，而长三角资源配置更趋均衡化，公路客运量基尼系数从 2008 年的 0.43 减到 2018 年的 0.40，2013 年该系数仅为 0.37（图 10-3）。

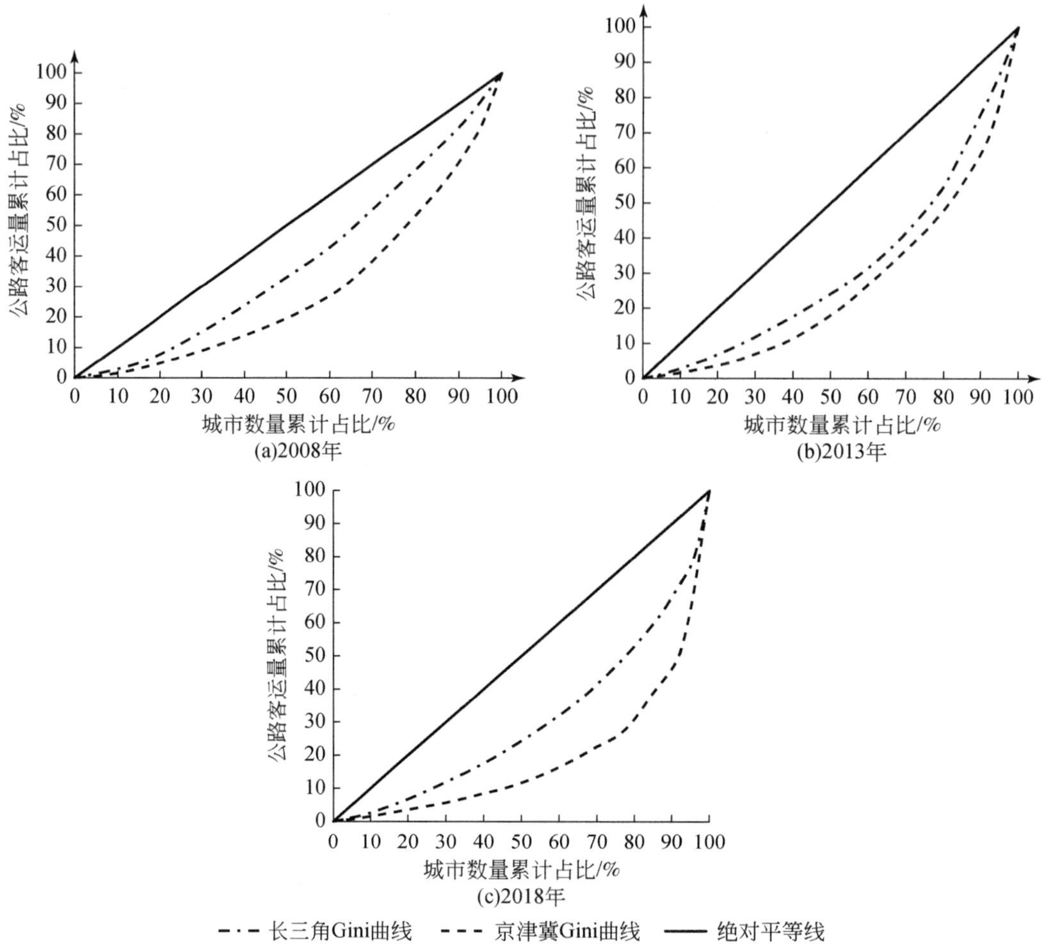

图 10-3 京津冀地区和长三角的城市公路客运量的基尼系数

4. 稳健性分析

为了进一步确认样本回归结果的稳健性，通过对原样本排序进行编号，再通过随机抽取号码实现分别随机抽取原样本中的某个个体和某个时点作为剔除数据，最后对剩下的新样本数据进行个体-时点双固定效应回归估计。检验新样本各变量的回归系数符号是否与原样本相同。如果回归系数符号与原样本符号相同，则说明结果是稳健的（表 10-4）。

表 10-4 京津冀地区和长三角城市面板数据的稳健性回归结果

变量	京津冀地区			长三角		
	原样本	个体剔除后的新样本	时点剔除后的新样本	原样本	个体剔除后的新样本	时点剔除后的新样本
工资收入水平	0.00145833***	0.0015712***	0.0013239***	0.0023078**	0.0024037**	0.0022439**
政府调控能力	0.0000125***	0.0000116***	0.0000118***	0.0000170***	0.0000179***	0.0000160***

续表

变量	京津冀地区			长三角		
	原样本	个体剔除后的新样本	时点剔除后的新样本	原样本	个体剔除后的新样本	时点剔除后的新样本
投资拉动能力	8.967×10^{-8}	0.0000002	0.0000003	−0.0000002	−0.0000005	−0.0000002
公共服务水平	0.00130103***	0.0017026***	0.0007857	−0.0027023*	−0.0026667*	−0.0028046
教育发展水平	0.14326056	1.0108600	0.1842564	5.6310740*	6.5248580*	5.1589650
交通支撑能力	0.00154995***	0.0012826***	0.0016116***	−0.0000586	−0.0000826	−0.0000821
常数项	202.98466***	127.6559***	238.8453***	2193.794***	2140.675***	2310.187***
R^2	0.9885	0.9885	0.9904	0.9190	0.9183	0.8677
F	2445.56	2521.42	2563.71	162.23	147.49	138.35

*、**、***分别表示回归系数在10%、5%和1%的水平上显著。

随机抽取个体和时点剔除后的新样本与原样本的回归系数符号没有变化，因此上述回归系数对于京津冀地区和长三角是稳健的。

三、小结

通过对京津冀地区和长三角的对比分析，给北京市带来的一个重要启示是城市功能疏解是一个系统工程，必须统筹推进。一方面，要通过完善收入分配体制、提高产业竞争力、财政转移支付、公共服务均等化等措施，逐步缩小城市间在城镇在岗职工平均工资、地方政府财政收入、医疗和卫生所床位数的差距。另一方面，要促进投资、交通等领域的市场化改革，加大开放力度，进一步缩小在固定资产投资、交通基础设施建设方面的差距。通过以上措施，引导核心城市功能疏解并提高周边大中小城市的功能承接能力。

将城市功能简化为人口密度只是一个权宜之计，严格上说并不是一个准确的表征指标。当前已有的研究主要是从人口和产业两个方面进行表征的，如何将这两个方面进行综合集成或者使用更科学的方法更准确地刻画这一变量（城市功能）不仅具有重要的现实意义，还具有重要的科学价值，这是一个值得进一步探讨的问题。

投资拉动能力、交通支撑能力在上述两个城市群表现出差异性，说明这两个解释变量对城市功能疏解可能存在非线性关系和拐点，这将是我们下一步需要研究的内容。关于工资收入水平的差距是否持续促进城市功能集聚存在争论，如一些批评者指出，收入差距是引发移民的原因之一，但绝不是唯一的原因，甚至不是最主要的原因。事实上，并没有多少移民能够对于迁移的付出与回报做出准确的计算从而追求最高收益。因此，围绕工资收入水平与城市功能集聚是否存在非线性关系也是一个值得探讨的问题。

第二节　北京发展高精尖产业的建议

在全球经济版图重构和我国加快构建双循环新发展格局的背景下，北京作为核心城市将决定京津冀地区在全球产业链供应链竞争和新发展格局中的地位和角色。“十四五”期间北京市提出构建“2441”高精尖产业体系①和“一区两带多组团”的产业空间布局，推动区域特色化、差异化、联动化发展。北京构建高精尖经济结构是否有利于实现自身“瘦身健体”和“减量提质”的发展目标并进一步带动京津冀地区在产业协同发展方面率先突破？目前仍有一些亟待解决的问题需要认真思考，故提出以下建议。

一、北京高精尖产业发展现状

近年来，北京市高精尖产业发展成效显著，产业能级进一步跃升。新一代信息技术、科技服务业2个万亿级产业集群和医药健康、智能装备、人工智能、节能环保4个千亿级产业集群基本形成。在新一代信息技术和医药健康两大产业集群的引领下，2021年北京市高精尖产业增加值已占到全市GDP的30.1%，比2018年提高了5个百分点。

1. 高精尖产业体系初具规模

北京市保持推动疏解一般性制造业和发展先进制造业的战略定力，严格执行《北京市新增产业的禁止和限制目录》，累计不予办理新设立或变更登记业务近2.4万件，以更高更优标准推动一般性制造业企业向周边地区疏解。在严守功能底线的同时，为构建高精尖经济发展打开了更大空间，科技、商务、信息等高精尖产业的新设市场主体持续增加，2021年达到59.55万户，占全市实有企业总量的38.3%，较2019年提高4.9个百分点。2022年上半年，北京市高科技产业投资表现活跃，在集成电路和医药健康等项目的带动下增长78.1%，高技术服务业投资在信息服务业等行业的带动下增长61.7%。服务业增加值同比增长3.3%，其中，信息传输、软件和信息技术服务业、金融业合计占比46.8%，同比提高1.5个百分点。

2. 基础能力得到提升

围绕高精尖产业，北京市大力推进产业基础建设，2021年培育和认定的“专精特新”企业2115家，数量比上年增长1.6倍，独角兽企业、智能制造示范项目、制造业单项冠军的供应商数量领先其他省份，北京福田康明斯发动机有限公司“灯塔工厂”、小米科技有限责任公司“黑灯工厂”等行业标杆企业不断涌现。国家网络安全产业园率先启动建设，国家安全态势感知平台和国家工业互联网大数据中心等一系列基础设施重大平台在北京市落地。2021年北京市基础研究经费占全社会研究与试验发展经费的比重为16.1%，

---

① 《北京市“十四五”时期高精尖产业发展规划》中提到的高精尖产业主要涉及先进制造业、软件和信息服务业、科技服务业，是对“十三五”时期十大高精尖产业内涵的拓展和提升。“十三五”时期确定的十大高精尖产业包括新一代信息技术、集成电路、医药健康、智能装备、节能环保、新能源智能汽车、新材料、人工智能、软件和信息服务业、科技服务业。高精尖产业中的“高”是要发展今后几年能够实现高速增长、带来强大发展后劲的行业，“精”是要培育具有核心竞争力和重要知识产权的顶尖企业，“尖”是要承接国家重大战略项目和具有国际水平的前沿科学技术。

发明专利拥有量40.5万件，科研产出连续三年蝉联全球科研城市首位。北京市布局了脑科学、量子、人工智能等一系列新型研发机构，通用CPU、柔性显示屏、新型冠状病毒肺炎灭活疫苗、新型靶向抗癌药、手术机器人、高精密减速器等有世界影响力的创新成果陆续涌现。

3. 产业园区成为重要载体

产业园区是北京市发展高精尖产业的重要载体平台和前沿阵地。近年来北京经济技术开发区规划实施了32条产业链图，构筑具有世界影响力的“中国芯”“网联车”“创新药”“智能造”，打造具有全球影响力的高精尖产业集群。新能源汽车和智能网联汽车领域形成高端汽车产业集群、新能源汽车产业集群、智能网联产业集群。机器人和智能制造领域形成以智能制造装备为核心，高端能源装备和节能环保装备为两翼的产业发展格局。2021年北京经济技术开发区新一代信息技术产业集群实现产值1052亿元，成为继汽车、生物医药和产业互联网之后第四个千亿级产业集群，在关键装备及材料、先进工艺开发及产业化等方面取得一批代表国家最高水平的成果。中关村科学城持续推进信息业、医药健康、科技服务三大重点产业发展，形成以科技服务业为基础、以信息产业为支柱、以健康产业为突破、以先进制造业为支撑的现代产业体系，2021年中关村科学城高新技术企业总收入3.4万亿元，同比增长14%；软件和信息服务业收入1.4万亿元，约占全市的2/3。

二、存在的主要问题

北京市在持续打造高精尖产业体系、推动制造业高质量发展过程中也存在一些亟待解决的问题，主要表现在如何处理制造业与高级生产性服务业的关系，以及自身发展高精尖产业与辐射带动京津冀协同发展等方面。

1. 制造业比重过低，下降过早过快

北京经济已经从高速增长阶段步入高质量发展阶段，第三产业比重持续上升，而制造业比重持续下降。从城市发展的一般规律看，制造业比重下降是经济转型中的必由之路，但需要警惕的是北京制造业比重呈现出下降“过早、过快、过低”现象。从纽约、伦敦、东京等世界城市的产业发展历程看，大多是在人均GDP超过1.5万美元时制造业比重才开始下降，北京在人均GDP不足1000美元时（1978年）制造业比重就开始下降，呈现出“过早”的特征。如果以工业产值占GDP的比重来衡量，1978~2020年北京工业比重年均下降1.26个百分点，高于同期的天津（0.86）、深圳（0.80）、广州（0.76）等特大城市（图10-4）。2020年上海、天津、重庆、广州和深圳的工业比重分别为25.0%、29.7%、28.0%、22.9%和34.5%，而北京只有11.7%，表现出下降“过快”和比重“过低”的特征。

2. 产业之间的关联度有待进一步提高

北京在产业结构调整中，对于制造业的调整不应该是一个简单的全面退出的问题，除

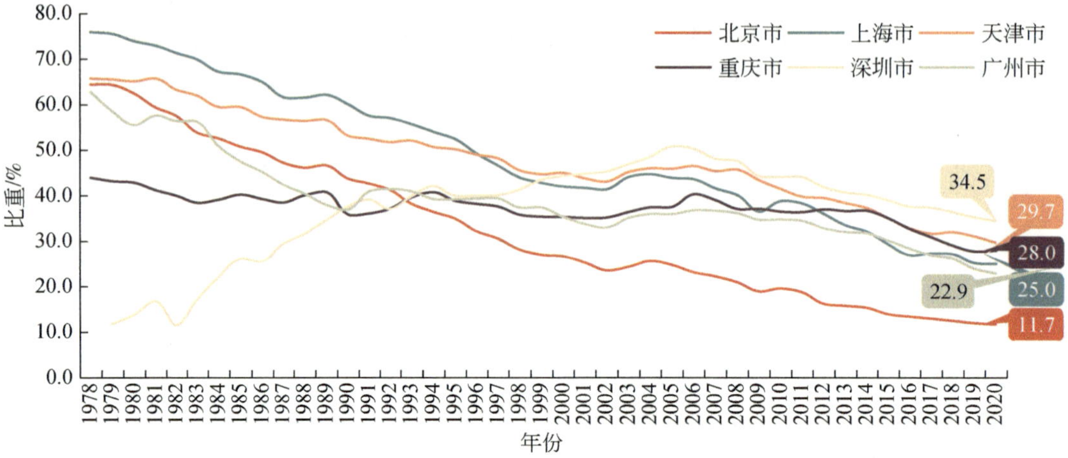

图 10-4　1978～2020 年国内各城市工业比重变化

了重视高级化外，更应强调不同产业之间的协调互动关系。通过计算北京不同制造业与生产性服务业的关联度可以发现，北京通用设备，专用设备，电气机械和器材，通信设备、计算机和其他电子设备，仪器仪表等制造业与交通运输、仓储和邮政，租赁和商务服务等的产业关联度较高，而与信息传输、软件和信息技术服务，金融，科学研究和技术服务的产业关联度较低，说明制造业整体上与传统生产性服务业的关联程度较高，而与高级生产性服务业的关联程度较低，导致制造业的发展与高级生产性服务业的发展在一定程度上出现脱节（表 10-5）。

表 10-5　北京市制造业各行业对生产性服务业的直接消耗系数

制造业	批发和零售	交通运输、仓储和邮政	租赁和商务服务	信息传输、软件和信息技术服务	金融	科学研究和技术服务
食品和烟草	0.061	0.031	0.067	0.001	0.008	0.003
纺织品	0.031	0.035	0.033	0.007	0.025	0.000
纺织服装鞋帽皮革羽绒及其制品	0.060	0.020	0.055	0.002	0.007	0.009
木材加工和家具	0.038	0.026	0.036	0.001	0.003	0.005
造纸印刷和文教体育用品	0.029	0.022	0.016	0.002	0.008	0.004
石油、炼焦产品和核燃料加工品	0.021	0.007	0.015	0.000	0.001	0.001
化学产品	0.020	0.020	0.093	0.001	0.009	0.004
非金属矿物制品	0.072	0.064	0.018	0.001	0.021	0.008
金属冶炼和压延加工品	0.017	0.021	0.006	0.000	0.007	0.000
金属制品	0.035	0.039	0.024	0.001	0.022	0.003
通用设备	0.115	0.025	0.034	0.003	0.019	0.006

续表

制造业	批发和零售	交通运输、仓储和邮政	租赁和商务服务	信息传输、软件和信息技术服务	金融	科学研究和技术服务
专用设备	0.107	0.025	0.033	0.001	0.023	0.003
交通运输设备	0.114	0.020	0.032	0.001	0.003	0.004
电气机械和器材	0.161	0.026	0.029	0.001	0.007	0.003
通信设备、计算机和其他电子设备	0.196	0.016	0.026	0.001	0.010	0.002
仪器仪表	0.127	0.018	0.032	0.005	0.013	0.006
其他制造产品和废品废料	0.245	0.044	0.051	0.001	0.006	0.004
金属制品、机械和设备修理服务	0.091	0.015	0.021	0.002	0.035	0.001

此外，从制造业的内部结构看，电气机械和器材、通用设备、专用设备等大部分制造业的后向关联效应要大于前向关联效应，说明这些产业对经济发展的推动作用较大，而受到其他产业的需求拉动作用较小，需要进一步提高制造业之间的产业关联度（表 10-6）。

表 10-6　北京市制造业感应度系数（前向关联）和影响力系数（后向关联）

制造业	感应度系数	影响力系数
食品和烟草	0.5163	0.6200
纺织品	0.8589	0.8508
纺织服装鞋帽皮革羽绒及其制品	0.5198	0.8534
木材加工品和家具	0.6464	1.0962
造纸印刷和文教体育用品	0.8209	1.0529
石油、炼焦产品和核燃料加工品	0.6954	0.6229
化学产品	2.0653	0.6903
非金属矿物制品	0.6300	0.9358
金属制品	0.7666	1.5295
通用设备	0.7310	1.0789
专用设备	0.4840	1.0524
交通运输设备	0.7818	1.0677
电气机械和器材	0.7972	1.0770
通信设备、计算机和其他电子设备	1.0552	0.9833
仪器仪表	0.5935	0.8904
其他制造产品和废品废料	0.4100	0.6156
金属制品、机械和设备修理服务	0.5153	0.7668

3. 分工合作没有充分考虑津冀两省市的产业优势

当前，北京市正在积极推动高精尖产业发展，重点支持“丰台区+房山区”在轨道交通领域、“丰台区+北京经济技术开发区+大兴区”在航空航天领域、“朝阳区+顺义区”在智能制造与装备领域的产业协作，缺少与天津市、河北省等具有相同产业优势的地市开展跨区域合作，如天津市在航空航天器以及设备制造业、医药制造业，河北省在电子及通信设备制造业、医疗仪器及仪器仪表制造业具有较高的产业优势度，也具有很好的合作基础和发展前景，但在落实京津冀产业协同上没有给予足够重视。与此同时，北京市提出以氢能、智能网联汽车、工业互联网等产业为突破口，构建环京产业协同发展圈层（50km、100km、150km），构建分工明确、创新联动的产业协同发展格局，而氢能、智能网联汽车、工业互联网尽管属于战略性新兴产业，代表了产业发展的趋势，但目前还不是津冀两省市的支柱产业，对津冀两省市经济发展的贡献度和带动作用较低，产业合作的领域和范围有待进一步深化和拓展，产业合作的模式和机制有待进一步创新和完善。

4. 具有国际竞争力的创新链产业链有待培育

尽管北京市的高精尖产业初步形成了规模，但先进制造业的核心竞争力不强，对北京国际科技创新中心和现代产业体系建设支撑不够。从科技研发到落地转化的创新闭环尚未完全打通，高精尖产业持续发展的动能不足。虽然新一代信息技术等部分高精尖产业已经嵌入全球产业链供应链，但尚未形成具有自主创新能力的以本地企业为核心的完整的创新链产业链，创新链产业链“卡脖子”问题依然存在，核心基础零部件、先进基础工艺、高端装备制造、关键基础材料和产业技术基础受制于人的状况没有得到根本性改变（图 10-5）。

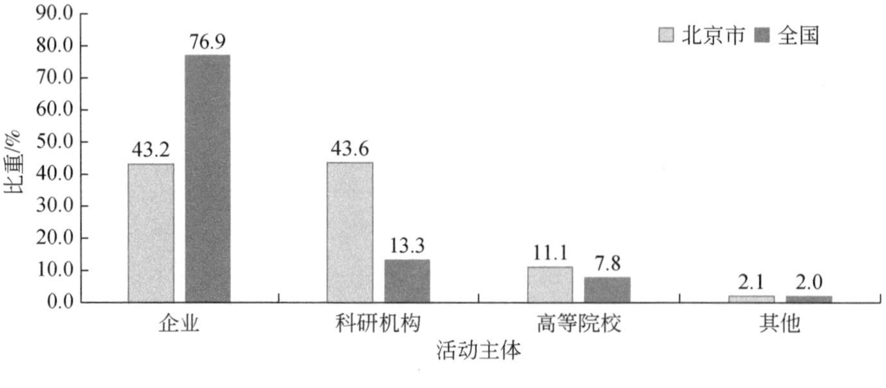

图 10-5　2021 年北京市与全国按活动主体分的研究与试验发展（R&D）经费占总 R&D 经费的比重

三、发展思路和对策

未来，北京要深入落实京津冀协同发展战略，探索具有首都特色的产业转型升级之路，壮大实体经济根基，全面服务首都率先构建新发展格局，核心是处理好“都”与

“城”的关系，围绕实现“都”的功能，推进“城”的发展，做到服务保障能力同城市布局和战略定位相适应。

1. 稳定和打牢制造业基础

制造业是实体经济的主体，也是推动经济长期稳定增长的核心引擎。因此，任何时候都不能放松对制造业的支持。

第一，坚决落实习近平总书记“一定要把我国制造业搞上去”的重要指示，坚持新兴产业培育发展和传统产业改造升级并重，坚持高端化、智能化、绿色化发展方向，推动北京制造业高质量发展。

第二，制定制造业比重红线。从世界各国和主要城市的发展过程看，随着人均GDP的增长，制造业在经济活动中的比重通常会下降，但在人均GDP达到一定数值后这一比重将处于一个相对稳定状态。根据国外经验和北京市的战略定位，建议研究制定北京市制造业比重的红线和监测预警机制，使制造业比重保持在合理区间。

第三，妥善处理高与低的关系。大都市的制造业不是高端制造业对低端制造业的简单替代，不能一味地追求高新技术而忽略传统制造业的发展，要发展受服务业影响力大和劳动力要素高级化程度高的制造业，这既包括电子设备制造业、电气机械和器材制造业、运输设备制造业、通用设备制造业等高端制造业，又包括食品和饮料、印刷与出版等都市型产业。

第四，实施产业基础再造工程，进一步提高制造业之间以及制造业与生产性服务业的产业关联度；支持高精尖产业细分领域龙头企业在京导入强链补链建链项目，打通产业链供应链的堵点和断点，形成核心技术自主可控、上下游一体化的产业生态，为在全国率先实现新型工业化提供“北京样板”。

2. 促进制造业与服务业深度融合

理论研究表明，制造业与服务业具有协调互动的特点，服务业的发展离开了制造业将失去依存的基础，服务业发展又为制造业的发展开辟了新的市场。

第一，搭建制造业与高级生产性服务业融合发展的平台，鼓励制造业企业向服务型制造业转型，完善工业互联网网络体系顶层设计，推动制造业与软件信息、互联网跨界融合。

第二，抓住数字化转型这一关键变量。数字技术催生出智能制造、柔性生产、产品全生产周期管理等多种全新的组织方式，要抓住数字化这一“牛鼻子”，利用数字技术对传统产业链供应链进行智能化改造。

第三，尽快建立制造业与服务业融合的统计制度。加大对两业融合经济现象的统计监测，构建与经济发展相匹配的监测评价体系和统计方法，为正确认识两业融合的发展趋势、主要短板和推进策略提供科学支撑。

3. 进一步完善要素市场

充分发挥市场配置资源的决定性作用和企业创新主体地位，优化要素供给方式和园区发展模式，提高科技进步在产业发展中的贡献率。

第一，发挥基准地价价格杠杆作用，形成不同区域间合理的地价梯度，有序引导制造业企业向城市发展新区和城市功能拓展区的产业园区集聚。树立工业用地底线思维，研究划定全市工业用地保护控制线。落实“房住不炒”原则，理顺住宅用地、商业用地与工业用地的比价关系。

第二，根据波特（2007）对硅谷和意大利 Modena 机械制造企业集聚的研究和本书利用企业大数据对京津冀制造业集聚机制的研究，发现初期政府政策的作用并不显著，集聚一旦形成，政策才开始发挥作用。因此，在高精尖产业发展的初期要通过价格机制引导企业集聚，避免政策过多过早干预。在集聚形成之后，要通过各类财税金融政策和制定产业地图等措施办法，合理引导要素资源与优质企业精准匹配。

第三，在引导企业向园区集聚的过程中，避免“集而不群”现象，着力打造“垂直价值链+水平知识链”的创新型产业集群，在城市核心区专注创新、研发和制造业上游，城市近远郊区聚焦制造业中下游，在城市内部形成研发和制造互动的垂直价值链分工。城市内部不同区域之间发展拥有相似知识本底的行业，形成多样化但是相关产业的水平知识链，提升创新活力。

第四，针对高端芯片、核心技术零部件和元器件等技术受制约现象，进一步提高科学技术经费的财政投入水平，加大信用贷款、中长期贷款支持力度，探索将高精尖产业融资服务情况纳入对金融机构的考核体系；对于形成突破式创新或者无形资产的，建议在北京“三城一区”进一步提高研发费用加计扣除比例。

4. 鼓励北京高精尖产业在更广范围、更大领域开展合作

近年来，各国经济发展对全球价值链的依赖程度普遍下降，全球价值链将进一步缩短，各国产业向区域价值链和国家价值链布局的速度将加快。北京要围绕国际科技创新中心的战略定位，聚焦可以创新和研发的领域，将转化等环节一部分放到市域内，其余一部分要转移到津冀等地区，充分体现首都和北京两个不同层次的发展定位。首都更多代表全国，北京更多代表地方。

第一，建议将京津冀城市群建成国内国际双循环的衔接枢纽，积极培育“全球—国家—城市群—城市”多层嵌套的产业链，实现多中心、多层次、网络化、开放式的产业空间布局。

第二，积极培育新一代信息技术、生物医药、智能装备等产业链和产业集群，代表全国参与全球竞争，解决“卡脖子”的关键技术，提高自给率和国产化水平。

第三，既要领跑全球，又要带动津冀地区发展。要跳出北京谋发展，在更大范围实现“瘦身健体”和“减量提质”，围绕构建和提升“2+4+N”产业合作格局，依托区域资源与产业优势，在整个京津冀区域进行高精尖产业集群的发展与统筹，共同打造北京国际科技创新中心，努力形成京津冀协同发展新格局。

第三节　雄安新区建立现代产业体系的建议

《中共中央关于制定国民经济和社会发展第十四个五年规划和二〇三五年远景目标的建议》提出高标准、高质量建设雄安新区。作者在连续多年开展雄安新区情景模拟研究工作的基础上，针对雄安新区“十四五”时期和2035年远景目标中打造高端高新产业体系存在的关键问题，提出以下建议。

一、尊重客观规律，建立与城市规模相适应的现代产业体系

根据《河北雄安新区规划纲要》，新区人口规模将从2017年的103万人逐步扩大到远景目标的500万人左右（建设用地总规模约530km^2），重点承接软件和信息服务、设计、创意、咨询等高端服务业，以及新一代信息技术、生物医药和生命健康、节能环保、高端新材料等高科技产业。理论研究和国内外的实证分析均表明，随着交通和通信成本的大幅度下降，越来越多的企业开始将价值链中不同类型的功能区块分割开来，并分散布局在具有不同比较优势的城市。产品价值链的生产分割正在深刻改变着城市分工的空间格局，建立在价值链分工基础上的城市功能专业化正在成为新时期城市体系经济景观的重要特征。根据中国上市公司500强的企业网络和16611个功能区块的研究，公司总部、商务服务、研发设计等产业链高端环节越来越向800万以上人口的特大城市集聚，传统制造、物流仓储、批发零售等产业链中低端环节向中、小城市集聚，这主要受到市场潜力、关键资源、区位条件、营商环境等因素影响。

根据中心地理论，人口规模或密度反映了中心地（城市）等级。等级越高，人口规模越大，功能越复合，辐射范围越广。因此，围绕《河北雄安新区规划纲要》的产业定位、人口规模和城市功能演化规律，我们建议：

第一，综合考虑逆全球化影响、制造业回流美国和转移到东南亚、新一轮科技革命和产业变革深入发展等新的不确定不稳定因素，补充开展雄安新区产业专题研究，根据城市人口规模合理确定产业定位、分阶段目标和实施路线图，“十四五”时期应率先从先进制造、物流仓储、批发零售等中低端产业做起，逐步提升产业规模和层次，保持历史耐心，把握开发节奏。

第二，完善科技、政策、人才等关键要素的制度创新，优化营商环境，促进人才、信息、技术等高端生产要素集聚，逐步提高城市承担高等级和多样化城市功能的能力。

第三，统筹与北京、天津、河北其他地市的产业分工与合作，突出有限目标，在设计、创意、咨询以及信息技术、生物医药、节能环保、新材料等个别行业、细分市场、关键环节打造高端高新产业链条，构建错位发展的区域产业链。

二、树立底线思维，合理确定产业转移规模

中国共产党第十九次全国代表大会报告明确提出，从2020年到2035年，在全面建成

小康社会的基础上，再奋斗 15 年，基本实现社会主义现代化。围绕这一远景目标，本研究团队开展了情景模拟（图 10-6）。

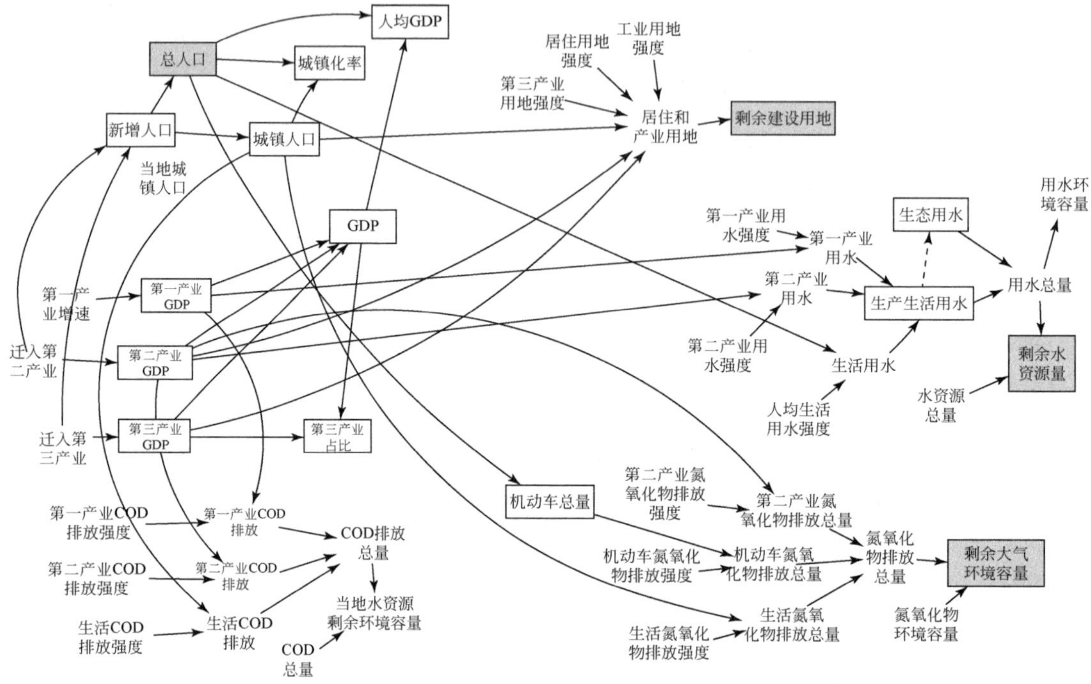

图 10-6　雄安新区资源环境承载力分析与系统动力学模型

假设条件是 2035 年实现现代化的同时资源环境不超载，求解最大的产业转移速度以及对应的人口规模和经济规模，模拟结果显示（表 10-7），产业的最低转移速度为第二产业 15 亿元/年、第三产业 86 亿元/年，按照该速度 2035 年第三产业比重可达 80%、城镇化率可达 75%、人均 GDP 可达 8.20 亿元，届时国内生产总值和人口规模分别达到 2028 亿元和 247.2 万人。

表 10-7　模拟结果

产业转移情景		情景 1	情景 2	情景 3
转移速度/（亿元/年）	第二产业	37	15	19
	第三产业	64	86	108
水资源		超载	超载	超载
水环境		超载	超载	超载
大气环境		2028 年超载	不超载	不超载
土地资源		不超载	不超载	不超载
GDP/亿元		2028	2028	2496
人口/万人		241.6	247.2	282.2
人均 GDP/亿元		8.39	8.20	8.84

续表

产业转移情景	情景 1	情景 2	情景 3
三产占比/%	60	80	81
城镇化率/%	75	75	78

注：水资源和水环境承载状态是基于当地水资源量计算的（不含入境水资源量）。

根据情景模拟结果，我们建议：

第一，雄安新区规划建设用地较为充足，能够满足进一步发展的需求，但是要提高土地利用效率和开发强度，尽量不占或少占耕地，特别是基本农田。

第二，水资源缺乏，不足以支撑产业增长的用水需求，即使南水北调中、东线通水，也不能根本改变严重缺水的状况。因此，必须处理好区内节水和区外调水的关系、生态用水与生活和生产用水的关系、地下水和地表水的关系，明确提出水资源开发利用控制、用水效率控制、水功能区限制纳污“三条红线”，提高水资源利用效率。

第三，大气环境容量成为重要的限制因素，为提升大气环境容量，提高雄安新区经济、人口总规模，需要提高三产转移比率。

三、加强空间管控，提高产业准入门槛和空间治理水平

雄安新区作为北京非首都功能疏解的集中承接地，承接产业转移是打造高端高新产业体系的重要途径之一。根据企查查科技股份有限公司官网（https://www.qcc.com/）获取的新增企业数据，2019 年雄安新区新增企业数量排名前五的行业分别是批发业（1635 家）、餐饮业（523 家）、商务服务业（347 家）、零售业（253 家）、其他服务业（251 家）。涉及高端服务业和高科技产业并不多，承接的初衷与转移的现实存在较大差距。因此，我们建议：

第一，与正在开展的五级三类国土空间规划相衔接，统筹划定产业增长边界，建立分区管控与产业准入清单相结合的空间管控体系，提高产业发展水平。

第二，引导产业向产业增长核心区集聚，避免遍地开花（新增注册企业主要集聚在三县城关镇），提高土地利用效率和产业竞争力。

第三，建立价格传导机制，通过土地出让价格引导产业合理布局，逐步形成中心城区以现代服务业为主，中心镇以先进制造业为主，乡村以农业、特色手工业、旅游休闲产业为主的分工格局。

四、凝聚人气信心，完善承接产业转移的配套设施

国内外的发展经验表明，新城建设必须由单一功能向综合功能转变。日本幕张新城的建设最初是以分散东京办公职能、推动产业升级为目的，其通过引入教育、研发、会展、商务功能，逐步形成东京都市圈的新都心。其中，完善的教育培训功能为区域企业发展提供了高素质的人力资源以及培训服务，提升了城市对外形象，奠定了区域发展的人才基

础；多个大型企业总部和研发机构（宝马日本、夏普、佳能销售、精工仪器等）在幕张新城设立办公机构，吸纳产业和人口集聚；大型商业与特色休闲设施，构建了体验式购物环境，成为东京都市圈著名的购物中心。因此，我们建议：

第一，在现有“四横四纵”区域高速铁路交通网络的基础上，进一步完善区域交通运输体系，特别是公路、铁路、航空等无缝对接和综合交通枢纽建设，提高雄安新区连接北京、天津等国内主要城市和全国性铁路、公路、航空等交通网络的便捷性和可达性，有效降低交通运输成本和时间成本，提高市场潜力和人口产业吸纳能力。

第二，加快教育培训（特别是中、小学优质教育资源）、医疗卫生、信息通信等公共设施的建设进度，构建宜居宜业的现代化新城，吸引更多高端要素进入，为区域发展提供高素质人力资源和现代化服务。

第三，加快商业服务、休闲购物、文化娱乐等配套设施建设，创造创新、创业、居住、休闲相结合的优美环境，凝聚人气，成为吸引资金、人才、信息等要素集聚的洼地，构建自主创新和承接转移双轮驱动、产城结合、城乡融合的发展高地，打造现代化经济体系的新引擎和推动高质量发展的全国样板。

参考文献

白玉杰．2020. 金科新区：助力首都高质量发展．中关村，(8)：20-25.
班茂盛，祝成生．2000. 户籍改革的研究状况及实际进展．人口与经济，(1)：46-51.
鲍超，贺东梅．2017. 京津冀城市群水资源开发利用的时空特征与政策启示．地理科学进展，36（1）：58-67.
鲍曙明，张同斌．2017. 制造业行业分类体系的演变与新进展．东北财经大学学报，(5)：25-33.
薄文广，陈飞．2015. 京津冀协同发展：挑战与困境．南开学报（哲学社会科学版），(1)：110-118.
薄文广，殷广卫．2017. 京津冀协同发展：进程与展望．南开学报（哲学社会科学版），(6)：65-75.
蔡昉．1995. 人口迁移和流动的成因、趋势与政策．中国人口科学，(6)：8-16.
蔡昉．2021. 生产率、新动能与制造业：中国经济如何提高资源重新配置效率．中国工业经济，(5)：5-18.
曹芳萍，秦涛．2007. 国际大城市发展都市型工业的模式与经验．郑州航空工业管理学院学报，(6)：45-49.
陈丙欣，叶裕民．2013. 中国流动人口的主要特征及对中国城市化的影响．城市问题，(3)：2-8.
陈红艳，骆华松，宋金平．2020. 东京都市圈人口变迁与产业重构特征研究．地理科学进展，39（9）：1498-1511.
陈佳鹏，黄匡时．2014. 特大城市的人口调控：东京经验及其启发．中国人口・资源与环境，24（8）：57-62.
陈建军，陈怀锦．2017. 集聚的测度方法评述：基于前沿文献的研究．西南民族大学学报（人文社科版），38（4）：134-142.
陈军．2009. 北京工业发展30年：搬迁、调整、更新．北京规划建设，(1)：49-52.
陈柯，尹良富，汪俊英，等．2020. 中国制造业产业集聚影响因素的实证研究．上海经济研究，(10)：97-108.
陈柯，张晓嘉，韩清．2018. 中国工业产业空间集聚的测量及特征研究．上海经济研究，(7)：30-42.
陈利顶，周伟奇，韩立建，等．2016. 京津冀城市群地区生态安全格局构建与保障对策．生态学报，36（22）：7125-7129.
陈万钦．2014. 关于首都功能疏解的若干设想．经济与管理，28（2）：18-21.
陈耀．2014. 京津冀一体化要力求“四个结合”．中国发展观察，(5)：11-13.
陈印政．2019. 粤港澳大湾区实施创新驱动发展的战略思考．智库理论与实践，4（6）：52-57.
陈媛媛，赵宏伟．2021. 北京高精尖产业发展演变分析与对策研究．科技智囊，(5)：33-40.
陈占祥．1981. 建筑师历史地位的演变．建筑学报，(8)：28-31，83-84.
程大中．2004. 论服务业在国民经济中的“黏合剂”作用．财贸经济，(2)：68-73，97.
程庆水，解占彩，唐芳．2008. 京津冀区域环保行政执法协同发展与对策研究．当代经济管理，(9)：67-70.
戴宏伟．2007. 中国制造业参与国际产业转移面临的新问题及对策分析．中央财经大学学报，(7)：69-74.

邓仲良，张可云 . 2016. 北京非首都功能中制造业的疏解承接地研究 . 经济地理，36（9）：94-102.
刁琳琳 . 2018. 特大城市功能变迁中产业疏解的困境与对策分析：基于北京市城六区存量企业调整退出情况的调研 . 北京联合大学学报（人文社会科学版），16（2）：24-35.
段成荣 . 2001. 省际人口迁移迁入地选择的影响因素分析 . 人口研究，（1）：56-61.
樊杰 . 2008. 京津冀都市圈区域综合规划研究 . 北京：科学出版社 .
樊杰 . 2019. 资源环境承载能力和国土空间开发适宜性评价方法指南 . 北京：科学出版社 .
方创琳 . 2017. 京津冀城市群协同发展的理论基础与规律性分析 . 地理科学进展，36（1）：15-24.
方大春，杨义武 . 2013. 城市公共品供给对城乡人口迁移的影响：基于动态面板模型的实证分析 . 财经科学，（8）：75-84.
方毅，林秀梅，徐光瑞 . 2010. 东北三省高技术产业竞争力提升策略研究 . 软科学，24（3）：56-59.
方远平，闫小培 . 2008. 大都市服务业区位理论与实证研究 . 北京：商务印书馆 .
封志明，刘登伟 . 2006. 京津冀地区水资源供需平衡及其水资源承载力 . 自然资源学报，（5）：689-699.
冯红英，赵金涛 . 2016. 北京非首都功能疏解与河北产业承接问题研究 . 中国商论，（3）：128-130.
冯建超 . 2009. 日本首都圈城市功能分类研究 . 长春：吉林大学 .
付承伟，唐志鹏，李玉成 . 2013. 基于投入产出法的京沪生产性服务业比较 . 地理研究，32（9）：1699-1707.
傅天嫦，叶怡扬，田诗梦 . 2020. 论美国发展高端制造业 . 经济研究导刊，（9）：179-181.
高超，金凤君 . 2015. 沿海地区经济技术开发区空间格局演化及产业特征 . 地理学报，70（2）：202-213.
高慧智，张京祥，胡嘉佩 . 2015. 网络化空间组织：日本首都圈的功能疏散经验及其对北京的启示 . 国际城市规划，30（5）：75-82.
高越，何迪燊，李思莹，等 . 2019. 北京城市副中心对疏解非首都功能贡献度研究 . 调研世界，（2）：55-59.
谷树忠 . 2014. 疏解非首都核心功能 . 北京观察，（6）：10-13.
关小克，汤怀志，薛剑，等 . 2015. 北京市中心城区功能疏解与国土空间利用战略：国际大都市的经验启示 . 中国国土资源经济，28（2）：27-30.
管志贵，田学斌，孔佑花 . 2019. 基于区块链技术的雄安新区生态价值实现路径研究 . 河北经贸大学学报，40（3）：77-86.
郭茜 . 2020. 基于网络舆情的非首都功能疏解效果测度 . 调研世界，（2）：9-17.
郭园庚 . 2018. 雄安新区与京津冀协同创新共同体建设的互联共生 . 河北学刊，38（4）：221-226.
国家发改委等相关部委 . 2014. 全国物流园区发展规划 . 综合运输，（3）：80-85.
韩会然，杨成凤，宋金平 . 2018. 北京批发企业空间格局演化与区位选择因素 . 地理学报，73（2）：219-231.
韩清，张晓嘉，徐伟强 . 2020. 中国工业产业协同集聚的测量及其影响因素分析 . 上海经济研究，（10）：85-96，108.
郝俊卿，曹明明，王雁林 . 2013. 关中城市群产业集聚的空间演变及效应分析：以制造业为例 . 人文地理，28（3）：96-100，129.
何芬 . 2017. 国外首都城市群协同发展对京津冀的启示 . 中国国情国力，（6）：20-23.
何文举，刘慧玲，颜建军 . 2018. 基本公共服务支出、收入水平与城市人口迁移关系：以湖南省市域中心城市为例 . 经济地理，38（12）：50-59.
何遥 . 2018. 智慧雄安：打造中国未来城市样本 . 中国公共安全，（8）：50-54.
贺灿飞，潘峰华 . 2007. 产业地理集中、产业集聚与产业集群：测量与辨识 . 地理科学进展，（2）：1-13.

贺灿飞 . 2022. 基于演化视角的区域高质量发展及其对新时代首都的启示 . 科技智囊，(9)：4-6.
侯慧丽 . 2016. 产业疏解能带动人口疏解吗？——基于北京市流动人口定居意愿的视角 . 北京社会科学，(7)：46-54.
黄娉婷，张晓平 . 2014. 京津冀都市圈汽车产业空间布局演化研究 . 地理研究，33 (1)：83-95.
黄怡 . 2019. 超大城市空间治理的价值、挑战与策略 . 学术交流，(10)：131-142，192-193.
黄宇金，盛科荣，孙威 . 2022. 基于企业大数据的京津冀制造业集聚的影响因素 . 地理学报， (8)：1953-1970.
黄宇金，孙威 . 2021. 京津冀地区制造业集聚的时空演化特征和差异性分析 . 地理科学进展，40 (12)：2011-2024.
黄征学 . 2007. 京津冀城市群发展面临的问题及对策研究 . 中国经贸导刊，(11)：47-49.
江曼琦，席强敏 . 2012. 制造业在世界大都市发展中的地位、作用与生命力 . 南开学报（哲学社会科学版），(2)：124-132.
蒋海兵，李业锦 . 2021. 京津冀地区制造业空间格局演化及其驱动因素 . 地理科学进展，40 (5)：721-735.
焦永利，魏伟 . 2018. “未来之城”的中国方案：新区政策、理论、展望 . 城市发展研究，25 (3)：6-12.
李超颖 . 2019. 工业遗产改造为租赁公寓的适应性再利用设计研究 . 广州：华南理工大学 .
李国平，王立，孙铁山，等 . 2012. 面向世界城市的北京发展趋势研究 . 北京：科学出版社 .
李国平，席强敏 . 2015. 京津冀协同发展下北京人口有序疏解的对策研究 . 人口与发展，21 (2)：28-33.
李国平 . 2020. 京津冀协同发展：现状、问题及方向 . 前线，(1)：59-62.
李汉卿 . 2014. 协同治理理论探析 . 理论月刊，(1)：138-142.
李佳洺 . 2019. 功能疏解背景下北京产业结构调整的思考 . 智库理论与实践，4 (6)：68-77.
李俊，胡峰 . 2016. 欧美再工业化五年后中国制造业比较优势现状、原因及对策：基于 2010—2014 年贸易数据的对比分析 . 经济问题探索，(6)：80-84，118.
李磊，张贵祥 . 2015. 京津冀城市群内城市发展质量 . 经济地理，35 (5)：61-64，8.
李玲 . 2001. 改革开放以来中国国内人口迁移及其研究 . 地理研究，(4)：453-462.
李明欢 . 2000. 20 世纪西方国际移民理论 . 厦门大学学报（哲学社会科学版），(4)：12-18，140.
李涛，曹小曙，黄晓燕 . 2012. 珠江三角洲交通通达性空间格局与人口变化关系 . 地理研究，31 (9)：1661-1672.
李卫锋 . 2010. 京津冀区域信息化空间差异与协同发展研究 . 河北经贸大学学报，31 (6)：52-54.
李晓华，廖建辉 . 2014. 大都市工业发展的战略选择：以北京为例 . 区域经济评论，(4)：20-29.
李耀武 . 1997. 城市功能研究——以湖北大中城市为例 . 武汉城市建设学院学报，14 (1)：5-11.
李毓美，李惠敏 . 2019. 北京非首都功能疏解后空间再利用策略和实例剖析//2019 年中国城市规划年会论文集（02 城市更新）. 北京：中国城市规划学会：260-272.
梁国强 . 2013. 国内文献计量学综述 . 科技文献信息管理，(4)：58-59，62.
梁琦，钱学锋 . 2007. 外部性与集聚：一个文献综述 . 世界经济，(2)：84-96.
梁琦，王斯克 . 2019. 集聚效应、选择效应及其对区域生产效率的影响 . 华南理工大学学报（社会科学版），21 (1)：1-14.
林恩全 . 2013. 北京中心城功能疏解方略 . 城市问题，(5)：36-40.
林李月，朱宇 . 2016. 中国城市流动人口户籍迁移意愿的空间格局及影响因素：基于 2012 年全国流动人口动态监测调查数据 . 地理学报，71 (10)：1696-1709.
林学达 . 2013. 首都城市副中心网格化社会服务管理体系的系统设计框架 . 城市管理与科技，15 (3)：

62-65.
刘秉镰，孙哲．2017．京津冀区域协同的路径与雄安新区改革．南开学报（哲学社会科学版），（4）：12-21.
刘秉镰，王钺．2020．京津冀、长三角与珠三角发展的比较及思考．理论与现代化，（3）：5-11.
刘东生，马海龙．2012．京津冀区域产业协同发展路径研究．未来与发展，35（7）：48-51.
刘海猛，方创琳，黄解军，等．2018．京津冀城市群大气污染的时空特征与影响因素解析．地理学报，73（1）：177-191.
刘浩，马琳，李国平．2016．1990s 以来京津冀地区经济发展失衡格局的时空演化．地理研究，35（3）：471-481.
刘建朝，高素英．2013．基于城市联系强度与城市流的京津冀城市群空间联系研究．地域研究与开发，32（2）：57-61.
刘社建．2013．城市功能转型与功能创新探讨：以上海为例．区域经济评论，（2）：120-124.
刘雪芹，张贵．2015．京津冀产业协同创新路径与策略．中国流通经济，29（9）：59-65.
刘怡，周凌云，耿纯．2017．京津冀产业协同发展评估：基于区位熵灰色关联度的分析．中央财经大学学报，（12）：119-129.
刘则渊，王贤文，陈超美．2009．科学知识图谱方法及其在科技情报中的应用．数字图书馆论坛，10（10）：14-34.
刘振，戚伟，齐宏纲，等．2020．1990—2015 年中国县市尺度人口收缩的演变特征及影响因素．地理研究，39（7）：1565-1579.
刘志高，王琛，李二玲，等．2014．中国经济地理研究进展．地理学报，69（10）：1449-1458.
陆大道．2015．京津冀城市群功能定位及协同发展．地理科学进展，34（3）：265-270.
吕志奎．2010．发展区域公共管理，推进京津冀区域一体化．中国科技投资，（10）：76-79.
罗润东，李超．2016．2015 年中国经济学研究热点分析．经济学动态，（4）：96-105.
马骥．2017．雄安新区发展的战略思考．统计与咨询，（2）：40-41.
马力，廖爱玲，饶沛．2013-12-24．动批确定外迁：市郊河北备选．新京报网．
马伟，王亚华，刘生龙．2012．交通基础设施与中国人口迁移：基于引力模型分析．中国软科学，（3）：69-77.
迈克尔·波特．2007．国家竞争优势．李明轩，邱如美译．北京：中信出版社．
毛汉英．2017．京津冀协同发展的机制创新与区域政策研究．地理科学进展，36（1）：2-14.
孟宏佳．2014．北京中心城医疗功能疏解的现状、问题及对策研究．北京：首都经济贸易大学．
孟美侠，曹希广，张学良．2019．开发区政策影响中国产业空间集聚吗：基于跨越行政边界的集聚视角．中国工业经济，（11）：79-97.
孟猛，倪健，张治国．2004．地理生态学的干燥度指数及其应用评述．植物生态学报，（6）：853-861.
孟韬．2009．网络视角下的产业集群组织研究．北京：中国社会科学出版社．
孟祥林．2014．“环首都”地区的发展困境与“环首都城市带”的发展．城市发展研究，21（4）：30-36.
潘教峰．2017．新科技革命与三元融合社会：关于雄安新区建设的宏观思考．中国科学院院刊，32（11）：1177-1184.
裴小丹．2015．京津冀高新技术产业协同发展问题研究．石家庄：河北师范大学．
彭继增，孙中美，黄昕．2015．基于灰色关联理论的产业结构与经济协同发展的实证分析：以江西省为例．经济地理，35（8）：123-128.
戚本超，赵勇．2007．首尔人口限制和疏解策略对北京的启示．城市发展研究，（4）：83-87.

Roberts P. 2009. 城市更新手册. 叶齐茂，倪晓晖译. 北京：中国建筑工业出版社.
邵长安，关欣，初玉. 2020. 北京市高技术产业与第三产业互动发展的路径及对策分析. 科技和产业，20（12）：131-135.
邵长安，关欣，叶中华. 2019. 北京市高技术产业与区域经济发展的关系研究. 管理评论，31（9）：105-115.
邵朝对，苏丹妮，李坤望. 2018. 跨越边界的集聚：空间特征与驱动因素. 财贸经济，39（4）：99-113.
盛科荣，王丽萍，孙威. 2020. 中国城市价值链功能分工及其影响因素. 地理研究，39（12）：2763-2778.
石维，刘德文，郭丽峰. 2021. 海河流域河流污染物综合降解系数研究. 华北水利水电大学学报（自然科学版），42（1）：47-52.
舒慧琴，石小法. 2008. 东京都市圈轨道交通系统对城市空间结构发展的影响. 国际城市规划，23（3）：105-109.
宋昌耀，李国平，罗心然. 2018. 基于降低企业迁移成本的北京产业疏解对策研究. 河北经贸大学学报，39（2）：71-77.
宋丽敏，田佳蔚. 2021. 东北地区人口流动决策的影响因素研究：基于个体特征与经济因素的交互分析. 人口学刊，43（4）：63-73.
孙虎，乔标. 2015. 京津冀产业协同发展的问题与建议. 中国软科学，（7）：68-74.
孙久文. 2014. 京津冀合作难点与陷阱. 人民论坛，（13）：34-37.
孙铁山，席强敏. 2021. 京津冀制造业区域协同发展特征与策略. 河北学刊，41（1）：165-172.
孙威，高沙尔·吾拉孜. 2022. 京津冀地区高技术产业地位变化的成因探析. 智库理论与实践，7（2）：130-140.
孙威，高沙尔·吾拉孜，张伟. 2023. “十四五”时期北京市高精尖产业发展的现状、问题与建议. 科技智囊，（5）：1-8.
孙威，毛凌潇，唐志鹏. 2016. 基于敏感度模型的非首都功能疏解时序研究. 地理研究，35（10）：1819-1830.
孙瑜康，李国平. 2017. 京津冀协同创新水平评价及提升对策研究. 地理科学进展，36（1）：78-86.
孙铮，孙久文. 2020. “十四五”期间京津冀协同发展的重点任务初探. 河北经贸大学学报，41（6）：57-65.
孙志刚. 1999. 论城市功能的叠加性发展规律. 经济评论，（1）：81-85.
陶松龄. 1997. 东京迁都之举兼论大都市功能疏解的发展战略. 城市规划，（2）：20-22.
田新民，胡颖. 2016. 以供给侧结构性改革推进“高精尖”产业结构的构建：以北京市为例. 经济与管理研究，（8）：32-42.
王博涵，仲美玲，王彦潮. 2020. 有机疏散理论在城市发展中的应用. 城市住宅，27（8）：148-149.
王传宝. 2013-4-17. 英国探寻“再工业化”道路. http://paper.ce.cn/jjrb/page/1/2013-04/17/09/2013041709_pdf.pdf［2022-1-15］.
王东宇，贺灿飞，王宏杰. 2017. 从巴黎时装衍生企业的区位分布看北京疏解难题. 城市发展研究，24（3）：9-15.
王海芸. 2019. 日本筑波科学城发展的启示研究. 科技中国，（3）：20-27.
王浩玮. 2019. 旧工业建筑再生利用模式决策研究. 西安：西安建筑科技大学.
王吉力，杨明. 2020. 从疏解整治到优化提升：2009 至 2020 年北京非首都功能疏解政策回顾. 城市发展研究，27（12）：29-37.
王继源，陈璋，胡国良. 2015. 京津冀协同发展下北京市人口调控：产业疏解带动人口疏解. 中国人口·

资源与环境，25（10）：111-117.
王劲峰，徐成东 . 2017. 地理探测器：原理与展望 . 地理学报，72（1）：116-134.
王俊 . 2011. 欧美“再工业化”对我国先进制造业竞争力的影响与对策 . 综合竞争力，（2）：73-76.
王俊松 . 2011. 集聚经济与中国制造业新企业区位选择 . 哈尔滨工业大学学报（社会科学版），13（6）：19-26.
王丽君 . 2007. 创意产业集群的形成因素研究 . 北京：北京交通大学 .
王璐玮，王苏鹏，陈杨，等 . 2018. 2001 年以来江苏省城市间人口新迁移趋势及其影响因素 . 经济地理，38（12）：89-96.
王茜 . 2015. 首都产业疏解对北京地税收入影响的实证分析 . 首都经济贸易大学学报，17（4）：23-26.
王庆喜，胡志学 . 2018. 长三角地区研发企业集聚与知识溢出强度：连续空间中的微观分析 . 地理科学，38（11）：1828-1836.
王兴明 . 2013. 产业发展的协同体系分析：基于集成的观点 . 经济体制改革，（5）：102-105.
王应贵，娄世艳 . 2018. 东京都市圈人口变迁、产业布局与结构调整 . 现代日本经济，（3）：27-37.
王瑛，林齐根，史培军 . 2017. 中国地质灾害伤亡事件的空间格局及影响因素 . 地理学报，72（5）：906-917.
王永庆，宋健坤 . 2016. 北京产业疏解应做到破与立兼顾 . 北京观察，（6）：14-15.
王跃思，姚利，刘子锐，等 . 2013. 京津冀大气霾污染及控制策略思考 . 中国科学院院刊，28（3）：353-363.
王振波，梁龙武，方创琳，等 . 2018. 京津冀特大城市群生态安全格局时空演变特征及其影响因素 . 生态学报，38（12）：4132-4144.
王自发，李杰，王哲，等 . 2014. 2013 年 1 月我国中东部强霾污染的数值模拟和防控对策 . 中国科学：地球科学，44（1）：3-14.
魏娜，孟庆国 . 2018. 大气污染跨域协同治理的机制考察与制度逻辑：基于京津冀的协同实践 . 中国软科学，（10）：79-92.
魏娜，赵成根 . 2016. 跨区域大气污染协同治理研究：以京津冀地区为例 . 河北学刊，36（1）：144-149.
魏一鸣 . 2015. 我国物流园区运作管理水平评价机制研究 . 新经济，（29）：73.
文东伟，冼国明 . 2014. 中国制造业的空间集聚与出口：基于企业层面的研究 . 管理世界，（10）：57-74.
文魁 . 2014. 首都功能疏解与区域协同发展 . 城市管理与科技，（4）：10-12.
吴建忠，詹圣泽 . 2018. 大城市病及北京非首都功能疏解的路径与对策 . 经济体制改革，（1）：38-44.
吴良镛 . 1989. 北京旧城居住区的整治途径——城市细胞的有机更新与“新四合院”的探索 . 建筑学报，（7）：11-18.
吴群刚，杨开忠 . 2010. 关于京津冀区域一体化发展的思考 . 城市问题，（1）：11-16.
吴玉鸣 . 2007. 中国区域研发、知识溢出与创新的空间计量经济研究 . 北京：人民出版社 .
武建奇，母爱英 . 2007. 京津冀都市圈管治问题探讨 . 经济与管理，（6）：5-9.
武义青，柳天恩 . 2017. 雄安新区精准承接北京非首都功能疏解的思考 . 西部论坛，27（5）：64-69.
席北斗，李娟，汪洋，等 . 2019. 京津冀地区地下水污染防治现状、问题及科技发展对策 . 环境科学研究，32（1）：1-9.
席强敏，季鹏 . 2018. 京津冀高技术制造业空间结构演变的经济绩效 . 经济地理，38（11）：112-122.
夏荣 . 2020. 城市更新视角下地下空间开发利用研究 . 中国住宅设施，（11）：49-51.
夏添，孙久文 . 2017. 北京非首都功能疏解的思考与刍议：基于“新都市主义”的视角 . 北京社会科学，（7）：69-78.

肖群鹰，刘慧君．2007. 基于 QAP 算法的省际劳动力迁移动因理论再检验．中国人口科学，（4）：26-33，95.
肖松鹤．2015-12-21. 中国城市行政中心迁移情况报告．http://www.360doc.com/content/15/1221/09/16304777_521872544.shtml.
谢彩霞，梁立明，王文辉．2005. 我国纳米科技论文关键词共现分析．情报杂志，（3）：69-73.
谢静，马爱霞．2017. 创新视角下我国医药制造业集聚水平分析：基于 DO 指数的企业精准地理位置测度．科技管理研究，37（15）：170-178.
谢守红．2010. 世界城市的产业结构特征与主要经济功能．北京规划建设，（4）：37-39.
谢童伟，张锦华，吴方卫．2011. 教育与人口迁移相互影响的实证分析：基于 2004—2008 年 31 个省的面板数据．上海财经大学学报，13（2）：70-76.
徐静．2017. 商贸服务型物流园区选址主要影响因素研究．现代商业，（25）：166-167.
许妮娅，陈潜．2019. 中国制造业企业的空间集聚测度与动态演进研究．统计与决策，35（7）：122-126.
许学强，周一星，宁越敏．2009. 城市地理学．2 版．北京：高等教育出版社．
薛凤旋，刘欣葵．2014. 北京：由传统国都到中国式世界城市．北京：社会科学文献出版社．
薛领，陈宥伶．2020. 非首都功能疏解对北京经济结构的影响评估．河北经贸大学学报，（4）：89-99.
阎锋．1986. 北京工业发展的历史和现状．经济纵横，（10）：56-59.
阳建强．2012. 西欧城市更新．南京：东南大学出版社．
杨成凤，韩会然，张学波，等．2016. 国内外城市功能疏解研究进展．人文地理，31（1）：8-15.
杨浩昌，李廉水，刘军．2016. 高技术产业聚集对技术创新的影响及区域比较．科学学研究，34（2）：212-219.
杨宏山．2017. 首都功能疏解与雄安新区发展的路径探讨．中国行政管理，（9）：65-69.
杨开忠．2015. 京津冀大战略与首都未来构想：调整疏解北京城市功能的几个基本问题．学术前沿，（2）：72-83，95.
杨艳梅，蒋同明．2017. 东京、首尔非首都功能疏解经验及启示．中国经贸导刊，（25）：42-44.
杨正一．2019. 北京市制造业发展水平评价：基于产业疏解视角．北京：首都经济贸易大学．
姚永玲，王帅．2014. 北京市城市公共服务与人口空间分布．人口与经济，（5）：62-68，75.
叶堂林，毛若冲，李国梁．2020. 城市群内创新环境差异与高技术产业竞争力的关系探究：基于京津冀和长三角两大城市群实证分析．经济与管理，34（1）：10-17.
叶振宇，叶素云．2017. 京津冀产业转移协作的阶段进展与实现途径．河北学刊，37（3）：139-144.
叶振宇，张万春，张天华，等．2020. “十四五”京津冀协同发展的形势与思路．发展研究，（11）：40-44.
于伟，郭敏，宋金平．2012. 北京市新型零售业空间特征与趋势研究．经济地理，32（5）：49-53，98.
于伟，杨帅，郭敏，等．2012. 功能疏解背景下北京商业郊区化研究．地理研究，31（1）：123-134.
袁海红，张华，曾洪勇．2014. 产业集聚的测度及其动态变化：基于北京企业微观数据的研究．中国工业经济，（9）：38-50.
曾佳琪．2019. 空间临近与产业升级：城市 KIBS 空间演化与影响因素——以北京市为例//2019 年中国地理学会经济地理专业委员会学术年会摘要集：203-204.
张长．2016. 疏解北京“非首都功能”的再思考．城市，（8）：26-33.
张凤，陶诚，蒋芳，等．2016. 战略高技术发展趋势．智库理论与实践，1（6）：6-9.
张灏．2018. 特大城市副中心发展研究：东京经验及对上海的思考．上海城市规划，（4）：119-126.
张杰斐，席强敏，孙铁山，等．2016. 京津冀区域制造业分工与转移．人文地理，31（4）：95-101，160.

张京祥，罗震东 . 2013. 中国当代城乡规划思潮 . 南京：东南大学出版社 .
张可云，蔡之兵 . 2015. 北京非首都功能的内涵、影响机理及其疏解思路 . 河北学刊，35（3）：116-123.
张可云，蔡之兵 . 2014. 京津冀协同发展历程、制约因素及未来方向 . 河北学刊，34（6）：101-105.
张可云，董静媚 . 2015. 首尔疏解策略及其对北京疏解非首都功能的启示 . 中国流通经济，（11）：64-71.
张可云，沈洁 . 2017a. 生态约束下的京津冀地区非首都功能疏解承接能力评价 . 河北学刊，37（3）：131-138.
张可云，沈洁 . 2017b. 北京核心功能内涵、本质及其疏解可行性分析 . 城市规划，41（6）：42-49.
张可云，赵文景 . 2018. 雄安新区高技术产业发展研究 . 河北学刊，38（5）：152-160.
张可云 . 2017. 设立雄安新区的逻辑和十大关键问题 . 区域经济评论，（5）：39-43.
张强 . 2009. 全球五大都市圈的特点、做法及经验 . 城市观察，（1）：26-40.
张淑莲，胡丹，高素英，等 . 2011. 京津冀高新技术产业协同创新研究 . 河北工业大学学报，40（6）：107-112.
张同斌，高铁梅 . 2012. 财税政策激励、高新技术产业发展与产业结构调整 . 经济研究，47（5）：58-70.
张同斌，李金凯，周浩 . 2016. 高技术产业区域知识溢出、协同创新与全要素生产率增长 . 财贸研究，27（1）：9-18.
张晓敏，贾硕 . 2019. 北京核心区腾退空间再利用的思考 . 投资北京，（4）：92-95.
张兴旺，王璐 . 2020. 数字孪生技术及其在图书馆中的应用研究：以雄安新区图书馆建设为例 . 图书情报工作，64（17）：64-73.
张亚彬，陈一琳 . 2019. 京津冀高技术产业协同发展与区域经济的关系研究 . 前沿，（4）：77-83，117.
张亚明，张心怡，唐朝生 . 2012. 京津冀区域经济一体化的困境与选择：与“长三角”对比研究 . 北京行政学院学报，（6）：70-76.
张延吉，吴凌燕，秦波 . 2017. 北京市生产性服务业的空间集聚及影响因素：基于连续平面的测度方法 . 中央财经大学学报，（9）：111-118.
张耀军，岑俏 . 2014. 中国人口空间流动格局与省际流动影响因素研究 . 人口研究，38（5）：54-71.
张泽宇 . 2019. 城市社区地下空间改造再利用研究：以北京安苑北里地瓜社区为例 . 城市发展研究，26（2）：51-56.
张钟文，叶银丹，许宪春 . 2017. 高技术产业发展对经济增长和促进就业的作用研究 . 统计研究，34（7）：37-48.
赵弘 . 2014. 北京大城市病治理与京津冀协同发展 . 经济与管理，28（3）：5-9.
赵浚竹，孙铁山，李国平 . 2014. 中国汽车制造业集聚与企业区位选择 . 地理学报，69（6）：850-862.
赵莉 . 2020. 京津冀协同发展背景下北京市属企业迁移的政策需求分析 . 新视野，（1）：73-80.
赵霄伟，杨白冰 . 2021. 顶级“全球城市”构建现代产业体系的国际经验及启示 . 经济学家，（2）：120-128.
赵新峰，袁宗威 . 2014. 京津冀区域政府间大气污染治理政策协调问题研究 . 中国行政管理，（11）：18-23.
赵秀池 . 2011. 北京市优质公共资源配置与人口疏解研究 . 人口研究，35（4）：76-85.
赵雪莹，崔明川 . 2018. 有机调理，良性疏散：以沙里宁“有机疏散”理论解答北京“大城市病”问题 . 建筑与文化，（6）：156-157.
郑文灏，黄安楠 . 2017. 绿色金融支持雄安新区产业升级路径研究 . 金融理论探索，（5）：7-13.
郑鑫 . 2017. 服务业尚未成为中国城市化的主要动力 . 城市问题，（9）：4-12.
郑志来 . 2015. 欧美高端制造业发展战略对我国的影响与应对 . 经济纵横，（4）：115-119.

钟契夫，陈锡康，刘起运 . 1993. 投入产出分析 . 北京：中国财政经济出版社 .

钟赛香，曲波，苏香燕，等 . 2014. 从《地理学报》看中国地理学研究的特点与趋势：基于文献计量方法 . 地理学报，69（8）：1077-1092.

钟赛香，袁甜，苏香燕，等 . 2015. 百年 SSCI 看国际人文地理学的发展特点与规律：基于 73 种人文地理类期刊的文献计量分析 . 地理学报，70（4）：678-688.

钟少颖，杨鑫，陈锐 . 2016. 层级性公共服务设施空间可达性研究：以北京市综合性医疗设施为例 . 地理研究，35（4）：731-744.

周民良 . 2020. 京津冀世界级先进制造业集群建设中的北京定位 . 中国发展观察，（Z7）：109-113.

周一星 . 2007. 城市地理学 . 北京：商务印书馆.

周瑜，刘春成 . 2018. 雄安新区建设数字孪生城市的逻辑与创新 . 城市发展研究，25（10）：60-67.

朱杰 . 2009. 长江三角洲人口迁移空间格局、模式及启示 . 地理科学进展，28（3）：353-361.

朱瑞博 . 2010. “十二五”时期上海高技术产业发展：创新链与产业链融合战略研究 . 上海经济研究，22（7）：94-106.

祝尔娟 . 2009. 京津冀一体化中的产业升级与整合 . 经济地理，29（6）：881-886.

祝尔娟 . 2014. 北京在推进京津冀协同发展中应发挥核心引领带动作用 . 中国流通经济，28（12）：16-19.

Ángel M M T，Pablo G R D. 2007. A combined input-output and sensitivity analysis approach to analyse sector linkages and CO_2 emissions. Energy Economics，29（3）：578-597.

Behrens K，Bougna T. 2015. An anatomy of the geographical concentration of Canadian manufacturing industries. Regional Science and Urban Economics，51：47-69.

Berliant M，Reed R R，Wang P. 2006. Knowledge exchange，matching，and agglomeration. Journal of Urban Economics，60（1）：69-95.

Bodman A R. 2010. Measuring the influentialness of economic geographers during the ‘great half century’：An approach using the h index. Journal of Economic Geography，10（1）：141-156.

Brakman S，Garretsen H，Zhao Z. 2017. Spatial concentration of manufacturing firms in China. Papers in Regional Science，96：S179-S205.

Bunge W. 1962. Theoretical geography. Lund studies in geography：210.

Charles M T. 1956. A pure theory of local expenditures. The Journal of Political Economy ，64（5）：416-424.

Chen C M. 2006. CiteSpace Ⅱ：Detecting and visualizing emerging trends and transient patterns in scientific literature. Journal of the American Society for Information Science and Technology，57（3）：359-377.

Clark G L，Ballard K P. 1981. The demand and supply of labor and interstate relative wages：An empirical analysis. Economic Geography，57（2）：95-112.

Clark G L，Gertler M. 1983. Migration and capital. Annals of the Association of American Geographers，73（1）：18-34.

Combes P P，Overman H G. 2004. Chapter 64：The Spatial Distribution of Economic Activities in the European Union//Henderson V，Thisse J. Handbook of Regional and Urban Economics. Amsterdam：Elsevier：2845-2909.

Connolly E，Fox K J. 2006. The impact of high- tech capital on productivity：Evidence from Australia. Economic Inquiry，44（1）：50-68.

Duranton G，Overman H G. 2005. Testing for localization using micro- geographic data. The Review of Economic Studies，72（4）：1077-1106.

Duranton G，Overman H G. 2008. Exploring the detailed location patterns of UK manufacturing industries using microgeographic data. Journal of Regional Science, 48 (1): 213-243.

Ellison G, Glaeser E L, Kerr W R. 2010. What causes industry agglomeration? Evidence from coagglomeration patterns. American Economic Review, 100 (3): 1195-1213.

Forni M, Paba S. 2002. Spillovers and the growth of local industries. The Journal of Industrial Economics, 50 (2): 151-171.

Fuguitt G V. 1985. The nonmetropolitan population turnaround. Annual Review of Sociology, 11 (1): 259-280.

He C F, Wei Y H D, Pan F H. 2007. Geographical concentration of manufacturing industries in China: The importance of spatial and industrial scales. Eurasian Geography and Economics, 48 (5): 603-625.

Hong J J. 2009. Firm heterogeneity and location choices: Evidence from foreign manufacturing investments in China. Urban Studies, 46 (10): 2143-2157.

Howard E S. 1902. Garden Cities of To-morrow. London: Faber and Faber.

Hudec R, Tóth V. 2014. Population density gradient and its changes in the regions of the largest cities in the Slovak Republic. Journal of the Geographical Institute Jovan Cvijic, SASA, 64 (1): 65-78.

Kaufmann D, Warland M, Mayer H, et al. 2016. Bern's positioning strategies: Escaping the fate of a secondary capital city? Cities, 53: 120-129.

Knudsen B, Florida R, Stolarick K, et al. 2008. Density and creativity in US regions. Annals of the Association of American Geographers, 98 (2): 461-478.

Koh H-J, Riedel N. 2014. Assessing the localization pattern of German manufacturing and service industries: A distance-based approach. Regional Studies, 48 (5): 823-843.

Lee E S. 1966. A theory of migration. Demography, 3 (1): 47-57.

Long L, DeAre D. 1988. US population redistribution: A perspective on the nonmetropolitan turnaround. The Population and Development Review, (6): 433-450.

Marcon E, Puech F. 2010. Measures of the geographic concentration of industries: Improving distance-based methods. Journal of Economic Geography, 10 (5): 745-762.

Marcon E, Traissac S, Puech F, et al. 2015. Tools to characterize point patterns: Dbmss for R. Journal of Statistical Software, 67 (3): 1-15.

Mowery D C, Nelson R R. 1999. Sources of Industrial Leadership: Studies of Seven Industries. Cambridge: Cambridge University Press.

Nakajima K, Saito Y U, Uesugi I. 2012. Measuring economic localization: Evidence from Japanese firm-level data. Journal of the Japanese and International Economies, 26 (2): 201-220.

Otterstrom S M. 2001. Trends in national and regional population concentration in the United States from 1790 to 1990: From the frontier to the urban transformation. The Social Science Journal, 38: 393-407.

Perroux F. 1950. Economic space: Theory and applications. The Quarterly Journal of Economics, 64 (1): 89-104.

Porter M E. 2000. Location, competition, and economic development: Local clusters in a global economy. Economic Development Quarterly, 14 (1): 15-34.

Riddle. 1985. Service-led Growth: The Role of the Service Sector in the World Development. New York: Praeger.

Schnabl H. 2003. The ECA-method for identifying sensitive reactions within an IO context. Economic Systems Research, 15 (4): 495-504.

Scholl T, Brenner T. 2015. Optimizing distance-based methods for large data sets. Journal of Geographical Systems, 17 (4): 333-351.

Seyoum B. 2004. The role of factor conditions in high-technology exports: An empirical examination. The Journal of High Technology Management Research, 15 (1): 145-162.

Sharma S, Wang M, Wong M C S. 2014. FDI location and the relevance of spatial linkages: Evidence from provincial and industry FDI in China. Review of International Economics, 22 (1): 86-104.

Sharp E B. 1986. Citizen Demand-Making in the Urban Context. Tuscaloosa: University Alabama Press.

Silverman B W. 1986. Density Estimation for Statistics and Data Analysis. New York: Chapman and Hall.

Tang Z P, Gong P P, Liu W D, et al. 2015. Sensitivity of Chinese industrial wastewater discharge reduction to direct input coefficients in an input-output context. Chinese Geographical Science, 25 (1): 85-97.

Tarancón M A, delRío P, Callejas Albiñana F. 2010. Assessing the influence of manufacturing sectors on electricity demand: A cross-country input-output approach. Energy Policy, 38 (4): 1900-1908.

Tarancón M A, Río P D. 2012. Assessing energy-related CO_2 emissions with sensitivity analysis and input-output techniques. Energy, 37 (1): 161-170.

Taylor G R. 1915. Satellite Cities: A Study of Industrial Suburbs. New York: D. Appleton and Co.

Thornthwaite C W. 1948. An approach toward a rational classification of climate. Geographical Review, 38: 57-94.

Tian Y G, Wen C, Hong S. 2008. Global scientific production on GIS research by bibliometric analysis from 1997 to 2006. Journal of Informetrics, 2 (1): 65-74.

Wang H J, He Q Q, Liu X J, et al. 2012. Global urbanization research from 1991 to 2009: A systematic research review. Landscape and Urban Planning, 104 (3): 299-309.

Whittaker J, Arbon J, Carollo J. 2012. How Google Tests Software. Reading: Addison-Wesley.

Zhuang Y H, Liu X Nguyen T, et al. 2012. Global remote sensing research trends during 1991-2010: A bibliometric analysis. Scientometrics, 96 (1): 203-219.

附录　调 研 问 卷

北京市区域性批发市场疏解的机制与效应

商户调查问卷

问卷保证：本次调查数据仅作为科学研究使用，涉及个人隐私问题予以严格保密。
填写说明：本表需要在具体内容前的□内打钩。
注　　意：这里的商户是指从北京疏解和搬迁过来的商户。

问卷编号__________—__________　调查人：____________________
调查时间：____________________　调查地点：____________________

一、基本情况

1. 您是哪里人？__________省__________市
2. 您的年龄：□20 岁及以下　□21～30 岁　□31～40 岁　□41～50 岁
　　□51～60 岁　□60 岁以上
3. 您何时开始在此经营的？__________年__________月
4. 您的受教育程度？　□初中及以下　□高中　□大学　□大学以上
5. 您从事批发行业多久了？□1 年以下　□1～5 年　□5～10 年　□10 年以上
6. 您未来打算定居在此吗？　□是　□否
7. 本店铺的营业面积是__________ m^2。
8. 本店铺有雇佣营业员吗？　□有（1 个）　□有（2 个及以上）　□无

二、疏解机制

9. 请您选择迁至本市场的原因（可多选）：

市场层面：

□客流量　□发展前景　□地理位置及交通物流条件　□租金
□市场管理与招商活动　□与原有商户竞争小，可错位发展地区层面：

□房价　□物价　□地价　□政府优惠政策（教育、医疗、住房等）

□上游产业　□本地人文和社会环境　□公共服务设施和生活配套设施

个人层面：

□跟随其他商户一起　□有亲戚朋友在此　□家乡在此或对此地比较熟悉

□其他__________

10. 您对本市场的前景怎么看？

□市场前景很好，有可能成为下一个中国北方的批发中心

□市场前景一般，会发展但不会有大的飞跃

□市场前景不好，可能会原地踏步

□市场前景不明，有被继续疏解的危险

11. 疏解时下列哪些市场在您的选择范围内？（可多选）

燕　郊：□燕郊东贸国际服装城　□燕郊福成国际商贸城

白　沟：□和道国际箱包交易中心　□和道国际动批服饰广场

□白沟国际商贸城

天　津：□（王兰庄）温州国际商贸城　□王顶堤万隆大胡同商城

天　津：□天津珠江国际轻纺城　□天津建鑫鞋城　□卓尔国际商贸城

沧　州：□沧州明珠商贸城

永　清：□永清国际服装城

石家庄：□石家庄乐城国际贸易城　□其他：__________

三、疏解效应

12. 搬迁转移给您的生活带来何种影响？

	明显变好	稍微变好	无明显变化	稍微变差	明显变差
周边生活环境					
收入					
周围人际关系					
家庭氛围					

13. 您的家人有因为市场疏解而无法和您继续一起生活的吗？（可多选）

□没有　□配偶　□孩子　□父母　□不愿回答

14. 目前每月的生活成本与疏解之前相比有什么变化？

□明显变少　□稍微变少　□变化不大　□稍微变多　□明显变多

15. 北京批发市场疏解还给您带来其他哪些影响？__________

16. 请问疏解后您目前每月的营业额有减少吗？减少了多少？

□减少 1/3 左右 □减少 1/2 左右 □减少 2/3 以上 □增多/基本没有变化

17. 疏解前您以哪些经营方式为主？

□客户来店当面交易； □客户通过微信、QQ 或其他社交软件进行线上交易；

□开设网店进行线上交易； □其他__________

18. 疏解后您以哪些经营方式为主？

□老客户来店当面交易； □老客户通过微信、QQ 或其他社交软件进行线上交易；

□新客户来店当面交易； □开设网店进行线上交易； □其他__________

注：老客户指疏解之前您的客户，新客户指您迁来现在的市场后发展的客户。

19. 疏解后您的客户有流失吗？流失了多少？

□流失 1/3 左右 □流失 1/2 左右 □流失 2/3 以上 □基本没有流失或客户变多

20. 目前老客户和新客户的比例是多少？

老客户：新客户 = __________ ： __________

21. 您认为目前的经营方式能否持续？

□能，目前的经营方式尚可接受 □不能，老客户流失过多，难以维持 □不确定

22. 疏解之前您所有店面的营业面积是__________ m^2。

23. 您对北京批发市场疏解过程中存在的问题有哪些意见和建议？

答：____。